LA CORSE

ET

SON AVENIR

PARIS. — TYPOGRAPHIE DE HENRI PLON,

IMPRIMEUR DE L'EMPEREUR,

8, rue Garancière.

LA CORSE

ET

SON AVENIR

PAR

JEAN DE LA ROCCA

OUVRAGE

Dédié à M. Conneau

PREMIER MÉDECIN DE SA MAJESTÉ L'EMPEREUR

J'ai quelque pressentiment qu'un jour cette petite île étonnera l'Europe.

J. J. ROUSSEAU (*Contrat social*).

PARIS

HENRI PLON, ÉDITEUR

8, RUE GARANCIÈRE

1857

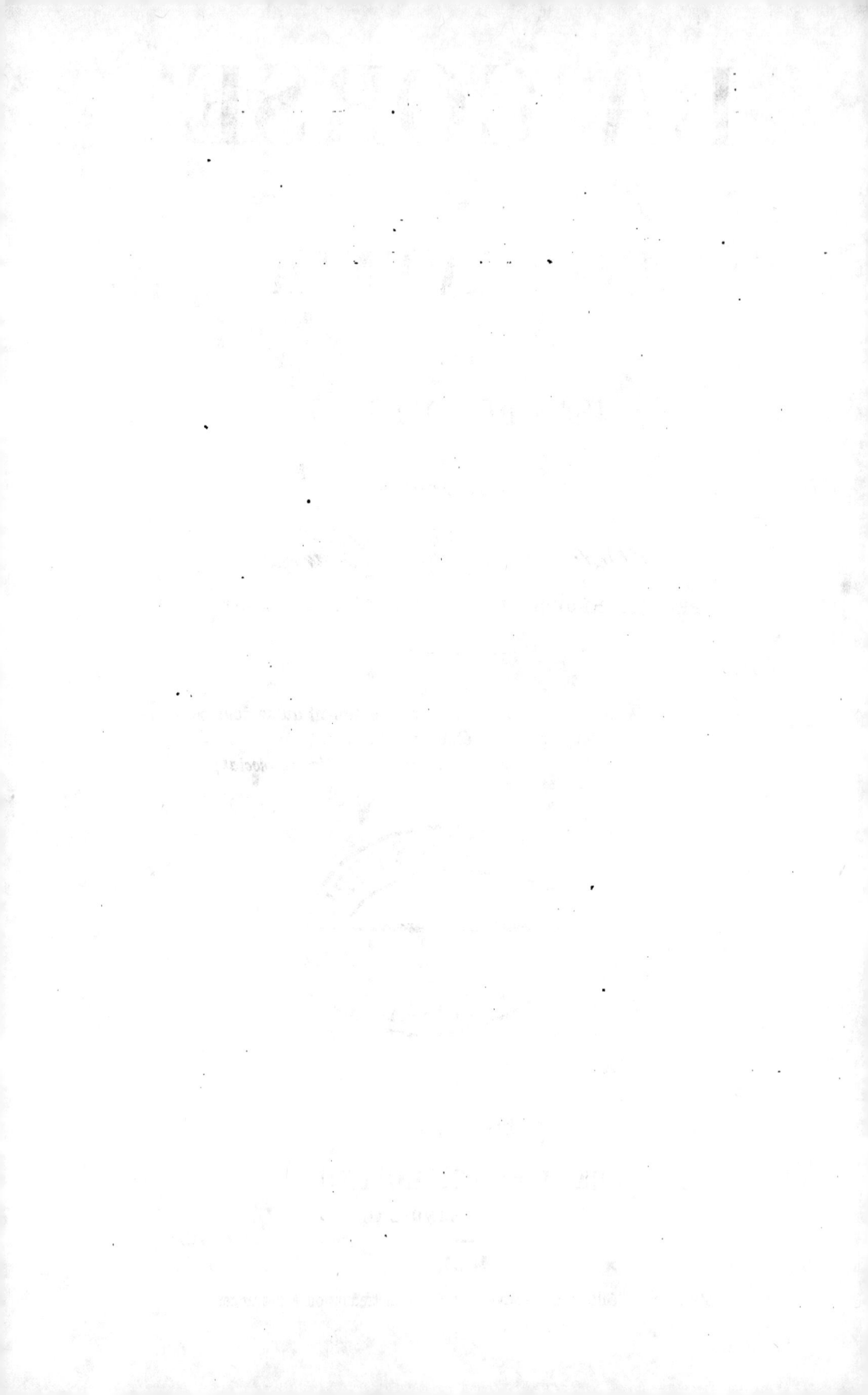

A M. CONNEAU

PREMIER MÉDECIN DE SA MAJESTÉ L'EMPEREUR,

DÉPUTÉ DU DÉPARTEMENT DE LA SOMME

ET MEMBRE DU CONSEIL GÉNÉRAL DE LA CORSE.

MONSIEUR,

Je venais d'achever ce travail, fruit de longues veilles et de patientes recherches, et je me demandais à quelle notabilité il fallait en offrir la dédicace. Votre nom s'est naturellement présenté à moi. Vous n'êtes pas né en Corse, mais vous êtes intimement allié à l'une de nos bonnes familles. Vous avez témoigné tant d'intérêt à cette île trop méconnue, qu'elle vous compte actuellement au nombre des membres de son conseil général.

La Corse a honoré en vous non-seulement l'homme dévoué, l'éminent praticien, mais encore l'ami de l'Empereur. Votre influence contribuera à appeler l'attention de Sa Majesté sur le berceau de ses ancêtres. Si, comme l'a annoncé M. Ch. Abbatucci, dans sa dernière allocution au Conseil général de la Corse, l'Empereur réalise le projet qu'il a formé de visiter cette île en même temps que l'Algérie, vous en serez heureux, comme tous les enfants de la Corse; car alors, Monsieur, la régénération de notre patrie sera certaine.

Cette régénération ne saurait être que l'œuvre du temps; mais j'ai la conviction que vous y travaillerez puissamment, et que vous voudrez bien seconder les vues que j'expose dans l'ouvrage auquel vous avez accordé votre approbation.

Agréez, Monsieur, l'assurance de ma considération distinguée et de mon dévouement sincère.

Votre humble et obéissant serviteur,

J. DE LA ROCCA.

Paris, le 10 mars 1857.

PRÉFACE.

Le caractère de l'époque moderne, c'est le développement pacifique des sciences, des lettres, des
arts, de l'agriculture, du commerce et de l'industrie.
Les peuples peuvent être un moment distraits par
le bruit des combats et par le cliquetis des armes;
les révolutions politiques peuvent modifier les institutions; mais, au milieu des changements qui s'opèrent, les nations, malgré les événements qui les
détournent, marchent invariablement dans la voie
des progrès positifs et matériels. — Ce n'est plus
vers la stratégie militaire, mais vers les combinaisons sociales et commerciales que penchent les
gouvernements. Le règne de l'épée n'est plus de
notre temps. La guerre n'est plus qu'un moyen
d'arriver le plus promptement possible à la paix et
d'en tirer les fécondes déductions. — Les hommes,
au lieu de rechercher des conquêtes territoriales ou

1

de se perdre dans les abstractions philosophiques, trouvent plus sage, plus utile et plus prudent d'améliorer leur bien-être moral et matériel en perfectionnant tous les éléments civilisateurs. — Plus de batailles, plus de dissensions; toutes les forces vives de l'esprit humain sont tendues, et le seront plus encore par la suite, vers les transformations réelles et pratiques.

Le savant, infatigable dans ses investigations, crée sans cesse des moyens d'action plus puissants sur la nature. — L'industrie et le commerce s'étendent; l'agriculture, trop longtemps dédaignée, grandit par l'application des plus hautes conceptions de l'intelligence.

La France est à la tête de ce grand mouvement, dont elle a pris l'initiative. — Elle donne aux gouvernements et aux peuples l'exemple de ce travail qui relève les États en les rendant riches et prospères. — Ce n'est pas seulement dans son sein qu'elle s'efforce de réaliser le progrès au prix de sacrifices énormes; elle a fondé des colonies au développement desquelles elle se voue avec ardeur. Déjà l'Algérie est presque une nation; les regards du gouvernement se sont fixés tour à tour sur Cayenne, sur Taïti, sur les îles Marquises, sur la Nouvelle-Calédonie. — Mais tandis qu'on va chercher si loin un sol fertile à défricher, des richesses à mettre en valeur, n'est-il pas à propos de rappeler qu'on pourrait utiliser, à moins de frais et avec plus de certitude de succès, les immenses ressources du pays? Pourquoi n'élèverions-nous pas la voix pour faire connaître qu'il y a en Corse une vaste perspective d'avenir ouverte au savant, à l'artiste, au commerçant, au spéculateur, à l'agriculteur, à l'industriel? Pourquoi ne ferions-nous pas connaître ce qu'a été la Corse, ce qu'elle est, ce qu'elle peut devenir?

Né et élevé dans cette île, animé à la fois du patriotisme local et du patriotisme général, du patriotisme corse et du patriotisme français, car la Corse, c'est la France, nous avons conçu la pensée d'être en même temps utile à la France et à la Corse. — Notre département, le plus vaste de tous, est le moins connu, le moins cultivé et le plus pauvre. Quel beau succès si nous parvenions à attirer sur lui l'attention des continentaux, qui ne le connaissent qu'imparfaitement!

Ce n'est pas qu'on manque d'ouvrages sur la Corse; on verra, par la bibliographie que nous publions à la fin de ce volume, que le nombre en est considérable; mais, à part de rares exceptions, tous sont plus ou moins inexacts. Les mœurs de la

population y sont dépeintes sous le jour le plus faux ;
les ressources du pays sont appréciées d'une manière insuffisante ; souvent même les détails les plus
simples, tels que les distances kilométriques d'un
lieu à un autre, sont mal indiqués.

Pour nous, nous ne craignons pas de tomber
dans ces erreurs ; maintes fois nous avons parcouru
la Corse ; nous avons gravi ses montagnes, pénétré
dans ses forêts profondes, visité ses moindres localités. Les observations que nous avons faites sur
les lieux mêmes, nous les avons complétées par
l'étude, et nous avons appelé à notre aide les
lumières de la statistique. — Nous avons consulté
non-seulement les livres et les documents, mais
encore tous les hommes spéciaux qui s'étaient occu-
pés de la question, et qui pouvaient nous guider
sûrement dans la carrière. — Ainsi nous pouvons
dire, sans manquer aux règles les plus étroites de
la modestie, que nous sommes maître de notre
sujet ; que nous l'avons approfondi, envisagé sous
toutes ses faces. — Aucun point ne nous a échappé.
— Nous examinons successivement le passé, le
présent, l'avenir de la Corse, en ce qui concerne
l'agriculture, l'industrie, le commerce, les routes,
les ports, les institutions à créer et à développer, etc.
Sans avoir la prétention d'égaler quelques-uns de

nos prédécesseurs par l'élégance du style et l'élévation des aperçus, nous avons la conviction d'avoir
fait une œuvre plus complète, et, nous osons le
dire, la seule complète.

Destinant notre ouvrage à toutes les classes de la
population, nous nous sommes permis d'y introduire des notions générales sur la culture des
céréales, de la vigne, du mûrier, sur l'élève du
bétail, sur l'horticulture, etc. Ces connaissances
élémentaires, assez répandues dans le centre de la
France, manquent, nous le disons avec regret, à
la plupart de nos concitoyens de la Corse. Nous ne
pouvions avoir la prétention de faire des traités
étendus; mais notre patriotisme et notre sincère
désir d'être utile nous imposaient le devoir de donner au moins un aperçu de toutes les méthodes
dont l'application peut contribuer à la prospérité de
notre pays.

Certes notre entreprise est louable, et nous espérons qu'elle nous méritera les encouragements, les
suffrages de tous les hommes éclairés. — Nous
nous proposons de fixer les regards des capitalistes
du continent sur notre beau pays, dont les incalculables ressources n'ont jamais été convenablement
exploitées. — Nous nous efforcerons de donner des
notions aussi exactes que possible sur une contrée

qui a produit une race héroïque de vrais patriotes, et de retracer un tableau fidèle des révolutions qu'elle a éprouvées.

La Corse a des trésors qui peuvent l'enrichir et enrichir en même temps la patrie. — Qui ne comprend qu'il est juste de plaider la cause de la Corse, liée à la France à plus d'un titre? Notre tentative a pour but et aura peut-être pour résultat d'attacher à la cause future de notre île tous les hommes sérieusement préoccupés des intérêts nationaux.

JEAN DE LA ROCCA.

CHAPITRE PREMIER.

INTRODUCTION.

———

La Corse, cette île qui de tout temps sut mériter l'estime des nations, a suivi lentement le cours des progrès. Son sort a été cruel; mais elle a grandi aux yeux du monde entier à l'ombre même de l'adversité et du malheur.

Toujours en lutte, les Corses sont restés pour ainsi dire stationnaires, ont applaudi sans les accepter à toutes ces grandes innovations qui transformaient le continent français, en le civilisant par l'instruction et le travail.

Mais s'ils se sont contentés des trésors que la nature s'est plu à verser sur les flancs de leurs montagnes, ils ont montré dès les temps les plus reculés qu'ils savaient du moins manier le fer pour faire respecter leur nationalité, arroser le sol de leur sang pour vaincre l'oppression, reconquérir leur indépendance, secouer le joug des agresseurs qui tour à tour ravageaient leurs plus belles contrées en leur infligeant la plus dure des servitudes.

Ils ont lutté pendant des siècles; les peuples et les

rois, les historiens et les philosophes ont proclamé bien haut leur mâle patriotisme. Ils ont combattu; ils ont été vaincus et vainqueurs, opprimés et libres; mais si la fortune leur a été quelquefois contraire; si le bon droit, la justice et la sainteté de la cause qu'ils défendaient ont quelquefois courbé la tête devant le sort implacable, leur courage ne s'est jamais affaissé sous les coups d'un malheur momentané, car il se révélait avec une nouvelle puissance au signal de la révolte [1].

Quel peuple en Europe a eu autant d'ennemis à combattre, autant d'oppresseurs à étouffer, autant de despotes à terrasser, autant de lois à abroger? Romains, Carthaginois, Sarrasins, Pisans, Espagnols, Turcs, Génois, Anglais, Allemands, Français, tous à des époques diverses ont dirigé leurs armes contre l'antique Cyrnos. Tous ont voulu la frapper au cœur, mais elle faisait éclater, malgré sa faiblesse, le cri de liberté qui a toujours trouvé un écho dans le cœur des patriotes corses. Des soulèvements s'organisaient de tous côtés contre ceux qui venaient impunément attaquer leur nationalité et leur dignité d'hommes libres.

Petite par le nombre, mais forte et grande par les sentiments patriotiques, par la conviction, l'enthousiasme et la valeureuse adresse de ses enfants, la Corse essuya des revers déchirants, mais étonna l'Europe par sa constance, sa bravoure et son héroïsme.

«Une nation pusillanime, dit quelque part Albert Maurin, un peuple lâche et énervé eût disparu dans

---

[1] « Questo regno, dice Cambiaggi, stante la vantaggiosa sua situazione, e stante il carattere d'una nobile fierezza, e corraggio, onde in ogni tempo i suoi abitanti si son distinti, e stato sempre un oggetto importante per molte nazióni, che successivamente l'hanno acquistata e perduta. » (*Istoria di Corsica*, p. 2.)

ces grands flux de conquérants, ou n'eût laissé sur la terre natale que de pâles esclaves. Les Corses apprirent les vertus spartiates à l'école du malheur, et les grandes catastrophes les frappèrent comme le marteau frappe le fer pour le durcir. »

Tandis que les Hollandais et les Suisses réclamaient l'assistance de nations puissantes pour reconquérir leur indépendance, les Corses culbutaient seuls leurs adversaires, brisaient leurs sinistres espérances, et semblaient dire aux peuples opprimés :

Tâchez, comme nous, d'anéantir ces restes de servitude.

Oui ! la Corse a souffert : ses douleurs ont été aussi dures qu'injustes, car les motifs de sa résistance étaient sacrés.

On a voulu toucher au dépôt inviolable de la liberté, et les envahisseurs ont rencontré des cœurs ardents, des bras forts pour le défendre.

Une telle nation, un peuple aussi brave ne méritait-il pas de lasser l'infortune ? Jamais il n'a désespéré de l'avenir ; la loi affermissait son courage, et dans les circonstances les plus critiques il ne s'est jamais découragé et s'en est toujours remis à Dieu et à son bon droit.

Oui, nous dirons, nous aussi, que la vertu a été abstractivement la nourriture des cœurs de nos pères.

Si la virtù in astratta è stata il nutrimento dei cuori dei nostri antenati.

Mais laissons parler le grand philosophe du dix-huitième siècle qui s'exprime en ces termes dans le *Contrat social* (livre II, chapitre x) :

« Il est encore en Europe un pays capable de légis-

» lation : c'est l'île de Corse. La valeur et la constance
» avec laquelle ce brave peuple a su recouvrer et dé-
» fendre sa liberté mériterait bien que quelque homme
» sage lui apprît à la conserver. J'ai quelque pressen-
» timent qu'un jour cette petite île étonnera l'Europe. »

Voici ce que dit également le philosophe de Ferney :

« Les Corses, dit-il, étaient saisis d'un violent en-
» thousiasme pour la liberté, et leur général Pascal
» Paoli avait redoublé cette passion si naturelle, de-
» venue en eux une espèce de fureur. »

Donnons aussi la parole à un patriote corse, et écou-
tez, lecteur, en quels termes il s'exprime devant son
illustre général auquel on supposa la pensée de vouloir céder l'île de Corse :

« Quoi ! dit-il, général, le sang de tant de héros qui
» ont sacrifié leur vie pour la liberté publique ne ser-
» vira-t-il donc qu'à teindre la pourpre d'un prince
» étranger ? »

Quelle âme, quelle force de sentiment, quelle conviction, et à quel degré ces quelques mots ne respi-
rent-ils pas l'amour de la patrie ? Peut-on donc à de
pareils hommes refuser le juste tribut d'éloges qui
leur est dû, qu'ils ont mérité, que leur valeureuse
conduite justifie ?

Nous vénérons l'antique bravoure de nos pères parce
que c'est notre droit, notre devoir, et nous proclamons
avec orgueil à la face de tous les citoyens qu'ils ont
gagné les cœurs les plus honnêtes, intéressé à leur
sort les âmes les plus généreuses, excité d'une manière
éclatante l'admiration de toute l'Europe, lorsque toute
l'Europe ne saisissait le glaive que pour étouffer dans
leur berceau les sentiments les plus élevés, les actes les

plus légitimes, au lieu de faciliter la noble conquête
que méditaient ces braves insulaires : cette conquête
devait avoir pour effet de dépouiller l'homme de l'as-
servissement dégradant dans lequel il était plongé, de
l'élever dans les régions où il respire largement et se
sent grandir, à mesure que les affreux sillons de l'esclavage disparaissent et s'effacent sous l'heureuse influence de la civilisation, de la saine raison de l'humanité.

« Dans cette petite île méditerranéenne, dit M. Méry,
» nommée la Corse, il y a une énergie de fécondité qui
» étonne ; l'antique Italie semble avoir déposé dans les
» entrailles de ce rocher le secret de ce rude héroïsme
» dont l'histoire nous a conservé tant d'exemples presque
» fabuleux. On retrouverait aisément dans les chroni-
» ques guerrières de la Corse les reproductions de tous
» les types romains, comme si le génie protecteur du
» Latium eût voulu démontrer aux âges futurs, par des
» exemples toujours contemporains, que l'antique hé-
» roïsme de ses enfants n'a jamais été une fiction. Un
» jour peut-être, j'essayerai ce travail de parrallèles
» entre les Corses modernes et les vieux Romains. »

La Corse a été grande, et grande est notre fierté de
pouvoir être comptés au nombre des descendants des
Giudice, Sampiero, Giaferri, Gaffori et Paoli, ces
géants de l'histoire de notre île. Nous sommes fiers aujourd'hui de ce que les efforts inouis de nos ancêtres
sont couronnés de succès et nous ont transmis la
gloire la plus pure. Nous sommes fiers de ce que nos
destinées sont liées à celles de la plus grande nation
du monde, à celles de la France ; et de même que les
anciens luttaient pour le bonheur de leur patrie ou-

tragée, de même les soldats corses, dont le dévouement est exempt de tout esprit de calcul, répondent avec enthousiasme à l'appel de la France, marchent à l'ennemi sans sourciller, soutiennent avec audace sur le champ de bataille l'antique bravoure de leurs pères. Nous sommes fiers de ce qu'un avenir brillant nous est réservé. Nous sommes fiers enfin de ce que notre île a donné le jour à la plus grande illustration des temps modernes, au plus habile capitaine, au plus profond législateur, au plus beau génie, à Napoléon.

La Corse, si brillante dans son héroïsme, voit ternir son éclat sous le rapport de la civilisation. Elle a fait peu de progrès dans les arts, les sciences, les lettres, l'industrie. Espérons cependant que bientôt une carrière nouvelle s'ouvrira devant elle, et que, grâce aux lumières qui pénètrent de plus en plus parmi les classes les plus obscures, grâce à la sagesse des institutions dont elle sera de mieux en mieux dotée, grâce à l'unité de pouvoir, à la bonne administration des chefs, à la sollicitude du gouvernement, elle acquerra et dépassera même ce degré de prospérité et de bonheur qu'elle sut atteindre sous Marius et Sylla.

A cette époque une colonie y fut fondée [1]; tous les témoignagnes s'accordent à nous représenter la Corse d'alors comme florissante et prospère. Nous savons, en effet, que du temps de Pline trente-cinq villes disséminées sur toute la surface de l'île, aujourd'hui réduites à onze, renfermaient plus d'un million d'habitants; des bras nombreux rendaient alors fécond et riche un territoire devenu plus tard inhabité et inculte. Il serait assez difficile de se rendre compte de la diminution

---

[1] Colonie d'Aleria sur la rive droite du Tavignano.

progressive de la population descendue à 240,000 âmes, si on ne se rappelait que le peuple corse s'est battu à outrance depuis l'établissement des Romains jusqu'en 1769.

D'autres causes ont arrêté l'essor de ce pays depuis qu'il est français en paralysant tout progrès agricole, industriel et commercial. Le banditisme et les inimitiés de familles ont succédé aux guerres nationales.

Mais la Corse, cette terre classique des bandits, est guérie de cette plaie qui la rongeait ; son sol n'est plus arrosé d'un sang précieux ; la sécurité des personnes est aujourd'hui garantie ; le flot de ces malheurs est arrêté par des lois énergiques, exceptionnelles, mais nécessaires. La source seule reste à tarir.

Nous n'hésitons pas à dire que la Corse, qui possède des ressources incalculables et variées, peut devenir un jour, avec l'intervention de l'État et des capitalistes du continent, un des plus riches départements de la France.

« De tous les départements de la France, dit M. Mon-» therot, de l'Académie de Lyon (dans son ouvrage ayant » pour titre : *Une promenade en Corse*), la Corse est » évidemment celui qui présente la réunion la plus » complète des richesses territoriales de différentes na-» tures. Elles sont encore presque toutes négligées ou » enfouies soit dans le sein des montagnes, soit dans » le lit des torrents, soit à quelques pouces sous la sur-» face d'une terre qu'on laisse inculte. »

Tout le monde a salué avec allégresse et fêté avec des transports de joie la conclusion de la paix. Les Corses se sont associés à cet élan national et font des vœux pour sa durée, car ils comprennent que c'est

sous son empire que leur pays délaissé, dédaigné peut-
être, pourra voir ses germes civilisateurs se développer,
ensuite se perfectionner.

Dans la guerre d'Orient la Corse a largement payé
son tribut; plus de soixante officiers de nos compatriotes
sont tombés couverts de gloire devant l'ennemi, et leurs
noms gravés sur des tables de marbre [1] passeront à la
postérité.

Mais aujourd'hui que l'épée est dans le fourreau, la
Corse, plus que les autres provinces de l'empire, a
besoin de compter sur l'appui et le secours de la France.
Nous aimons à croire que la France ne sera pas ingrate
envers ce département, et qu'elle se montrera disposée
à favoriser une île qui peut légitimement prétendre à
une ère rémunératrice.

L'Empereur, nous l'espérons, transformera ce superbe pays qui rappelle tant de souvenirs passés. Son
œuvre sera grande. L'active impulsion de son gouvernement est nécessaire, car il s'agit de métamorphoser
une contrée encore vierge où tout est à créer et à développer. Sans son initiative, les progrès seraient encore lents, les sages mesures déjà adoptées en vue de
la grandeur de l'île seraient sans résultat, et n'attein-
draient pas le but utile à la fois aux intérêts moraux et
matériels de la Corse, et à la fortune publique de la
patrie.

Le sol du continent prend une physionomie nouvelle
et se transforme d'heure en heure, grâce à la vapeur,
à l'électricité et aux capitaux immenses qui sont dis-

[1] Le conseil municipal de la ville d'Ajaccio a voté des fonds en conséquence. (On compte dans l'armée française plus de cinq cents officiers
corses.)

persés dans toutes les parties de la France. Des projets
nouveaux sont conçus, étudiés et approfondis pour effacer les imperfections, combler les vides, augmenter
toutes les ressources du pays, et ouvrir à la société
de notre temps tout un monde féerique de nouvelles
jouissances; l'esprit de spéculation se développe sans
cesse et envahit toutes les classes de la grande famille;
les capitaux émigrent; le travail devient un besoin,
une nécessité; de nombreuses compagnies se forment
et se constituent sous les plus heureux auspices; la
France comprend, en un mot, que la prospérité de tous
ses territoires touche de près aux intérêts de l'humanité,
et la plus grande activité est donnée à toutes les branches industrielles, commerciales et agricoles.

Ne fera-t-on rien pour le département de la Corse?
Sera-t-il toujours condamné à l'abandon le plus injuste
et le plus cruel, tandis que d'autres provinces plus
mal partagées par la nature atteignent de jour en jour
l'apogée de la grandeur?

« Comment se fait-il donc, dit M. Blanqui dans son
» rapport sur la Corse à l'Académie, comment se fait-
» il que ce département si heureusement partagé sous
» le rapport du climat, du sol et des eaux, situé au
» centre de la Méditerranée, à portée presque égale de
» la France, de l'Italie et de l'Espagne, ressemble au-
» jourd'hui si peu aux pays qui l'entourent et marche
» d'un pas si lent dans la carrière de la civilisation?
» Pourquoi ses vallées pittoresques sont-elles veuves de
» voyageurs, et ses belles rades dépourvues de vais-
» seaux? Par quel motif nos constructeurs se détermi-
» nent-ils à aller chercher des bois au Canada ou en
» Russie, tandis que la Corse regorge de chênes blancs

» et de chênes verts, de hêtres et de pins innombrables
» que le domaine ne peut pas toujours vendre au prix
» de 75 centimes le pied? Pourquoi cette île, qui pour-
» rait nourrir un million d'hommes, n'a-t-elle qu'une
» population de 200,000 âmes insuffisante à la culture
» du sol et forcée d'appeler chaque année à son aide
» 8,000 Lucquois des côtes de l'Italie? Pourquoi enfin
» la Corse apparaît-elle, aux regards de l'observateur,
» comme une colonie onéreuse à sa métropole? »

Ne serait-il pas temps, aujourd'hui que l'argent va à
la rencontre de l'étranger pour conquérir le globe à la
civilisation, au travail, à la paix, au bien-être, que
nos financiers, stimulés par l'active impulsion du gouvernement, se décidassent à venir en Corse avec leurs
capitaux pour fonder des entreprises et des exploitations? Le pays leur sera très-reconnaissant, car ses
intérêts seront directement servis, et les spéculateurs
verraient grossir leur capital en dépit de mauvaises
préventions, de fausses alarmes répandues parmi eux,
et le succès pourrait presque toujours être considéré
comme acquis à l'avance.

Tout languit encore en Corse; l'agriculture est très-
arriérée, et cependant le sol est des plus féconds et se
prête à toute espèce de culture; le commerce est presque
nul, et aucun pays ne pourrait mieux en assurer l'accroissement et l'étendue. L'industrie a acquis peu de
développement, et pourrait pourtant prendre des proportions colossales, comme nous allons le démontrer.

Il s'agit donc de se mettre à l'œuvre, et la Corse, de
pauvre qu'elle est, deviendra riche et prospère, après
avoir pleinement servi les intérêts de ceux qui auront
contribué à la transformer.

CHAPITRE DEUXIÈME.

I.

L'origine des peuples de la Corse est à peu près ignorée ; les divers historiens qui ont voulu jeter le jour sur l'antiquité de ce pays ont complétement échoué. « Les auteurs grecs et romains, dit Robiquet dans son » *Essai historique de la Corse*, qui ont parlé de ce pays, » ne nous ont laissé sur l'état de cette île, au temps où » ils écrivaient, que des renseignements insuffisants, » quelquefois contradictoires, et qui paraissent en gé- » néral mériter peu de confiance. Diodore de Sicile est » le premier qui ait donné quelques détails de ce genre. » Diodore fleurit vers l'an 44 avant l'ère chrétienne. Cet » historien ne fait mention que de deux villes, Galaris » et Nicée, l'une fondée par les Phocéens, l'autre par » les Toscans ; il représente l'île comme couverte de » forêts. » Nous savons cependant que les Grecs l'appe- laient *Cyrnos* et les Romains *Corsica*. Malgré l'obscurité dans laquelle nous sommes, les meilleurs auteurs de l'antiquité s'accordent à dire qu'elle a été colonisée par les Phéniciens, et nous pensons qu'aux Phéniciens se joignirent les Étrusques et les Grecs.

2

Mais des expéditions sérieuses ne tardèrent pas à être dirigées contre la Corse par les Romains. Tandis que Rome et Carthage se disputaient les possessions méditerranéennes, cette île, par sa position avantageuse, la fertilité de son sol, et la richesse de ses forêts, devait être un objet de convoitise de la part des deux peuples.

Des auteurs prétendent même que les Carthaginois ont possédé très-longtemps la Corse ; rien n'affirme ces assertions, car ils n'ont laissé aucun établissement sérieux comme trace de leur passage.

Quoi qu'il en soit, nous pouvons dire d'une manière positive que les Romains s'en emparèrent après plusieurs expéditions dirigées à divers intervalles par les consuls Lucius Cornélius Scipion en l'an 260, et Cajus Lucinius Varus vingt ans après. Mais les Corses, se voyant attaqués sans motifs, se soulevèrent quelque temps après pour secouer le joug qui les opprimait.

La Sardaigne et la Sicile unirent également leurs efforts pour vaincre l'ennemi commun, et au signal de la révolte ces trois peuples obligèrent les Romains à se renfermer dans les villes du littoral. Ce mouvement, bien que couronné de succès, ne tarda pas à être comprimé par le consul Manlius Torquatus, et, pour compléter l'avantage de celui-ci, les consuls Spurius Carvilius et Cornélius se mirent à la tête d'une expédition générale.

Spurius fut obligé de voler en Sardaigne au secours des soldats de Cornélius, qui étaient très-abattus des échecs qu'ils venaient de subir ; il défit complétement les Sardes, un instant vainqueurs, et les consuls Lepidus et Malleolus, qui renforcèrent, aussitôt après ce triomphe, les armées de Rome, furent contraints de céder aux Corses le riche butin qu'ils avaient pris aux Sardes.

Comme on le comprend, Rome voulut tirer vengeance des insuccès auxquels elle venait d'être condamnée; à cet effet elle chargea le consul Caïus Sapirius de poursuivre rigoureusement les opérations. Le combat s'engagea dans un lieu qu'on appela le champ des Myrtes, et la discipline romaine triompha de l'héroïsme et de l'impétuosité des Corses; ceux-ci se retirèrent aussitôt dans les montagnes pour fondre sur l'armée romaine dès que celle-ci se fut engagée dans les gorges. « Il est aujourd'hui assez difficile, dit » l'historien Jacobi, de préciser l'endroit où fut livrée la » bataille du champ des Myrtes, parce que cet arbuste » abonde sur le littoral de la Corse; mais tout porte à » croire que ce fut dans les environs de la moderne » Saint-Florent, aux lieux appelés *Mirtella* et commu- » nément *Mortella,* où, en faisant des excavations dans » le dernier cimetière, on découvrait encore des tom- » beaux romains et des armes anciennes. »

Papirius se vit alors obligé d'offrir la paix, et elle fut acceptée.

Dès ce moment la Corse fut considérée comme l'alliée de la république, et se trouva sous le protectorat de Rome. Il paraît que ce traité fut favorable aux Corses, puisque la meilleure amitié exista entre les deux peuples pendant cinquante années consécutives.

Cette bonne entente fut troublée par des causes inconnues, et un soulèvement général contre l'autorité romaine en fut la conséquence (181). Marius Pinarius fut chargé d'étouffer la révolte, et sa mission fut accomplie d'une manière heureuse. Mais sept ans après d'autres consuls de la Sardaigne, Attilius Serranus et Cicéreius, voulant réprimer de nouveaux troubles et

rétablir la tranquillité, furent repoussés et vaincus.
Les Corses, encouragés alors par ce triomphe, voulurent livrer une bataille décisive aux armées romaines,
et le sort des armes favorisa cette fois-là les troupes
ennemies.

La soumission de la Corse fut le résultat de cette
victoire; mais la paix ne fut pas de longue durée, car
dix ans après les insulaires se soulevèrent avec une
nouvelle fureur, et affrontèrent la nombreuse armée du
consul Juventius Thalna (163). Leur audace impuissante échoua devant la force numérique des Romains.

Thalna ressentit tellement de joie à la suite de son
triomphe, qu'il mourut subitement, et les Corses,
croyant le moment propice pour prendre une revanche, allèrent encore au-devant des Romains, leur
livrèrent bataille; mais les indigènes furent obligés de
courber la tête et de rentrer sous la domination étrangère. Cette victoire est due au talent de Scipion Nasica.

A cette époque, Marius et Sylla firent de ce pays
une contrée florissante (162). Marius fonda la ville
de Mariana, où il envoya une colonie, et, après sa
défaite, le dictateur, son vainqueur, fonda également
la colonie d'Aléria.

Ce calme fut bientôt troublé par la mort de César.

Octave, dans ce moment-là maître de l'île, se vit
forcé de la céder, pour la reprendre ensuite, à Sextus
Pompéius, commandant d'une flotte considérable; il
fut assez habile en même temps pour s'emparer de
la Sicile et de la Sardaigne.

Plus tard Othon et Vitellius se disputèrent le pouvoir de la Corse, et celle-ci donna la préférence à
Othon. Il fut assez adroit pour se maintenir jusqu'à

l'avénement de Vespasius. Le sort de ce pays ne changea plus jusqu'au partage qui eut lieu entre les fils de Théodose. A cette époque, ses destinées furent attachées au sort de l'empire d'Occident.

Aux luttes des Romains et aux envahissements réitérés de leurs consuls succédèrent les irruptions des Vandales. Ceux-ci, sous les ordres de Genseric, débarquèrent en Corse, et purent s'y établir pendant soixante-dix-sept ans. Ils furent cependant expulsés, eux aussi, et les Grecs, les ayant remplacés, purent dominer en maîtres pendant dix-huit ans.

Le tour des Goths vint ensuite, grâce aux efforts de Totila; mais il ne dura pas longtemps, car Narsès remporta sur eux des victoires, et fit repasser la Corse aux Grecs (559 après J. C.). Une nouvelle tentative de la part des Lombards avait en vue la conquête de l'île; mais elle échoua.

II.

Pendant que tous ces événements divers s'accomplissaient, et que la domination grecque devenait de plus en plus intolérable, les Sarrasins apparurent, débarquèrent en l'an 713, bouleversèrent plusieurs villes, et emportèrent un riche butin. Les Grecs affaiblis ne purent combattre les Sarrasins; dès ce moment la Corse fut laissée sans défense, libre de son propre sort.

Mais éloignés momentanément de cette terre, les Sarrasins l'envahirent de nouveau; ce fut à Pépin, roi d'Italie, qu'appartint le soin de les chasser impitoyablement. Une année après, une nouvelle tentative fut entreprise par les Maures, et cette fois-là ce fut la flotte protectrice de Charlemagne qui eut l'honneur de la victoire. Vaincus à double reprise, les Sarrasins ne se rebutèrent point, essayèrent encore de s'emparer de la Corse, sacccagèrent la ville d'Aléria en 809, et quelques mois après ils entrèrent triomphants dans plusieurs villes du littoral.

Touché du sort des insulaires, le souverain, qui offrit sa flotte aux Corses, envoya son fils Charles à leur secours. Les Maures furent battus, et le résultat de ce succès aurait été immense si la mort de Charlemagne n'avait permis aux barbares de tirer parti de cette fâcheuse circonstance. Vainqueurs des Corses, les Sarrasins furent vaincus par Irminger, comte de Lampourdan.

Comme nous venons de le voir, la Corse, depuis la chute de l'empire romain, avait suivi le sort des provinces d'Italie. L'empereur d'Occident s'était montré le défenseur de cette île ; mais à sa mort son successeur jugea à propos de confier la garde de ce pays au comte Boniface, marquis de Toscane. Celui-ci entra aussitôt en campagne, et battit à plusieurs reprises les Sarrasins. Albert succéda à son père (846), et comme lui il combattit avec avantage les barbares, transmit le gouvernement de la Corse à ses descendants, qui dominèrent en maîtres jusqu'à la mort du dernier marquis de Toscane, de la famille de Boniface (931).

Béranger II gouverna ensuite, et après lui Othon II soumit la Corse, la réunit au royaume d'Italie (975), puis la céda à son fils Hugues, autrefois dépossédé par Béranger II. L'autorité de Hugues dura peu, car il mourut quelque temps après avoir été investi de pleins pouvoirs.

C'est ici que nous allons parler de l'organisation du pouvoir seigneurial.

A la mort de Hugues, fils d'Ubert, plusieurs comtes insulaires, profitant des troubles qui eurent lieu à la mort de l'empereur Othon III, essayèrent de suivre l'exemple de plusieurs villes d'Italie, et se déclarèrent indépendants (1001).

C'est à partir de ce moment que chaque seigneur s'érigea en souverain dans ses domaines : aussi on les vit bientôt s'attaquer mutuellement, et jeter l'anarchie dans le pays. Le comte de Cinarca, le plus puissant d'entre eux, voulant tirer parti de toutes les dissensions, entra aussitôt en campagne à la tête d'une armée imposante pour conquérir toute l'île. Cette entreprise audacieusement entamée échoua ; car le peuple, fatigué et victime de tous les déchirements des seigneurs, se souleva en masse, combattit pour son propre compte, et se réunit en diète nationale dans la vallée de Morosaglia. Sa première décision fut d'investir l'insulaire Sambuccuccio d'une espèce de dictature ; celui-ci prit aussitôt le commandement d'une forte armée, força le comte de Cinarca à abandonner ses projets, obligea les comtes cismontains à reconnaître l'autorité de leur commune respective ; et ainsi fut rétabli l'ordre en Corse.

Le cap Corse seul résista ; partout ailleurs la féodalité fut presque anéantie d'un seul coup. Restait à vaincre le comte de Cinarca, encore maître de la partie ultramontaine, quand la mort de Sambuccuccio mit le désordre dans l'île, et encouragea le comte à pousser avec vigueur ses armements militaires afin de porter un rude coup aux États voisins.

Les barons, voulant aussi profiter de ces circonstances pour reconquérir ce qu'ils avaient perdu, ne restèrent pas simples spectateurs ; et les Corses cismontains, ne pouvant se défendre seuls, se virent dans la nécessité de solliciter le secours du marquis Malaspina, descendant d'Adalbert, fils de Boniface (1012).

Malaspina entra aussitôt en campagne, fondit sur les seigneurs ultramontains, expulsa de l'île le comte de Cinarca, et eut le bonheur de voir rétablir l'ordre dans le pays. Cette paix heureusement rétablie profita à sa famille, car elle eut l'avantage de conserver la souveraineté de la Corse jusque vers le milieu du onzième siècle, sans qu'on ait songé à changer les institutions dues à l'esprit de Sambuccuccio.

Mais en 1077 cet état de choses cessa d'exister. Un évêque de Pise, nommé Landolphe, à force de suggestions et d'intrigues, parvint à faire déclarer les habitants de la Corse sujets de l'Église romaine.

Véritablement l'administration de Landolphe et de son successeur fut des plus paternelles ; mais quelque temps après, sous Daïbert, Urbain II céda la Corse à l'église métropolitaine de Pise, moyennant une redevance annuelle (1091).

C'est ici que commença le règne paisible des Pisans. Ceux-ci occupèrent l'île au nom de la république. Une des mesures de l'administration pisantine fut celle de respecter les institutions alors existantes en transformant seulement la hiérarchie des autorités. Pour rendre hommage à la vérité, nous devons déclarer que sous l'autorité populaire et libérale de Pise, la Corse put jouir d'une grande tranquillité, et voir la liberté, l'ordre, la paix, rendre à l'industrie nationale toute son activité. En effet, on perça des routes, on érigea des temples et autres édifices publics; on tâcha de réparer en partie les désastres causés par les invasions des barbares et les guerres civiles; les exilés enfin purent aborder la terre d'où ils étaient injustement bannis.

Mais tandis que le pays grandissait à l'ombre d'une paix bienfaitrice, la rivalité de Pise et de Gênes inquiétait l'Italie, et on pouvait facilement prévoir qu'elle éclaterait violemment à la première occasion.

Toutes les dominations étrangères deviennent oppressives, et au contentement succède souvent l'aversion.

Pise, d'abord libérale, finit par devenir tyrannique, et les Génois s'offrirent alors de remplacer les Pisans.

A l'occasion d'une piraterie exercée par les corsaires sortis de Bonifacio, les Génois s'emparèrent de cette place par un coup hardi, et la colonisèrent. Cette occupation, comme on doit le penser, augmenta l'animosité déjà existante entre les deux républiques toscane et ligurienne. Les Pisans voulurent reprendre le poste important qu'ils venaient de perdre, mais leurs efforts furent infructueux. Cependant cette ville fut mise en dépôt sous l'autorité d'Honorius III, et la paix fut conclue entre les deux républiques.

Cette paix eut le même sort que les précédentes; elle fut de courte durée. La querelle des Guelfes et des Gibelins agitait à cette époque l'Italie, et fut l'occasion d'une nouvelle indisposition entre les deux nations [1]. La guerre éclata.

---

[1] Les villes et princes qui étaient partisans du pape se disaient Guelfes, ceux, au contraire, qui suivaient le parti de l'empereur Frédéric II se disaient Gibelins.

Les Pisans avaient en Frédéric II un puissant défen-seur; mais à sa mort les Génois, les Florentins et les Lucquois, s'étant ligués pour saper l'avenir de Pise, s'assurèrent le succès en l'attaquant par terre et par mer. Après cette défaite, les vaincus abandonnèrent toute la partie du territoire qu'ils occupaient.

Bientôt un relâchement dans l'autorité se fit sentir, et à la suite de ces luttes et de tous ces désordres l'anar-chie recommença à désoler le pays. On vit en même temps une partie des habitants se ranger sous le joug de la république de Gênes, après avoir secoué celui des Pisans.

Les seigneurs, croyant pouvoir profiter de cette tourmente, essayèrent de s'affranchir de la domination de Pise. Ils prirent les armes; les uns demeurèrent indépendants, d'autres se mirent sous la protection génoise.

C'est alors qu'une réunion des habitants eut lieu dans la vallée de Morosaglia (1269), comme au temps de Sambuccuccio, et qu'on proposa au marquis Isnard Malaspina de venir en Corse reprendre l'ancien pouvoir de ses ancêtres. Celui-ci se rendit aux vœux et désirs des Corses; mais son arrivée ne réussit pas à opérer des changements dans l'île.

La conservation de la souveraineté en Corse devenait de plus en plus difficile, et offrait peu de chances à la république de Pise; elle voulut pourtant tenter un der-nier effort, et elle donna en conséquence le comman-dement d'une armée à un noble Corse descendant des seigneurs de Cinarca. Giudice de la Rocca, remarquable autant par ses talents militaires que par ses mâles vertus privées, fut celui qui fut chargé de pleins pouvoirs à cet égard. Il débarqua dans l'ile (1280), assembla tous ses parents, rallia à lui les habitants qui reconnaissaient encore l'autorité de Pise, combattit bravement Arriguccio, feudataire de Gênes, et l'obligea de se retirer chez le seigneur de Saint-Antonino.

En présence de ces insuccès les secours de Gênes devenaient indispensables, et les seigneurs opposés à Pise ne tardèrent pas à les réclamer avec instance. Thomas Spinola, général d'une habileté reconnue, débarqua soudainement à la tête d'une nombreuse armée, marcha sur le château de Cinarca, où s'était retranché Giudice de la Rocca, l'attaqua vigoureusement; mais il fut vaincu (1282), et ne put parvenir à s'en emparer malgré la supériorité numérique de ses troupes.

Quelques années plus tard les Pisans ayant été battus à la journée de la Méloria, les Génois crurent que le moment était venu de les exterminer tout à fait, et chargèrent Lucchetto Doria de poursuivre les opérations. Vaincu d'abord, Giudice de la Rocca triompha ensuite; mais après son triomphe il fut malheureusement trahi, et livré aux Génois par un de ses lieutenants nommé Salnese. Il fut emprisonné, et mourut quelque temps après empoisonné, après avoir énergiquement défendu sa patrie pendant près de cinquante ans (1312). « Giu- » dice de la Rocca, dit l'historien Philippini [1], fut réel- » lement un des hommes les plus remarquables qui » aient jamais existé dans l'île. Il était plein de courage » et habile dans les armes, très-capable de suivre ses » entreprises, d'un excellent conseil, sévère exécuteur » de la justice, très-généreux envers les siens, et très- » constant dans l'adversité. »

[1] *Istoria di Corsica*, t. II, p. 167.

III.

A la mort de Giudice, la lutte entre Gênes et Pise eut un terme ; le sort des armes favorisa les Génois, et ils devinrent ainsi maîtres absolus de l'île. Ce fut une députation de quatre membres qui porta à Gênes l'acte de cession rédigé le 12 août 1347. Un an après Boccanegra, envoyé comme gouverneur, prit possession de l'île de Corse, se distingua par sa sagesse et son savoir-faire, rétablit l'harmonie dans l'intérieur, et la plus grande partie de la population reconnut un instant l'autorité de Gênes. Bientôt Boccanegra obligé de quitter le pays qu'il gouvernait pour se rendre à Gênes, où des événements graves réclamaient sa présence, Guillaume de la Rocca, puissant baron d'au delà les monts, attaqua vivement ses voisins, en vainquit plusieurs ; mais tandis qu'il espérait recueillir le fruit de ses victoires, il trouva la mort dans un combat contre son seigneur Ghilfuccio d'Istria.

« A cette époque, dit Philippini, parut en Corse la » secte des Giovannali. Elle prit naissance dans le pays » de Carbini. Tout était en commun entre les frères de » la nouvelle doctrine, les femmes comme le reste. Ils » voulaient, disaient-ils, renouveler l'âge d'or. Ils se » rassemblaient la nuit dans les églises, et après quel- » ques cérémonies superstitieuses, éteignant les lu- » mières, ils mettaient en pratique la communauté des » biens. Leur secte commençait à se répandre dans » toute l'île. Le pape les excommunia, et envoya un » commissaire avec quelques soldats, qui, joints aux » habitants, dont les Giovannali étaient abhorrés, les

» battirent dans la pièce d'Alesani où ils s'étaient réfu-
» giés. Après cette défaite, on les tua sans pitié partout
» où on les rencontra. »

Henri de la Rocca, fils de Guillaume, dont l'autorité
grandissait tous les jours, voulut continuer l'œuvre si
heureusement commencée par son père. Il eut à combattre Tridano de la Torre, chargé de pleins pouvoirs de
la république de Gênes. Henri de la Rocca, forcé de
s'expatrier, se rendit en Espagne auprès du roi d'Aragon
pour lui demander des secours; et, quelque temps
après, il revint en Corse avec des forces imposantes.

Son premier soin fut d'attaquer, et de réduire le
château de Cinarca. Il s'en empara promptement, et
après plusieurs victoires, grâce à la sympathie du
peuple qu'il avait su s'attirer, il put soumettre tout le
pays en peu de jours (1372). Les deux villes de Calvi
et Bonifacio furent les seules que purent conserver les
Génois.

Fier de ses exploits et du puissant concours des insulaires, Henri de la Rocca s'appliqua à effacer les maux de
l'administration génoise, et pendant quelques années
il fut l'idole d'un peuple qui put jouir sans inquiétude
d'une prospérité depuis longtemps inconnue. Malheureusement ce bonheur intérieur, ce calme profond
ne furent pas longtemps maintenus; car Henri, affec-
tant dans la suite un souverain mépris pour les lois,
s'attira la haine de toute la Corse. Un système de ré-
pression et de rigueur devint conséquemment indispensable.

Ses ennemis devenaient de plus en plus nombreux;
et en même temps que ce mécontentement perçait
presque dans toutes les parties de l'île, Gênes, ne pou-

vant plus prêter à la Corse une attention particulière,
accueillit sans hésitation une proposition faite par cinq
sociétaires génois connus sous le nom de la Maona.
Cette compagnie avait pour but et se proposait d'aller
soumettre la Corse pour son propre compte. Dès que
les préparatifs de l'expédition furent complétés ; elle
partit pour sa destination.

Les nouveaux gouverneurs furent loin d'atteindre
le but qu'ils s'étaient proposé. Henri de la Rocca,
toujours vainqueur, força la compagnie à abandonner
la partie en 1380, et à se retirer dans sa patrie humiliée et ruinée.

Comme il est facile de le comprendre, à la chute de
la Maona, la république, qui avait momentanément
cédé ses droits, voulut être réintégrée ; à cet effet
elle tenta de nouveau de soumettre la Corse, en con-
fiant la direction des affaires à Lamellino, un des sociétaires de Maona.

Le nouveau gouverneur subit le sort des autres :
réduit à l'impuissance, il quitta la Corse après dix ans
de séjour (1391).

A Lamellino succéda J. B. Zoaglia, et comme ses
prédécesseurs il marcha contre Henri de la Rocca. Il
le vainquit. Mais cet échec devait quelque temps après
être réparé par de nouveaux succès. Henri de la Rocca
défait vola aussitôt en Espagne, fut parfaitement accueilli par le roi Jean. Celui-ci mit à sa disposition les
troupes dont il avait besoin pour chasser ses ennemis,
et ce fut ainsi que Zoaglia, d'abord victorieux, fut
promptement battu, et fait prisonnier.

Son successeur Panzano, général habile, essuya à son
tour une déroute complète auprès de Biguglia (1394);

ce fut à la suite de ces triomphes consécutifs que l'île de Corse, à l'exception de Bonifacio et Calvi, tomba une seconde fois sous la domination d'Henri de la Rocca.

Gênes humiliée, ses troupes taillées en pièces, il fallut s'attendre au renouvellement des hostilités.

Raphaël Montalto ne tarda pas à se présenter bientôt après avec le commandement d'une forte armée. Il alla à la rencontre d'Henri, le combattit bravement, et le força, après une résistance des plus héroïques, à abandonner la *Terre de commune*. On n'est pas bien fixé aujourd'hui, dit l'historien Friess, sur l'étendue de pays que renfermait autrefois la *Terre de commune;* cependant Limperani, qui écrivait au temps de Paoli, où la *Terre de commune* jouait un rôle important, s'exprime à cet égard d'une manière très-précise. « Tout » le pays, dit-il, qui s'étend en longueur des monts » (la chaîne de montagnes du système transversal) jus- » qu'à Brando, et en largeur d'Aleria jusqu'à Calvi, fut » appelé et s'appelle encore aujourd'hui *Terre de com-* » *mune*. »

Peu généreux envers leur ennemi, les Génois l'em- poisonnèrent lâchement; et ce fut à la suite de cet évé- nement qu'une paix fut traitée avec François de la Rocca, fils d'Henri. Celui-ci livra ses domaines pour recevoir en récompense la nomination de lieutenant gé- néral de la république pour la *Terre de commune* (1401).

Le calme se fit alors; mais tandis que le pays tout entier respirait un peu et semblait sentir le besoin de se reposer quelques années à l'ombre d'une paix bien- faitrice, Lamellino, d'abord ancien sociétaire de la Maona, puis gouverneur pour la république, obtint de

Charles VI, roi de France, le titre de comte, et la
Corse comme fief (1407). Ce changement dans l'administration, joint à la tyrannie du gouverneur, amena des
troubles sérieux, et arma le bras de Vincentello d'Istria,
neveu d'Henri de la Rocca. Il débarqua dans l'île avec
une armée prête à combattre. Le premier soin de ce
prétendant fut de s'emparer du château de Cinarca,
puis de Biguglia, place importante qui lui valut la nomination de comte de Corse. Sans plus tarder et voulant tirer le meilleur parti de ses premiers succès,
Vincentello attaqua Bastia, s'en rendit maître. Lamellino démoralisé, s'apercevant que sa position empirait
de plus en plus, demanda des secours à Gênes, livra à
son tour un combat à son adversaire, le blessa, le
força à battre en retraite; mais aussitôt guéri, Vincentello reprit l'offensive, tailla en pièces les Génois, les
mit dans la dure nécessité d'abandonner toutes leurs
conquêtes (1410).

Impuissante par les armes, on vit alors Gênes recourir à la ruse et à l'intrigue; mais peu heureuse sur
le champ de bataille, elle eut le même sort sur le champ
de la politique. Les luttes se succédèrent, mais elles
tournèrent toutes à l'avantage de Vincentello, grâce
aux secours que lui avait accordés Alphonse d'Aragon.
Squarciafico, Lomellino, Campo-Fregoso avec leurs
armées furent battus, partout repoussés, et n'eurent
plus d'autres possessions que Calvi et Bonifacio (1419).

L'année d'après, Alphonse, roi d'Aragon, fit lui-même
une apparition en Corse, mit le siége devant Bonifacio,
puis il partit pour Naples sans avoir pu se rendre maître
de cette ville, laissant à Vincentello le soin de poursuivre les opérations militaires qu'il avait entamées.

L'insuccès d'Alphonse donna des soucis bien légitimes à Vincentello, car il pensa avec raison qu'à l'avenir il ne pourrait plus compter sur le puissant appui de son protecteur de la veille.

Il crut donc urgent et de bonne politique de se faire des partisans parmi les caporaux [1] si influents en deçà des monts dans la *Terre de commune*. Il tenta, et n'eut pas de succès ; aux caporaux s'unirent quelques seigneurs ultramontains, tels que Rinuccio de Leca, Paul de la Rocca, pour le combattre.

Au lieu de le défendre, Simon de Mare, seigneur du cap Corse, reconnu pour chef de la ligue, s'avança vers Biguglia, où s'était retranché Vincentello, ne put s'en emparer, et une paix mit momentanément fin aux hostilités. La lutte fut reprise peu de temps après, et Biguglia, de nouveau investie, tomba enfin au pouvoir des confédérés.

Vincentello a donc été, comme on voit, vainqueur et vaincu ; mais poursuivi dans ses derniers jours comme rebelle, il eut le triste sort d'être condamné à Bastia, par le conseil des Huit, à avoir la tête tranchée [2] (1434).

La mort de Vincentello aurait laissé Simon de Mare sans rival sérieux, si Giudice d'Istria, Paul de la Rocca et Rinuccio de Leca ne lui eussent suscité des embarras. Pourtant, Simon de Mare, ne pouvant combattre ces trois adversaires par les armes, s'appliqua à les diviser

[1] Les caporaux étaient des magistrats chargés de défendre les intérêts des faibles contre les empiétements ou la rapacité des forts. Cette organisation était seulement appliquée dans la *Terre de commune,* ainsi appelée parce que les peuples qu'elle renfermait firent cause commune pour l'affranchir de la tyrannie des seigneurs.

[2] Le conseil des Huit se composait de huit magistrats, savoir : de François Spinola, André Doria, Mathieu Lomellino, Nicolas Justiniano, Pierre Bondenaro, Pierre Casino, André Marino et Jean Navono.

entre eux, et parvint à entraîner Paul de la Rocca dans son parti, ce qui obligea les autres seigneurs à se retirer dans leurs fiefs.

A la suite de la mort de Vincentello le titre de comte de Corse étant devenu vacant, Giudice d'Istria le demanda à Alphonse d'Aragon. Il le lui accorda avec des secours militaires; mais il ne lui profita pas, car les Corses, ne voulant pas qu'une puissance étrangère leur imposât un comte, se refusèrent à reconnaître Giudice pour tel, et s'assemblèrent en diète à Morosaglia pour conférer ce titre à Paul de la Rocca.

Le premier acte de politique de ce nouvel élu fut de rompre avec Simon de Mare, de lui déclarer la guerre, et de se rendre maître de ses possessions du cap Corse. Mais dès que Simon crut la partie perdue pour lui, il se rendit à Gênes, revint avec des préparatifs immenses en compagnie des Montalto, et c'est ainsi que Paul de la Rocca se vit obligé de céder Corte et de se retirer dans son fief.

L'influence de Simon de Mare grandissait tous les jours; il en résulta une jalousie si forte dans l'âme de Montalto, que Simon fut pris et jeté dans une prison.

Une pareille conduite était de nature à soulever l'indignation de tout le peuple, et Nicolas Montalto fut attaqué et défait à son tour (1438).

Après ces événements, la lutte commença entre les Campo-Fregoso, les caporaux et le comte Giudice d'Istria, qui obtint, comme nous avons dit plus haut, quelque temps avant, de la cour d'Aragon, le titre de comte.

Ce fut Janus, neveu de Campo-Fregoso, qui entra le premier en campagne. Il put soumettre la *Terre de commune*, et s'emparer du château de Cinarca avec son défenseur Barthélemy d'Istria, fils de Vincentello.

Ce succès assuré, il en voulut d'autres, et, à cet effet, il combattit à outrance les autres seigneurs, soumit toute l'île à sa puissance, et dès ce moment ses efforts tendirent à paralyser la puissance des caporaux, puis à les exterminer complétement. Une telle conduite indigna Paul de la Rocca et Rinuccio de Leca. Ils entrèrent aussitôt en campagne, poursuivirent leur ennemi commun, et leur premier succès fut d'obliger Janus à céder le terrain.

Vaincu et découragé, Janus s'en alla alors à Gênes pour réclamer des secours, et on le vit revenir peu de temps après pour reprendre sa revanche. Il livra de suite un combat à Paul de la Rocca, et l'obligea à abandonner le champ de bataille avec ses quatre mille fantassins et ses trois mille chevaux. Cette victoire ne lui profita pas beaucoup, car il ne tarda pas à être pris avec les membres de sa famille. Jetés dans une prison, ils purent pourtant recouvrer leur liberté ; mais comme Giudice d'Istria fut reconnu comte de Corse par tout le pays, tout espoir de ressaisir le gouvernement fut perdu pour eux.

La fortune de Giudice s'était bien présentée s'il avait su tirer parti de la lutte acharnée qui divisait les Montalto et Campo-Fregoso, le comte Paul de la Rocca et Rinuccio de Leca, les caporaux et les seigneurs de Mare ; mais il eut la faiblesse de devenir orgueilleux ; et s'étant par son caractère attiré beaucoup d'ennemis, François et Vincentello d'Istria se révoltèrent tout à coup contre lui, le blessèrent, et le condamnèrent à l'obscurité d'un cachot (1443).

Ce fut à la suite de ces événements que les Corses, fatigués des changements de pouvoir si funestes à l'avenir du pays, et ne voulant subir ni le joug de Gênes ni celui des barons ultramontains, donnèrent la souveraineté du pays au pape Eugène IV.

Monaldo Paradisi fut envoyé en Corse chargé de pleins pouvoirs à la tête d'une nombreuse armée pour faire respecter, et étendre l'autorité du pape. Il n'y resta pas longtemps, car il fut défait sous les murs de Calvi, et Jacques, évêque de Potenza, le remplaça après cet échec.

Des troubles sérieux agitaient sans cesse le peuple déjà fatigué et épuisé de tant de fluctuations. Pour y porter remède on convoqua une diète générale à Morosaglia, et on nomma Mariano da Gaggio lieutenant général du peuple [1].

Celui-ci, homme plein de courage, s'empressa de déclarer immédiatement une guerre ouverte aux caporaux. Ils étaient en grande partie la cause de la perturbation de l'île. Il les vainquit, abolit leur titre, et déclara qu'à l'avenir ils n'auraient joui d'aucune prérogative dans le pays (1445).

Quelque temps après une armée de Grégoire Adorno, à laquelle s'étaient joints les caporaux, alla à la rencontre de l'armée nationale qui se trouvait du côté de Caccia, lui livra combat, et les troupes génoises, complétement battues, perdirent leur général, devenu prisonnier de guerre. Mais, tandis que Mariano voulait marcher sur Corte aussitôt après ce premier triomphe

---

1 « Postridie, alii nuntii advenerunt nuntiantes, principes factionum, » et nobiles, et plebejos, duce Mariano Cajo arma sumpsisse, ad justumque exercitum ad Marusiglam convenisse, eosque clamasse : Moriantur nova vectigalia, eorumque inventores ; et vivat populus libertasque. » (Petri Cyrnæi, *De rebus Corsicis.*)

pour s'en emparer, le pape l'en empêcha et envoya en Corse Mariano de Norcia, officier d'expérience, avec ordre de faire prospérer les affaires de l'Église (1447).

Dès que le calme fut rétabli en deçà des monts, ce dernier attaqua les barons ultramontains, s'empara de Baracini, de Bozi et de l'Orese. Le seigneur de Cinarca, Raphaël de Leca, restaient seuls à vaincre; eux seuls n'avaient pas voulu reconnaître l'autorité du pape, quand la mort d'Eugène IV amena encore de nouveaux troubles en Corse. Norcia, voulant tirer parti de ces circonstances, tâcha de se rendre maître du pouvoir; mais il eut le triste sort de se voir abandonné de ses partisans, et dut se retirer dans le fort de Brando, où étaient renfermés ses fidèles soldats.

Nicolas, successeur du pape Eugène, n'eut pas la même politique envers la Corse; il en céda le gouvernement aux Campo-Fregoso.

Cette cession fut bien loin de plaire aux Corses. On vit Mariano de Gaggio se mettre à la tête du peuple pour aller combattre le nouveau gouverneur. Il lui livra un combat furieux au Golo; mais il fut vaincu par un habile capitaine nommé Giovannone.

En 1451, un nouveau prétendant vint compliquer les affaires. Antoine de la Rocca, seigneur d'au delà les monts, fit valoir ses droits auprès d'Alphonse d'Aragon, alors roi des Deux-Siciles. Des troupes, sous les ordres de Jacques Imbisora, débarquèrent en Corse, et bientôt Antoine de la Rocca rallia à lui les seigneurs ses alliés.

Tandis que les confédérés voulaient entrer en campagne, Imbisora, vice-roi de l'île, mourut, et son neveu le remplaça; mais trop faible pour attaquer, il resta sur la défensive.

A cette époque la Corse était divisée par quatre pouvoirs différents :

1° Les Génois commandaient Calvi et Bonifacio;

2° Les contrées d'au delà les monts étaient gouvernées par les seigneurs, dont quelques-unes jouissaient de leur indépendance, et d'autres se trouvaient sous la domination des rois d'Aragon;

3° Les Campo-Fregoso régnaient sur la Terre de commune, et possédaient Bastia, Corte, Saint-Florent et Biguglia;

4° Enfin les seigneurs de Cinarca et le vice-roi d'Aragon avaient sous leur autorité le Niolo et le Fiumorbo.

Comme il est facile de le voir, cet état de choses ne pouvait durer plus longtemps : une consulte générale, convoquée à Morosaglia, décida en conséquence qu'à l'avenir la Corse serait mise sous la protection d'une compagnie dite de Saint-Georges, fondée en 1346 par le patriotisme de vingt-neuf citoyens de Gênes. Cette compagnie était à peu près établie sur les mêmes bases que la fameuse compagnie anglaise des Indes orientales.

Nous raconterons maintenant ce qui s'est passé depuis l'établissement de cette compagnie jusqu'à l'occupation de la Corse par les troupes de Henri II, roi de France.

IV.

Le premier soin de la compagnie, dès qu'elle eut pris possession de l'île, fut de combattre énergiquement les Aragonais, qui pouvaient lui disputer le pouvoir; et ceux-ci, trop faibles pour opposer une sérieuse résistance, crurent à propos de laisser le champ libre.

Après leur départ les seigneurs ultramontains restaient seuls à vaincre. Dans le principe la compagnie consentit à respecter tous leurs priviléges ; mais aussitôt que Doria, gouverneur de l'île, fut convaincu de sa force et de sa supériorité, il attaqua Raphaël de Leca, seigneur de Cinarca, qu'on soupçonnait avoir des relations avec le roi d'Aragon. Raphaël résistait bravement à ses ennemis quand le roi d'Arágon envoya à son secours huit galères chargées de troupes sous le commandement de Berlingeri da Rillo, investi du titre de vice-roi (1455).

Les Génois poussèrent alors leurs préparatifs de guerre avec vigueur ; mais ils furent inutiles, car ils eurent l'humiliation d'être battus par les troupes du comte et du vice-roi.

Malheureusement, après ses succès, Berlingeri da Rillo dut se rendre auprès de son roi à la tête des troupes qu'il avait sous ses ordres, et Raphaël, quoique réduit à ses propres forces, put encore repousser les Génois. Malheureux sur le champ de bataille, les Génois tentèrent alors de semer la désunion et la discorde entre les divers seigneurs. Ils réussirent enfin, et on vit Vincentello d'Istria abandonner le premier le parti du seigneur de Leca ; d'autres suivirent son exemple, et Raphaël, à peine soutenu par les membres de sa famille, finit par mourir dans son château (1457), après s'être défendu héroïquement.

Sa mort ne mit pas un terme à la guerre. Les seigneurs ultramontains, ayant été vaincus ou gagnés par l'intrigue, voulurent se soulever ; mais n'ayant pas de forces suffisantes à cet égard, ils se rendirent auprès du roi d'Aragon pour en obtenir. Henri de la Rocca, Guil-

laume de Bozzi, Orlando d'Ornano, Giocante de Leca
et Giudice d'Istria, ne purent avoir ce qu'ils sollici-
taient, car le roi avait besoin de ses troupes pour soutenir la guerre dans laquelle il était lui-même engagé.
Sans se décourager ils retournèrent en Corse, tentèrent
quand même de lutter contre les Génois, et furent assez
heureux pour s'emparer de plusieurs châteaux qu'ils
avaient perdus, et pour soutenir la guerre avec avantage.

Comme les affaires de la compagnie de Saint-Georges
se compliquaient tous les jours, on envoya un nouveau
gouverneur, Antoine Spinola, homme de beaucoup de
talents. Vincentello d'Istria, partisan des Génois, s'étant
uni à celui-ci, les seigneurs de la Rocca, de Bozzi et
d'Ornano se virent alors dans la dure nécessité de se
rendre.

Les seigneurs de Leca, retranchés dans le Niolo, restaient à vaincre, et, à leur tour, ils mirent bas les armes,
et signèrent un traité de paix; mais, malgré la foi qu'on
leur devait, Spinola fut assez infâme pour faire trancher
la tête à Vincent de Leca, fils de Raphaël, et à Antoine
de la Rocca, avec plusieurs membres de sa famille.

Comme il est facile de s'en apercevoir, la compagnie
de Saint-Georges avait adopté des mesures de terreur
pour assurer son règne; aussi tous les seigneurs s'ex-
patrièrent, et, par leur retraite, elle eut la souveraineté absolue du pays (1460).

Ce calme forcé fut bientôt troublé : Ludovic Campo-
Fregoso, étant nommé doge, manifesta ses intentions
relatives aux droits qu'avait sa famille sur la Corse, et
une conspiration ourdie contre la compagnie ne tarda
pas à éclater. Paul de la Rocca, Giocante de Leca, Vincentello d'Istria, l'évêque d'Aléria, et d'autres seigneurs

en étaient les chefs, et avaient pour but de la chasser de l'île, de rétablir les seigneurs dans leurs fiefs, et de proclamer Thomas Campo-Fregoso, neveu du doge, comte de Corse.

La lutte s'engagea. Thomas Campo-Fregoso se présenta devant les troupes de la compagnie, avec d'immenses préparatifs, les battit complétement; et c'est ainsi qu'il s'empara de presque tout l'intérieur du pays (1462).

Reconnu comte par tous les habitants, Thomas gouverna le pays pendant deux ans, et lui fit goûter le bonheur de la tranquillité; mais un changement dans le gouvernement de l'île s'opéra bientôt (1464) par suite de la révolution qui éclata à Gênes à cette époque.

La Corse, enlevée au pouvoir de Thomas Campo-Fregoso, passa sous la domination du duc de Milan; et pendant deux ans sa souveraineté fut partout respectée; mais Jean-Antoine Cotta, commandant en Corse pour le duc, dut tout à coup prendre des mesures en conséquence pour se défendre contre les seigneurs décidés à combattre l'autorité du nouveau duc, Galéas-Marie Sforza.

Les habitants de la *Terre de commune*, redoutant la guerre, se réunirent alors en consulte générale, et choisirent pour lieutenant général du peuple Sambuccuccio d'Alando, descendant de cette célèbre famille que nous avons vue figurer au commencement du onzième siècle. Celui-ci eut soin de condamner le général milanais à l'impuissance; le duc Galéas-Marie dut révoquer Cotta, et nommer à sa place J. B. d'Amélia. Le premier acte politique de ce nouveau gouverneur fut de procéder à une levée d'impôts. Sambuccuccio s'y.

opposa, se mit à la tête d'une armée, vainquit le vice-duc, et l'obligea à se retirer avec ses troupes dans les villes fortifiées.

Giudicello de Gaggio, fils de Mariano, qui a joué, comme nous avons vu, un rôle très-important au temps d'Alphonse d'Aragon, remplaça Sambuccuccio, et, malgré sa valeur et son courage, il ne put parvenir à maintenir la tranquillité du pays miné par la guerre civile. Vinciguerra, Colombano, Charles de la Rocca et Charles de Costa, tour à tour proclamés lieutenants généraux du peuple dans les consultes qui se tinrent de 1472 à 1476, ne purent, malgré leurs efforts et leur talent militaire, aboutir à un meilleur résultat. Mais tandis que tant d'éléments de discorde et de mésintelligence agitaient toute l'île, le duc de Milan mourut, et on vit, alors, Thomas Campo-Fregoso, dépossédé peu avant, faire une descente en Corse à la tête d'une belle armée.

Le gouverneur milanais marcha contre lui, le combattit courageusement, et l'envoya prisonnier à Milan. Le captif se voua aussitôt à l'intrigue, finit par se faire céder la Corse par la régente Bonne de Savoie, mère du duc, et occupa les places qu'occupait le gouvernement milanais à cette époque (1480).

Un an après, Thomas Campo-Fregoso devint despote, et fut obligé de remettre le pouvoir à son fils Janus ; il suivit lui-même les traces de son père, et dut à son tour se démettre du pouvoir en faveur de Marcelin de Farinole (1483). Ce général continua l'œuvre de Campo-Fregoso ; mais il devint si antipathique au peuple, qu'un soulèvement contre son autorité eut lieu. Ce mouvement fut soutenu par Rinuccio de Leca.

Les Campo-Fregoso unis à Jean-Paul de Leca étaient encore forts, et Rinuccio pensa qu'abandonné à ses propres ressources il ne serait jamais venu à bout de les vaincre. C'est pourquoi il eut recours à l'appui d'Appien IV, seigneur de Piombino. Celui-ci envoya en Corse son frère Gherardo de Montagnana (1483) pour le remplacer.

Une consulte le reconnut comte de Corse, et ses troupes marchèrent de suite contre Saint-Florent et Biguglia, qui tombèrent en leur pouvoir. Ces événements persuadèrent les Campo-Fregoso que leur puissance en Corse était devenue désormais nulle : aussi firent-ils cession de leurs droits à la compagnie de Saint-Georges (1485).

Comme nous savons déjà, cette compagnie perdit la souveraineté de la Corse en 1462; mais vingt-trois ans après, ayant Jean-Paul de Leca pour allié, elle devint encore maîtresse de l'île, après avoir vaincu Rinuccio de Leca, et obligé le comte Gherardo à rentrer en Toscane. La compagnie s'empressa, après cette victoire, d'envoyer en Corse Mathieu de Fiesco, en qualité de gouverneur avec des instructions qui lui enjoignaient de resserrer l'alliance avec Jean-Paul de Leca, et de respecter l'indépendance des seigneurs ultramontains dans leurs fiefs (1485).

Le calme se fit aussitôt; il se serait prolongé si Janus ne l'eût troublé. Jean-Paul de Leca, d'abord partisan et défenseur de la compagnie de Saint-Georges, tourna ses armes contre elle pour favoriser Janus; mais tous deux furent vaincus après une lutte acharnée (1487).

A partir de ce moment la politique de la compagnie

s'attacha spécialement à détruire le pouvoir des seigneurs féodaux. Jean-Paul de Leca rentra en Corse pour combattre une telle injustice, mais il dut s'expatrier de nouveau (1489).

Dix ans après les Corses manifestant un grand mécontentement contre le joug oppresseur des Génois, Jean-Paul tenta encore de soulever le peuple, et l'insurrection devenait si grave que la compagnie dut envoyer dans l'île un général habile connu sous le nom de de Negri. Celui-ci attira à lui plusieurs seigneurs ultramontains, parmi lesquels figurait Rinuccio de la Rocca, et parvint à forcer Jean-Paul à abandonner la Corse une dernière fois.

De Negri, victorieux et fier de ses exploits, se rendit à Gênes auprès de la compagnie de Saint-Georges. On lui fit ériger une statue (1501); mais le départ de Jean-Paul ne mit pas fin aux hostilités, et Rinuccio de la Rocca, d'abord allié d'Ambroise de Negri, prit les armes contre la compagnie. Vaincu dans plusieurs rencontres, il dut céder ses domaines de la Rocca à ses ennemis, qui lui donnèrent en échange une rente égale à ses revenus.

Rinuccio de la Rocca, humilié, voulut courir une autrefois la chance d'une noùvelle guerre contre la compagnie (1503); à cet effet il débarqua en Corse, se créa des ressources, combattit pendant trois ans avec plus ou moins de succès ses adversaires, et fut enfin contraint de se retirer une seconde fois (1506). Peu de temps après, voulant profiter de certains troubles qui eurent lieu à l'occasion de la tyrannie de l'administration génoise, il mit pied à terre dans l'île, engagea plusieurs combats, et mourut les armes à la main (1511).

Cette mort, celle de Rinuccio de Leca, l'exil de Jean-Paul amenèrent la chute des maisons seigneuriales d'au delà des monts.

Dès que les plus puissantes familles furent abattues, l'autorité des Génois fut rétablie, et dès lors le gouvernement suivit les traces ordinaires de tous les gouvernements usurpateurs qui se persuadent qu'ils n'ont plus rien à craindre : il devint injuste, arbitraire, et s'occupa peu de la Corse. L'administration de l'île était considérée comme un commerce, et dirigée au point de vue des recettes et des dépenses. Les Corses se plaignirent pendant longtemps au lieu de se soulever, comme ils faisaient auparavant. Ils essayèrent bien cependant de se révolter ; mais n'ayant point de chef capable pour les conduire, ils étaient bientôt accablés. C'est ici que commence le rôle qu'a joué Henri II sur la scène politique de la Corse.

V.

La France et l'Espagne venaient d'entrer en guerre. Henri II et Charles-Quint, ces deux puissants souverains, allaient engager la lutte. Une armée française, sous le commandement du général de Thermes, venait d'envahir l'Italie pour engager les hostilités ; mais avant toute entreprise, de Thermes crut à propos de s'assurer un point de refuge dans la Méditerranée, et il porta ses vues sur la Corse.

Les flottes française et turque, sous le commandement des amiraux Paulin et Dragut, débarquèrent des troupes (1553) sous les ordres de Sampiero. Celui-ci put, sans retard, et sans rencontrer de résistance, se rendre maître de la ville de Bastia.

La conquête de cette place frappa de stupeur les Génois, et, à la voix de Sampiero investi du commandement par ses compatriotes, toutes les populations de l'intérieur reconnurent avec enthousiasme l'autorité d'Henri II. Ajaccio, Bonifacio, Corte et Saint-Florent échappèrent tour à tour aux Génois. Le général français put donc se convaincre que, grâce au patriotisme et à l'influence du brave Sampiero, son expédition ne pouvait que prospérer, au grand détriment de ses ennemis.

Peu de mois suffirent, en effet, pour chasser de l'île presque tous les Génois; mais cet éloignement ne fut que momentané, et inspiré en partie par la tactique militaire.

Une vengeance devait être tirée : ils la méditaient; car ils firent aussitôt après leur retraite des préparatifs de guerre immenses en vue d'une nouvelle entreprise; et dès qu'ils furent complétés, ils se dirigèrent vers la Corse pour tâcher de ressaisir par les armes les villes qu'ils avaient peu avant livrées à la discrétion de leurs ennemis sans coup férir. Pour donner plus d'importance encore à cette grande expédition, le gouvernement de Gênes confia le commandement en chef de son armée à cet habile général déjà octogénaire connu sous le nom de Doria, et le commandement en second à Auguste Spinola, homme de grandes capacités militaires.

Les flottes firent voile pour la Corse le 10 novembre 1553; elles se présentèrent devant le golfe de Saint-Florent cinq jours après, mirent le siége devant cette ville, et ce ne fut qu'à force de sacrifices d'hommes et d'argent, et grâce au concours de quatre mille hommes de troupes espagnoles, et de mille Allemands venus à l'appui des Génois, que la place capitula le 17 février 1554.

Fiers de cet exploit, les Génois, voulant assurer le triomphe de leur mission, recoururent aux moyens les plus atroces, à la sévérité la plus inique. Ils eurent la cruauté, pour obtenir de l'argent des insulaires, de piller, de ravager, et de brûler des villages entiers.

Mais Doria ne pouvait sans danger pour lui se livrer ainsi impunément à des actes aussi cruels et aussi ignominieux. Il éprouva, en effet, de grandes pertes dans son armée, et fut obligé de demander de nouveaux renforts.

Le moment était donc venu de marcher contre lui. Les officiers corses au service de la France, voulant profiter de l'affaiblissement de l'armée génoise pour l'écraser, demandèrent à combattre sous les ordres de leur brave compatriote Sampiero. Le général de Thermes y consentit.

A la tête d'une armée de cinq mille hommes, Sampiero alla en avant, combattit bravement ses ennemis à la première rencontre qui eut lieu à Silvareccio, les mit en déroute; mais ayant reçu une balle dans la cuisse à la fin du combat, il ne put tirer tout l'avantage qu'il aurait voulu de la victoire.

Le général Spinola, humilié de cette défaite, eut aussitôt la pensée de marcher à son tour contre Ajaccio; le général de Thermes s'empressa dès lors de confier le commandement de ses troupes à un bon chef, à défaut du patriote par excellence que sa blessure retenait encore au lit.

Giacomo Santo da Mare, le Corse le plus remarquable

après Sampiero, fut chargé du soin d'organiser une armée nationale et d'aller camper dans la plaine de Morosaglia, tout près de la Casinca, où se trouvait l'armée génoise.

Les deux armées ne tardèrent pas à se heurter ; une sanglante mêlée a lieu ; la mort se répand dans les rangs ; le carnage est terrible ; mais la valeur et l'indomptable énergie des Corses échouent contre les forces espagnoles et allemandes habilement commandées par les généraux Spinola et Lodron. Ces derniers eurent l'honneur de la victoire.

Cette catastrophe découragea le général de Thermes ; il abandonna à leur propre sort les populations les plus dévouées à sa cause, et se rendit à Ajaccio. Ce départ, cet abandon imprévu jetèrent avec raison la consternation dans le cœur des habitants de la Corse, car ils se voyaient abandonnés par la France[1] ; en effet, elle ne leur envoyait pas même les munitions dont ils avaient grand besoin pour lutter contre leurs ennemis qui ravageaient et brûlaient sans pitié leurs plus belles

---

[1] Voici ce que Sampiero écrivait à la reine mère : « Le cose nostre » fino a qui sono andate per buon camino e se non fosse Io ajuto che li » nemici hanno avuto e segreto e palese, prima ventidue galere del cato- » lico re di Spagna con sei mila Spagnoli, e adesso dieci galere e quattro » navi pure con molti Spagnoli ; prometto alla M. V. che all'ora d'adesso » li avriomo ristretti in tal sorte che sariano a mal partito. Pure con » tutto il loro ajuto sia comunque si voglia ci siam tutti risoluti di mo- » rire piuttosto che restar soggetti ai Genovesi in conto veruno. Però » prego la M. V. poiche il re cattolico si è dimostrato favorevole a' » Genovesi che sono tanto potenti e contro di noi abbandonati da tutto » il mondo, che si vogli degnar ricordarsi della servitù mia e della patria, » sapendo con quanto bonissimo animo desideriamo far cosa che sia » grata alla corona di Francia, che ne dia in segreto opure in palése » ajuto e non volere acconsentire che venghiamo tutti a perire nelle mani » de' nostri nemeci, etc. » (De Vico, le 10 mai 1566 ; tirée de la Biblio- thèque impériale.)

contrées, comme pour mieux faire sentir le poids de leur colère et de leur basse vengeance [1].

La situation des Corses était intéressante. Doria ne tarda pas à être rappelé, sur ces entrefaites, par la cour d'Espagne; et comme il emmena avec lui l'infanterie espagnole, les hostilités se renouvelèrent. Spinola, ayant remplacé Doria, prit des mesures en conséquence pour défendre les points que ses armées occupaient. Tandis que les généraux génois et leurs adversaires Giacomo Santo da Mare et Montestruc se livraient à des escarmouches de peu d'importance, Sampiero, à peu près remis de sa blessure, parut à la tête d'une armée de deux mille cinq cents hommes, excita l'enthousiasme de tout le peuple corse désireux de se ranger sous sa bannière, fut nommé commandant en chef de toutes les troupes, mit à la tête de la cavalerie Giacomo Santo, confia l'infanterie française à Montestruc, et eut soin de se réserver le commandement des Corses à pied. Ainsi combinée, cette armée était prête à combattre, et attendait l'ennemi de pied ferme.

Horace Brancadero, chef de l'armée génoise, soldat courageux et successeur de Spinola, ayant connu tous ces préparatifs, voulut éviter une rencontre avec Sampiero; mais, malgré ses marches forcées pour le fuir, il se trouva bientôt en face de lui sur le sommet de Tenda, et là une bataille terrible et funeste aux armées génoises fut livrée avec une grande impétuosité (18 septembre 1554). Cette grande victoire coûta cher à Gênes,

---

[1] « Sa destinée dépendait de son union avec la France. Cette union cependant ne se fit qu'avec peine : ce fut la faute de la France. Nous nous fîmes les alliés des Génois, au lieu de nous faire les protecteurs de la Corse, et nous aimâmes mieux tenir notre droit de Gênes que de la reconnaissance du peuple corse. De là son énergique résistance. » (SAINT-MARC GIRARDIN.)

car, sans compter le nombre des morts, sept cents personnes restèrent prisonnières, parmi lesquelles figu-
raient Brancadero, Alexandre Spolverino, le commissaire Paul Casanova, Antoine Spinola, Giordano da
Picco, et Marc-Antoine Ceccaldi.

Les Corses eux-mêmes eurent à déplorer la perte
de Giacomo Santo da Mare, qui trouva malheureusement
la mort en poursuivant l'ennemi dans cette mémorable
journée. Il termina ainsi sa carrière, après avoir, par
son activité et son énergique caractère, obtenu d'abord
la reddition de Bonifacio, et organisé dans la suite les milices nationales qui luttèrent avec une si grande bravoure
contre les Génois, depuis que la France s'était refusée,
bien à tort, de leur accorder les secours nécessaires.

Les affaires de Gênes en Corse empiraient de jour
en jour; et quoiqu'elle eût eu recours aux meilleures
tentatives pour arrêter ce funeste progrès, elle ne possédait plus, en 1557, que Bastia, Calvi et une partie
du cap Corse. Cependant, malgré leur mauvaise situation, les Génois n'abandonnaient pas leur prétention
sur le reste de l'île, et négociaient pour en obtenir la
restitution. Elle leur fut malheureusement accordée en
vertu du traité de Cateau-Cambrésis, par lequel Henri II
eut la faiblesse de sacrifier la Corse à l'orgueilleuse
république de Gênes, malgré le dévouement dont la gé-
néralité des insulaires avaient fait preuve en sa faveur.

Tels sont les événements qui s'accomplirent en Corse
durant le court séjour du général de Thermes; examinons maintenant quelles furent les conséquences du
traité dont nous venons de parler, voyons ce qui se
passa depuis la reprise de l'île par les Génois jusqu'au
départ d'Alphonse d'Ornano, fils de Sampiero.

VI.

Comme première conséquence du susdit traité, la compagnie de Saint-Georges s'empressa de reprendre possession de l'île (1559), et d'établir, peu de temps après, sur toutes les propriétés sans exception, un impôt extraordinaire de 3 pour 100 pour couvrir les frais de guerre. Une mesure aussi odieuse exaspéra les Corses, et, trop faibles pour se soulever, ils se refusèrent unanimement à payer l'impôt forcé, quoique les commissaires généraux de Gênes, André Impériale et Pellegro Rebuffo, et après eux les gouverneurs Gaspard de l'Oliva et Nicolas Cibbà, aient tenté tour à tour, les uns par la violence et la tyrannie, les autres par la douceur et les promesses, de ramener les populations à l'obéissance. En présence d'un tel refus de la part de tout un peuple, la compagnie voulut modifier ses prétentions ; mais le sénat ligurien, toujours sévère, combattit toute tendance pacifique, parvint à s'emparer de la puissance exercée depuis longtemps par les directeurs, et la Corse retomba de nouveau sous l'autorité de la république (1561).

La triste situation de la Corse à cette époque, les actes d'injustice, de brigandage, de vol, et les crimes que les Génois commettaient avec une audace effrénée, excitèrent la haine de Sampiero, de cet ardent défenseur de sa patrie, si désireux de tirer vengeance de tant de forfaits. N'ayant pu obtenir des secours des souverains de France et de Constantinople, il n'hésita pas, n'écoutant que son patriotisme, à débarquer en Corse (1564) pour en expulser les assassins et les ennemis de la liberté. Sa présence ranima le courage abattu des insulaires, leur inspira une nouvelle vigueur, et les disposa à une révolte générale pour terrasser les oppresseurs et les tyrans. Il marcha en avant, vainquit au Vescovoto Nicolas de Negri, qui avait sous ses ordres un corps d'infanterie génoise et plusieurs escadrons de cavalerie, livra peu de temps après un second combat dans le territoire de Caccia, où de Negri trouva la mort après avoir subi le plus humiliant échec, et fut, à la suite de cette victoire, universellement proclamé le père et le libérateur de la patrie.

De Negri tué, son armée découragée et battue, le nouveau chef, Étienne Doria, restait à vaincre, et, après lui, son successeur Vidaldi. De nouveaux succès se préparaient ; mais tandis que Sampiero était sur le point de réussir dans sa belle et glorieuse entreprise, il fut malheureusement arrêté dans sa carrière, et, victime d'une trahison qui déshonore les Génois, il fut lâchement assassiné par un scélérat nommé Vittolo (le 17 janvier 1567).

C'est ainsi que mourut l'homme le plus remarquable qu'il y ait eu en Corse avant Pascal Paoli et Napoléon.

« Sampiero d'Ornano, dit l'Hermite, dont la fidélité
» pour la couronne de France n'a pas été moins louée
» que la valeur, continua toujours ses affections pour
» l'État français dans l'une et l'autre fortune. Il com-
» mença le métier de la guerre dans les bandes noires,
» sous Jean de Médicis, qui lui inspira l'inclination
» française, qui s'est depuis rendue héréditaire à toute
» sa famille. Après la mort de ce grand capitaine, le
» cardinal Hippolyte de Médicis le retint près de sa
» personne, et quelque temps après le donna au roi

» François Ier, qui le fit colonel de trois régiments et
» puis de sept enseignes corses. Il nous servit en Italie
» sous Guy de Rangon ; il chassa Antoine de Lene, et
» lui fit lever le siége de Fossan. De là il fut envoyé à
» la garde de Marseille avec le seigneur de Berbeziers-
» Chemereau ; il fut à l'entreprise des seigneurs de
» Montejou et de Boisy, et comme eux prisonnier de
» guerre. Sa liberté recouvrée, il suivit notre Dauphin
» au voyage de Roussillon et au siége de Perpignan, où
» il se signala par une action si peu commune, que ce
» prince tira la chaîne d'or qu'il avait au cou pour en
» honorer la vertu de ce grand capitaine, lui concédant
» dès lors de porter la fleur de lis dans ses armes après
» lui en avoir vu si glorieusement soutenir les intérêts.
» Comme il s'avançait toujours où le péril accompagne
» l'honneur, il s'offrit de conduire trois compagnies
» d'Italiens au secours de la ville de Landrecy, qu'il fit
» heureusement passer à travers le camp des ennemis.
» De là il fut en Corse, où son ardente passion pour
» le service de la France le rendit suspect à la répu-
» blique de Gênes, qui le fit arrêter ; mais enfin, étant
» relâché par la recommandation du roi, Sampiero
» repassa en Piémont pour le secours de Cazal, gardant
» toutefois le souvenir de la prison, qui lui forma le
» dessein de faire triompher nos armes en son propre
» pays. Il en persuada l'entreprise au roi, qui lui com-
» manda d'y accompagner notre général le maréchal
» de Thermes ; il y fut avec trois galères et prit port
» à Bastia, qui se rendit à lui au premier coup de
» canon. Il força plusieurs autres places dans cet État,
» où il défit les ennemis en toutes rencontres. L'auteur
» Fourquevaux dit qu'il valait plus de dix mille hom-

» mes, qu'il pacifiait les discordes, qu'il rassurait le
» courage, et que son esprit, toujours tendu à l'entre-
» prise ou à l'exécution, faisait incessamment de nou-
» velles conquêtes qui furent seulement retardées par
» la paix que le roi fit avec la république. Cependant
» Sampiero, qui ne connaissait point de dangers dans
» ses entreprises, et qui pardonnait difficilement les
» offenses reçues, se crut assez puissant pour faire lui
» seul une seconde guerre aux Génois, et se venger de
» l'affront de la prison. Il repassa en Corse avec vingt-
» cinq Français et douze Corses. Il descendit au golfe
» de Valinco, résolut de conquérir cet État, comme
» auraient fait ses premiers pères, ou de s'ensevelir
» sous ses ruines. Il prit d'abord le château d'Istria,
» les tours de Bithini et de Vensolasca, il pava de corps
» morts toutes les rues de Vescovoto, augmentant de
» jour en jour le nombre de ses forces par celui de ses
» amis qui venaient se rendre sous ses enseignes. »

« Sampiero, dit également l'historien Casoni, ayant
» donné les plus éclatantes preuves de fermeté et de
» courage, a obtenu dans notre siècle très-belliqueux
» un des premiers rangs parmi les capitaines de l'Ita-
» lie.... Doué d'une grande intelligence et d'un génie
» pénétrant, il possédait deux qualités qui se trouvent
» rarement réunies, savoir : un esprit vif et élevé et
» un jugement sain et solide... Sampiero, ajoute l'au-
» teur en question, toujours prêt à adopter un parti,
» ferme dans son exécution, résigné aux fatigues, in-
» trépide dans les dangers, sachant profiter de toutes
» les chances que lui offrait la fortune, des désordres
» et des fautes de ses adversaires, Sampiero soutenait
» le fardeau de la guerre autant par sa valeur que par

» sa sagesse. Aussi, quoiqu'il n'eût sous ses ordres que
» des miliciens et des volontaires tumultueux, sans
» provisions assurées, sans argent, sans munitions, il
» savait se faire craindre de l'ennemi, le tenir à dis-
» tance, battre souvent les troupes les plus aguerries,
» les mieux disciplinées, et déjouer les plans des meil-
» leurs généraux. Enfin c'était un grand capitaine et
» un très-brave soldat. On peut même le considérer
» comme le plus grand guerrier que l'Italie ait possédé
» de son temps. »

Son fils, Alphonse d'Ornano, continua pendant quelques années la guerre avec plus ou moins de succès,
lutta avec avantage contre les troupes de la république ; mais bientôt le parti de la modération triompha,
et Georges Doria, successeur de Fornari, reçut des
pouvoirs illimités de Gênes pour accélérer l'œuvre de
la paix. Elle fut conclue en 1569, et une amnistie générale fut publiée, en vertu de laquelle Alphonse d'Ornano
s'embarqua pour la France avec trois cents de ses patriotes. Il fut parfaitement accueilli par le roi Charles IX,
qui le nomma colonel d'un régiment corse. Devenu
plus tard le favori de Henri IV, il fut promu au grade
de maréchal de France et de gouverneur de la Guienne ;
et son petit-fils, Jean-Baptiste d'Ornano, également
maréchal de France, mourut à la Bastille emprisonné
par les ordres de Richelieu.

VII.

Le peuple insulaire, après une lutte longue et désastreuse, sentit enfin le besoin de goûter le salutaire bienfait du repos ; ayant une croyance entière aux promesses

des Génois, il ne pensa plus qu'à jouir de la tranquillité que les derniers événements venaient de lui garantir. Mais, hélas ! ce calme ne fut pas de longue durée : le pouvoir génois, toujours perfide et parjure, abandonnant peu à peu la route qu'il avait semblé vouloir suivre, finit par devenir inique et atroce. Ce fut alors que la nation corse, qu'on croyait vaincue, sortit tout à coup de sa léthargie, s'arma avec le délire du désespoir, s'élança sur ses ennemis, et les terrassa. La victoire couronna un instant leurs héroïques efforts ; mais la république ligurienne, sur le point de succomber, appela à son secours ses alliés, et la lutte devint dès ce moment furieuse ; lutte mémorable qui dura quarante ans, et pendant laquelle le peuple corse enfanta des prodiges d'énergie, de valeur, de mâle patriotisme et de noble constance !

Au début de cette gigantesque guerre, les Corses manquaient d'argent, d'armes et de munitions, n'avaient point d'appui à l'extérieur, étaient réduits à leurs propres ressources ; mais la révolte générale s'organisa quand même ; elle éclata en 1729 et débuta par d'éclatants succès, grâce à ce courage, à cette fermeté d'âme qui font entreprendre et exécuter les plus belles et les plus grandes choses ; mais, tandis que les armées génoises grossissaient tous les jours, et voulaient obtenir par les armes la domination absolue et despotique de la Corse, les insulaires, comprenant qu'il s'agissait pour eux d'une question d'affranchissement ou de servitude, eurent à cœur de confier le commandement de l'armée nationale à André Ceccaldi et à don Louis Giaferri de Talesani. On était décidé à mourir les armes à la main, et dans la consulte générale qui eut lieu à Corte le

9 février 1731, on prêta le serment de s'affranchir à jamais de la détestable domination génoise.

Les combats se succédaient avec des chances diverses; les Génois, désespérant de parvenir à rétablir seuls leur autorité en Corse, furent obligés de solliciter avec instance un appui étranger; et Charles VI, empereur d'Allemagne, consentit à leur fournir un corps de huit à dix mille hommes, dont une division fut écrasée à Panugolo par l'intrépide Giaferri. Bientôt de nouvelles troupes furent nécessaires pour remplacer celles qui avaient trouvé la mort en combattant contre les milices nationales; et le prince de Wurtemberg arriva avec un corps d'armée assez considérable pour renforcer les premiers; ce fut ainsi qu'en peu de temps l'armée austro-ligurienne fut portée à 20,000 soldats. Les généraux insulaires, sans se décourager, combattirent bravement ces masses de troupes, et leur firent éprouver des pertes considérables. Mais pendant que la guerre se poursuivait sans relâche, des propositions de paix, arrivées de Vienne, favorisèrent les négociations, et un traité de paix favorable à la nation corse fut signé (11 mai 1732).

Les Allemands, ayant à leur tête Wachtendorick, furent obligés d'évacuer entièrement le pays où plus de trois mille des leurs avaient trouvé leur tombeau; ils remirent aux autorités génoises les places qu'ils occupaient, et s'embarquèrent le 15 juin 1733.

Après ce départ, la Corse espérait pouvoir se reposer un instant des fatigues de la guerre; mais le gouvernement génois, toujours infâme et déloyal, excita bientôt par sa conduite une nouvelle insurrection, qui éclata en janvier 1734.

Giaferri fut aussitôt investi du commandement en chef; on lui adjoignit Hyacinthe Paoli et d'autres collègues pour organiser un gouvernement national. Une assemblée générale de la nation se réunit à Corte au mois de janvier 1735, et une constitution fut préparée, étudiée et décrétée.

Gênes ne voulant pas respecter les nouveaux pouvoirs établis, la Corse indépendante devait s'attendre à renouveler les opérations militaires contre les forces liguriennes. La lutte ne tarda pas à recommencer, et les troupes génoises, commandées d'abord par le colonel Lorca et le major Marcelli, puis par Pinelli, homme profondément détesté en Corse, et enfin par Laurent Impériale et Paul-Baptiste Rivarola, furent battues dans toutes les rencontres par les généraux H. Paoli et Giaferri. Le succès aurait été complet si les Génois n'avaient établi un blocus rigoureux qui ne permettait pas aux armées nationales de recevoir des munitions.

Plusieurs bâtiments chargés de matériel de guerre destiné aux Corses furent capturés; mais, malgré la grande surveillance exercée par les ennemis, deux navires jetèrent l'ancre à l'ile Rousse, et débarquèrent des munitions envoyées par des patriotes anglais. Ce fut sur ces entrefaites qu'un événement imprévu et presque merveilleux vint tout à coup donner un nouvel aspect aux affaires de l'île : l'apparition d'un étranger, connu sous le nom de Théodore de Newkoff, produisit beaucoup d'effet, et nous allons voir ce qu'il devint.

VIII.

Ce personnage était originaire de Westphalie, avait été page, dans sa jeunesse, de la duchesse d'Orléans; il avait de l'instruction, et appartenait à une famille distinguée dont les membres ont tenu rang dans diverses cours. Indépendamment de ces qualités, il était entreprenant, plein de courage, très-ambitieux, et par conséquent capable d'être utile dans la lutte acharnée qui se poursuivait entre les Corses et les Génois. Se trouvant à Gênes en 1732, il sut, par sa tactique et sa finesse, se lier avec des partisans secrets des Corses, et jura de s'armer contre Gênes pour obtenir la délivrance de leur malheureux pays. Il réalisa ses promesses : le 12 mars 1736, il débarqua à Aléria avec dix pièces de canon, quatre mille fusils, vingt-cinq mille sequins, trois mille paires de souliers, sept cents sacs de blé, et une assez forte quantité de munitions.

Les principaux chefs insulaires, heureux de se voir protégés dans une circonstance aussi périlleuse pour leur patrie, lui rendirent hommage; et le 15 avril 1736 il fut proclamé roi dans une consulte générale qui se tint au couvent d'Alesani, après avoir juré à la face du peuple qu'il allait gouverner de respecter et d'observer fidèlement la constitution que la nation venait de se donner, et dont les principales dispositions portaient en substance que la couronne du royaume de Corse était héréditaire dans la famille du baron Newkoff, et qu'il était défendu au roi de prendre aucune résolution soit en matière d'impôt, soit au sujet de la paix ou de la guerre, sans le consentement de la diète générale.

Théodore, après avoir établi le siége de son modeste
gouvernement à Corte, montra la plus grande activité
pour faire régner l'ordre et la régularité dans l'administration; il fit battre monnaie, parvint par son adresse
et son initiative à faire entrer dans l'île une grande
quantité de munitions de guerre; aimé de son peuple,
secondé par lui, il poussa vigoureusement les opérations militaires, et put parvenir à s'emparer de la place
d'Algajola, dont la possession assurait un excellent port
au royaume. Mais bientôt il eut à combattre la jalousie
des nobles, et à lutter contre Gênes, toujours acharnée
sur sa proie. Théodore avait fait aux Corses beaucoup
de promesses; comme les secours qu'il avait annoncés
n'arrivaient pas, il en résulta une froideur pour le
chef que la nation s'était choisi, et une consulte fut
convoquée à cette occasion à Casacconi, le 2 septembre, où le roi renouvela la promesse de prochains
secours, promettant que s'ils n'arrivaient pas à la fin
d'octobre il entreprendrait lui-même un voyage sur
le continent pour les obtenir dans le plus bref délai.
La fin d'octobre arriva, et les troupes n'arrivèrent
point; Théodore se rendit alors à Aléria, où il s'embarqua pour la Toscane après avoir formé une régence
composée des généraux Giaferri, Hyacinthe Paoli et
Luc d'Ornano. Son voyage avait pour but de garantir
de son mieux la liberté et l'indépendance de son
peuple; aussi n'hésita-t-il pas à demander à la France,
à l'Allemagne, au Danemark et à la Hollande surtout,
les munitions devenues nécessaires pour délivrer la
Corse de la souveraineté de Gênes; il les obtint de la
Hollande seule, et chaque semaine il arrivait sur les
rivages de l'île des bâtiments chargés de matériel de

guerre de toute espèce. Pendant que ces arrivages permettaient aux Corses de poursuivre la lutte avec avantage, Gênes se vit dans la nécessité de réclamer l'appui de la France pour atteindre son but. Un traité fut conclu entre cette puissance et la république ligurienne; d'autre part, l'absence un peu prolongée de Théodore éveilla de nouvelles craintes dans tout le pays; la situation était grave; mais elle s'aggrava encore davantage dès que le comte de Boissieux, envoyé du cabinet de Versailles, débarqua en Corse au mois de février 1738. Dans le principe, la présence du général français fut généralement assez bien accueillie, car les insulaires étaient persuadés que les armes françaises n'auraient jamais consenti à les assujettir de nouveau à la république de Gênes. Mais le comte, à la tête d'un corps d'armée de cinq régiments, ayant pris ouvertement parti pour les Génois, les choses changèrent de face. Une pareille conduite devait évidemment produire la plus douloureuse impression sur tous les esprits; aussi l'indignation fut-elle générale, et les régents durent ordonner sur-le-champ une levée en masse du tiers de la population capable de manier les armes pour repousser tant d'horribles agressions. Le général français, ne pouvant vaincre ses ennemis par la force des baïonnettes, s'appliqua à les diviser en ayant recours aux manœuvres les plus artificieuses, les moins louables. Le roi Théodore, qui débarqua à Aléria sur ces entrefaites, trouva les forces du pays profondément désorganisées, et dut abandonner une seconde fois le royaume insulaire. Ce départ encouragea le comte de Boissieux, qui s'empressa de publier un édit de pacification, et de marcher dans l'intérieur de l'île pour opérer le désarmement général. Les hostilités s'ouvrirent presque aussitôt entre les Corses et les Français, et nous devons dire, pour rendre hommage à la vérité, que ces derniers furent taillés en pièces et mis dans une complète déroute par les braves montagnards. A la suite de ces échecs, le général français tomba grièvement malade, et mourut le 2 février 1738. Louis XV, irrité du désastre inattendu que venaient de subir ses soldats, confia au marquis de Maillebois le commandement en chef des troupes, et mit sous ses ordres une armée très-considérable.

IX.

Les premières opérations militaires du nouveau général ayant été aussi infructueuses que celles de son prédécesseur, de nouveaux renforts furent demandés peu de temps après pour opérer la soumission de l'île. Cependant la lutte se poursuivait encore avec la plus grande ténacité dans la partie d'outre-monts ; mais le général français, homme modéré et prudent, parvint à surmonter les obstacles, et mit un terme à la guerre (1739).

La cour de Versailles pouvait profiter de ses triomphes ; mais soit faiblesse, soit complication des affaires extérieures, elle donna ordre à Maillebois d'évacuer l'île et de l'abandonner aux Génois (1741). Une nouvelle prise de possession, représentée par Spinola, eut donc lieu, et une insurrection éclata tout à coup.

Théodore, soutenu par les Anglais, voulant profiter de ces nouveaux troubles, débarqua à l'île Rousse en

1743 avec des préparatifs de guerre; malheureusement pour lui ses anciens et chauds partisans avaient succombé; et, réduit à l'impuissance, Théodore dut repartir pour aller mourir à Londres, en 1756. Après ce départ le gouvernement de Gênes et celui de la Corse rétablirent un instant leurs relations (1744). Ce ne fut qu'une courte trêve; car la république ligurienne, ayant été entraînée par la France et l'Espagne à prendre fait et cause pour le duc de Bavière dans la guerre pour la succession impériale, Marie-Thérèse et ses alliés, voulant à leur tour susciter des embarrras au nouveau partisan du duc, promirent de secourir les insurgés corses. Le comte Rivarola, envoyé de la cour de Turin, ne tarda pas à paraître avec une flotte anglaise devant Bastia; il s'en empara, et fut proclamé à l'unanimité généralissime de toutes les troupes du pays.

L'arrivée du marquis de Cursay, à la tête de dix-neuf cents hommes de troupes françaises et espagnoles, suivit de près celle de Rivarola, et les choses changèrent dès lors de face. Rivarola se retira à Saint-Florent, s'en alla de là à Turin, et mourut quelque temps après. Le marquis crut alors le moment favorable de pénétrer dans l'intérieur de l'île; il tenta à diverses reprises des expéditions, mais toutes échouèrent. Doué d'un caractère très-généreux, de Cursay sut apprécier les qualités éminemment élevées des patriotes qu'il combattait; il éprouva bientôt, et comme malgré lui, une grande sympathie pour eux, et atténua ainsi les maux qui les accablaient d'une manière si affreuse.

Tel fut M. de Cursay; mais les Génois, toujours jaloux et méfiants, s'étant alarmés de l'empire qu'il prenait de jour en jour sur les insulaires, ne tardèrent pas à demander son changement à la cour de France, qui nomma à sa place le marquis de Chauvelin.

La nomination de Gaffori, en qualité de général des insurgés corses, suivit de près le départ du marquis. Les premières opérations du nouvel élu de la Corse tendirent à s'emparer de Corte et à resserrer les Génois dans les places maritimes; une diète se réunit à Alesani en 1753, où il fut décidé que l'on entamerait des négociations avec le gouverneur Grimaldi, en vue du rétablissement de la paix; mais tandis que tous ces faits s'accomplissaient, Gaffori, à la veille de voir sa politique couronnée de succès, fut lâchement assassiné, le 2 octobre, par son indigne frère, qu'on a eu raison de faire rouer vif en expiation de son abominable crime.

Comme on le comprend, cet assassinat indigna toute la nation; car on savait que Gênes n'était pas étrangère à cet ignoble et coupable attentat.

Sous l'impression de la douleur, tout le pays se réunit aussitôt en consulte générale à Corte; et là, il fut défendu, sous peine de mort, d'offrir la paix aux Génois, à quelques conditions que ce fût.

X.

La guerre était donc imminente; sur ces entrefaites, un grand homme, Pascal Paoli, fils aîné d'Hyacinthe Paoli, simple officier à Naples, attristé du sort de son malheureux pays, débarqua en Corse, le 29 avril 1755, avec l'intention arrêtée à l'avance de délivrer sa patrie du joug oppresseur des infâmes Génois. Arrivé dans son pays, il fut immédiatement proclamé général en chef de l'armée nationale, et son premier soin fut d'étudier à fond la situation de toute l'île, d'assembler à Corte les députés de la nation, pour organiser un gouvernement sage et libéral, de se préparer enfin aussi promptement que possible à la défense.

A peine la consulte était-elle terminée, que le général Paoli dut recourir aux armes pour déjouer les projets de Marius Matra; celui-ci tomba mort à l'attaque du couvent de Bozio peu de temps après.

La guerre entre la France et l'Angleterre ramena à cette époque les Français en Corse; mais ils l'évacuèrent au mois d'avril 1759. Paoli, se montrant toujours et dès ces premiers actes à la hauteur des circonstances, parvint à réduire à néant la puissance de la république ligurienne. Gênes étant vaincue, on voulut ouvrir les négociations; une consulte, assemblée dans la Casinca au mois de mai 1761, décida, d'une manière formelle, qu'on ne traiterait jamais avec la république, tant que l'évacuation du territoire, sur la base de l'indépendance, ne serait pas complétement opérée. En présence d'une telle protestation, les Génois essayèrent de rallumer la guerre civile; Antoine Matra en était l'instrument; il débarqua à Aléria, s'en empara, et dut l'abandonner après une défense vigoureuse de quatre mois. A la suite de cet échec, la république de Gênes n'osa plus tenter de nouvelles entreprises contre les patriotes. Paoli eut aussitôt à cœur de s'occuper des améliorations nécessaires au bonheur et à la prospérité de son pays; c'est ainsi que par son génie il pacifia l'île en peu d'années, calma les inimitiés de famille en anéantissant la *vendetta*, répartit les impôts d'une manière équitable, établit un moulin à poudre, encouragea toutes les exploitations, et notamment celle des mines de plomb de Barbaggio, fit construire des manufactures d'armes de toute espèce, fit battre une monnaie nationale, créa une université à Corte, poussa activement l'accroissement de l'île Rousse, devenue, grâce à lui, une ville florissante et prospère, éloigna enfin pour toujours de la Corse la maudite et insupportable domination génoise.

Tels furent les succès éclatants obtenus en peu de temps par le général P. Paoli, en dépit de mille circonstances qui s'opposaient à leur réalisation.

Paóli a été grand homme, aussi a-t-il été admiré par le monde entier. Le philosophe de Ferney a dit en parlant de lui : « L'Europe le regardait comme le législa- » teur et le vengeur de sa patrie. » Et il a dit vrai, car il était en effet homme d'État, grand législateur, habile administrateur et fier soldat. Mais si nos lecteurs veulent avoir une idée plus exacte de l'homme qui présidait aux destinées de la Corse vers l'an 1767, qu'ils lisent attentivement les paroles suivantes, qui sont de lui : « Il faut, dit-il, que notre administration ressemble à » une maison de cristal où chacun puisse voir ce qui » s'y passe. Toute obscurité mystérieuse favorise l'ar- » bitraire du pouvoir, et entretient là méfiance du » peuple. Avec le système que nous suivons il faudra » bien que le mérite se fasse jour, car il est presque » impossible que l'intrigue résiste à l'action épurative » de nos élections multiples, générales, fréquentes. »

Il n'est peut-être pas non plus sans importance de signaler un fait insignifiant par rapport à l'histoire générale, mais digne de remarque. Charles Bonaparte était secrétaire de Paoli ; il épousa Lætitia Ramolino, qui mit au monde, deux années après, Napoléon, dont Paoli fut le parrain.

Mais revenons à l'histoire de Paoli, et disons qu'à l'époque dont nous parlons, le grand Frédéric, touché des prodiges de sa valeur, lui envoya une épée d'honneur où étaient inscrits ces mots : *Patria, libertas.*

L'univers enfin avait fixé les yeux sur ce berceau d'hommes gigantesques par leur génie et leurs prodigieux triomphes. Tandis que la réputation du général corse resplendissait de la gloire la plus pure et la mieux méritée, Gênes était partout vaincue, expulsée de tous lieux et menacée même dans ses propres murs ; c'est pourquoi elle dut recourir à la cour de Versailles pour obtenir aide et assistance. Ses démarches furent infructueuses ; les humiliations résultant des mille défaites qu'elle venait de subir coup sur coup lui confirmèrent de plus en plus que désormais il y avait pour elle impossibilité matérielle de reprendre par les armes la souveraineté d'une contrée qu'elle n'avait pu défendre ni conserver. Gênes donc, répondant aux exigences du mauvais sort, offrit la Corse à la France, qui l'accepta (le 15 mai 1768). Le comte de Marbeuf, chargé du commandement de l'expédition, débarqua dans le golfe de Saint-Florent, pour opérer la soumission de tout le pays. La guerre était déclarée : Paoli, quoique possédant des forces assez peu considérables, lutta pourtant longtemps encore pour l'honneur de sa patrie en péril ; il sut résister au marquis de Chauvelin, successeur de M. de Marbeuf. A la tête de quinze mille hommes, Chauvelin parvint tout d'abord à s'emparer de Poggio, d'Olmeta, d'Oletta, des tours de Fornari, de Morletta, de Furiani, de Biguglia, de Borgo, de Penta et de Loretto,

malgré l'audace et l'énergie de la défense. Paoli se
battit et se défendit avec un courage surnaturel qu'il
savait si bien communiquer à ses compatriotes; il reprit Penta, Vescovato, puis s'empara de Borgo et de
Mariana, où les Corses firent six cents prisonniers sous
les yeux mêmes de l'armée française. La lutte se prolon-
geait sans succès décisifs; c'est pour cela que Chauvelin
dut solliciter de nouveaux renforts. Mais tandis que les
combats se succédaient sans aboutir à aucun résultat
sérieux, le général français, reconnaissant la difficulté
de s'emparer de la Corse de vive force, recourut aux
moyens de séduction pour introduire le désordre et la
méfiance parmi les insulaires. Ses tentatives ne furent
pas tout à fait infructueuses; quoi qu'il en fût, la lutte
se poursuivit quand même, avec des chances diverses,
sur plusieurs points de la Corse, où les positions étaient
tour à tour conquises, perdues et reprises.

La cour de Versailles, ne voyant pas d'un œil favorable cet état d'incertitude, voulut tenter un coup dé-
cisif; à cet effet elle nomma M. de Vaux général en chef
en remplacement de M. Chauvelin, et envoya en Corse
des renforts très-considérables. L'armée française, forte
de plus de cinquante bataillons, allait enfin se mesurer
pour la dernière fois avec la brave armée de Paoli, trop
faible par le nombre. Les Corses eux-mêmes, en présence de tels préparatifs, se préparèrent au combat,
adoptèrent la résolution de défendre jusqu'à la dernière
extrémité le sol de la patrie. Une consulte extraordinaire
se réunit à la Casinca, le 15 avril 1769, et là il fut
décidé à l'unanimité que le général Paoli était autorisé
à faire une levée en masse depuis l'âge de 16 ans jusqu'à 60. Le 9 mai 1769, une action générale s'engagea

près de Ponte-Nuovo; et malgré la valeur, l'intrépidité des Corses dans l'attaque et la défense, malgré le talent militaire de Paoli et des généraux Salicetti et Gaffori, victimes d'une imprudence, écrasés par le nombre, ils durent abandonner le champ de bataille, après avoir montré aux soldats français l'exemple le plus frappant de la grandeur, de l'héroïsme et de la franche abnégation.

XI.

Paoli, ayant perdu tout espoir de défendre plus longtemps sa patrie, se réfugia, après cette défaite, en Angleterre, et là il négocia pour soumettre sa patrie à ce royaume.

Pendant ce temps, la Corse reconnut partout la souveraineté de la France. Paoli, rentré de l'exil, essaya bien de délivrer une seconde fois la Corse de la domination française. Mais la Convention nationale décréta, le 2 avril 1793, qu'il serait appelé à sa barre pour se défendre. Sans obtempérer à ce décret, Paoli convoqua une consulte générale à Corte, et défendit à toutes les autorités constituées d'obéir, de respecter la décision de la Convention. Une telle conduite indisposa l'Assemblée nationale, et Paoli fut déclaré traître à la patrie; ce qui ne l'empêcha pas de rallier aussitôt tous ses partisans, d'investir Saint-Florent, Bastia, Calvi, et de demander des secours aux Anglais, qui bloquaient Toulon, sous le commandement de l'amiral Hood.

Le général Dundas, favorisant la demande de Paoli, débarqua en Corse à la tête d'une armée composée de cinq régiments. Il parvint, après une vive résistance, à se rendre maître des principales places de l'île. Après

leur reddition et l'émigration des familles attachées à
la France, Paoli convoqua une assemblée de la nation
à Corte. On y rédigea une constitution à peu près semblable à celle que l'Assemblée constituante avait donnée
à la France, par laquelle la Corse était sous la domination de l'Angleterre. Sir Gilbert Elliot fut nommé
vice-roi de l'île. Le mécontentement devint général,
la bonne intelligence entre les Anglais et les nationaux
ne fut pas de longue durée. Les partisans de Paoli
furent bientôt eux-mêmes au nombre des mécontents.

La grande influence que cet homme célèbre conser-
vait sur tous ses compatriotes ayant inspiré des inquié-
tudes au gouvernement anglais, ce gouvernement invita
l'illustre général à passer à Londres. Paoli quitta la
Corse pour ne plus la revoir.

Les habitants subirent la domination des Anglais
jusqu'au mois d'octobre 1793. A cette époque, les
généraux Lacombe et Casalta les chassèrent de l'île en
moins de six semaines.

Les Anglais y entrèrent de nouveau en 1814 ; mais
ils furent obligés de l'évacuer après quelques mois de
séjour. Durant les Cent jours, la Corse arbora fièrement
le drapeau national, qui fut remplacé peu de temps
après par celui de la Restauration [1].

[1] « Dans un ouvrage intitulé *Histoire de la guerre de Fiumorbo
pendant les années* 1815 *et* 1816, M. Marchi fils aîné retrace avec talent
la lutte que le marquis de Rivière, chef de l'expédition envoyée en Corse
par la Restauration, soutint contre le commandant Poli, chef des Corses
restés dévoués à la cause napoléonienne. Cette phase, complétement
inédite et inconnue d'une histoire si importante, sera lue avec intérêt. »
(Journal *le Télégraphe*.)

« L'*Histoire du Fiumorbo* nous apprend que les Corses n'acceptèrent
pas aussi facilement que leurs frères du continent le gouvernement que
leur imposa l'étranger après Waterloo. Ils se battirent et furent vaincus. »
(Journal *la Vie humaine*.)

Telle est l'histoire de la Corse.

On peut voir qu'elle renferme d'admirables exemples, et qu'elle fournit une ample matière aux méditations des philosophes. Elle est digne également d'inspirer les artistes, et pourtant nous ne connaissons pas, dans l'antiquité ou dans l'époque moderne, de peintre qui ait emprunté ses sujets à cette histoire si féconde.

Nous apprenons avec la plus vive satisfaction qu'un enfant du pays, M. Jules Pasqualini, a mûri pendant longtemps le projet de représenter, dans une série d'eaux-fortes à la manière de Pinelli et de Flaxman, les faits les plus éclatants et les figures les plus caractéristiques dont la Corse garde le souvenir. M. Pasqualini est homme à mener à bien cette entreprise. Après avoir exposé avec succès des œuvres sérieuses et des portraits conçus dans les données des maîtres italiens, il va mettre le sceau à sa réputation en exécutant une *Présentation au temple,* commandée par la ville de Paris, et acceptée à l'unanimité par la commission instituée à cet effet.

De longues études, commencées à Rome et continuées à Paris avec persévérance, ont initié M. Pasqualini à toutes les ressources de l'art. Déjà il a terminé plusieurs de ses compositions, et elles se recommandent par la pureté du dessin, par la noblesse des types, par la grandeur de la conception.

Nous invitons M. Pasqualini à achever son œuvre, qui restera comme un monument élevé à la gloire de la Corse et des grands hommes qu'elle a enfantés. L'administration départementale, le conseil général, tous les citoyens qui aiment leur pays ne sauraient

trop prodiguer d'encouragements à leur digne conci-
toyen, qui entreprend le premier, sous l'inspiration
d'un sentiment patriotique, de populariser par le
crayon et le burin les fastes de son île natale.

CHAPITRE TROISIÈME.

MŒURS ET COUTUMES DE LA CORSE. — DESCRIPTION GÉNÉRALE.
— SITUATION, ÉTENDUE, SOL. — DIVISION POLITIQUE ET ADMINISTRATIVE.
— VILLES PRINCIPALES. — CLIMAT.

I.

Mœurs et coutumes de la Corse.

Sans nous étendre et nous appesantir trop longuement sur cette matière, nous ferons en sorte de donner
au lecteur une connaissance exacte des principaux traits
des mœurs et coutumes de ce peuple, qui passe, aux
yeux de bien des gens, pour être barbare et sauvage.
Nous laisserons parler plusieurs auteurs qui ont dépeint, avant nous, les mœurs de la Corse; nous ferons
ensuite nos observations. « Les Corses, dit Cyrneus,
» aiment les factions et ont soif de la victoire. Avides
» de vengeance, s'ils ne peuvent l'exercer ouvertement,
» ils emploient les embûches, la ruse et tous les genres
» d'artifices pour arriver à leur but : blessure pour
» blessure, homicide pour homicide. Celui qui ne se
» venge pas est réputé infâme. Désireux de change-
» ment, ils préfèrent la guerre au repos, et la cher-
» chent chez eux s'ils ne la trouvent pas au dehors. Ils
» s'agitent à l'envi au milieu des troubles intérieurs, et
» ne cherchent d'autre prix de la victoire que la gloire

» d'avoir vaincu. Dans la vie privée, ils observent les
» lois de la justice et de l'humanité plus que les autres
» hommes. Si quelque contestation s'élève entre eux,
» ils choisissent pour arbitre un homme de probité,
» et ils obéissent à sa sentence comme si elle avait été
» rendue par les magistrats. Le bon droit n'a pas moins
» de force, à leurs yeux, par sa nature que par les lois.

» Quelques-uns s'adonnent à l'agriculture ; d'autres
» sont pasteurs, d'autres marins ; le plus grand nombre
» embrasse le métier des armes soit dans l'île, soit au
» dehors. Le nombre de ceux qui se livrent au com-
» merce est très-petit. L'usage de l'or et de l'argent
» est presque nul parmi eux ; même chez les premiers
» de la nation, la femme prépare le repas du mari.
» Dans leur maison, aucun luxe, aucun ornement.
» Les plus religieux des mortels, ils ont un tel respect
» pour les temples, que même pendant la guerre, ils
» ne toucheraient pas aux biens que leurs ennemis y
» auraient déposés. Lorsque des navigateurs, poussés
» par la tempête ou poursuivis par les pirates, vien-
» nent chercher un refuge sur les côtes de l'île, les
» Corses volent à leur secours. Les inimitiés sont alors
» oubliées, les hostilités suspendues.

» Si vous implorez leur assistance et vous confiez à
» leur foi, ils seront promptement à vous, ne vous
» eussent-ils jamais vu. Celui qui aperçoit le premier
» un navire poursuivi se réfugier sur le rivage, ou voit
» une rixe s'élever entre des citoyens, s'écrie avec
» force : O gens de bien, secourez vos frères ! Il in-
» dique ensuite le lieu où l'on doit se rendre, et qui
» l'on doit secourir. Ce cri retentit bientôt dans tout le
» canton. Armés ou sans armes, oubliant leurs propres

» affaires, ils volent au secours de ceux qui combat-
» tent. A défaut d'autres traits, ils se servent de pierres.
» Les femmes accourent aussi ; elles secourent leurs
» époux, leurs frères, leurs parents, leur apportent
» des armes, leur fournissent des traits pendant le
» combat. On en voit même souvent, ainsi que des
» prêtres, prendre part à l'action. »

Toutes les villes principales que nous allons décrire
dans ce chapitre ont subi une heureuse transformation,
grâce à la population flottante de continentaux distingués qui ont transporté tous les raffinements d'une
civilisation avancée au milieu des plus âpres habitudes
et des plus anciennes coutumes.

Mais tandis que les villes du littoral se rapprochent
de plus en plus du continent par les manières, par les
allures, par les idées, par les tendances, par l'instruction et le costume, beaucoup de pays de l'intérieur,
relégués au milieu de l'aspérité des montagnes, vivent
encore dans l'isolement le plus complet, et professent
toujours avec respect un culte particulier pour les antiques mœurs et les vieilles croyances.

L'homme de la ville s'est dépouillé peu à peu, et
comme par enchantement, au souffle de la civilisation,
de tous les vieux préjugés les plus enracinés et les plus
funestes à son avenir, à sa grandeur ; mais l'homme
des montagnes, fidèle aux principes qui lui sont transmis, éloigné de tout contact avec les gens civilisés,
vivant dans une profonde solitude, a suivi d'un œil
indifférent toutes les révolutions morales de l'esprit
humain, trouvant le bonheur et la félicité là où les
autres ne voient qu'un état de choses déplorable sous
plusieurs points de vue.

Cependant, quoique certaines habitudes de cette partie de la population de l'île soient regrettables et malheureuses dans leurs conséquences, elles offrent un spectacle fort intéressant pour le penseur qui les observe, pour l'artiste qui les contemple, et pour l'amateur blasé qu'elles distraient un instant de la monotonie que la civilisation a répandue sur les mœurs sociales.

« Le paysan corse, dit Robiquet, n'est point un
» homme grossier ; ses loisirs, dont nous avons vu les
» inconvénients, lui permettent de donner beaucoup
» de temps à la réflexion et à la conversation, et comme
» il a une intelligence vive, qu'il se trouve très-rappro-
» ché, par sa condition, des principaux habitants de
» son village, qu'il est ordinairement recherché de
» quelques-uns d'entre eux, et n'est dépendant de per-
» sonne, il a beaucoup plus d'idées que nos paysans du
» continent. Il énonce avec facilité et liberté, souvent
» même avec une sorte d'éloquence ; ce qui a fait dire
» aussi, peut-être, qu'ils sont nés avocats. »

« Enfin, dit Mérimée, sa susceptibilité et sa passion
» proverbiale pour la vengeance ne sont-elles pas les
» conséquences de son excessive vanité, *qui, même chez*
» *les plus grands hommes, dégénère en une ostentation*
» *ridicule? Qu'on se rappelle la robe de satin et la cou-*
» *ronne de lauriers de Napoléon.* » (*Voyage en Corse,*
Rapport au ministre de l'intérieur.)

On a beaucoup décrié et on décrie beaucoup trop encore la passion du Corse pour la vengeance (vendetta). Certains écrivains, qui se sont plu à faire un tableau des mœurs de la Corse, ont représenté notre pays sous les images les plus fausses et les plus injustes. Bien des gens se figurent qu'en Corse on tue pour les motifs les plus futiles. C'est une erreur. L'esprit de vengeance chez nous, ils auraient dû le reconnaître, ne dérive point d'une âme féroce, avide de sang humain ; il a pris simplement sa source dans un long déni de justice qui, sous le gouvernement génois, en détournant le glaive de la loi, rendit illusoire la vindicte publique et nécessaires les vengeances privées. Si le Corse est passionné pour la vengeance, sa sensibilité pour les bienfaits ne lui a jamais fait défaut.

D'ailleurs, qu'on ne confonde point le bandit corse avec le brigand continental, car ce serait une grande injustice.

« Quant aux voleurs, dit Alexandre Dumas, on n'en
» entend pas parler ; des bandits à foison, oui : mais il
» ne faut pas confondre les uns avec les autres. Allez
» sans crainte à Ajaccio, à Bastia, une bourse pleine d'or
» suspendue à l'arçon de votre selle, et vous aurez tra-
» versé toute l'île sans avoir couru l'ombre d'un dan-
» ger ; mais n'allez pas d'Accana à Levaco, si vous avez
» un ennemi qui vous ait déclaré la *vendetta.* » (Les
Deux frères corses.)

En effet, l'un a conservé encore intacts certains sentiments d'honneur et de dignité, tandis que l'autre, descendu dans l'opprobre, salit tous les jours sa vie, par des forfaits ignominieux, s'arme contre le faible pour mieux l'affaiblir, contre l'innocent par instinct de perversité ou de cruauté, contre le riche par esprit de cupidité, de rapine et de vol : tel est l'assassin du continent, mais tel n'est point le bandit corse. Celui-ci, d'une nature impressionnable, d'une susceptibilité trop ardente, esclave de l'honneur, est honnête avant tout ; il poursuit, avec une constance qui tient du prodige,

au péril de ses jours, ses ennemis et ceux de sa famille
(et sont considérés comme tels ceux qui ont cherché à
le déshonorer devant la société); mais le sentiment de
la générosité ne le quitte jamais. Il tue et il préfère la
mort plutôt que de se vouer au pillage; il a faim, et il
n'arrête pas le passant, préférant tendre la main pour
demander l'aumône. Il assassine de sang-froid l'adversaire dont il médite la mort, et il est plein de douceur
et de politesse envers l'étranger.

« Generalmente, dice Limperani, questa nazione ha
» il cuore buono. Sono umani, amante dei forestieri,
» e del l'ospitalita. Sono di buonissima fede, quanto
» fieri contro i loro nemici, altrettanto sinceri amici
» diloro amici. »

Enfin, jamais nos cours d'assises n'ont eu à juger des
bandes de faussaires ou de spoliateurs qui, par leur
personnel, leur organisation, l'étendue de leurs opérations, rappellent ces vastes associations que se plaît à
créer et à faire mouvoir l'imagination des romanciers
modernes. Jamais, disons-nous, le Corse n'a été voleur;
mais que l'on soit bandit corse ou continental, la société frappe et a raison de frapper, car le crime, quel
que soit le mobile qui guide la main homicide, n'est
jamais excusable, et mérite châtiment.

Nous extrayons du compte général de l'administration de la justice criminelle en Corse, pendant l'année 1854, le passage suivant :

« SIRE,

» Les départements de la Seine et de la Corse sont
» encore en 1854, comme les années précédentes, en
» première ligne pour le nombre proportionnel élevé

» des accusés traduits devant les cours d'assises. Cepen-
» dant l'un et l'autre en ont eu beaucoup moins qu'en
» 1853, où les rapports étaient, pour la Seine, 1,294,
» et pour la Corse, 1,166 habitants pour un accusé.

» Il a déjà été remarqué plusieurs fois que dans le
» département de la Seine, plus des quatre cinquièmes
» des crimes jugés (83 pour 100) en 1854 portent
» atteinte à la propriété, tandis que dans la Corse,
» c'était, pour la plupart, jusqu'alors des crimes contre
» les personnes.

» Mais cet état de choses tend, en Corse, à se modi-
» fier d'une manière très-sensible par la réduction du
» nombre des crimes contre les personnes, grâce, ainsi
» que j'ai eu l'honneur de le signaler, l'année dernière,
» à Votre Majesté, aux mesures sérieuses qui ont été
» prises, depuis 1851, pour assurer aux habitants de
» ce département la sécurité dont jouissent ceux du con-
» tinent, au point de vue de leurs personnes. Les effets
» de ces mesures, qui consistent surtout dans l'inter-
» diction du port d'armes et la suppression du bandi-
» tisme, se révèlent de la manière la plus éloquente
» et la plus heureuse dans les chiffres suivants :

ANNÉES.	NOMBRE DES ACCUSÉS JUGÉS PAR LA COUR D'ASSISES DE LA CORSE.		
	TOTAL des ACCUSÉS JUGÉS.	NOMBRE DES ACCUSÉS JUGÉS	
		pour assassinat.	pour meurtre.
1849.	236	45	116
1850.	194	55	72
1851.	200	70	80
1852.	190	53	76
1853.	184	66	64
1854.	119	34	28
1855.	78	26	16

» Il y a même lieu de remarquer que 13 des crimes
» de meurtre et d'assassinat jugés en 1854 et 7 de ceux
» qui l'ont été en 1855 avaient été commis antérieu-
» rement à la loi du 10 juin 1853, qui a interdit le port
» d'armes en Corse.

» Jamais, depuis 1825, où les statistiques crimi-
» nelles ont été publiées pour la première fois, la cour
» d'assises de la Corse n'avait eu à juger moins de
» crimes qu'en 1855, et la surveillance de la police
» judiciaire n'y a été, à aucune autre époque, plus vigi-
» lante et plus ferme.

. . . .

> » *Le garde des sceaux, ministre secrétaire d'État*
> » *au département de la justice,*

> » *Signé :* ABBATUCCI. »

Nous nous dispenserions de signaler certains abus,
certaines habitudes qui compromettent d'après nous
l'avenir de notre pays, si notre devoir ne nous impo-
sait une impérieuse nécessité. Il faut parler, et nous
parlerons.

La Corse n'est pas encore tout à fait débarrassée de
ces haines de famille à famille qui ont parfois les suites
les plus graves. Si elle est le séjour de la vertu et des
mœurs antiques, elle a aussi conservé ces sentiments
de rivalité qui allument des guerres terribles entre
deux maisons, et, moins que tout autre pays, elle est
exempte de fanatisme de parti.

Il y a en Corse des maisons qui se regardent l'œil en
feu et la colère au cœur. Les passions s'y allument
sourdes, ardentes.

On a beaucoup parlé des haines et des rivalités qui existent en Corse, et malheureusement on n'a en rien exagéré leurs détestables résultats. On ne saurait trop s'élever contre ces mauvaises coutumes, qui remontent à la barbarie et entravent la civilisation. Quand donc sera-t-on unis, et n'aura-t-on à combattre que les ennemis de la France? Et s'il y a parmi les habitants quelque rivalité, qu'elle soit l'effet d'une louable ambition. Ce sera alors une généreuse émulation, une lutte loyale. On n'emploiera pas, pour faire triompher une candidature, des artifices peu honorables. Ce sera dans les élections, dans tous les concours, un conflit d'intérêt et de valeur personnelle, et non une bataille de partis. On ne s'abandonnera plus aux sourdes colères, et on ne méditera plus dans l'ombre la perte et la ruine d'une maison. Alors la Corse sera digne du progrès; ses mœurs s'adouciront, et cette île, si favorisée par la nature, prendra une physionomie de prospérité et de bien-être dont jouissent les pays où l'union des hommes, l'action libre et concentrée des forces, travaillent au développement de la production intellectuelle et matérielle.

Le gouvernement de l'empereur devra en conséquence intervenir dans ces jalousies; définir et délimiter l'autorité des chefs, de manière à neutraliser leur ambition. C'est à ces conditions seules que l'on peut espérer une paix durable entre les différents groupes de populations.

Les Corses sont généralement bien faits, de taille moyenne, vigoureux, d'un teint brun, d'un tempérament sec et nerveux, d'une physionomie très-expressive, et d'une élasticité remarquable. « On ne se

» fait pas une idée, dit quelque part M. Gueymard déjà
» cité, de l'agilité des montagnards corses ; si ceux des
» Alpes avaient la même légèreté et le même courage,
» le mont Blanc serait connu depuis des siècles. »

Les femmes sont généralement bien faites, et se distinguent surtout par la beauté de leurs gros yeux noirs
et la blancheur de leurs dents.

Comme nous l'avons dit plus haut, le costume des
habitants des villes de la Corse est absolument le même
que celui de France et d'Italie ; nous n'en parlerons
donc point. Celui des habitants de l'intérieur, au contraire, n'a aucune ressemblance avec les costumes du
continent ; voilà pourquoi nous en dirons deux mots.
Les montagnards se vêtent tous, sans distinction de
fortune ni de condition, d'un drap grossier à long poil,
appelé *pelone*, fabriqué par des tisserands du pays.
Ce drap a un certain mérite à l'étranger à cause de sa
rareté et de son utilité contre les grands froids. Le
bonnet pointu, qui a été pendant longtemps en vogue,
tend à passer de mode, pour faire place à la casquette
moderne.

L'habillement des paysannes corses a aussi un cachet
distinctif, et ne ressemble en rien au costume des paysannes continentales. Les femmes mariées portent une
jupe de dessus, nommée *faldetta*, en étoffe légère bleu
foncé dont elles relèvent la partie postérieure jusque
sur la tête ; et les jeunes filles arrangent assez coquettement un mouchoir sur leur tête.

D'un caractère franc, loyal, désintéressé, le Corse
possède, au plus haut degré, non-seulement toutes ces
qualités, passablement rares de nos jours, mais il est
aussi doué de facultés privilégiées et peu communes :

il est simple et intelligent comme l'Italien. Il conçoit rapidement, combine avec adresse, et marche vers son but avec une hardiesse extraordinaire. Il est circonspect comme le Grec, fougueux comme l'Africain, aventureux et mobile comme le Français; ardent dans toutes ses affections, il n'oublie ni l'injure ni le bienfait; avide enfin de gloire et des honneurs, les conditions serviles répugnent à son orgueil et à sa fierté.

Le sentiment de l'hospitalité est un nouveau trait de ressemblance que les Corses ont avec les anciens. Il est impossible de voyager dans l'intérieur de l'île sans remarquer le respect que l'on a pour les étrangers, et sans recevoir partout le plus gracieux accueil. « Il serait dif-
» ficile de rendre tout ce qu'il y a d'obligeant, de cordial
» et même quelquefois de magnifique dans l'hospitalité
» qu'exercent les Corses qui jouissent d'une certaine
» aisance. Les personnes chez lesquelles on doit des-
» cendre aiment assez à être averties d'avance; le maître
» de la maison vient alors à cheval à environ une lieue
» au-devant de vous, et semble flatté de la préférence;
» car il y a souvent entre plusieurs habitants des pré-
» tentions à recevoir l'étranger. En arrivant, on trouve
» un repas copieux. La meilleure chambre, le meilleur
» lit sont réservés à l'étranger; l'hôte l'y accompagne
» pour voir s'il ne manque rien, et se croit obligé de
» se confondre en excuses de ne pouvoir faire mieux.
» Le lendemain matin, autre repas avant le départ; on
» vous remet ensuite des lettres pour des amis, qui
» vous procureront d'aussi bons gîtes; le maître de la
» maison, le fils ou le gendre vous escortent à cheval,
» souvent jusqu'à votre prochaine destination. Si le
» voyage de la journée doit se faire par mer, la barque

6.

» sera garnie d'un matelas, de coussins, de couvertures,
» et surtout des inévitables provisions, dont toute la
» maison s'est occupée de grand matin. Qu'il y a loin
» des dîners priés et des soirées du grand monde à
» cette active et cordiale hospitalité! » (Valery, *Voyage
en Corse*, in-8°, 1837).

« Les Corses, dit également Malte-Brun, sont dé-
» voués jusqu'à la mort quand ils aiment; ils sont géné-
» reux, francs et plus fidèles à leur promesse qu'on ne
» l'est ailleurs à la foi du serment. Ils pratiquent l'hos-
» pitalité avec une affabilité de manières qui jure avec
» leur physionomie farouche. Il n'y a pas de peuple au
» monde où l'on soit plus doux et plus aimable pour
» son hôte. »

L'inviolable fidélité et la soumission absolue de la
femme à son mari, l'union des membres de la même
famille cimentée par l'instinct de la défense, nous rapprochent encore et des Germains de Tacite et des vieux
clans de l'Écosse.

La poésie se mêle à nos superstitions mêmes, qui ont
au moins l'avantage de rappeler les beaux vers de Perse
et de Juvénal. Elle anime surtout nos cérémonies
funéraires, qui ressemblent si fort à celles des Grecs
modernes par ces chants d'adieu ou *lamenti* que des
femmes viennent improviser autour de la couche des
morts qu'on expose sur la place publique [1].

Pour le continental qui n'a jamais vu, en fait de
paysannes, que les honnêtes mais prosaïques créatures
du Limousin ou de la Beauce, rien n'est plus curieux
à étudier que la paysanne corse [2]. A chacun de ces

[1] Cet usage n'existe plus dans les principales villes du littoral.
[2] Et puis, dit encore Malte-Brun, quelle poésie dans leurs *voceri*,

malheurs domestiques qui n'excitent dans les autres femmes qu'une douleur assez paisible pour rester contenue, les fibres plus impressionnables de la femme corse s'ébranlent et résonnent comme les cordes d'une lyre. Nous désirons qu'on en juge par quelques strophes qui trouvent une place ici, et qui ont été improvisées par une femme sans culture sur le cadavre de son frère, bandit tué il y a quelques années.

IN MORTE DI CANINO, BANDITO.	SUR LA MORT DE CANINO, BANDIT.
Vocero della sorella.	*Vocero, ou plainte de sa sœur.*

Eo buria che le me vòci	Je voudrais que ma voix
Fusse t'amant' é lu tonu,	Fût aussi forte que le tonnerre,
Chi pudessi trapassà	Et qu'elle pût traverser
La foce di Vizzavònu,	Le défilé de Vizzávona,
Per fàni a tutti palesi	Pour faire connaître à tous
Le grand prove di Gallonu.	Les grandes prouesses de Gallono.
Tutti a lu Lucu di Nazza,	Tous ceux de Luco de Nazza,
Tutti s'éranu aduniti,	Tous s'étaient réunis
Cun quella barbara razza,	A cette race barbare,
Li sullàti è li banditi,	Les soldats et les bandits (traîtres),
E la màni di bon' ora	Et le matin de bonne heure
Sonu subiti partiti.	Ils sont subitement partis.
Sonu subitu partiti	Ils sont subitement partis
A lu son di cialambétri;	Au son du chalumeau;
Si so tutti radunitti,	Tous se sont réunis,
Li lupi sopra l'agnétri;	Les loups contre l'agneau;
Quandu jun senu à la serra,	Et quand ils arrivèrent à la montagne,
Ti taglionu i garganétri.	Ils te coupèrent la gorge.

chants funèbres, récités sur le cadavre! Quelle douce naïveté dans leurs chansons! Quels transports dans certaines poésies guerrières! On dirait que l'imagination méridionale des Corses se plaît à poétiser les choses les plus vulgaires.

Quandu n'intesi la nova,
M'affaccài a lu purtelu,
E dissi : « Chi nòva c'è ?
— E mortu lu tò fratelu ;
L'hànu tòmbu indu la serra,
N'hanu fattu lu macelu. »

Quand s'en répandit la nouvelle,
Je me mis à la fenêtre,
En m'écriant : « Quoi de nouveau ?
— Ton frère est mort ;
Ils l'ont tué dans la montagne,
Ils l'ont égorgé. »

Nun ti valse l'archibusciu,
Nun ti valse la schiuppetta,
Nun ti valse lu pugnàli,
Nun ti valse la tarzetta,
Nun ti valse ingermatura,
Ne razione binadetta.

A rien ne te servit l'arquebuse,
A rien ne te servit le fusil,
A rien ne te servit le poignard,
A rien ne te servit le pistolet,
A rien ne te servit le charme,
Ni l'oraison bénite.

A guardà le tò ferite
Mi s'accresci lu dulori ;
Perchè più num mi rispondi ?
Forse ti m'anca lu c'ori ?
Cani, cor di la surella,
Tu cambiatu hai di culori !

A regarder tes blessures
S'accroît ma douleur ;
Pourquoi ne me réponds-tu pas ?
Est-ce la force qui te manque ?
O Canino ! cœur de ta sœur,
Comme tu as changé de couleur !

Lu mé largu di spalléra !
Lu mé minutu di vita !
Cume te, nun ci n'éra ;
Paréi una mazza fiurita.
Cani, cor di la surella,
T'hanno privatu di vita !

O mon large d'épaules !
Toi qui avais la taille dégagée,
Nul ne t'était comparable ;
Tu ressemblais à un rameau fleuri.
O Canino ! cœur de ta sœur,
Ils t'ont privé de la vie !

A lu paesse di Nazza
Eo ci vogliu piantà un prunu,
Perchè di la nostra razza
Un ci passi più nisunu :
Perchè un funu trè nè quattra,
Ma sett' omini contr' unu.

Au pays de Nazza
Je veux planter une épine noire,
Pour que de notre race
Nul ne passe désormais :
Car ce ne furent ni un, ni trois, ni quatre,
Mais sept hommes contre un.

A lu pé di stu pullònu
Ci ogliu piantà lu mé léttu,
Parchi qui, u mé fratredrònu,
Ti tironu a mezzu péttu !
Bogliu leche lu bunétru ;
Bogliu armà schioppu e stilettu,
Bogliu cinghie la carchéra,
Bogliu cinghie la tarzetta ;
Cani, cor di la surella,
Bogliu fà la tò vindetta !

Au pied de ce châtaignier
Je veux établir mon lit,
Puisque ce fut là, ô mon frère !
Qu'ils te tirèrent en pleine poitrine !
Je veux quitter la jupe,
Je veux m'armer du fusil et du stylet,
Je veux ceindre la cartouchière,
Je veux porter le pistolet ;
O Canino ! cœur de ta sœur,
Je veux faire ta vendetta !

Autre l'ocero ou Ballata.

Il y a quelques années un instituteur avait séduit une jeune fille d'Ota, qui portait le gracieux et poétique nom de Fleur d'Épine (Fior di Spina). Celle-ci ne pouvant décider cet homme à l'épouser, le tua d'un coup de pistolet. Le lendemain une femme de l'endroit, le sein soulevé par l'inspiration, les cheveux épars, improvisa ces quelques strophes :

Stamane, in piazza d'Ota,	Ce matin, dans la place d'Ota,
T'hannu messu la courona	Ils t'ont mis la couronne
Tissuta in oro ed in argento,	Tissue d'or et d'argent,
Secondu la to personna,	Une couronne selon ta personne,
Dapu stu colpu di pistola	Après ce coup de pistolet
Che in Corsica risona.	Qui dans la Corse résonne.
Arrivata da u su babu,	Arrivée chez son père,
Si vestì da grand' guerriera,	Elle se mit en grande guerrière,
Carca di ferru et di piombu,	Chargée de fer et de plomb,
Colla carchera e la tarsetta,	Avec la cartouchière et la tarsette,
Lu stilettu e la pistola,	Avec le stylet, le pistolet,
Dicendo : Oggi e u me sicretu.	Disant : C'est aujourd'hui mon secret,
Quest' avia un cuore d'un lione,	Elle avait le cœur d'un lion,
D'una tigra allatata.	D'une tigresse qui allaite.
Ha stesu lu bracciu colla pistola,	Elle a étendu le bras avec le pistolet,
Ed in capu la sbarata,	Et sur sa tête l'a déchargé,
Dicendo : Anima infidele,	En disant : Ame infidèle,
La tu morte è preparata.	Ta mort est préparée.
Deh ! portatemi a Tallavo,	Allons !... menez-moi à Tollavo,
Dove so i banditi più fieri,	Où sont les bandits les plus fiers,
Giacomo e Santa Lucia,	Giacomoni et Sainte-Lucie,
Questi cuori bravi e guerrieri,	Ces cœurs braves et guerriers,
E con elli in compagnia,	Et avec eux en compagnie,
Girero boschi e sentieri.	Je parcourrai bois et sentiers.

Certainement ces morceaux sont loin d'être des chefs-d'œuvre; mais enfin il y a de l'harmonie, des images, du mouvement. Or, si on songe que c'est une improvisation, et que les personnes du peuple en font chaque jour de semblables, on conviendra que la race corse paraît douée de facultés poétiques qui ne demandent peut-être qu'à être cultivées pour que cette race donne un jour au monde le Napoléon de l'art.

«Le dialecte corse, dit M. Fée, a une allure tout » italienne, et il faut peu d'efforts pour le comprendre. » Il n'est pas le même dans tous les cantons, quoique » peu différent d'ailleurs. On trouve çà et là quelques » expressions toscanes ou siciliennes, fort peu de gé- » nois, quelques mots grecs et arabes, point d'espa- » gnol, quoiqu'on ait écrit le contraire, et presque pas » de français, ce qui est caractéristique et montre com- » bien peu les conquérants de la Corse ont influé sur » le pays. Les désinences qui sont en *o* dans la langue » mère, sont en *u* dans le dialecte, ce qui lui donne un » air d'étrangeté auquel on se fait bientôt. Il diffère » grandement du sarde, bien plus éloigné de l'italien. » Beaucoup de mots sont contractés; à peine s'il en » existe un vingtième que n'entendrait pas un Italien, » et ce vingtième ne renferme presque pas de mots » usuels ; il suffit de jeter un coup d'œil sur le texte » des *voceri* pour s'assurer combien il serait facile, dans » la plupart des cas, de le rétablir en bon italien. »

L'île de Corse donc a ce double avantage qu'elle réunit toutes les délicatesses de la civilisation, et que ces délicatesses tirent un nouveau prix de leur contraste avec les mœurs de la vieille Corse.

II.

Description générale.

Nous venons de retracer le caractère du peuple corse dans les diverses circonstances de sa vie politique et privée; nous allons tâcher de donner ici une idée exacte de la nature extérieure de ce pays, non moins belle que la nature morale, dont nous avons fait ressortir les traits les plus saillants de noblesse et de grandeur.

Nous nous efforcerons de faire un tableau aussi vivant que possible de toutes les âpres beautés, de toutes les sublimes horreurs, de toutes les surprenantes merveilles du règne végétal de cette île, où l'on peut étudier les âges du monde, et où les générations, en se succédant, ont laissé tour à tour des traces profondes de leur passage.

On peut dire que jamais le sentiment du beau n'a été aussi vif et aussi général que de nos jours; les églises gothiques noircies par les siècles, les castels au pied desquels ont passé tant de générations, les vieux bois contemporains de ces vieux monuments, toutes ces choses enfin que le siècle précédent regardait en quelque sorte sans les voir, comme s'il eût été absorbé par l'idée du présent, se sont illuminées d'une poésie soudaine sous la plume de Châteaubriand et de Lamartine, et ont ouvert à la société de nos jours tout un monde féerique de nouvelles jouissances.

Quoi de plus beau que l'île de Corse? Jetée, comme un vaisseau, au milieu de l'immensité des mers; s'étendant majestueusement sur un long espace, du nord

au sud, de l'est à l'ouest, elle peut, à juste titre, rivaliser avec les plus magnifiques pays de l'univers, par
son aspect sauvage, qui rappelle l'enfance du monde,
par sa physionomie riante et pittoresque, qui inspire
l'âme de l'artiste et du poëte.

Placée en face de l'Espagne et du Piémont, entre la
France et l'Algérie, près de la Sardaigne, de la Sicile
et de l'Italie, la Corse n'a rien à envier aux contrées
qui l'entourent, et offre un spectacle à la fois éblouis-
sant et confus, varié et splendide. Son sol est riche et
fécond, ses productions naturelles sont variées et abondantes ; son ciel est doux et serein ; ses montagnes, au
front altier, sont gigantesques et imposantes ; ses forêts
enfin, jadis pleines de religion et de poésie, peuvent
facilement être comparées aux plus belles de l'Europe.

D'un côté, ce sont de fraîches collines jetées tout autour du pays comme une vaste ceinture, et présentant
partout les formes les plus coquettes et les plus capricieux contours ; des monts ardus, escarpés, surmontés,
comme un casque, d'une aigrette guerrière ; des rochers
farouches, de vieilles tours et des châteaux seigneu-
riaux en ruine, comme pour attester qu'il fut pour la
Corse des époques de troubles civils et de guerres implacables. De l'autre, des pentes douces, vertes et bien
cultivées ; des villages que les pins à la tige svelte,
les châtaigniers, les noyers avec leurs formes sphériques et leurs massifs de verdure, couvrent à l'envi ;
des hameaux, au-dessus desquels pendent d'énormes
rochers, plus menaçants pour eux que les avalanches
pour les villages suisses.

Telle est la Corse.

Mais ce n'est pas tout encore : quand le regard

plonge sur ces vastes campagnes parsemées de mille fleurs odoriférantes, quand il embrasse un immense horizon, on aperçoit, comme des lignes argentines, des rivières avec leurs molles ondulations et leurs méandres capricieux, roulant en quelque sorte la lumière avec leurs flots vermeils. Tandis qu'on contemple avec avidité ces ravissants panoramas, ces jolis paysages, ces belles vallées couvertes d'arbousiers, de myrtes, de cistes et de bruyère; tandis qu'on admire avec effroi les profonds précipices, les superbes cascades et les larges ravins où mugissent des eaux turbulentes; tandis enfin qu'un esprit élevé est dans le ravissement, un autre spectacle d'un caractère bien doux se déroule aussitôt devant les yeux, et une âme artistement douée s'ouvre soudainement d'elle-même au sentiment d'une contemplation délicieuse.

De distance en distance se développent, comme une mer de verdure, d'antiques et immenses forêts qui balancent, aux premiers feux du matin, leur chevelure virginale tout humide de rosée, et reflètent les mille couleurs du prisme. Il n'y a rien de plus enchanteur et de plus saisissant que ces sapins énormes, qui, comme des pyramides, élèvent d'étage en étage leurs rameaux jusqu'au ciel, entremêlent leur feuillage sombre de manière à intercepter complétement les rayons du soleil et à faire régner à leurs pieds une profonde nuit! Rien de plus poétique que le silence religieux, l'obscurité profonde qui enveloppent souvent ces végétaux gigantesques; et si l'on considère les proportions colossales de ces arbres innombrables, si l'on songe aux siècles qu'ils ont traversés, on ne sent plus que sa petitesse, sa fragilité et son néant, et on est porté, si positif que

l'on soit, à quelque chose qui ressemble à l'adoration.
Là où le règne végétal est si prodigieux, l'homme en
est écrasé; c'est pourquoi il l'anime et le déifie. Aussi
le poëte [1] fait-il dire aux cèdres du Liban :

« Et pour qui donc seraient ces siècles d'existence,
» Et pour qui donc seraient l'âme et l'intelligence,
   » Et-ce donc pour l'arbuste nain?
   » Est-ce pour l'insecte ou l'atome,
   » Ou pour l'homme, léger fantôme,
   » Qui sèche à mes pieds comme un chaume,
   » Qui dit la terre son royaume,
 » Et disparaît du jour avant que de mon dôme,
 » La feuille de ses pas ait jonché le chemin,
 » Car les siècles pour nous, c'est hier et demain!!! »

Terminons cette description rapide en disant que
l'étranger qui parcourt ces beaux lieux ne sait ce qu'il
doit admirer le plus, ou de ce ciel d'Italie avec sa douceur et sa lumière d'or, ou de ces forêts grandioses
comme la Norvége en offrirait à peine, ou de ces montagnes capables de rivaliser avec les plus belles de la
Suisse, ou de cette race d'hommes empreinte d'un si
profond cachet d'originalité au milieu de l'effacement
de plus en plus complet des types nationaux.

III.

Situation, étendue, sol.

La Corse est après la Sicile et la Sardaigne la plus
grande île de la Méditerranée; elle a la figure d'une
grande ellipse irrégulière; elle est située entre le
41e et 43e degrés de latitude septentrionale, les 6e et
7e 12 de longitude orientale; elle est baignée au nord
par la mer de Ligurie et le golfe de Gênes, à l'orient

[1] Lamartine.

par la mer de Toscane, au midi par la mer de Sardaigne, à l'occident par la mer de France.

Éloignée des côtes françaises de 180 kilomètres, de celle de Livourne de 85, de celles de Sardaigne de 10, des côtes d'Espagne de 450 et de celles d'Afrique de 460, la Corse a dans sa plus grande longueur 183 kilomètres et dans sa plus grande largeur 84. Sa superficie est de 874,741 hectares.

Une chaîne de montagnes, parfaitement disposée en trois directions principales : du nord-est au sud-ouest, du nord-ouest au sud-est, et du nord au sud, forme deux versants principaux, ou plutôt partage la Corse en partie méridionale, dont la principale ville est Ajaccio, et en partie septentrionale, dont Bastia est la capitale. De cette chaîne partent de nombreux fleuves et torrents tels que : le Golo, le Fiumolto, le Bivinco, l'Alezani, le Tavignano, la Bravona, le Fiumorbo, le Travo, l'Abatesco, la Solenzara, la Sainte-Lucie, l'Oso, le Stabiaccio, sur la côte de l'est ; l'Ortello, sur la côte du sud-ouest ; le Liamone, la Sagone, le Porto, le Fango, le Valinco, le Taravo, le Prunelli, sur la côte de l'ouest, et enfin la Ficarella, le Secco, le Regino, l'Aliso, l'Ostriconi, sur la côte du nord-ouest.

Afin que le lecteur puisse avoir une idée complète des montagnes qui alimentent toutes ces rivières, nous donnons ici leur hauteur, qui est ainsi évaluée :

Mont Rotondo	2,672 55	Mont Sacadine	2,055 99
— d'Oro	2,649 97	— Conia	1,983 59
— Cinto	2,519 51	— Grosso	1,860 78
— Cardo	2,499 73	— Asinao	1,823 32
— Padro	2,457 73	— San-Piedro	1,659 47
— Artica	2,439 70	— Stello	1,382 92
— Renosa	2,300 28	— Mantelluccio	1,535 97
— Traunato	2,196 56	— d'Allicione	1,288 54
— Ladroucelle	2,135 45	— Cério	1,071 93

Le sol est accidenté; mais ces irrégularités, loin de manquer de charmes, plaisent à l'œil contemplateur, et offrent à l'industrie mille ressources diverses. Ici la terre se hérisse de rochers granitiques; des pics solitaires se couronnent de neiges éternelles; de beaux lacs, dont les plus célèbres sont ceux de Creno et d'Ino, nourrissent des truites. « Le premier, dit l'histo-
» rien Jacobi, a un aspect sombre, imposant, mysté-
» rieux. Un bruit sourd retentit autour du réservoir;
» c'est l'effet du choc des eaux qui y pénètrent à travers
» les rochers. La profondeur du Creno, sur lequel les
» indigènes ont des légendes superstitieuses mais poé-
» tiques, n'a jamais pu, dit-on, être mesurée, et paraît
» vraiment prodigieuse. A peu de distance, au nord-
» ouest du Creno, se trouve l'Ino. L'emplacement de
» ce lac ressemble à un entonnoir renversé; on y arrive
» en gravissant des rochers arides, mais l'accès n'en
» est pourtant pas très-difficile. Un panorama des plus
» magnifiques se déroule aussitôt aux regards du visi-
» teur de l'Ino. L'île se déploie devant lui sous un ciel
» pur et serein. Il éprouve alors une espèce de ravisse-
» ment; le bruit des eaux qui s'élancent en cascade
» du bassin qui est à ses pieds, et où se jouent des
» myriades de truites argentées, attire son attention,
» et il distingue sans peine le lit d'une des principales
» rivières de l'île. C'est le Golo, qui prend sa source
» dans l'Ino, arrose le pays au nord-est, grossit con-
» sidérablement dans sa course rapide, et débouche enfin
» dans la plaine où s'élevait jadis une cité bâtie par
» Marius, qui lui donna son nom. Les deux autres riviè-
» res les plus importantes partent du Creno. D'un côté,
» le Tavignano, qui, traversant l'île du couchant à l'est,

» recueille dans son sein les eaux brillantes de la Res-
» tonica et du Vecchio, et se jette à son tour dans la
» mer près d'Aleria ; de l'autre, le Liamone, qui dirige
» son cours vers la partie sud-ouest du pays, touche à
» la noble contrée de Cinarca, si riche en souvenirs du
» moyen âge, et se perd dans la mer non loin des
» ruines de Sagone, autre ville insulaire dont il ne
» reste plus que le nom. » (*Histoire générale de la
Corse*. Introduction, page 5.)

Un peu plus loin sont de nombreuses collines tapis-
sées de la plus tendre verdure ; des forêts gigantesques
suspendues sur le flanc des coteaux, des monticules
couverts d'arbres, d'arbustes, de plantes aromatiques ; des vallées agréables et ayant toutes leur cachet
caractéristique.

Cependant l'œuvre de la nature ne s'est pas arrêtée
là ; elle a voulu aussi creuser sur les côtes de cette
île de magnifiques rades, des golfes profonds et
sûrs, des ports spacieux, des anses et des caps dignes
d'admiration. Les ports d'Ajaccio, de l'Ile-Rousse, de
Calvi, de Bonifacio, de Bastia, de Maccinaggio, de
Saint-Florent, de Girolata, de Sagone, de Propriano,
de Figari, de Ventiligne, de Santa-Mauza, de Porto-
Vecchio, sont remarquables, et plusieurs d'entre
eux offrent d'excellents mouillages aux plus grands
vaisseaux.

Tels sont la situation, l'étendue, la forme et l'aspect
du pays ; nous ferons connaître maintenant quelle est
sa division politique et administrative.

IV.

Division politique et administrative.

Nous avons dit plus haut que la superficie de la
Corse était de 874,741 hectares; sa population est
de 243,183 habitants. Ce département, dont Ajaccio
est le chef-lieu de préfecture, est divisé en cinq
arrondissements, soixante et un cantons, trois cent
cinquante-quatre communes; il fait partie de la sep-
tième inspection divisionnaire des ponts et chaussées,
et dépend de la division du sud-est de l'arrondissement de Grenoble pour les mines. Il forme le tren-
tième arrondissement forestier, dont le chef-lieu est à
Ajaccio; ainsi que la dix-septième division militaire,
composée de deux subdivisions, dont le quartier général est à Bastia et une subdivision à Ajaccio; et le
second sous-arrondissement maritime de Toulon.

Une cour impériale a son siége à Bastia; elle a
dans son ressort les tribunaux de première instance
d'Ajaccio, Sartène, Calvi, Corte, Bastia, les tribunaux
de commerce d'Ajaccio, de Bastia, de l'Ile-Rousse, et
soixante et une justices de paix.

La Corse forme aussi le diocèse d'un évêché, dont le
siége est à Ajaccio. On y compte cinq cures de première
classe, soixante et une de seconde, deux cent quatre-
vingt-dix succursales, et cent vicariats.

Il y a en outre une académie universitaire qui a son
siége au chef-lieu de département, et de laquelle dé-
pendent le lycée de Bastia, les colléges communaux
d'Ajaccio, Sartène, Corte et Calvi, ainsi que l'école
normale primaire, cinq cents écoles publiques privées,

des écoles chrétiennes, des pensionnats et plusieurs
établissements dirigés par des congrégations reli-
gieuses.

Il y a à Ajaccio, Bastia et l'Ile-Rousse, des bureaux
de douane.

V.

Villes principales.

Nous croyons que onze villes seulement méritent
une description détaillée de tout ce qu'elles offrent de
curieux, d'attrayant et de digne de remarque. Nous
aurions voulu pouvoir être assez heureux pour décrire
les trente-cinq villes florissantes dont nous parle
Pline, et qui ont malheureusement subi le triste sort
des contrées envahies par un ennemi toujours prêt
au pillage et à l'incendie; mais puisque ces villes
n'existent plus pour nous qu'en état de souvenir amer
et de fait historique, renfermons-nous dans un cercle
étroit, et passons sous silence les petites villes, villages,
dont la description n'aurait qu'un intérêt fort médiocre aux yeux du lecteur. Nous voulons pourtant dé-
peindre avec fidélité et exactitude les villes d'Ajaccio,
Bastia, Corte, Calvi, Sartène, l'Ile-Rousse, Saint-Florent, Vico, Cervione, Bonifacio et Porto-Vecchio, car
toutes, à des degrés différents, méritent d'attirer notre
attention, celle des voyageurs, des touristes et des
malades.

AJACCIO. Ancienne et jolie ville maritime. Chef-lieu
du département. Place de guerre de deuxième classe.
Tribunal de première instance et de commerce. Académie. Collége communal. Évêché. Société d'agricul-

ture. Population : 12,109 habitants. Cet arrondissement est borné, au nord, par l'arrondissement de Calvi,
à l'ouest et au sud, par la mer Méditerranée, au sud-
est, par l'arrondissement de Sartène, à l'est et au nord-
est, par celui de Corte. L'origine de cette ville n'est
rien moins que fabuleuse ; quant à nous, nous dirons
seulement, sans remonter trop haut, qu'elle a joué
un rôle très-important sous la domination de Gênes
et de Pise, et que, grâce à l'avantage de sa position,
elle a pris un accroissement considérable, et promet
de devenir grande, populeuse, commerçante et industrielle.

Coquettement assise sur une langue de terre ; baignée
de deux côtés par une mer d'une limpidité remarquable
que l'œil ne se lasse de contempler avec ravissement ;
entourée de toutes parts d'une campagne riche, bien
cultivée, où la verdure la plus tendre n'a pas à craindre
les frimas et les neiges ; chauffée par un soleil d'Italie
qui rend si vivace la végétation dans ce pays, la ville
d'Ajaccio, peu connue et peu appréciée, mérite cependant d'attirer l'attention des touristes et des malades.
Sa position est admirable ; elle offre un tableau des plus
pittoresques ; ses rues sont larges, régulières et bordées
de belles maisons ; son Cours, ouvert sur le prolongement de la rue de Bastia, est large, très-animé, et des
orangers magnifiques, plantés tout le long, font oublier
les tilleuls, les ormes et les marronniers des promenades ombragées du continent ; ses places sont belles et
spacieuses, surtout celles du Diamant, du Quai et de
Miot, qui attirent constamment une foule de promeneurs,
et où les charmantes Ajacciennes viennent étaler leurs
élégantes toilettes. Quelques monuments publics ne

manquent pas non plus d'un certain charme : l'hôtel de
la préfecture, grande et belle construction moderne, le
théâtre, vaste salle assez bien décorée, l'hôtel de ville,
élégant édifice, dans lequel est une bibliothèque riche
de 27,000 volumes, l'hôpital militaire, le collége
Fesch, plusieurs casernes, deux séminaires, la cathé-
drale, remarquable par l'élégance de sa coupole, la
citadelle, les statues du premier consul, du cardinal
Fesch et du général Abbatucci [1]. Tous ces monuments
flattent la vue, et excitent tant soit peu la curiosité du
visiteur. Mais ce n'est pas tout encoreA, jaccio possède
des jardins magnifiques, qui produisent les fruits les
plus délicieux et exhalent les odeurs les plus suaves ;
ses bosquets d'oliviers, de myrtes, d'arbousiers, d'o-
rangers qui couvrent à l'envi les riants coteaux environnants, sont d'un aspect qui flatte le regard et en-
chante le cœur [2]. Deux promenades, le long du littoral,
où l'on respire à pleine poitrine un air pur et salutaire,
sont également magnifiques et dignes d'être un objet
d'admiration de la part des étrangers : celle qui longe
la mer du côté de la chapelle dite des Grecs, et celle
qui va aboutir au jardin des plantes sur la route de

---

[1] « La France renaît à l'indépendance, à l'honneur. C'est le moment
» de recueillir une cendre héroïque, et de consacrer la mémoire du
» général Abbatucci, qui fut un homme de génie, un soldat intrépide,
» un bon citoyen. » (Le général Foy.)

[2] Les environs d'Ajaccio sont d'une beauté remarquable, dit Malte-
Brun. Nous parlerons d'abord du Casone, jardin situé au-dessus de la
place Miot, sur le coteau qui sert d'appui à la ville. Ce jardin appartenait autrefois à la famille Bonaparte, et c'est là que Napoléon réunissait
souvent ses camarades pour jouer avec eux aux soldats. C'est là aussi
qu'on voit une belle grotte entourée à l'intérieur d'un banc de gazon,
et dont un vieux figuier ombrage l'entrée. — Dans son enfance Napoléon allait y chercher un asile pour apprendre ses leçons avec plus
de calme.

Bastia. Son golfe aux contours découpés, qui rappelle si bien celui de Naples, est large, profond, rempli de pointes, de criques, d'anses, et a plus de 50 kilomètres de tour. Son port enfin est large, sûr, imposant, et peut offrir un excellent mouillage à la plus belle flotte du monde.

« Ajaccio, dit Ottavi, philosophe profond et littéra-
» teur distingué qu'une mort prématurée a enlevé à la
» Corse et à la France, se cache au fond du golfe qui
» rappelle les merveilles des bords de Naples. Nulle
» part, en Italie, la lumière ne verse sur l'horizon des
» teintes plus magnifiques; nulle part les vaisseaux ne
» trouvent une bienvenue plus invitante que sur ces
» eaux, si brillantes par une belle matinée, le jour
» mollement assoupies, et constellées la nuit des étoiles
» du ciel. Un amphithéâtre circulaire de montagnes
» granitiques, dont les flancs décharnés répercutent
» violemment les rayons d'un soleil africain, et qui ex-
» pirent en collines arides où croît la vigne, jusqu'à la
» plage sablonneuse que le flot nivelle, voilà les con-
» tours d'un paysage qui s'ouvre sur la Méditerranée,
» en face de l'Espagne et sur le chemin de l'Algérie. »
(L'*Urne*, recueil des travaux de Ottavi. *Histoire de Napoléon.*)

Tous ces nombreux avantages auraient dû faire d'A-
jaccio une ville fort à la mode. Nous verrons plus loin ce qu'elle pourra devenir; mais, en attendant, disons un mot sur la maison qui a vu naître le plus grand souverain des temps modernes.

Tandis que l'Europe entière était à la veille de recevoir une de ces commotions qui bouleversent les empires, la ville d'Ajaccio inscrivait sur les registres de

l'état civil le nom de Napoléon Bonaparte, fils de Charles Bonaparte et de Letizia Ramolino. Cet enfant a grandi et s'est fortifié sous le beau ciel de la Corse. Plus tard, les événements politiques le lancèrent dans le vaste sentier d'une carrière à jamais mémorable. Homme de génie et de cœur, il sut vaincre la révolution, rétablir l'ordre social, repousser l'ennemi au delà des frontières, doter la France d'un monument impérissable dû à son esprit législateur, et ouvrir à la civilisation tout un monde nouveau pour elle, qui, dans les temps de sombre mémoire, n'avait pour temple qu'un échafaud humide et sanglant.

Napoléon était Corse; et cependant l'agriculture, le commerce et l'industrie de son pays sont encore dans un état déplorable; mais ne nous écartons point de notre sujet; faisons plutôt une réflexion relativement au triste état dans lequel est la maison des Bonaparte.

Nous le disons avec regret, à la vue de ce bâtiment si riche en souvenirs touchants, l'âme s'attriste et comprime en elle-même un sentiment tout naturel d'indignation! Quoi! on construit tous les jours des palais éblouissants et féeriques, des châteaux dorés, des monuments gigantesques, et on n'a pas encore songé à restaurer des masures pourtant précieuses, à décorer, au moins modestement, ce lieu sacré, où le plus grand des héros embellissait par l'étude son jeune esprit, dans le silence de son cabinet, *qui n'a pour tout meuble aujourd'hui que les quatre murailles lézardées et un plancher vermoulu!* Quoi! disons-nous, un simple bourgeois fait construire pour sa famille des tombeaux souvent magiques, et on n'a pas encore eu l'idée de retirer d'une

chétive chapelle les cendres augustes de la mère du
grand homme, pour les placer dans un monument
digne d'elle ! Il suffit, nous le croyons, d'appeler l'attention sur ces faits déplorables, pour qu'on s'empresse
d'y mettre un terme [1].

BASTIA. Ville maritime, à 152 kilomètres d'Ajaccio.
Chef-lieu d'arrondissement. Cour impériale, tribunal
de première instance et de commerce. Chef-lieu de la
dix-septième division militaire. Consulats étrangers.
Place de guerre de deuxième classe. École d'hydrographie de quatrième classe. Lycée impérial. Société
d'agriculture. Population : 17,141 habitants. Cet
arrondissement est borné au nord par la mer de
Ligurie, à l'est par la mer Tyrrhénienne, au sud et
au sud-ouest par l'arrondissement de Corte, à l'ouest
par la Méditerranée et Calvi ; il comprend toute la
partie septentrionale de l'île et une partie de la portion
orientale.

L'origine de cette ville remonte au quatorzième siècle,
et comme la plupart des anciennes villes de la Corse,
elle a été exposée et souvent victime de vicissitudes po-

[1] Nous lisons dans le *Journal de la Corse* (n° du 16 décembre 1856)
le passage suivant : « Nous sommes heureux de pouvoir apprendre à
» nos lecteurs que des ordres ont été donnés par l'Empereur pour la
» restauration de la maison Bonaparte à Ajaccio, et la construction de
» la chapelle funéraire qui doit recevoir les restes mortels de Madame
» Mère et de S. Ém. le cardinal Fesch. Par une lettre en date du 10
» de ce mois, M. Charles Abbatucci annonce en outre à M. le préfet
» que Sa Majesté avait daigné, le même jour, faire inscrire au budget,
» dans sa liste civile pour 1857, un crédit de deux cent mille francs
» affecté à la restauration de la maison et à la construction de la cha-
» pelle funéraire. »
Nous avons accueilli cette nouvelle avec la plus vive satisfaction. —
Mais nous pensons que deux cent mille francs sont insuffisants pour
l'exécution des travaux projetés.

litiques. Sous la domination de Gênes, Bastia était la
capitale de l'île ; et en 1797 elle fut également le chef-
lieu du département du Golo ; car, à partir de cette
époque jusqu'en 1811, la Corse forma deux départements : celui du Golo, chef-lieu Bastia ; celui du Liamone, chef-lieu Ajaccio.

Divisée en deux parties principales, Terra-Vecchia
ou basse ville, Terra-Nuova ou la citadelle, la ville de
Bastia, bâtie en amphithéâtre et située au bord de la
mer dans un territoire fertile, a la physionomie des
villes d'Italie du moyen âge ; elle présente un aspect
très-animé du côté de la mer et du côté du nord, et
surpasse les autres villes de la Corse en civilisation, en
richesse, en commerce et en industrie.

Quelques rues longues et passablement régulières
offrent un coup d'œil très-agréable, et sont surtout remarquables par leur pavé de marbre jaspé. La traverse
nouvellement construite est réellement un boulevard
très-coquet et très-riant, où s'élèvent des maisons superbes d'architecture et de bon goût. D'ailleurs les monuments et curiosités de cette ville dignes d'attirer l'attention du visiteur sont assez nombreux. La citadelle,
les églises de Sainte-Marie dans la ville neuve, et de
Saint-Jean dans la ville vieille, toutes deux ravissantes
de sculpture et de dorure ; la place d'armes, plantée
de beaux arbres ; celle de Saint-Nicolas, sur le bord de
la mer ; le palais de justice ; la belle statue de l'Empereur par Bertolini ; l'hôpital, et d'antiques couvents,
donnent à Bastia un aspect peu commun. Mais ce qu'il
y a de plus intéressant à visiter à Bastia, c'est la grotte
magique de Brando, située à deux lieues de la ville.
«Cette grotte, dit M. Malte-Brun, est pleine de stalac-

» tites et de stalagmites de l'effet le plus gracieux et
» le plus pittoresque; on dirait le palais des *Mille et*
» *une Nuits*, à voir toutes ces colonnettes, ces aiguilles,
» ces draperies d'albâtre étincelantes de pierreries. Ce
» phénomène, dû à la cristallisation et à l'évaporation,
» fait de la propriété de M. Fernandi une des choses
» les plus admirables qu'on puisse voir au monde, et
» cependant tout n'est pas encore découvert. »

Telle est la description de cette ville, qui marche
hardiment dans la voie du progrès et de la civilisation,
en conservant la prééminence sur les autres villes de
la Corse.

CORTE. Jolie et forte ville, à 84 kilomètres et au
nord-est d'Ajaccio. Chef-lieu d'arrondissement. Place
de guerre de quatrième classe. Tribunal de première
instance. Société d'agriculture. Population : 4,926 habitants. Cet arrondissement, qui occupe le centre de la
Corse, a pour bornes : au nord et au nord-est celui de
Bastia; à l'ouest et au nord-ouest celui de Calvi; à
l'ouest et au sud-ouest celui d'Ajaccio; au sud celui
de Sartène.

Dès le onzième siècle, plusieurs comtes de l'île
avaient établi le siége de leur cour dans cette ville, et
plus tard elle devint également le siége du gouvernement national, dont l'organisation était due à la sagesse
et à l'esprit législateur du général Paoli.

Gracieusement posée sur la pente orientale d'une
colline admirable, au pied de laquelle descendent en
cascades, des hauteurs de montagnes escarpées, les
eaux limpides du Tavignano et de la Restonica, la
ville de Corte par la beauté de ses alentours si bien cultivés, et par la rareté de ses sites enchanteurs, attire à

juste titre l'attention des touristes qui parcourent ces beaux lieux.

Divisée en deux parties, la citadelle et la ville, elle a dans son aspect quelque chose d'étrange, car ses maisons sont assez irrégulièrement bâties, mais pourtant sa rude physionomie, loin d'attrister le regard, ne manque pas de charme et satisfait au contraire l'œil avide de paysages pittoresques. Les édifices et monuments, sans être très-nombreux, ne font pas cependant complétement défaut. On remarque dans cette ville, avec un certain plaisir, la maison si pleine de souvenirs touchants et la statue de l'illustre libérateur Paoli ; les modestes appartements du courageux Gaffori ; la citadelle, qui n'est autre qu'un ancien château élevé au commencement du quinzième siècle par Vincentello d'Istria, et une caserne qui passe pour une des plus belles de France. Nul doute qu'avec le temps, la ville de Corte, par sa position avantageuse au centre de l'île, et par l'augmentation de sa fortune agricole, ne devienne dans un avenir prochain une ville très-importante.

Calvi. Ville forte et maritime. Chef-lieu d'arrondissement. Tribunal de première instance. Place de guerre de deuxième classe. Société d'agriculture. Population : 1,473 habitants. L'arrondissement de Calvi occupe la partie nord-ouest ; il est borné au nord, à l'ouest et au sud-ouest, par la Méditerranée ; au nord-est par l'arrondissement de Bastia ; à l'est et au sud-est par celui de Corte ; au sud par celui d'Ajaccio.

Cette ville, qui date de l'an 1268, fut bâtie par Giovanninello de Pietra Allerata, alors en lutte avec le comte Giudice de la Rocca ; elle eut à soutenir à diverses époques des siéges mémorables, entre autres celui des Anglais en 1794[1].

Admirablement située sur un roc majestueux qui s'avance dans la mer, environnée d'eau de trois côtés, Calvi se présente à l'œil sous une apparence imposante, et domine de sa hauteur un port magnifique pouvant facilement abriter une nombreuse flotte.

A part sa position pittoresque, sa campagne couverte d'oliviers et ses belles fortifications, la ville n'a rien de remarquable par elle-même.

Son importance comme ville commerciale s'est affaiblie beaucoup depuis la création de l'Ile-Rousse ; mais cependant, lorsque ses immenses territoires de Galeria seront peuplés et cultivés, elle prendra assurément les proportions d'une grande ville du continent[2].

SARTÈNE. Jolie ville, à 83 kilomètres sud-ouest d'Ajaccio. Chef-lieu d'arrondissement. Tribunal de première instance. Société d'agriculture. Population : 3,845 habitants.

Cet arrondissement, qui embrasse toute la partie

---

[1] On voit encore les dégâts causés par les bombes et les boulets des Anglais en 1794.

[2] Dans la vallée de Luzzupeo, entre Calvi et Galeria, se trouve situé, sur une élévation d'où l'on domine une campagne superbe et une mer magnifique, le château de S. A. le prince Pierre-Napoléon Bonaparte. Éloigné des affaires politiques, Pierre Bonaparte vit au milieu de ses compatriotes et apprécie chaque jour leurs qualités. Il mène à la fois une vie tranquille et séduisante : la chasse, les promenades, les visites aux eaux thermales, les excursions, les petites fêtes lui font oublier les charmes de la cour et les plaisirs de Paris. Il s'occupe d'agriculture, et fait appliquer dans sa belle propriété les procédés rationnels de culture. Cet exemple, parti de si haut, profite à tous les agriculteurs de l'arrondissement, qui trouvent en la personne du prince un cœur bon, un caractère élevé, une âme sensible qui vient au secours des affligés, des malheureux, avec cette modestie et ce peu d'éclat qu'on ne saurait trop louer.

méridionale de l'île, est borné au nord et au nord-
ouest par les arrondissements de Corte et d'Ajaccio, à
l'ouest par la mer Tyrrhénienne, au sud et sud-ouest
par la mer de l'île de Sardaigne.

Dès le seizième siècle, la ville de Sartène fut entourée
d'une muraille pour repousser les invasions barba-
resques, qui, pendant longtemps, ravagèrent ses campagnes.

Bâtie en amphithéâtre dans une position pittoresque, elle domine des vallées superbes de richesse et
de beauté. Si la ville de Sartène est remarquable par
sa belle situation, par la fécondité de son sol et la variété de ses produits, elle a été, par contre, le séjour
d'inimitiés implacables, de haines vivaces et profondes,
et a donné asile à une population ennemie qui s'est
fait une guerre acharnée et sanglante pendant une période d'années trop longue, hélas !

ILE-ROUSSE. Ville maritime. Tribunal de commerce.
Population : 1,626 habitants. Chef-lieu de canton.

Ce fut Paoli qui fonda cette jeune cité en 1758. Elle
a promptement surpassé en importance Calvi, sa voi-
sine et sa rivale ; aujourd'hui elle est gracieuse, florissante, et est devenue le marché de la riche province de
la Balagne.

L'Ile-Rousse offre non-seulement le spectacle d'une
ville commerciale, mais elle ne manque pas non plus
de certains attraits dans sa physionomie. D'ailleurs, si
l'Ile-Rousse manque totalement de monuments publics
dignes de remarque, elle possède en compensation des
maisons particulières qui lui donnent l'aspect d'une
grande et belle ville.

SAINT-FLORENT. Petite ville fondée en 1440, fortifiée,

à quelques lieues de Bastia, a toujours été le point
de départ des opérations offensives dirigées contre la
Corse.

Admirablement situé au fond du golfe auquel il a
donné son nom, posé sur le penchant d'une colline
d'où l'on domine une riante campagne et une grande
étendue de mer, le village de Saint-Florent est destiné
à devenir une ville florissante et d'une grande importance dès le jour où des travaux d'assainissement seront
complétés, pour faire disparaître à jamais les vapeurs
méphitiques qui s'élèvent en été des marais environnants, et qui déciment annuellement une partie des
habitants de ce superbe pays.

Vico. Petite ville, située à 48 kilomètres d'Ajaccio.
Chef-lieu de canton. Population : 2,024 habitants.

Cette ville, qui est une des plus anciennes de la
Corse, fut pendant longtemps le siége épiscopal de
Sagone, après la destruction de cette ville. De 1797 à
1811, elle fut également un chef-lieu d'arrondissement,
et, depuis cette époque, elle a perdu un peu de son
importance.

Entourée de toutes parts de hautes et fraîches montagnes, fièrement assise sur une petite élévation au
pied d'une pente douce, verte et bien cultivée, la petite
ville de Vico ne laisse pas de captiver les regards des
nombreux baigneurs qui la traversent pour se rendre
aux bains de Guagno.

On y trouve, en effet, de belles promenades ombragées par d'énormes châtaigniers qui projettent une
ombre impénétrable, de belles campagnes et un pic
merveilleux à voir, appelé *Cuma,* qui a tout à fait la
forme d'un pain de sucre. Il y a là une magnifique

forêt de chênes verts. Ce pic est accessible aux personnes curieuses de grimper jusqu'à l'extrémité ; de la cime on découvre une partie de la Corse.

Mais ce qu'il y a de plus attrayant à voir à Vico, c'est un vaste couvent dont l'origine remonte à 1521 ; il a été successivement amélioré et développé sur une large échelle. Il est habité par des missionnaires oblats qui rendent d'immenses services à toute la jeunesse intelligente de ce canton. Tout auprès, s'étend une grande place ombragée par de beaux arbres et ornée de belles fontaines. Il n'est pas besoin de dire que le bâtiment, qui va recevoir encore un grand accroissement, est assis dans une position superbe : dans l'art de choisir des sites pittoresques d'où le regard puisse plonger sur de vastes campagnes, les moines n'avaient pas de rivaux. De là on embrasse un immense horizon au milieu duquel se détachent plusieurs villages suspendus et comme perchés sur des rocs. Plus loin se dresse un rocher qui figure si exactement l'extérieur d'une femme ayant son enfant à son côté, que l'esprit légendaire du pays s'est exercé là-dessus.

On raconte, à qui veut l'entendre, qu'une femme, étant allée au bois, et s'étant mise à jurer et à sacrer contre ses fagots, probablement Dieu, pour la punir de sa dureté et de ses trépignements, enfonça ses pieds dans la terre, dessécha sa peau et ses chairs, fit grandir jusqu'au ciel la partie osseuse de sa personne, et en fit une femme de pierre, véritable épouvantail pour les ménagères acariâtres ! C'est, comme on voit, un nouveau chapitre à ajouter aux métamorphoses d'Ovide.

CERVIONE. Sur le penchant d'un coteau, au milieu

de belles plantations d'oliviers et de châtaigniers, est bâtie, dans une situation pittoresque, la petite ville de Cervione, ancien chef-lieu d'arrondissement comme Vico, et aujourd'hui chef-lieu de canton. Population : 1,462 habitants. Aux environs de cette ville, on remarque l'église Sainte-Christine, très-ancien édifice, bâti en belles pierres blanches carrées. On prétend que ce furent les Sarrasins qui la construisirent.

Le canton de Cervione renferme quatre communes. La surface du territoire est généralement montueuse, et le sol peu propre à la culture du blé. Cependant, dans la partie qui longe la côte, la couche de terre végétale est très-profonde; aussi on y fait des récoltes très-abondantes. On cultive avec avantage, dans ce canton, l'olivier et le châtaignier; mais le sol est principalement propre à la culture de la vigne. On y récolte des vins rouges délicieux.

Bonifacio. Cette ville est regardée comme une des plus anciennes de la Corse. Ville maritime, située à 53 kilomètres de Sartène. Chef-lieu de canton. Place de guerre de troisième classe. Population : 3,184 habitants. Cette ville a été fondée par l'illustre Boniface, seigneur pisan, qui, après avoir battu les Sarrasins sur les côtes d'Afrique, débarqua en Corse, et bâtit, en 830, un fort auquel il donna son nom. Nous avons vu, en faisant le résumé de l'histoire de la Corse, qu'en 1195 les Génois s'emparèrent de cette forteresse par un coup de main très-hardi, et que ce fut à cette époque que les Génois s'établirent en Corse.

La ville de Bonifacio, assise sur un rocher calcaire formant du côté de la mer une haute falaise qui couvre la porte au sud, occupe l'extrémité d'une presqu'île.

La ville est bien bâtie, et sa physionomie annonce que les habitants sont dans l'aisance. Son élévation au-dessus du niveau de la mer est d'environ 60 mètres, et l'on y arrive par une rampe passablement roide. Cette position bizarre sur une haute roche penchée sur la mer, la beauté du port, les merveilleuses grottes marines qui se trouvent aux environs, l'ensemble des fortifications, font de Bonifacio une petite ville charmante et très-curieuse à visiter.

Le canton de Bonifacio est riche. Le territoire abonde principalement en oliviers, et les jardins potagers y sont admirablement cultivés. Sa proximité de l'île de Sardaigne assurera un jour à Bonifacio un immense avenir.

Porto-Vecchio. Porto-Vecchio, chef-lieu de canton, situé à 79 kilomètres de Sartène et à 26 de Bonifacio, a été une ville remarquable autrefois; mais aujourd'hui c'est un simple village de 2,117 habitants. Porto-Vecchio possède un golfe magnifique que la nature semble avoir disposé pour être le centre d'un commerce étendu. Ses environs sont magnifiques et son territoire est d'une grande fertilité; mais le mauvais air, *mal'aria*, éloigne les indigènes des plaines productives.

Nous croyons avoir donné, dans ce court exposé, une idée assez juste des principales villes de l'île; occupons-nous donc de la Corse au point de vue de la climatologie.

VI.

Climat.

Cette question n'étant pas de notre compétence, nous sommes obligé de recourir aux lumières de ceux

qui sont plus versés que nous dans la science météoro-
logique.

Tout le monde sait que le climat de la Corse est un
des meilleurs de l'Europe, et que sous ce rapport
elle n'a rien à envier à Nice, à l'Italie et à l'Espagne,
qui sont les contrées les plus à la mode parmi le
monde des touristes et des malades. « Mon patriotisme
» souffre, dit le docteur Donné, actuellement recteur,
» (feuilleton des *Débats* du 15 janvier 1852), lorsque je
» vois la France, par mode ou par ignorance, aller
» chercher hors d'elle-même ce qu'elle possède, et
» demander à des pays étrangers des avantages que ses
» diverses contrées lui offrent à un degré égal ou supé-
» rieur. Je ne parle ici que des avantages de climat et
» de saisons, des ressources naturelles, hygiéniques et
» médicales que l'on peut trouver sur le sol de la
» France, et que, par routine, on va chercher autre
» part.

» Quel plus beau climat que celui de la Corse, et
» d'Ajaccio en particulier ! Il faut aller jusqu'aux îles
» de la Grèce pour trouver une température aussi douce,
» un hiver aussi clément, un été aussi tempéré ; c'est
» déjà le ciel d'Afrique avec un soleil moins ardent,
» mais non moins pur.

» Quel plus beau lieu ! quelle plus délicieuse plage !
» quel air plus tiède pour faire concurrence à Nice !
» Et cette terre nous appartient et nous y sommes
» chez nous, et en faisant la fortune de ce pays nous
» enrichissons nos concitoyens ! »

F. C. Marmocchi, auteur d'une géographie de la
Corse, s'exprime ainsi :

« Il y a en Corse trois climats bien distincts,

» mesurés par les degrés d'élévation du terrain : le
» premier, qui est celui de toute la plage maritime,
» embrasse la région inférieure de l'atmosphère depuis
» le niveau de la mer jusque vers 580 mètres perpen-
» diculaires d'élévation, et celui-là porte le caractère
» qui convient à la latitude de l'île, c'est-à-dire qu'il
» est chaud comme les côtes parallèles d'Italie et d'Es-
» pagne. Le second est celui de la région moyenne,
» qui s'étend depuis 580 mètres jusque vers 1750
» mètres et même vers 1950, et il ressemble au climat
» de France, particulièrement à celui de la Bourgogne,
» du Morvan et de la Bretagne.

» Le troisième est celui de la région supérieure ou
» cime de montagnes, et ce dernier est froid, tempê-
» tueux comme la Norvége.

» Dans le premier climat, c'est-à-dire sur toute la
» côte de la mer, il n'y a, à proprement parler, que
» deux saisons : le printemps et l'été ; rarement le
» thermomètre y descend au-dessous d'un ou deux
» degrés sous zéro, et il ne s'y maintient que peu
» d'heures. Sur toutes les plages, le soleil, même en
» janvier, se montre chaud, si le vent ne le tempère ;
» mais les nuits et l'ombre y sont froides, et le sont en
» toutes saisons. Si le ciel s'y voile, ce n'est que par
» intervalles ; le seul vent du sud-est apporte les brumes
» tenaces que le vent du sud-ouest se plaît à chasser.
» S'il fait mauvais, c'est par tempêtes ; s'il pleut, c'est
» par ondées ; la nature n'y marche que par extrêmes.

» A peine les froids modérés de l'hiver sont-ils ra-
» mollis, qu'un soleil ardent leur succède pour huit
» mois, et la température passe de 8 degrés à 18.

» Dans ce climat inférieur, sont situées les villes

» principales de l'île, telles que Ajaccio, Bastia, Porto-
» Vecchio, Bonifacio, Calvi, Ile-Rousse, Saint-Florent.

» Dans le second climat, c'est-à-dire dans les mon-
» tagnes, depuis le niveau de 580 jusqu'à 1750 et
» même 1950 mètres, les chaleurs sont beaucoup
» plus modérées, les froids sont plus longs et un peu
» plus vifs; la nature est moins extrême, sans être
» moins variable.

» Le troisième climat enfin, celui de la haute cime
» des monts, est le siége des frimas et des ouragans
» pendant huit mois de l'année, et d'un air parfaite-
» ment pur ou semé de nuages légers pendant la sai-
» son d'été. — Les seuls lieux habités dans cette
» région sont le Niolo et les deux forts de Vivario et
» de Vizzavona. — Le climat y est très-doux depuis
» mai jusque vers septembre; mais pendant l'hiver ces
» lieux sont battus d'ouragans furieux. »

Pendant trois années d'observations faites par M. Du-
peirat à Ajaccio, on ne compte que neuf orages, dont
cinq seulement accompagnés de pluie. — Quoique la
température soit très-variable, surtout dans le mois de
mars, cette variation est peu sensible d'un jour à
l'autre; le passage des saisons se fait doucement, et
chacune d'elles porte ordinairement le caractère qui
lui est propre. — La hauteur du mercure dans le
baromètre varie entre 27 et 29 pouces. — Le temps
est beau pendant 237 jours, nébuleux pendant 110 et
pluvieux pendant 18.

La température de l'air varie, pendant le premier
trimestre de l'année, entre 0° et + 15° R.; pendant le
second, entre + 5° et + 30°; pendant le troisième,
entre + 15° et + 3°; pendant le quatrième, entre

0° et + 20°. — Les températures moyennes sont, pour le premier trimestre, + 9°,67; pour le second, + 17°,09; pour le troisième, + 21°,87; pour le quatrième, + 12°,83; pour l'année, + 15°,39.

Le vent du sud-est est celui qui souffle le plus habituellement; il se soutient quelquefois pendant quinze jours de suite et souffle dans toutes les saisons. Le sud-ouest vient ensuite; il souffle souvent en tourmente, et est plus fréquent de la fin de novembre à la fin de mai. Le nord-est vient après le sud-ouest : le nombre de jours pendant lesquels les vents soufflent dans l'une de ces trois directions forme à peu près les deux tiers de ceux où le calme ne règne pas. — L'ouest vient après le nord-est, puis le sud, le nord, l'est et le nord-ouest. — Les vents les plus violents soufflent pendant 7 jours de l'année; ceux d'une force moyenne, pendant 52 jours; les plus faibles, pendant 208 jours : le calme règne pendant 97 jours.

CHAPITRE QUATRIÈME.

§.

Botanique.

« La Corse, dit Robiquet, comme le point méri-
» dional du royaume, comme île et comme pays de
» hautes montagnes, promettait et n'a pas manqué de
» fournir aux botanistes qui l'ont explorée une riche
» moisson de plantes peu communes dans le reste de la
» France. — Elle en possède même un grand nombre
» qui lui sont particulières. »

Nous allons donner la liste par ordre alphabétique
des arbres, arbustes, arbrisseaux, sous-arbrisseaux et
arbrisseaux grimpants qui croissent naturellement dans
ce pays. — Cette liste est tirée du *Catalogue des végétaux ligneux du département de la Corse,* dernier et
remarquable ouvrage de M. Requien. — Ce savant
naturaliste a jeté le jour sur les richesses naturelles de
l'île de Corse, et on peut dire aujourd'hui, sans
craindre d'être contredit, que la Corse est la contrée
la plus centrale du grand empire botanique de la
Méditerranée : *A l'odeur seule je devinerais la Corse
les yeux fermés,* a dit Napoléon.

« La Corse avait mille charmes; il en détaillait les

» grands traits, la coupe hardie de sa structure phy-
» sique.... Tout y était meilleur, disait-il; il n'était pas
» jusqu'à l'odeur du sol même; elle lui eût suffi pour
» la deviner les yeux fermés; il ne l'avait retrouvée
» nulle part. » (*Mémorial de Sainte-Hélène.*)

Arbres qui croissent naturellement en Corse.

Acacia de Constantinople, — alisier, — aune commun, aune à gros fruit, aune intermédiaire, aune
cordé, aune elliptique.

Bouleau blanc.

Caroubier, — châtaignier, — chêne blanc, chêne-
liége, chêne pubescent, chêne tauzin, chêne vert, —
cyprès pyramidal, cyprès horizontal.

Érable à feuilles d'aubier, érable de Montpellier.

Figuier, — frêne, frêne à fleur.

Hêtre, houx.

Jujubier.

Laurier.

Micocoulier, — mûrier blanc, mûrier noir.

Noyer.

Olivier, olivier sauvage, — orme.

Perussier, — peuplier blanc, peuplier noir, peuplier d'Italie, — pin lariccio, pin maritime, pin pinier,
pin sauvage, — platane.

Saule, saule fragile, saule jaune, — sorbier, sorbier
des oiseleurs, — sycomore.

Tilleul, — tremble.

Arbustes et arbrisseaux.

Alaterne, — androsème, — arbousier, — aubé-
pine, — aune baumier.

Bois puant, — bruyères à balais, — bruy, bruy corse, bruy multiflore, — buis.

Figue d'Inde, — filaria à larges feuilles, filaria lisse, filaria moyen, filaria à feuilles étroites, — fusain.

Gattilier commun ou arbre au poivre, — genêt d'Espagne, genêt épineux, genêt blanchâtre, genêt velu, — genévrier de Phénicie, genévrier des Alpes, — grenadier.

Laurier-rose, laurier-tin, — lavatire en arbre, lavatire d'Hyères, — lentisque, — liciet d'Europe.

Millepertuis à odeur de bouc, — myrte, myrte à petites feuilles.

Nerprun des Alpes, — noisetier.

Oreille de lièvre, — osier auriculé, osier cendré, osier rouge, — oxycèdre.

Palma-christi, — peuplier maritime, — prunier sauvage.

Sanguin, — sureau.

Tithymale en arbre, — tamaris d'Afrique.

Sous-arbrisseaux.

Absinthe en arbre, — ajonc commun, — amélanchier, — anthyllide barbe de Jupiter, anthyllide cytise, anthyllide cytisoïdes, anthyllide d'Hermann, — aunée visqueuse, — anserine arbrisseau, — asperge épineuse.

Calamant glanduleux, — cinéraire maritime, — ciste à feuilles de sauge, ciste de Crète, ciste de Montpellier, — coronilla de Valence, — cytise à trois fleurs.

Daphné garou, daphné luisant, daphné lauréole, — dorgénia droit, dorgénia velu, dorgénia arbrisseau.

Épiaire gluante, — épine-vinette de l'Etna.

Garde-robe blanchâtre, — genêt de Salzmann, genêt de Corse, — germandrée, — marum, — herbe aux chats, — germandrée de Marseille, germandrée faux hyssope.

Hélianthème à feuilles d'halime, — herbe baroña.

Immortelle d'Italie.

Lavande d'Hyères.

Mercuriale elliptique, — morelle d'Hermann.

Passerine hérissée, passerine de Thomas, passerine tartouraire, — prasion glabre.

Phaqualou blanchâtre, phaqualou à une fleur, phaqualou des rochers, — prunellier.

Renouée prêle, — romarin, — rose des chiens, rose de Séraphini, rose de France, rose des champs, rose rougeâtre, — rue bractée, rue de Corse, rue à feuilles étroites, — sarriette de Grèce, — sauge, — officinale, — scrofulaire ligneuse, — séné des Provençaux.

Arbrisseaux grimpants.

Asperges à feuilles aiguës.

Câprier, — chèvrefeuille d'Étrurie, chèvrefeuille des Baléares, — clématite brûlante, — clématite des haies, clématite maritime, clématite à vrilles, clématite à feuilles variées.

Douce-amère.

Garance sauvage, garance de Requien.

Lierre.

Ronce, ronce tomenteuse, — rose toujours verte, — smilax épineux, smilax de Mauritanie.

Vigne, vigne sauvage.

« En raison de la position centrale, la botanique de » la Corse, dit Marmacchi, se lie et se confond avec la

» botanique de toutes les autres provinces du vaste em-
» pire végétal de l'Europe, de l'Asie et de l'Afrique;
» par le cap Corse, elle se lie avec la botanique ligu-
» rienne; par la côte orientale, avec la botanique tos-
» cane et romaine; par les côtes occidentales et aus-
» trales, avec celles de Provence, d'Espagne, de
» Barbarie, de Sicile et de l'Orient; et enfin par la
» région centrale très-montagneuse et très-élevée, avec
» la botanique des Alpes et des Pyrénées. Aussi quelle
» richesse prodigieuse et quelle variété surprenante
» dans le règne végétal de la Corse! richesse et
» variété qui augmentent puissamment la beauté des
» sites de l'île, si pittoresque déjà par la nature et les
» accidents du sol. »

II.

État actuel de l'agriculture en Corse.

C'est ici que nous allons faire passer sous les yeux
du lecteur le tableau de l'état actuel de l'agriculture en Corse. D'après ce tableau, il sera facile de se
convaincre que ce pays est resté fort en arrière des
autres départements de France, et que la plus grande
partie de son sol, si riche, si fécond, est toujours inculte, et nourrit encore, dans ce siècle de lumières et
de progrès, un mélange de végétaux, auquel on donne
le nom de makis, que la main de l'homme aurait dû
extirper avant ce jour, dans un intérêt d'utilité générale.

Nous connaissons déjà les motifs généraux qui ont
concouru avec une égale puissance à ce déplorable
résultat, c'est pourquoi nous n'y reviendrons point.
Cependant il est utile de faire connaître qu'à ces motifs

d'un caractère si grave s'en joignirent plusieurs autres aussi désastreux dans leurs conséquences, non moins nuisibles à la prospérité agricole de l'île.

La loi sur la vaine pâture (trop tardivement abolie), l'absence de bons procédés, de tout système rationnel de culture, le manque de capitaux, le défaut de bras et de routes, la paresse des habitants de certaines communes rurales, l'abandon des terres basses, ou plaines, par les laboureurs, sont autant de causes qui frappent notre pays. Nous en ferons ressortir les inconvénients en démontrant l'utilité, la nécessité qu'il y a pour le département de la Corse, et pour la mère patrie, de détruire les abus, de secouer l'ignorance héréditaire en matière de perfectionnement moral et matériel, d'introduire des institutions conformes aux besoins de l'île, de faciliter les réformes urgentes, d'assainir les plaines marécageuses, d'attirer enfin l'homme de la montagne vers le littoral.

Mais avant de signaler les imperfections, de demander les améliorations nécessaires pour les effacer dans un intérêt public, nous voulons remplir le but que nous nous sommes proposé d'atteindre dans ce chapitre. Il nous semble cependant qu'il est utile de donner d'abord une idée de l'île de Corse sous le rapport de la géologie. A cet égard nous recourons à une note de M. Gueymard.

« M. Gueymard, ingénieur en chef des mines, qui a » exploré l'île de Corse en 1820, y a reconnu quatre » classes de terrains : les terrains primitifs, les inter- » médiaires, les secondaires et les tertiaires. Les ter- » rains primitifs, qui occupent la partie du sud et de » l'ouest de l'île, sont presque entièrement granitiques.

» Près de leurs limites, ils renferment quelques cou-
» ches de gneiss ou de schistes ; mais un peu plus loin
» on n'y rencontre plus de couches subordonnées. Des
» masses de roches curitiques et des porphyres entre-
» coupent les granits. Les terrains intermédiaires occu-
» pent tout le cap Corse et l'est de l'île. La ligne qui
» les sépare des terrains primitifs, partant de la côte
» nord-ouest, entre l'Ostriconi et l'Ile-Rousse, va
» passer un peu à l'ouest de Castifao et de Corte, à
» l'est de Ghisoni, à l'ouest de Prunelli et des bains de
» Pictra-Pola, et vient se terminer au rivage entre
» Favone et Porto-Vecchio. Dans cette dernière partie,
» qui comprend tout le Fiumorbo, le terrain intermé-
» diaire est recouvert par la formation arénacée. Les
» terrains tertiaires ne se montrent que sur quelques
» points, par lambeaux isolés : M. Reinaud a étudié
» particulièrement leurs formations et les a décrites
» dans le premier volume des Mémoires de la société
» géologique de France : la première occupe le fond
» du golfe de Saint-Florent et une portion de la côte
» orientale de ce golfe ; ses couches, dans cette dernière
» partie, sont fortement redressées au pied des ver-
» sants de la chaîne du cap Corse, et s'élèvent à une
» hauteur de deux à trois cents mètres au-dessus du
» niveau de la mer. Entre Saint-Florent et la tour de
» Farinole, plusieurs fentes transversales, taillées à
» pic, et qui donnent passage aux eaux des torrents,
» permettent de distinguer les différentes couches. On
» peut rapporter aux terrains d'atterrissement ceux de
» la plaine de la côte de l'est. » Telle est la Corse sous
le rapport de la géologie.

Nous avons dit au chapitre III que la superficie de la

Corse est d'environ 874,741 hectares. Cette grande
quantité de terrain est répartie à peu près ainsi qu'il suit:

Terrains cultivés.

	hect.	cent.
En oliviers.	4,445	49
— vignes	9,885	18
— châtaigniers.	27,047	90
— bois	77,096	62
— grains	142,996	82
— prés	441	07
TOTAL.	262,513	08

Terrains incultes cultivables.

	hect.	cent.
En oliviers.	8,518	69
— vignes	12,365	62
— châtaigniers.	7,795	76
— grains	213,411	88
— prés	7	59
TOTAL.	243,099	54

Terrains non susceptibles de culture.

	hect.	cent.
Pâturages.	208,650	82
Eaux.	5,888	45
Rochers	154,619	30
TOTAL.	369,158	57

D'après cet aperçu statistique, il est facile de voir
que l'agriculture en Corse est très-arriérée. Cependant,
il faut avouer que depuis quelques années elle s'est
améliorée assez sensiblement. Le progrès, il est vrai,
aurait pu et aurait dû être beaucoup plus actif; mais
enfin, si médiocre qu'il soit, il pourrait au moins en-

courager les agriculteurs à travailler à la régénération de ce pays vierge, où le sol est des plus fertiles, où toutes les céréales réussissent, où toutes les plantes deviennent superbes, où tous les légumes prospèrent, où tous les arbres prennent des proportions gigantesques, où, enfin, le mûrier, le coton, le tabac, la garance, l'indigo, la canne à sucre, s'acclimatent d'une manière si heureuse.

La population agricole s'est accrue depuis que les moyens de communication sont devenus plus faciles, les transports moins coûteux, et les débouchés plus sûrs, plus avantageux. Mais cet accroissement n'est pas assez sensible en présence des besoins de l'île.

Les bras pour remuer la terre, lui donner la vie et la rendre féconde, manquent malheureusement en Corse, quoique dix mille Lucquois environ viennent pendant six mois de l'année augmenter le nombre des travailleurs indigènes; on peut facilement s'en convaincre, quand on songe que la population de ce département par kilomètre carré est simplement de vingt-huit habitants, tandis que celle des départements du Haut-Rhin et du Nord est de cent vingt et de cent quatre-vingt-onze. D'après cette comparaison, il est aisé de s'apercevoir que la population de la Corse est insuffisante; et il n'est que trop vrai que là où la population est peu nombreuse, là est la souffrance et la misère. Il y a donc urgence d'augmenter par tous les moyens possibles le nombre des cultivateurs. Nous nous efforcerons, quant à nous (et ce sera une matière de notre ouvrage des plus importantes à traiter), d'enseigner dans des chapitres spéciaux ce qui devrait être ; nous ne demanderons que ce qui nous paraîtra réalisable.

Malgré l'infériorité relative de la population agricole, les défrichements se font sur presque tous les points de la Corse ; mais ils ne sont que partiels, et les moyens auxquels on a recours pour débarrasser le sol des makis qui le couvrent sont tout à fait défectueux. Voici d'ailleurs comment on s'y prend toutes les fois qu'on veut mettre en culture une certaine étendue de terrain inculte. On ne connaît que deux procédés : l'essartement et le défrichement. Par l'essartement on coupe le makis à la surface de la terre, puis on le brûle en circonscrivant le terrain qu'on y destine. On coupe ensuite le bois que le feu n'a pu consumer ; on le brûle, et après que l'incendie a fait disparaître tous les végétaux, que la pluie a donné de la compacité à la cendre, on laboure avec l'araire romaine, et on sème sans autre apprêt. La terre fertilisée par la cendre donne d'ordinaire une première récolte très-abondante qui suffit à elle seule pour faire rentrer le laboureur dans ses frais de défrichement ; la seconde récolte est moins abondante, le terrain n'ayant pas été réparé par les engrais ; la troisième est encore moindre ; et c'est ainsi que la terre finit par s'épuiser sans avoir été soumise à l'assolement. On l'abandonne alors pour la laisser reposer, et on renouvelle ailleurs la même opération. Brûler, labourer et semer sont les seuls systèmes généralement suivis. Les soins intermédiaires que réclame dans la plupart des cas la terre sont peu pratiqués. Par le défrichement on ajoute à la destruction des branches des arbustes l'enlèvement des racines, et on brûle sur place tout le bois. Telles sont les manières de défricher en Corse.

CÉRÉALES. La culture des céréales [1], c'est-à-dire du froment, du seigle, de l'orge, de l'avoine, du millet, du maïs, du riz, etc., laisse beaucoup à désirer et réclame de la part des agriculteurs des perfectionnements utiles, des améliorations nécessaires. Mais, quoi qu'il en soit, les 142,996 hectares 82 centiares de terrains ensemencés actuellement produisent du froment, du seigle, de l'orge, du maïs, en assez grande abondance pour satisfaire à peu près aux besoins de la population. On évalue les récoltes annuelles de céréales en Corse à environ 950,000 hectolitres. Le froment produit en moyenne 10 pour un de semence, le seigle 15, le maïs 40 et les pommes de terre 20 pour un. La qualité des produits est très-belle et très-appréciée sur les marchés du continent. Les terrains d'alluvion sont d'une fertilité réellement prodigieuse, d'un rapport extraordinaire; ainsi on trouverait difficilement des endroits plus favorisés de la nature, sous le rapport de l'abondance et de la bonté des produits, que les plaines d'Aléria, de Mariana, du Fiumorbo, du Valinco et du Taravo. Là le blé rapporte de 18 à 50 fois la semence, l'orge dépasse ce taux, et le maïs y centuple. Ce sont les cantons de l'Ile-Rousse, d'Algajola, de Sainte-Lucie, d'Oletta, de Sermano, de Belgodere, de Moïta, de Campitello, d'Olmi, de Morosaglia, qui ont la plus grande superficie relative des terrains cultivés en grains.

[1] D'après les dernières statistiques, la récolte de toute espèce de céréales s'élèverait maintenant en France, année moyenne, à environ 180 millions d'hectolitres. — En froment, notre pays produirait 60 millions d'hectolitres; en seigle, 26 millions; en orge, 19 millions, en méteil, 11,500,000; en avoine, 46 millions; en sarrasin, 8 millions; en maïs et millet, 7 millions; enfin en légumes secs, 2,500,000.

VIGNE. La vigne a fait des progrès sur plusieurs points de l'île, principalement dans les environs d'Ajaccio et du cap Corse; elle promet de s'étendre, d'une manière avantageuse, dans plusieurs cantons de l'intérieur. Les vins de la Corse sont généralement peu soignés, mal conservés; cependant ceux qui sont faits avec soin sont excellents, car le raisin est de qualité supérieure; la fabrication seule laisse à désirer. Les vins de M. Martinenghi, propriétaire à Ajaccio, ont mérité la médaille d'honneur à l'exposition universelle. Le jury s'exprime ainsi :

« La qualité des vins de cet exposant est bien suivie; » six bouteilles de ces vins ont été dégustées; ce vin » d'Ajaccio se vend 5 francs la bouteille; il est fin et » agréable à boire. Le jury a reconnu qu'il convenait » d'encourager cette production. »

Les 9,885 hectares de terrains cultivés en vignes produisent environ 300,000 hectolitres de vin annuellement, et une certaine quantité de raisin qu'on fait sécher.

OLIVIER. L'olivier croît naturellement sur presque toute la surface de l'île; il prend partout des proportions vraiment colossales. Cette culture est aujourd'hui très-répandue en Corse. Les territoires de Balagne, du Nebbio, de Bonifacio, en sont principalement couverts et produisent une grande quantité d'huile qu'on exporte à Marseille et ailleurs. La bonne fabrication des huiles est peu connue; aussi, malgré la grande supériorité des olives, elles ne sont pas généralement très-claires. Cependant celles qui sont bien fabriquées sont supérieures aux huiles d'Aix. En moyenne, la production actuelle est d'environ 150,000 hectolitres par an.

CHATAIGNIER. Le châtaignier occupe une grande partie de la superficie de la Corse; il devient aussi grand, aussi vigoureux et aussi productif que les plus beaux des Apennins et de l'Etna; il couvre les revers des coteaux ainsi que la plupart des montagnes élevées. Un arrêt du conseil du 22 juin 1771 avait défendu de planter des châtaigniers dans aucun terrain de l'île susceptible d'être ensemencé de blé ou autres grains, ou d'être converti en prairies naturelles ou artificielles, ou planté de vignes, d'oliviers ou de mûriers. Deux ans après, cet arrêt fut révoqué par un autre, où l'on reconnaissait que les châtaigniers étaient pour les habitants de certains cantons un moyen d'existence nécessaire dans les temps de disette, et, dans tous les temps, un objet de commerce avantageux. — Ce dernier arrêt fut rendu sur le rapport du célèbre économiste Turgot. (Voyez Robiquet, p. 496, *Recherches historiques et statistiques sur la Corse.*)

D'après M. de Beaumont, un ouragan qui les détruirait tous produirait dans la suite un heureux résultat. Nous ne savons pas jusqu'à quel point cette destruction profiterait aux populations, car la châtaigne, qui est aujourd'hui une des ressources principales de l'île, se débite bien sur tous les marchés, et la farine qu'on en extrait est bonne et nutritive. On évalue que les cantons de Valle d'Alesani, de la Porta d'Ampugnani, de Picdicroce, d'Orezza, de San Nicolao, de Mariani, de Pero de Tavagna, de Campile, de Vescovato, de Morosaglia, de Cervione, de Saint-Florent, qui constituent le pays des châtaignes (la castagniccia), font une récolte, année moyenne, de 155,827 hectolitres.

ORANGER, CITRONNIER. La culture de l'oranger et du citronnier est assez avancée dans la Marona, le *Nebbio*, la Casinca, à Ajaccio et dans la Balagne. Ces pays exportent une grande quantité d'oranges et de citrons. Ces arbres réussissent à merveille dans toutes les vallées qui avoisinent la côte ; leurs fruits sont exquis et d'une qualité justement appréciée. Les oranges de Barbiccaïa (Ajaccio), d'Aregna (Balagne), et d'Also di Prato, sont d'une douceur, d'une finesse, d'une supériorité incontestables.

CÉDRATIER. Cet arbre réussit et prospère d'une manière exceptionnelle sur la côte occidentale du cap Corse. La culture de ces plantes précieuses est difficile et très-coûteuse ; mais elle paye généreusement les fatigues et les avances : plus de 200,000 francs entrent annuellement dans les villages de Nonza, de Berrotoli et de Centuri. Ce dernier est le pays classique de cette culture.

ARBRES FRUITIERS. Le cerisier, l'amandier, le prunier, le figuier, le pêcher, l'abricotier, le pommier, le poirier, le jujubier, le noyer, le grenadier, le néflier, deviennent également magnifiques, sont répandus sur presque toutes les parties de la Corse, et produisent des fruits exquis par leur douceur, rares par leur proportion, par leur beauté.

MURIER. Le mûrier réussit admirablement en Corse [1]; mais les plantations se font un peu lentement, et jusqu'à ce jour le nombre de ces arbres est limité. Cepen-

---

[1] « Vi sono, dice Filippini, qualche arbori di gelsi, mediante i quali » vi si fa qualche poca sete di ottima bontà, e vi se ne potria far in gran » quantità, se i paesani si volessero affaticare, e piantar dei sopra detti » arbori, essendovi a ciò luoghi attissimi. » (*Istoria di Corsica*, lib. I, p. 106.)

dant on a commencé à élever des vers à soie à Ajaccio,
à Bastia, à Calvi, à Corte et à Sartène; les essais ont
été couronnés d'un plein succès. Actuellement la production des cocons est à peu près de 10,000 kilogrammes, qui sont vendus à raison de 5 à 6 francs le
kilogramme. La soie qu'on a obtenue a été trouvée de
très-bonne qualité, et la vente a été très-avantageuse.
Mais cette culture n'est pas encore productive, car on
n'a pas encore établi des magnaneries importantes
pour l'éducation des vers à soie. Cette culture enrichira
plus tard l'île de Corse.

Lin, chanvre. Le lin et le chanvre sont des plantes
industrielles qui prospèrent bien en Corse; cette culture est généralement négligée; c'est pourquoi la
production n'est pas même assez considérable pour
fournir aux besoins du pays. Cependant on a fait des
expériences à l'ancienne ferme de Vadina et ailleurs
sur la culture du chanvre, et cette plante a acquis
15 pieds de hauteur et 4 à 5 lignes d'épaisseur. Ce
genre de culture peut devenir aussi une source de
richesse pour le pays.

Tabac. La culture du tabac est assez avancée dans les
communes de Letia, Soccia, Guagno et Murzzo; la
qualité des tabacs qu'on y cultive est très-grossière.
L'espèce répandue dans l'île est nommée par les botanistes *nicotiana rustica*. Certaines localités bien situées
jouissent de tous les avantages propres à assurer le
succès de la grande espèce.

Coton. Le coton croît spontanément dans les makis,
et les essais qui ont été tentés jusqu'ici ont abouti à
des résultats très-heureux. « La plante, dit Marmocchi,
» y croît à la hauteur de 2 ou 3 pieds; elle s'y couvre

» d'une foule de boutons qui, en s'épanouissant, pro-
» duisent du coton à cacher toute la plante, et à ne
» plus présenter à l'œil qu'une masse de flocons coni-
» ques d'une éclatante blancheur [1]. » D'ailleurs le
climat et le sol sont très-propices à ce genre de culture.

GARANCE. On a fait également des essais sur la culture de la garance, et le succès a parfaitement répondu
à l'attente de ceux qui en ont fait l'expérience.

JARDINS POTAGERS. Les jardins potagers sont assez
nombreux en Corse; toutes les familles en général
en entretiennent pour avoir toute l'année des plantes
et des légumes verts. Les produits de cette culture
sont abondants, variés et de bonne qualité. Les pommes
de terre, les betteraves, les oignons, les poireaux, le
céleri, le cresson, les épinards, la chicorée, le cer-
feuil, la laitue, l'oseille, le persil, les haricots, les
fèves, les melons, les pois, les citrouilles, les asperges,
les artichauts, les choux, les pommes d'amour, etc.,
réussissent parfaitement partout et presque sans
fumier.

PRAIRIES NATURELLES. Les prairies naturelles sont peu
nombreuses, et jusqu'à ce jour on s'occupe peu de
créer des prairies artificielles. Le besoin est pourtant
très-pressant; le défaut de nourriture suffisante condamne les animaux à un état de maigreur et de
dépérissement auquel il est utile de remédier dans le
plus bref délai; car l'avenir de l'agriculture se lie
intimement à la prospérité, à l'augmentation des animaux domestiques. Nous verrons plus loin quelles sont
les productions animales de l'île de Corse, leur carac-

---

[1] A. Vanucci, *Tableau topographique et médical de l'île de Corse;*
page 20.

tère, leur qualité, et les moyens à employer pour
améliorer ou perfectionner les races. Disons pour le
moment qu'on trouve en Corse la plupart des quadru-
pèdes utiles de l'Europe.

ABEILLES. Les abeilles donnent de beaux produits,
principalement à Asco et à Castifao, dont le miel est
renommé. On ne cultive pas comme on le devrait cet
insecte précieux. Du temps de la puissance romaine,
il était bien plus répandu et bien mieux soigné ; la
preuve en est la quantité immense de cire qu'on le-
vait, comme impôt de guerre, après des révoltes com-
primées.

« Les ruches, dit Paléologue, sont en bois, gros-
» sièrement confectionnées, et abandonnées dans le
» coin d'un bois, où elles restent pendant toutes les
» saisons. On les visite deux ou trois fois dans l'été
» pour prendre le miel par le moyen de la fumée. —
» On en trouve peu, surtout à l'automne, car les grandes
» sécheresses de l'été, qui brûlent tout, ne permettent
» pas aux abeilles de travailler ; très-souvent il en meurt
» même une grande quantité. — L'arbousier ou fraise
» en arbre, qui fleurit ici en automne, est la plante
» qui procure aux abeilles de quoi emmagasiner à
» l'arrière-saison. — Le miel fait au printemps est
» bon, mais celui de l'automne est amer. »

FORÊTS. En finissant l'exposé simple et court de l'état
actuel de l'agriculture en Corse, il est juste de parler
aussi de ces vastes forêts qui couronnent les montagnes
jusque sur les sommets les plus élevés. Elles sont
très-nombreuses : celles d'Aitone, de Vizzavona, de
Rospa, de Jardine, de Valdoniello, sont les plus belles,
et contiennent des arbres de la plus grande beauté,

parmi lesquels on en voit plusieurs *de 6 mètres de circonférence* à 1 mètre au-dessus du sol, de 4 mètres 60 centimètres à 14 mètres d'élévation, et de 40 mètres de hauteur.

Une partie des forêts de la Corse est propriété nationale; l'autre partie appartient aux communes et à des particuliers. Des exploitations partielles se font sur plusieurs points de l'île; mais jusqu'à présent elles sont très-restreintes.

D'après le tableau que nous venons de faire, il est facile de s'apercevoir que l'île de Corse est dans de bonnes conditions de prospérité et d'avenir sous le rapport de l'agriculture. Encore un peu de temps, et elle sera grande, riche et florissante; nous le prouverons plus loin.

III.

Influence de l'agriculture sur la civilisation.

« L'agriculture est la plus morale des occupations; la population » agricole est la plus paisible, celle qui honore le plus la société; » l'homme qui cultive la terre est encore celui qui sait le mieux la » défendre.
» M. DUPIN. »

Des écrivains profondément versés dans la science agronomique, des économistes d'un talent qui ne peut être révoqué en doute, des comices agricoles d'une sagesse consommée, des inventeurs intelligents et actifs, les gouvernements enfin, par l'initiative de leurs représentants, tendent de nos jours à assurer la grandeur de l'agriculture, de cette branche industrielle qui concourt si puissamment à la transformation des États, à la richesse des nations.

Les uns, animés par un sentiment patriotique, encouragés par la plus belle, la plus efficace émulation, marchent avec assurance à la rencontre de ces théories, dont on n'acquiert la connaissance que par un labeur pénible, soutenu, et disent au monde de la routine et des mauvais systèmes :

Cessez de respecter les vieilles habitudes de culture qui, loin de venir en aide à l'agriculture, la paralysent dans son essor, dans ses produits, dans sa beauté, dans son perfectionnement et son avenir.

Combattez, abandonnez ces procédés que l'œuvre du temps, des lumières et de l'expérience condamne.

Emparez-vous de ces instruments qui ouvrent plus facilement le sein de la terre, pour lui confier plus sûrement la précieuse semence qui doit produire et multiplier les épis.

Perfectionnez-vous, enfin, dans cet art sacré qui enfante des prodiges, grandit l'homme.

Les autres, encouragés par les succès, avides de recherches toujours nouvelles, aiguillonnés par le besoin, inspirés par la gravité de la situation, mettent leur talent, leur savoir, leurs idées, leurs inventions, leur activité, leur expérience, leur argent à la disposition de leur pays pour accroître, sous l'heureuse influence de leurs secours, le contingent de bonheur, de bien-être, de fortune en France.

Tous, en un mot, gouvernants ou gouvernés, seigneurs ou prolétaires, grands ou petits, riches ou pauvres, propriétaires ou fermiers, travaillent et s'efforcent, chacun dans les limites de leur pouvoir, de saper dans leur base les préjugés de nos pères, les erreurs des vieux temps si nuisibles à la production de la terre, et par conséquent à l'avenir de l'humanité, qui lui est assujettie par une de ces lois dont il est difficile de tourner les difficultés; tous, disons-nous, comprennent aisément et sentent vivement la nécessité d'aider, de faciliter l'œuvre, l'action, la vie des plantes utiles à la subsistance générale des peuples.

Aujourd'hui plus que jamais, il y a urgence de s'appliquer au progrès de l'agriculture; car des événements douloureux nous démontrent chaque jour, par des signes entourés de deuil, et nous persuadent par de rudes leçons qui brisent le cœur des nations, que de tous les éléments qu'on exploite ici-bas en vue de se procurer un bonheur souvent éphémère, l'agriculture peut, par-dessus tout, garantir aux peuples une jouissance réelle et solide.

Oui, tout le monde doit comprendre et savoir apprécier à sa juste valeur ce qu'est, et ce que peut être l'agriculture dans la balance du trésor public et privé; et tandis que les industries et les arts s'avancent à pas de géant dans le domaine des grandeurs; tandis que par une belle conception de l'intelligence, par une forte impulsion, on étale sur un champ de paix, de concorde, leurs produits aux yeux des spectateurs accourus de tous les points du monde civilisé pour les contempler, l'agriculture, la mère de toutes les industries, doit toujours occuper un rang digne d'elle dans ces grandes exhibitions fécondes en résultats heureux.

C'est elle, en effet, qui enrichit les États, les relève bien haut aux yeux de l'univers, les fait vivre à l'ombre d'une prospérité bienfaitrice qui profite à l'humanité, à la société entière; c'est elle qui ennoblit l'homme, polit ses mœurs, lui procure de douces satisfactions qui contentent le cœur et effacent les chagrins de la vie; c'est elle qui permet de conquérir sans trouble, sans fièvre convulsive, sans laisser de ruines derrière soi, une part de bonheur qu'on partage entre les différents membres d'une famille; c'est elle qui calme les passions, apaise les dissensions politiques, adoucit l'aigreur de l'âme, éclaire l'intelligence, accroît la bienveillance, rapproche les hommes que leur condition sociale sépare, les porte à s'aimer, à s'aider, à se connaître, et enfante la civilisation. « Oui, l'agricul- » ture fait de bons citoyens; et pourquoi? C'est qu'elle » fait la famille; c'est qu'elle fait le patriotisme [1]. » C'est elle enfin qui est le plus utile des arts, la mère nourrice de toutes les industries, de tous les hommes; car c'est l'agriculteur, ce collaborateur de la nature, qui fabrique pour l'industriel la plus grande partie des matières premières, qui retire de la terre, pour lui et les autres, l'aliment essentiel à l'existence matérielle. Qui fournit les soies, les cotons, les chanvres, les lins, les laines, les poils, les cuirs, les peaux, toutes les matières végétales ou animales qui font la gloire des manufacturiers, si ce n'est l'agriculteur? Qui fait produire, qui assure le grain nourricier, c'est-à-dire le pain, et partant la vie, si ce n'est l'agriculture, et toujours l'agriculture?... En un mot, là où l'agriculture est en souffrance, là est la misère et la décadence. Nous devons donc tous indistinctement avoir de la reconnaissance pour les hommes généreux qui ont mis leur attention, accordé tous leurs soins et appliqué leurs ressources morales et physiques au per-

[1] Lamartine.

fectionnement de cet art merveilleux. Nous devons aussi, pour que la terre continue à prodiguer ses trésors au gré du laboureur, et dans la porportion des besoins du pays, l'améliorer sans cesse, l'engraisser quand elle est maigre, l'assainir quand elle est humide, l'arroser quand elle a soif, l'activer enfin quand elle est froide. C'est à ces seules conditions qu'on peut espérer une augmentation dans les produits agricoles.

Les populations augmentent de plus en plus : ne faut-il pas que l'agriculture prenne de l'extension en raison directe des besoins qui nous oppressent? Par conséquent les gouvernements ne sont-ils pas obligés de s'en intéresser d'une manière spéciale sous peine de périr eux-mêmes? car, comment gouverner des nations dont les besoins physiques ne sont pas satisfaits? Comment, disons-nous, les citoyens pourraient-ils se vouer aux travaux de l'intelligence si l'élément essentiel à leur vie matérielle n'est pas assuré? Il faut donc reconnaître qu'il y a nécessité absolue de créer des institutions qui puissent secourir efficacement l'agriculture et lui fournir ce levier important, si indispensable, qui lui fait défaut totalement dans certaines contrées de la France, ce levier que nous appellerons l'argent ou le crédit.

Et puisqu'on comprend l'importance du rôle qu'a joué de tout temps le laboureur avec le soc de sa charrue, sa faucille et sa bêche; puisqu'il est vrai que des écrivains anciens et modernes se sont montrés de chauds défenseurs de la cause de l'homme des champs; puisqu'il est suffisamment établi que c'est la richesse agricole qui est la plus solide, la plus louable et la

plus utile dans ce siècle de fléaux, de peste et d'épi-
démies ; puisque enfin l'agriculture donne naissance à
la civilisation, élevons, nous aussi, notre voix pour
prêcher en faveur de la Corse, où l'agriculture pourra
devenir une source intarissable de fortune et de trésors ;
stimulons l'ardeur des habitants de ce pays, afin qu'ils
mettent leur intelligence à profit ; et réclamons avec
instance le concours actif de l'État, des capitalistes,
pour les aider à accroître les productions de la terre
dans des proportions considérables, en exécutant une
partie des améliorations déjà réalisées dans des contrées plus avancées que la Corse.

CHAPITRE CINQUIÈME.

DES AMÉLIORATIONS A INTRODUIRE DANS LA CULTURE DES CÉRÉALES.
— DES ASSOLEMENTS. — DES INSTRUMENTS ARATOIRES. —
DES ENGRAIS. — DU DRAINAGE ET DE L'ASSAINISSEMENT.

I.

Des améliorations à introduire dans la culture des céréales.

> Est-il un soin plus doux, un temps mieux occupé?
> C'est là qu'en ses désirs le sage est peu trompé ;
> Autour de ses jardins, de ses flottantes gerbes,
> De ses riches vergers, de ses troupeaux superbes,
> L'espoir au front riant se promène avec lui :
> Il voit ses jeunes ceps embrasser leur appui ;
> Sur le fruit qui mûrit, sur la fleur près d'éclore,
> Il court interroger le lever de l'aurore,
> . . . .
> . . . .
> Et toujours entouré de dons et de promesses,
> Il sème, attend, recueille, ou compte ses richesses.
>
> DELILLE.

Nous abordons, dans ce chapitre, des questions de la
plus grande importance, des plus dignes d'attirer l'attention des agriculteurs corses. Cependant nous devons
déclarer en toute humilité notre infériorité sur des matières si complexes. Nous espérons que le culte que
nous professons pour les intérêts de notre patrie et
notre ardent désir d'être utile à son sort, à celui de nos
concitoyens, faciliteront notre tâche en nous la faisant

paraître moins ardue, plus facilement abordable. Aidé, d'ailleurs, par les lumières de gens éclairés, nous parviendrons, peut-être, à accomplir notre plan, à satisfaire les besoins les plus urgents, et à nous procurer plus tard pour fruit de nos travaux une satisfaction, que nous avons l'espoir de trouver dans la réalisation des différents vœux que nous formerons.

Tandis que la science agronomique s'avance tous les jours dans le domaine des perfectionnements, que les besoins sont plus variés, l'agriculture, en France, s'améliore d'une manière sensible ; et cette amélioration, en répondant à l'attente des agriculteurs, produit les résultats les plus heureux, satisfait les exigences les plus légitimes.

Dès le moment que son utilité, au point de vue de l'avenir moral et matériel des nations, a été sagement étudiée et heureusement comprise, tout le monde a dirigé ses efforts, combiné ses ressources, recherché adroitement les moyens les plus efficaces de venir en aide à la terre, afin de la rendre de plus en plus productive. L'homme, en effet, dans ce siècle de progrès, est sorti peu à peu de l'état de barbarie et jouit aujourd'hui des bienfaits de la civilisation, grâce à son travail, à son intelligence, à son application soutenue en vue d'agrandir l'élément principal de bonheur et de richesse dont nous venons de faire ressortir l'importance. Mais redisons-le, car on ne saurait jamais trop le répéter : assurer le triomphe de l'agriculture c'est, aux yeux de tout homme sensé, de tout homme de cœur, de tout patriote, de tout gouvernement bienfaiteur, une nécessité, une obligation, un devoir sacré, une œuvre grandiose.

Gloire et honneur donc à ces infatigables citoyens qui creusent leur tête et méditent dans le silence de leur cabinet sur les combinaisons les plus heureuses, sur les procédés les plus utiles pour augmenter et perfectionner à la fois, au grand avantage de la richesse publique, la production de la terre, qui seule facilite la vie, la rend plus aisée et moins lourde, plus paisible et moins tracassée [1] !

Gloire, aussi, au gouvernement impérial, qui, par des encouragements bien distribués, par des secours salutaires bien répartis, par des exhibitions gigantesques qui font l'admiration de tout le monde civilisé, entraîne les agriculteurs de toutes les classes dans la voie des perfectionnements en matière d'études agricoles, et les force, pour ainsi dire, en stimulant leur émulation, à mettre en pratique toutes les heureuses conceptions de l'intelligence, qui tendent, de nos jours, à substituer la lumière à l'ignorance, l'utile à tout ce qui est funeste, les procédés rationnels de culture à la vieille routine !

Gloire enfin à ceux qui s'attachent avec goût à la science des phénomènes du règne végétal et animal, et qui, écoutant les conseils des esprits éclairés d'où jaillissent sans cesse des étincelles de vérité, pratiquent les règles qu'on leur enseigne, et se rendent estimables, par les services éclatants qu'ils rendent à l'universalité, tout en développant leur bien-être et leur aisance !

Nous aurions voulu pouvoir être assez heureux pour dire aussi : Honneur aux Corses qui défrichent selon

----

1 « Celui, dit Voltaire, qui fait croître deux brins d'herbe où il n'en croissait qu'un rend service à l'État. »

les nouveaux procédés une grande étendue de terrain !
honneur à ceux qui amendent convenablement la terre
en vue de s'assurer des récoltes de plus en plus abondantes, et qui se servent des outils perfectionnés pour
mieux l'ouvrir, pour mieux recueillir ses fruits, sans
être assujettis à des labeurs pénibles ! honneur à ceux
qui engraissent le sol quand il est maigre, afin d'activer et de doubler la production ! honneur enfin aux
Corses qui, comprenant la portée de l'agriculture,
se vouent à son amélioration largement comprise !
Malheureusement ce soin ne nous est pas dû ; tout au
contraire, nous devons avouer que presque partout
la routine et les habitudes séculaires font encore
perdre la moitié des produits du sol, et que les agriculteurs, en éloignant de la culture les racines et
les fourrages artificiels, rendent impossible la multiplication des bestiaux, et, par conséquent, celle des
engrais, si nécessaire, si indispensable à toute bonne
culture. Cependant il est de notoriété publique que
le jour où l'on défrichera selon toutes les règles de
l'art, c'est-à-dire qu'on perdra l'habitude de brûler
le bois sur place, car le feu consume le détritus des
feuilles des arbustes ; que le jour où l'on exécutera
des travaux, peu coûteux du reste, sur les terrains
en pentes roides afin de préserver, par de petits murs
de soutènement ou par des lisières en bois, les blés
en herbe qui sont quelquefois emportés par les cou-
rants d'eau de l'hiver ; que le jour où l'on pratiquera
l'assolement, qu'on abandonnera l'araire romaine
pour la remplacer par la charrue Dombasle, qu'on
prendra des précautions pour mettre à l'abri des intempéries les récoltes des céréales, qu'on préparera

du fumier pour engraisser les terres ; le jour enfin où l'on assainira par le drainage, et qu'on irriguera les immenses plaines si fertiles et pourtant si improductives, ce jour-là nous dirons hautement à M. Fée, qui a fait un ouvrage ayant pour titre *Une excursion en Corse*, qu'il s'est fortement trompé en affirmant que la Corse ne pourrait jamais devenir un pays agricole ; de même que nous lui disons maintenant qu'il a profondément altéré la vérité en faisant la peinture des mœurs de ce pays.

La Corse, malgré ses 243,099 hectares 54 ares de terrains incultes, triplera ses produits dès qu'on aura introduit toutes les améliorations désirables. Mais que sera-ce si, avec l'aide du temps, de l'État et des capitalistes, on parvenait à mettre en culture toute cette immense quantité de terrains incultes ? Si cela était, et cela sera, les produits de la Corse seraient, eux aussi, accumulés dans les palais de l'industrie au milieu des richesses agricoles de l'Europe entière, et prendraient part à leur tour à cette lutte mémorable qui a pour but l'alimentation de la vie matérielle et le bien-être de l'humanité. Tous les auteurs compétents ont prévu ce résultat. « Lorsque les gouvernements » européens, a dit Malte-Brun dans son célèbre *Précis* » *de géographie universelle*, seront las d'entretenir des » colonies reconnues depuis longtemps pour être plus » onéreuses que profitables, la France trouvera dans le » sol fertile de la Corse, dans son climat propre à la » production des denrées coloniales, une source de » richesse qui n'attend que des soins et des encoura- » gements pour s'y acclimater. »

Déclarons donc, en finissant ce titre, que l'île de

Corse, si richement dotée de la nature, est appelée à acquérir une prospérité des plus belles et des plus justement méritées, car elle renferme dans son sein des trésors de toute espèce, des ressources de tous genres. Jusqu'ici toutes ses richesses sont restées inconnues ou inappréciées ; mais bientôt, nous l'espérons, elles prendront partout de l'essor.

Désireux pour notre part de contribuer un peu à cet heureux résultat, nous voulons tâcher de faire connaître quelles sont les améliorations à introduire dans la culture des céréales, ce qui nous amène à l'étude des assolements, des instruments aratoires, des engrais, de l'assainissement et du drainage.

II.

Des assolements.

Avantages de la culture alterne.

L'art d'assoler les terres est celui de faire alterner les cultures sur le même sol, pour en tirer constamment le plus grand produit avec le moins de frais possible. La théorie et la pratique de cet art constituent véritablement la base de la science agricole.

Nous pensons qu'il est utile de jeter d'abord un coup d'œil sur l'ancienne méthode de culture avec jachères, telle qu'elle est pratiquée en Corse, et de comparer ensuite les avantages et les inconvénients.

Consacrer une portion du sol, sous le nom de prairies naturelles, à la nourriture des bestiaux ; diviser en trois soles, quelquefois en deux, l'autre portion ou les terres en culture, en y cultivant exclusivement des céréales, et fondant toujours cette culture sur la préparation donnée par la jachère ; telle est la seule méthode de culture généralement adoptée dans l'île de Corse.

Comme on le comprend, avant que nous le disions, les inconvénients inhérents à cette manière de cultiver sont très-nombreux ; en assolant le tiers des terres en blé, l'autre tiers en orge, et laissant le troisième en jachère, il est évident que le tiers du sol demeure entièrement improductif après avoir été inconsidérément épuisé pendant deux ou trois années. Cependant ce système est bien loin d'être économique, car on n'obtient un sol bien préparé qu'à force de lui donner des façons durant toute l'année, et en dépensant en pure perte, pour produire de mauvaises herbes et les répandre dans l'air, les substances nutritives contenues dans le terrain. Aussi la jachère ne dispense-t-elle pas des engrais, et le tout n'est souvent couronné que par une médiocre récolte qui donne à peine trois ou quatre pour un. L'uniformité des cultures dans ce système est d'autant plus vicieuse, qu'elle ne fait produire que fort peu de nourriture pour le bétail, et une nourriture sèche et peu succulente, ce qui oblige à réduire considérablement le nombre des bêtes ; partant, point d'engrais, et par conséquent point de récoltes. Mais cette uniformité de production présente encore d'autres inconvénients sous d'autres rapports : c'est qu'elle n'assure pas la subsistance de la population, ni la juste récompense due au cultivateur pour ses travaux. Tels sont les tristes résultats de la méthode des jachères. Nous allons voir maintenant ce que les laboureurs corses font valoir pour sa défense. Le premier est la nécessité du repos : cette terre ne peut pas, disent-ils, travailler toujours, il faut nécessairement qu'elle se repose. Ce raisonnement est absurde : en effet, ne voit-on pas les jardins toujours productifs, sans jamais ni s'altérer ni se fatiguer? Les champs en jachères eux-mêmes, qui trouvent tant de chauds partisans, ne produisent-ils pas en abondance des herbes et des plantes adventices, preuve évidente qu'ils ne restent pas dans l'inaction? Mais d'ailleurs, qu'on jette un coup d'œil sur les terrains abandonnés depuis des siècles aux soins de la nature, et qu'on nous dise si les bois, les prés, les antiques forêts ont cessé un seul instant de produire? Mais, disent les plus savants des routiniers, ce n'est pas en se reposant que la terre se féconde; c'est en absorbant les principes nutritifs contenus dans l'air. A cet égard nous donnons la parole à M. Davy, pour obtenir la réponse à cette dernière raison, et certes, en fait d'actions chimiques, cet auteur mérite sans doute plus de confiance que tous les partisans de jachères réunis : « On peut douter, dit-il, qu'un fonds contienne au- » tant d'humus quand la jachère expire, qu'avant de » lui donner le premier coup de charrue. Ce sont » les parties vertes des plantes qui absorbent surtout » l'acide carbonique, seul principe fertilisant, con- » tenu dans l'atmosphère; ce sont donc les récoltes en- » fouies en vert qui peuvent le déposer dans la terre, » et dans la pratique des jachères, les plantes adven- » tices, quoique très-faiblement, remplissent cet » objet. Mais dans bien des cas, et notamment dans » les sols légers et secs, on ne peut douter que le » remaniement du sol durant les chaleurs et les pluies » d'orages, en favorisant considérablement la dissolu-

» tion des engrais, ne facilite l'évaporation et l'entraî-
» nement des principes volatils et des sucs nutritifs qui
» auraient servi à la végétation si le champ eût été
» couvert de récoltes. » Est-il donc vrai qu'il y a
avantage à remplacer l'année de jachère par la culture
des plantes sarclées, telles que pommes de terre, betteraves, carottes, fèves, etc? Peut-on douter que les
nombreux sarclages et binages exigés pour ces cultures ne préparent et ne nettoient le sol mieux que les
façons de la jachère? Et d'ailleurs, n'est-on pas dédom-
magé de ses frais avec profit par la récolte de ces
plantes? Il n'y a donc point d'argument pour soutenir
la conservation du système des jachères, et si dans
tous les cas leur suppression est avantageuse et impérieusement commandée par la raison, reconnaissons
qu'il n'y a que des circonstances particulières, le défaut de capitaux, de bestiaux, d'engrais, qui puissent
permettre de les tolérer durant quelque temps, et que
dans ce cas, il est encore préférable de laisser inculte
une portion de terrain, si l'on n'a pas les forces productives nécessaires pour le faire valoir en entier, plutôt que de vouer le tout à la stérilité par portions successives.

« Les savants en théorie, disent enfin les partisans
» des jachères, ont beau dire et beau faire, nos deux
» ou trois années de céréales, avec jachères, nous don-
» nent plus de profit que toutes leurs cultures sarclées,
» parce que nos blés sont meilleurs. » A cette objection
de chiffres, nous répondons par la comparaison de la
richesse des cultivateurs de l'Angleterre, de la Belgique, de la Flandre, de la Bavière, etc., avec la pauvreté des agriculteurs corses, chez lesquels le système

des jachères est largement en honneur. — Il résulte
donc de toutes ces considérations que la suppression
des jachères est éminemment utile, et qu'il serait à
désirer, pour l'avenir agricole de la Corse, qu'elles
fussent remplacées par les prairies artificielles et par
quelques cultures sarclées. Nous devons l'avouer, de
nombreux obstacles arrêtent l'essor de ces améliorations et ne permettent pas à tout le monde de les réaliser : le premier et le plus puissant, c'est le défaut
d'instruction des cultivateurs qui les empêche de profiter autrement que par l'exemple de ce qui est prati-
qué autour d'eux; le second, c'est le manque de bras et
le défaut de capitaux. Nous démontrerons ailleurs l'utilité qu'il y a d'instruire les laboureurs, d'augmenter
la population agricole, et la raison qui milite en faveur
de l'établissement du crédit foncier en Corse.

En attendant, terminons la question des assolements
par un petit aperçu de M. de Dombasle, pour démontrer
de mieux en mieux que la culture alterne offre autant
d'avantages que l'ancienne méthode réunit d'inconvénients.

« Dans cette méthode, dit M. de Dombasle, ce n'est
» plus sur trois ou quatre espèces de plantes que
» s'exerce la culture; les récoltes qui en forment en
» quelque sorte la matière peuvent se varier à l'infini,
» mais on peut les diviser en trois classes : les grains,
» les plantes à fourrages ou prairies artificielles, et les
» récoltes sarclées, dont la nature remplace dans beau-
» coup de cas le travail de la jachère. Parmi ces ré-
» coltes sarclées, un grand nombre, comme les pois,
» le maïs, les carottes, les choux, etc., et surtout la
» pomme de terre, peuvent s'appliquer selon que le

» besoin l'exige, soit à la nourriture de l'homme, soit
» à celle des animaux. Les terres cultivées sont appe-
» lées ici à fournir à la subsistance du bétail, en sorte
» que les prairies naturelles deviennent inutiles ou
» beaucoup moins nécessaires, et l'étendue de terre
» qu'elles occupaient rentre dans la masse des terres
» arables, qui fournissent à tous les besoins de la popu-
» lation humaine, et à la consommation des bestiaux,
» par des combinaisons d'assolement qui varient à l'in-
» fini, et que chaque cultivateur peut modifier chaque
» année au gré des circonstances. La culture alterne,
» telle qu'elle est généralement pratiquée, produit au-
» tant de grains que la culture triennale ; mais elle
» pourrait en produire beaucoup plus si les besoins
» l'exigeaient, et elle peut aussi en produire beaucoup
» moins, si les cultivateurs le jugent convenable à leurs
» intérêts. A côté de ces grains, elle produit, outre des
» végétaux de commerce, dont chaque cultivateur peut
» varier la proportion selon ses convenances, beaucoup
» de récoltes qui ne peuvent trouver de places conve-
» nables dans l'assolement triennal, et qu'on peut à
» volonté appliquer à la subsistance de l'homme, et
» cependant elle peut alimenter encore un plus grand
» nombre d'animaux. »

III.

Des instruments aratoires.

Une des conditions de progrès de l'agriculture, c'est
sans contredit l'adoption de quelques instruments perfectionnés, très-simples du reste et très-peu coûteux.

Il est donc dans l'intérêt des cultivateurs corses de

modifier ceux dont ils se sont servis jusqu'ici, et de s'emparer le plus tôt possible des instruments qui, en augmentant l'aptitude de la terre à la production, épargnent beaucoup de travail aux hommes et aux animaux.

Les Corses se servent encore presque partout de l'araire romaine; nous ne saurions jamais assez les engager à renoncer à cet instrument de labour, qui est reconnu incapable de pénétrer à la profondeur voulue, de tracer de larges sillons réguliers et de retourner d'une manière convenable la terre pour placer la couche inférieure au contact de l'air. La charrue Dombasle, qui réunit toutes les conditions de perfectionnement, devrait par conséquent être préférée à l'araire romaine, d'autant mieux que l'expérience a démontré qu'elle peut parfaitement fonctionner dans les coteaux aussi bien que dans les plaines.

La houe à cheval, extirpateurs, scarificateurs ou cultivateurs, sont des instruments à l'aide desquels on peut arracher les mauvaises herbes, biner, sarcler, butter avec la plus grande facilité et promptitude. Nos cultivateurs n'ont pas encore adopté ces instruments; cependant nous espérons qu'on comprendra bientôt la nécessité d'ameublir convenablement le terrain, de le nettoyer des mauvaises herbes pour le rendre de plus en plus productif. L'adoption de ces instruments nous paraît d'autant plus utile, qu'on pourra, avec leur concours, exécuter tous les travaux faits actuellement à bras d'hommes, avec la bêche, la houe, la pioche et la pelle.

La herse et le rouleau, qui servent à émietter, niveler, ameublir, tasser la terre, couvrir la semence, etc., seraient aussi d'une très-grande nécessité en Corse; et pourtant ces instruments y sont généralement inconnus.

Le hache-paille et le coupe-racines, qui servent à hacher la paille et les racines pour la nourriture des bestiaux, et qui en font ainsi tirer un bien plus grand parti qu'en les donnant sans préparation, nous paraissent surtout indispensables en Corse, aujourd'hui que tous les animaux domestiques de ce pays exigent de la part des agriculteurs des soins particuliers pour en assurer l'augmentation et la conservation.

Nous pensons enfin qu'il serait bon et utile pour chaque cultivateur d'avoir à sa disposition une machine qu'on appelle le tarare, sans laquelle il est impossible d'avoir du grain net et bien propre, et d'en nettoyer très-vite une grande quantité.

Ce petit nombre d'instruments n'offrent aucune difficulté, ni dans leur maniement ni dans leur construction et entretien. Les ouvriers qui construisent les ustensiles ordinaires pourraient sans difficulté fabriquer ceux-ci, et ils pourraient bientôt les donner à des prix très-modérés. Nous ne croyons pas utile de faire mention ici des machines à vapeur fixes ou locomobiles, des machines à moissonner et à battre; car nous savons que leur introduction dans l'île de Corse nous semble peu probable dans les circonstances actuelles.

IV.

Des engrais.

« Vous n'avez peut-être jamais entendu, » dit M. Cerati, homme plein de dévouement pour les intérêts

de son pays, « ou bien oublié l'adage si opportun ici
» que l'un des anciens prêtres les plus distingués de
» ce diocèse, feu le grand vicaire Ciavatti, dont la mé-
» moire est conservée précieusement par bien des per-
» sonnes, répétait constamment à tous les ecclésiasti-
» ques et à ses nombreux amis :

> » *Il letame non è un santo,*
> » *Fa miracoli per tanto.*

> » Le fumier n'est pas un saint,
> » Il fait pourtant des miracles. »

Oui, pouvons-nous répéter après lui, le fumier fait
des miracles.

Que de reproches n'a-t-on pas le droit de faire aux
agriculteurs de la Corse, qui en laissent perdre de si
actifs, tels que les herbes, les plantes des marais, les
tourbes, les corps des animaux morts, la suie, les
cendres, les os broyés ou concassés, le sang, les urines
et déjections de l'homme et des animaux, les balayures
et boues des cours et des rues, les ordures, la vase et
le limon des étangs et fossés, le plâtre, la chaux, les
marnes et le varech.

L'art de préparer les engrais est une opération agricole très-importante, très-simple, et cependant des
plus négligées en Corse. L'usage le plus généralе-
ment répandu consiste à entasser dans un coin de la
cour les fumiers et les litières, au fur et à mesure de
leur sortie des étables. On en forme ainsi une masse,
dont les différentes parties sont très-inégalement sou-
mises à la fermentation et à la décomposition; exposée
aux pluies et aux vents, l'eau et l'air en entraînent les
parties les plus salubres et les plus volatiles; cette mé-

thode est très-défectueuse ; c'est pourquoi nous engageons fortement les agriculteurs de l'île à l'abandonner.

Il conviendrait que la fosse à fumier, construite en maçonnerie ou au moins en terre glaise bien battue, fût abritée par un hangar ou un appentis, que l'on eût soin d'humecter la masse quand la fermentation ne s'y établirait pas suffisamment, et de la retourner ou bien de mélanger des plâtras, des gazons, des bruyères, des balayures, de la terre même, si cette fermentation devenait trop forte. On laisse le fumier dans la fosse selon le degré de décomposition que l'on veut avoir ; mais le moment où la paille brunit indique en général qu'il est temps de transporter le fumier dans les champs, où il doit être enterré immédiatement, ou bien d'opérer les mélanges que nous venons d'indiquer.

Nous croyons à propos de faire connaître la méthode des Flamands pour préparer un engrais liquide putride. Dans une fosse plus ou moins grande, construite en briques et en forme de citerne, ils déposent les urines des hommes et des animaux ; ils y ajoutent des vidanges des lieux d'aisances et du marc d'huile, et forment du tout un mélange liquide dont la putridité est excessive. On le répand sur les terres avec des tonneaux ou baquets, et il leur communique un degré de fertilité vraiment extraordinaire. A voir l'insouciance que l'on met à recueillir les engrais liquides, et notamment les sucs qui coulent des fumiers et les urines, il semble qu'on ignore leur puissance comme engrais. En les laissant perdre, on se frustre peut-être de la moitié des principes fécondants dont on aurait pu disposer.

La masse principale des engrais est fournie par les litières mêlées aux excréments des bestiaux. Lorsque

leur rareté oblige de les ménager ou de s'en servir
pour la nourriture des animaux, on peut y suppléer en
couvrant le sol des écuries et bergeries de terre bien
meuble et à moitié séchée, laquelle servira d'excipient
pour les déjections animales, se chargera en outre des
substances exhalées par leur transpiration, et formera
un excellent engrais. Cette méthode offre encore l'a-
vantage d'amender le sol en même temps qu'on le
fumera; à cet effet, il suffit de disposer dans les étables une terre qui ait des qualités opposées à celle où
l'on doit transporter l'engrais.

Telle est l'utilité des engrais pour augmenter la fécondité de la terre et assurer l'abondance et le bon
marché de la production. Et puisqu'il est évident pour
tous que le fumier est un élément actif et nécessaire à
toute prospérité agricole, pourquoi les agriculteurs
corses négligeraient-ils de l'utiliser au grand avantage
de l'agriculture? Pourquoi, disons-nous, n'engraissent-
ils pas leurs champs avec le fumier qui encombre les
villages et les alentours des maisons des villes? Pourquoi enfin n'augmenteraient-ils pas, dans le plus bref
délai, le nombre des animaux sans lesquels, on le sait,
il n'y a point de fumier, et partant point de récoltes,
point d'aisance, point de bien-être?

V.

De l'assainissement et du drainage.

Dès 1834, l'*Almanach royal*, contrairement aux
habitudes qui le réduisent à une simple nomenclature,
insérait cette note importante : « La Corse renferme des
» marais qui, rendus à l'agriculture, peuvent être la

» source de richesses immenses. La basse plaine d'Ale-
» ria, seule, peut fournir aux besoins de plus de cent
» mille habitants. »

Plus tard, M. Blanqui, dans son remarquable Rapport, insistait sur la nécessité d'arracher les populations à une cause incessante de destruction, et provo-
quait la sollicitude du gouvernement.

« Il ne faut pas se le dissimuler, disait-il, la question
» de l'assainissement des marais est une question de
» vie ou de mort pour la Corse ; c'est une dette de la
» communauté. Réduite à ses seules forces, cette île
» est hors d'état d'accomplir une tâche aussi rude ;
» nous lui devons aide et protection comme si elle était
» en proie à un vaste incendie. » (*Rapport à l'Académie,* page 10.)

De nos jours tout le monde comprend que la plus
importante des industries en France est la plus arriérée, et qu'il est urgent de rechercher les meilleurs
moyens pour accélérer les travaux devenus indispensables, afin d'obtenir un accroissement sensible dans
la production.

L'invention du drainage nous semble appelée à rendre
d'immenses services dans un avenir prochain à l'agriculture en général.

Sans exagérer les avantages qu'on en retirera, nous
pouvons affirmer sans crainte de nous tromper, qu'elle
exercera une heureuse influence sur la production des
denrées alimentaires. Entrepris surtout sur une large
échelle, le drainage changera les conditions agricoles
dans lesquelles se trouve le pays.

Nous savons que l'Angleterre a tiré de cette invention le plus grand parti, et il est parfaitement établi

aujourd'hui qu'une portion du territoire français pourrait appliquer ce système avec un succès assuré à l'avance. On estime que des 53 millions d'hectares dont
se compose le sol de France, 7 millions d'hectares ont
besoin d'être assainis par le drainage, et que la dépense
pour accomplir cette grande opération est à peu près
évaluée à 2 milliards.

D'ailleurs, l'expérience a déjà démontré et prouvé
jusqu'à la dernière évidence que les capitaux employés
en travaux de drainage rapportent en général jusqu'à 15
pour cent, ce qui représenterait un accroissement de
production en France de deux cents millions au moins,
prélèvement fait de l'intérêt des fonds engagés.

Certes de tels avantages légitiment des lois exceptionnelles, et tous les agriculteurs doivent remercier
le gouvernement de s'être préoccupé d'une façon particulière de l'avenir de leurs champs. Chacun, disons-
nous, conviendra que le législateur de 1856 a eu
grandement raison de se montrer disposé à propager
l'idée du drainage dans l'intérieur des campagnes, et à
en faciliter l'application par des secours désormais
garantis par une loi déjà promulguée.

Cette loi a pour but de faire prêter par l'État 100 millions à l'agriculture avec une affectation spéciale aux
travaux de drainage. Mais le desséchement des marais
par le drainage ou autre n'est pas seulement utile sous
le rapport du perfectionnement de l'agriculture et de
l'augmentation des céréales, il a une importance au
moins égale sous le rapport hygiénique. Il n'est que
trop vrai que les marais ont de l'influence sur la mortalité; il s'ensuit nécessairement qu'ils doivent en avoir
sur l'état moral et intellectuel des habitants qui les

avoisinent. Quoique la statistique n'ait point encore réuni les faits qui pourraient donner de la certitude à cette induction, chacun l'admettra facilement, parce que les observations générales qui ont été faites confirment notre opinion.

Sans doute, la législation nouvelle ne sera pas encore aussi favorable à l'extension du drainage qu'on peut le désirer ; mais les progrès ne se réalisent pas complets en une fois ; ils sont successifs par leur nature même, et nous savons tous que ce n'est qu'avec l'aide du temps, des lumières de la civilisation, des ressources financières sagement accumulées, qu'on atteint insensiblement le perfectionnement, et qu'on réalise ainsi les vœux les plus ardents des populations. S'il était nécessaire de recourir à des chiffres pour prouver que toutes les choses ici-bas ne se développent que peu à peu, nous dirions que l'application du système de drainage a été reconnue utile depuis longtemps, mais qu'elle a suivi une marche lente avant de parvenir à une pleine prospérité.

Nous savons, en effet, que plusieurs départements ont reçu à titre d'encouragement, avant l'adoption par le corps législatif de la loi du drainage, des subventions pour l'exécution des travaux de ce genre ; ainsi, par exemple, en 1855,

Le Loiret a reçu	4,374 francs.
La Côte-d'Or	3,475 —
Le Doubs.	2,400 —
Le Loir-et-Cher	2,200 —
La Corrèze	300 —
L'Allier	800 —
Les Hautes-Pyrénées	900 —
Le Lot-et-Garonne.	900 —
A divers comices de France.	16,959 —

Ces chiffres, si minimes qu'ils soient, nous prouvent que l'utilité du drainage était fortement appréciée dans les hautes sphères du pouvoir, et que les circonstances seules, indépendantes de la volonté, ont fait ajourner un projet éminemment utile à la prospérité agricole de la mère patrie.

En Corse, plus qu'ailleurs, le système de l'assainissement et du drainage a besoin d'être appliqué sur la plus large échelle. Nous avons fait remarquer à nos lecteurs, au chapitre IV, titre II, que l'une des causes qui contribuent puissamment à arrêter l'essor de l'agriculture dans l'île de Corse, c'est l'abandon des plaines par les laboureurs pendant une grande partie de l'année. Après avoir signalé cette cause, nous croyons qu'il est bon de l'étudier sous toutes ses faces pour en faire connaître les dangers et les moyens qui pourraient les combattre. A cet égard, la science et l'expérience nous enseignent ce qu'il y a à faire pour aboutir à des résultats satisfaisants. Mais souvent, il faut l'avouer, quoiqu'on connaisse le mal et le remède pour le faire disparaître, il y a des obstacles qui ne permettent pas la réalisation de ce qui serait utile et efficace à la santé, à la fortune de tous ; c'est le cas des agriculteurs corses. Nous voulons parler du manque d'argent ; cette seconde cause n'est pas moins funeste à l'agriculture, puisqu'elle condamne les champs à un état de stérilité malheureuse.

Les propriétaires des domaines situés dans les plaines, abandonnent aux soins de la nature des plages étendues et fertiles pour aller habiter des régions montagneuses où l'air est beaucoup plus pur, il est vrai, -

mais où le sol est beaucoup moins productif. L'insalubrité est le motif de cet abandon, et elle est telle, en effet, depuis le mois de juin jusqu'au mois d'octobre, qu'il est dangereux d'y habiter à cette époque.

On comprend facilement quelles sont les causes de cette insalubrité. Tout le monde sait que là où il y a des étangs, des eaux stagnantes frappées en été par les rayons du soleil, là existent des exhalaisons funestes qui répandent les maladies et la mort dans les environs.

« Il n'y reste personne, écrivait M. Blanqui en 1838,
» et la plus affreuse solitude règne dans toute la plaine,
» en dépit de sa fécondité et du magnifique ciel bleu
» qui la couvre. Tous les soirs, au coucher du soleil,
» une vapeur épaisse et grisâtre s'élève du sein de ces
» marais couverts de joncs et de roseaux ; elle plane
» lourdement sur l'horizon et recèle dans ses flancs le
» principe de ces fièvres intermittentes pernicieuses
» qui brisent les constitutions les plus robustes, quand
» elles ne donnent pas la mort. »

C'est pour cette raison que les propriétaires cultivent à peine, d'une manière défectueuse, la quarantième partie des immenses terres d'alluvion d'Aleria, de Mariana et de Porto-Vecchio. Cet état de choses, déplorable au plus haut degré, ne peut durer plus longtemps, car le pays en souffre de toutes les manières, et ses souffrances sont d'un caractère assez grave pour qu'on songe à paralyser les terribles conséquences qu'entraîne après elle, depuis des siècles, l'insalubrité de ces vastes plages maritimes si riches et si fécondes et pourtant jusqu'à présent improductives.

« On trouverait difficilement, dit l'historien Jacobi,
» un endroit plus favorisé de la nature que le territoire

» de l'ancienne ville d'Aleria. C'est une plaine d'en-
» viron 50 milles carrés, baignée à l'est par les ondes
» blanchissantes de la mer ; au nord par les eaux du
» Tavignano, qui pourraient servir à l'arroser dans tous
» les sens ; au midi par l'Orbo ; enfin bordée au cou-
» chant par une longue chaîne de montagnes touffues
» et peu élevées. Nul territoire n'est plus fertile que
» celui dont nous parlons, et l'on a peine à dire jusqu'à
» quel point il l'est, car la vérité ressemble à l'exagé-
» ration. Cette fertilité prodigieuse se fait surtout
» remarquer dans le Tagnone ; mais toute la bande
» orientale de l'île, depuis et y compris Mariana jusqu'à
» Porto-Vecchio, est à quelque chose près également
» féconde. On trouverait difficilement en Europe un
» sol où la végétation soit plus prompte ou plus vigou-
» reuse. »

 « Je ne sais, dit également Blanqui, ce que vaut
» la Mitidja d'Afrique, mais j'adjure nos concitoyens
» de se souvenir qu'il existe à 24 heures de Toulon
» et à 8 de Livourne, une Mitidja française com-
» parable à la terre promise et propre à toutes les
» cultures. »

Depuis longtemps les populations de la Corse appellent de tous leurs vœux le desséchement des marais ;
les travaux de cette nature exécutés dans les environs
de Calvi, de Saint-Florent et à l'embouchure du Golo,
ont eu quelques succès et ont abouti à des résultats
assez salutaires. Cependant, les sommes dépensées pour
ces divers travaux ne sont pas très-fortes, ainsi :

Le desséchement partiel des marais de St-Florent a coûté . . . . 100,117 fr.
Idem.   de Calvi 63,163
Idem.   de Casinca (bassin du Golo). 18,371

Nous savons que le gouvernement ne peut tout d'un coup se lancer dans des opérations qui absorberaient des sommes considérables ; c'est pourquoi nous serions mal vu de demander l'accomplissement prompt et rapide d'un projet de la plus haute importance, qui résume à lui seul la richesse agricole de toute la Corse. Nous demandons seulement que les plaines marécageuses soient assainies petit à petit, et cela dans le plus bref délai ; car nous sommes convaincu que le revenu territorial de l'île de Corse augmentera par ce moyen d'une façon assez notable pour égaler celui des départements les plus florissants, les plus riches de la France.

« Nous reconnaissons cependant, dit M. Richard, » ingénieur, qu'un assainissement partiel est une pure » illusion. On conçoit facilement, en effet, qu'il ne » suffit pas de se débarrasser des eaux stagnantes et » d'assécher les marais dont on est devenu proprié- » taire, et qu'il faudrait que la même opération eût » été faite sur la plaine entière dont la propriété fait » partie. Tant que cette condition ne sera pas satisfaite, » on sera infecté par les miasmes développés autour » de soi, car ces miasmes ne respectent pas les clô- » tures. »

L'assainissement de cette partie du territoire de la Corse est d'autant plus important, que l'achèvement de tous ces travaux conduira naturellement à la création de beaucoup de villages aux embouchures de toutes les rivières, attirera infailliblement l'homme de la montagne vers les terres basses, et les produits de ces contrées s'échangeront alors avantageusement contre ceux des continents voisins.

Nous croyons fermement que le jour où l'on aura combattu l'insalubrité et qu'on pourra, sans exposer sa vie, cultiver les champs fertiles des plaines orientales, ce jour-là il y aura en Corse richesse, aisance et bien-être ; et, par une conséquence inévitable, la population agricole doublera, triplera naturellement sans qu'on ait besoin de recourir à des mesures extraordinaires. Si le manque de bras est encore un obstacle à l'avancement de l'agriculture, nul doute que cet obstacle ne soit aplani lorsque les immenses espaces de terres incultes accueilleront le laboureur sans lui inspirer la terreur et la mort.

La quantité de terrain qu'il s'agirait d'assainir est très-grande, elle occupe presque toute la côte orientale de l'île ; c'est-à-dire un espace d'environ 25 lieues de longueur à partir de Bastia jusqu'à Porto-Vecchio. C'est cette partie de l'île faisant face à l'Italie qui est la plus fertile. Là l'hiver se fait à peine sentir, et les chaleurs de l'été, tempérées par les vents de la mer, y sont très-supportables. Toutes les productions de la France et de l'Italie y prospèrent bien ; les arbres utiles y réussissent à merveille, et les rivières qui bordent ces belles plaines pourraient faciliter les travaux d'ir-rigation.

Comme on le voit, tous les avantages semblent accumulés sur cette partie de la Corse, qui fut la seule occupée par les Romains, si l'on excepte quelques places situées sur la côte occidentale. C'est du temps des Romains, en effet, que ces vastes plaines étaient productives, que l'air y était sain comme ailleurs, que les populations étaient nombreuses et que les villes florissantes d'Aleria et de Mariana s'élevaient sur le bord de

la mer. Mais, hélas ! ce temps n'est plus ! Comment se
fait-il donc que de nos jours ces parages, jadis si beaux,
si riches et si sains, soient devenus déserts, inexploités,
et aient donné asile à l'infection, à un air pestilentiel ?
La raison première se trouve dans l'abandon de ces
terres par la crainte des Sarrasins et les fréquents ravages de la guerre.

« Alors, dit l'abbé Gaudin [1], la mer, n'étant plus
» contenue par le travail des hommes, a pu franchir
» impunément ses limites. Les désastres causés par
» une tempête en auront préparé de plus grands pour
» la suivante, et entassés pendant une longue suite
» de siècles, ils auront à la fin métamorphosé le
» terrain.

» C'est ainsi que se sont formés vraisemblablement
» les étangs qu'on trouve le long de cette plage.

» On juge, par quelques anneaux qu'on a trouvés
» attachés aux rochers de l'étang de Diana, que c'était
» autrefois le port d'Aleria. Le lac de Bigulia n'a peut-
» être pas une autre origine ; un vaisseau entier, que
» les directeurs du terrier ont trouvé enterré à plus
» de dix pieds sous le sable, indique clairement com-
» bien le terrain s'est exhaussé et toutes les révolutions
» qu'il a éprouvées. Quoi qu'il en soit, cette plage si
» étendue et si fertile ne contient pas aujourd'hui une
» seule habitation. Les propriétaires des terrains n'en
» cultivent qu'une faible partie. Cette culture, toujours
» éloignée de plusieurs lieues de la demeure des pos-
» sesseurs, exploitée sans bestiaux, sans engrais et
» avec de mauvais instruments de labourage par des
» Lucquois, d'ailleurs livrée pendant l'hiver aux dé-

[1] *Voyage en Corse*, p. 12.

» gâts des troupeaux de chèvres, de brebis qui errent
» alors librement dans toute la plaine, enfin qui ne
» se recueille que sous un air pestilentiel et dont
» les fruits sont toujours mêlés avec des semences de
» maladie et de mort ; cette culture, disons-nous,
» rapporte peu, et ce sol, le plus riche de l'île, aban-
» donné de ses habitants, n'apporte presque aucune
» utilité. »

Telles sont les causes qui ont eu et ont encore pour
résultat de priver la Corse de produits abondants qu'elle
devrait tirer de cette superbe contrée. Et puisqu'on
connaît le fléau dans ses causes et ses effets, puisqu'on
est en position de le combattre par le travail et par
l'argent, nous sommes porté à croire qu'on se mettra,
sans retard, à l'œuvre pour accomplir l'opération capitale qui doit transformer, en leur donnant enfin une
valeur, plus de cent mille hectares de terrain d'une
qualité supérieure.

Des capitaux assez considérables sont nécessaires
pour atteindre le but désiré ; mais, nous dit M. Grandchaud [1], la conquête de la Corse a coûté à la France
plus de soixante bataillons et 40 millions, et aujourd-
'hui l'on n'hésiterait pas à dépenser le double pour
s'en emparer si une puissance maritime rivale, solide-
ment établie dans l'île, menaçait Toulon et comman-
dait le commerce français dans la Méditerranée. Or une
nation conquise par les armes doit être assimilée à la
mère patrie par ses intérêts les plus intimes et par un
échange avantageux de ses produits : c'est ce qu'il faut
faire pour la Corse, afin qu'à l'heure du danger la

[1] *La Corse envisagée au point de vue des intérêts français dans la
Méditerranée.*

France ne trouve partout que des partisans énergiques et dévoués. Au reste, cette île est aujourd'hui une province française; ses intérêts et ses besoins sont devenus ceux de la métropole. A son tour elle grandira. Oui, elle grandira; mais, pour assurer sa grandeur, il faut faire des sacrifices, il faut assainir tous les terrains marécageux [1]. Cette tâche accomplie, la nation aura fait là une véritable conquête, beaucoup plus importante que celles qui résultent de la plupart de nos guerres, où tant de sang et de trésors répandus ne réalisent souvent aucun avantage, n'accroissent pas les ressources nationales, et laissent, après d'énormes dépenses, les combattants, également épuisés, renfermés dans les mêmes limites.

Les travailleurs pour pousser vivement les opérations ne manqueraient pas, car il serait facile d'en faire venir d'Italie un grand nombre; et quant aux travaux d'assainissement, on aurait l'avantage de les exécuter pendant l'hiver, époque à laquelle l'air est aussi pur dans les plaines orientales que partout ailleurs.

Reste maintenant à enseigner aux agriculteurs l'utilité qu'il y a à appliquer le système du drainage. En Corse, à part les grandes plaines, plusieurs parcelles de terrain auraient grandement besoin d'être drainées. Nous engageons les propriétaires des champs humides et froids à faire le sacrifice de quelques centaines de francs pour sécher leurs terrains par le moyen que nous allons enseigner.

---

1 « Le conseil général sollicite avec instance l'assainissement des marais de la Corse et l'achèvement des desséchements déjà entrepris. » (Session de 1856.)

« D'après M. de Dombasle, le drainage n'est autre
» chose que l'établissement, dans la couche inférieure
» du sol, de conduits ou tuyaux le plus ordinairement
» de terre cuite, assez rapprochés pour donner issue
» à toutes les eaux souterraines. »

Un autre agriculteur distingué, M. le comte de Pen-
nautier, nous apprend que le but du drainage est d'assainir les terres humides et froides, dans lesquelles la
végétation ne peut s'accomplir avec facilité, et où les
récoltes sont presque nulles.

Le drainage est utile :

1° En terrains granitiques (terrains reposant sur
roches dures);

2° En terres arables, argileuses, imperméables;

3° En prés situés dans ces diverses natures de sol et
qui produisent du jonc.

On reconnaît qu'une terre a besoin d'être drainée à
la nature de sa végétation, après de grandes pluies ou
pendant de grandes chaleurs, après la pluie lorsque
l'eau séjourne dans les sillons, quand la terre s'attache
après les souliers ou que l'eau reste dans le passage
tracé par des chevaux ou des bestiaux.

Après les grandes chaleurs, quand la terre se fen-
dille; partout où après de grandes pluies, l'on aperçoit
une portion du sol plus humide que le restant de la
terre; partout où le bâton enfoncé dans le sol à 40 ou
50 centimètres de profondeur, l'eau se rencontre au
fond du trou; partout enfin où se trouvent ce que nous
appelons des mouillers ou des mouillards.

Le drainage consiste à établir au-dessous du sol une
suite de fossés ou drains de 1 mètre à 1 mètre 30 de
profondeur, ou l'on dispose des tuyaux bout à bout qui

doivent conduire les eaux dans un autre fossé, appelé collecteur; lequel vide les eaux de la terre drainée dans les réservoirs disposés pour arroser les parties les plus basses.

Tous ces fossés doivent être parallèles et assez profonds pour arriver à la nappe d'eau qui se trouve dans le sous-sol. Ils doivent également être tracés d'une manière régulière, et former une grille d'infiltration.

L'écartement des drains ordinaires varie suivant la nature du terrain, depuis 8 jusqu'à 20 mètres. Il est en raison inverse de la profondeur.

Leur direction doit être dans le sens de la plus grande pente, et à peu près perpendiculaire aux lignes horizontales de même niveau.

Tableau à consulter.

	Profondeur des drains.	Esp. des drains.
Argiles ordinaires.	1^m 20^c	15^m
Argiles ordinaires.	1^m 20^c	14^m
Argiles ordinaires.	1^m 20^c	13^m
Argiles sablonneuses.	1^m 16^c	12^m
Sable ou gorgues	1^m 10^c	12^m
Tenace	1^m 15^c	11^m
En terrain granitique	1^m »	10^m

Pose des tuyaux. Les fossés doivent être creusés de 1 mètre 20 centimètres à 1 mètre 30 centimètres de profondeur, avec une largeur de 0 mètre 50 centimètres ou 0 mètre 60 centimètres, en gueule, 0 mètre 70 centimètres. Pour placer des drains ou tuyaux, trois hommes à la journée se dirigent à la partie la plus élevée des fossés; l'un commence à placer les tuyaux, l'autre les dame en dessous et en dessus, et le troisième sert les deux autres. Les tuyaux sont mis bout à bout dans le fond des fossés et rapprochés autant que possible, les joints sont couverts de tessons, de vieilles tuiles et de cassures de tuyaux, afin que la terre n'entre pas dans la conduite avant qu'elle ait pu faire corps et s'agglomérer.

Quelques personnes emploient la paille à la place des tessons. On trouve ensuite des drains avec les terres, dans une épaisseur de 0 mètre 25 centimètres. Enfin on recouvre en entier.

On peut terminer cette opération avec la charrue, si on a eu le soin de jeter la terre des fossés à droite et à gauche.

On ne saurait être plus clair que cela, et aujourd'hui que tout le monde considère le drainage comme une des opérations les plus utiles à l'agriculture, il est bon qu'on sache en quoi cela consiste. On calcule à 300 francs les frais du drainage d'un hectare, mais à la suite de ce travail il arrive presque toujours que l'augmentation de la récolte compense largement la dépense. On a, du reste, entre les mains encore un autre moyen d'assainir les terres mouillasses et froides qui retiennent l'eau : pour cela, voici ce qu'il convient de faire ; et ce travail peut parfaitement s'exécuter avec les bras de la ferme, lorsque les moments de presse sont passés. Nous supposons qu'on ait une pièce de terre qui a besoin d'être assainie ; on commencera par en prendre les pentes, et dans le sens de la direction principale, de haut en bas, on creusera un fossé de 1 mètre 50 centimètres de profondeur, large de 40 centimètres dans le fond, et de 1 mètre en haut : ce fossé servira de *collecteur*.

On en creusera ensuite d'autres aussi profonds, mais d'un tiers moins larges, qui viendront aboutir obliquement de chaque côté sur celui du milieu.

Les fossés latéraux doivent être écartés de 10 à 15 mètres. On remplit alors le fond de tous ces fossés avec des pierres champêtres de grosseur moyenne, sur une hauteur d'environ 40 centimètres; on recouvre de 20 centimètres de cailloux; il faut placer ensuite sur ces cailloux quelques gazons retournés, et l'on recouvre de terre. Le grand fossé du milieu va aboutir à un réservoir, et il convient d'en creuser plusieurs semblables si la pièce est un peu grande.

Cette manière de faire des tranchées couvertes ne revient guère qu'à 150 francs par hectare, et procure pendant une cinquantaine d'années les mêmes effets que le drainage. Elle doit surtout être employée pour le dessèchement des parties marécageuses, des prairies où le jonc domine, des champs où l'on voit croître des plantes de marais, et dont le sous-sol est formé par un banc d'argile. Du reste, chacun peut modifier à son gré, et suivant le besoin, le nombre et la profondeur des fossés d'assainissement.

Mais si la science agricole moderne nous rend maîtres des pluies excessives contre lesquelles nous ne savions comment nous prémunir, elle nous montre, d'un autre côté, des pays où on irrigue toutes les cultures, et où par conséquent on n'a rien à redouter des sécheresses qui font souvent la désolation des agriculteurs. Cette question des irrigations, traitée conjointement et dans ses rapports avec le drainage, nous semble grosse d'aperçus utiles pour l'avenir de la Corse; nous nous faisons un devoir de le constater, et nous en possédons aujourd'hui les moyens. Si nous pouvons nous abriter contre les saisons pluvieuses par le drainage, en même temps que neutraliser les effets de la saison sèche par l'irrigation, nous aurons donné à l'agriculture une certitude de résultats à laquelle elle n'est guère accoutumée.

Voilà ce que nous avions à dire relativement à la question du drainage et de l'assainissement. Nous faisons des vœux, en terminant ce chapitre, pour la prompte application des systèmes que nous venons de développer, car nous sommes persuadé que tout le pays en retirera d'immenses avantages.

Voici du reste les détails des dépenses à faire pour assainir les marais de la Corse, d'après M. Grandchaud, déjà cité :

Marais de la côte orientale.

	fr.	cent.
Desséchement des marais de Bigulia.	300,000	»
Desséchement des marais de San-Pellegrino.	30,000	»

Marais de la plaine orientale.

	fr.	cent.
Peri	6,131	»
Migliacciaro.	222,910	60
Aleria.	226,341	70
Bravono.	30,500	»
Vertignono.	21,200	»
D'Alesani.	33,500	»
Padulella.	17,600	»
Sommes à valoir pour dépenses imprévues. .	254,766	70

Marais du cap Corse.

	fr.	cent.
Pietracorbara.	5,000	»
Macinaggio.	5,000	»
Marais de Porto-Vecchio.	50,000	»

Les crédits alloués, en 1856, pour le service hydraulique, sont les suivants :

	fr.	cent.
Entretien des travaux, desséchement des marais de Calvi et de Saint-Florent et du canal d'irrigation de la Casinca.	11,000	»
Réparation d'avaries au canal de la Casinca.	4,228	75
Desséchement des marais de Porto-Vecchio.	15,000	»
Subvention pour drainage.	1,000	»

CHAPITRE SIXIÈME.

DE LA CULTURE DE LA VIGNE. — DES PERFECTIONNEMENTS A INTRODUIRE
DANS LA FABRICATION ET LA CONSERVATION DES VINS.
— DES MEILLEURS CRUS DE LA CORSE.
— CE QUE SERAIENT CES VINS S'ILS ÉTAIENT BIEN SOIGNÉS.

I.

De la culture de la vigne.

« Les vins qu'on obtient au cap Corse et dans les environs de
» Sartène sont dignes de comparaison avec les meilleurs vins de
» France et d'Espagne.
» BLANQUI. »

La vigne, en France, est une branche agricole de la plus haute importance, qui concourt efficacement à l'augmentation de la richesse du pays. Elle garantit surtout d'une manière exceptionnelle à plusieurs populations une somme de bonheur et de bien-être qui profite à l'universalité. Pour les contrées du sud-ouest, elle est la principale base de leur prospérité; aussi, depuis nombre d'années, cette culture a-t-elle acquis un développement considérable sur tous les points du territoire français, et il ne pouvait en être autrement dès le moment que chacun comprenait qu'il était sage et profitable d'augmenter les plantations des ceps, d'améliorer, de perfectionner leurs produits.

Grâce à cette augmentation progressive, grâce au

perfectionnement des systèmes de fabrication et de conservation des vins, la France est aujourd'hui un pays essentiellement vignoble, et les produits de cette nature jouissent à juste titre d'une réputation sans rivale, et passent avec raison pour être les premiers du monde.

Dans les départements qui composaient l'ancien bas Languedoc, on a été même jusqu'à convertir les produits de la vigne en eau-de-vie 3/6 ; et cette industrie, heureusement comprise, a enrichi en peu de temps les contrées qui se sont livrées à ce genre de spéculation.

Mais s'il est constant que la vigne a élevé les fortunes privées, que l'industrie viticole a fait de rapides progrès au grand avantage de la réputation de nos vins, il n'est pas moins vrai que, depuis quelques années, cette culture ruine les propriétaires, contrarie les intérêts, les calculs de l'État, et prive la classe ouvrière d'un vin qui la nourrit et la fortifie, l'égaye et lui fait supporter sa triste existence.

L'apparition de l'oïdium a jeté la consternation dans l'âme des agriculteurs, et malgré les efforts des hommes pour en paralyser les effets, malgré les recherches profondes des agronomes pour en arrêter les ravages, l'ennemi mystérieux, qu'on cherche à combattre, a frappé cruellement et frappe encore l'une des branches les plus productives de la France, comme pour démontrer que la nature dans ses convulsions peut abattre l'orgueil des hommes et les assujettir à l'impassible loi de la misère, de la souffrance, de la mort enfin.

Quel affreux spectacle, en effet, se déroule devant nos yeux depuis une période d'années déjà trop lon-

gue!... que de malheurs à déplorer!... que de pertes
à regretter, que de déficits à combler, que de ruines à
réparer!...

Hier, la vigne était belle, florissante; sa végétation
était luxuriante et portait un fruit délicieux que l'industrie transformait en vin destiné à la consommation
des populations intérieures et à l'alimentation des
marchés de l'étranger... Aujourd'hui, hélas! tout a
changé : plus de beauté, plus de vie dans la végétation, plus de bonté, plus de luxe, plus de richesse
dans les produits; par conséquent, plus d'industrie
viticole, plus de revenus, plus d'occupation pour les
ouvriers. Une telle situation est grave; et cette gravité
n'échappe à personne, chagrine le cœur et enfante la
douleur. C'est pourquoi il serait à désirer que, dans
un avenir prochain, le terrible fléau qui décime les
vignes disparaisse insensiblement, et permette au cep
de reprendre sa marche ordinaire de production pour
verser ses trésors et compenser par ce moyen, au moins
en partie, les pertes incalculables auxquelles les propriétaires sont condamnés depuis tant de temps.

Ce qui se passe autour de nous est fait pour décourager les âmes des plus chauds partisans de la vigne;
mais si la terrible épreuve que nous venons de subir a
porté atteinte à nos intérêts les plus chers en nous pri-
vant d'un élément nécessaire à notre existence matérielle; si, disons-nous, on a eu à signaler des catastrophes regrettables, si enfin l'oïdium semble toujours
avide de ravages, nous ne devons pas, en présence de
ces calamités, nous laisser saisir par le découragement
qui amènerait d'une manière encore plus certaine la
ruine totale des fortunes particulières. A quoi d'ailleurs

servirait ce découragement ? A rien autre qu'à nous exciter à l'abandon de la culture de la vigne, culture qui
ne mérite pas d'être délaissée, et qui a droit à notre
reconnaissance ; car, à d'autres époques moins funestes
à son sort, elle a enrichi des pays entiers, civilisé des
contrées barbares, et répandu dans toutes les classes
de la société française une aisance bienfaitrice qu'on
apprécie aujourd'hui, plus que jamais, à sa juste valeur. Supportons donc avec résignation les coups de
la fatalité, et sachons attendre le retour de la prospérité
avec cette confiance qui éloigne du cœur les pensées
du désespoir, et qui accélère, pour ainsi dire, l'œuvre
régénératrice, l'heure de félicité que la Providence
nous réserve toujours après les jours de deuil, de douloureuses déceptions et d'amères privations. Bientôt,
espérons-le, les mêmes causes qui ont enfanté l'oïdium,
au détriment de tant d'intérêts majeurs, le dissipe-
ront, et la vigne alors débarrassée de son unique ennemi, reprendra une physionomie riante, et portera
dans son sein des fruits délicieux et abondants que les
populations appellent de tous leurs vœux dans un but
facile à comprendre.

La Corse n'a pas été épargnée, et, comme les autres
contrées du continent, elle a vu la production de la
vigne tendre à sa ruine. L'intensité du mal n'a pas été
la même partout : la situation, les influences atmosphériques ont contribué, sans doute, à atténuer le
mal sur plusieurs points de l'île.

Nous aimons à croire qu'en Corse comme ailleurs,
la maladie qui sévit sur les vignobles disparaîtra peu
à peu pour faire place à un état de choses plus con-
forme aux désirs et aux besoins des peuples.

Nous avons dit plus haut que l'industrie viticole a élevé certains départements de la France à un degré de richesse vraiment remarquable. Ce succès, qui est dû à l'homme avant tout (car la nature réduite à ses propres ressources serait trop souvent stérile ou ingrate), devrait encourager les habitants du pays où la vigne réussit complétement, à donner à cette branche agricole tout le développement que comporte l'importance de son revenu.

Sous ce rapport, le département de la Corse se trouve dans d'excellentes conditions d'avenir ; c'est pourquoi il est de l'intérêt de sa prospérité future de donner la plus grande extension à ce genre de culture, et de perfectionner son système de vinification jusqu'ici incomplet et défectueux. Le climat est favorable, car le pays réunit toutes les expositions, toutes les températures ; le terrain ne laisse rien à désirer, les ceps prospèrent admirablement, les raisins sont délicieux, les vins bien fabriqués sont d'une qualité supérieure, les moyens de transport vont être partout faciles et les débouchés sûrs, par conséquent pourquoi négligerait-on de tirer parti de tant d'avantages réunis ? Nous avons déjà demandé à grands cris l'application de meilleurs procédés pour augmenter les produits en céréales ; notre tâche n'est pas encore complétée ; nous avons d'autres choses à enseigner.

II.

Des perfectionnements à introduire dans la fabrication et la conservation des vins.

Il est de notoriété publique que les vins de Corse

bien fabriqués [1] n'auraient rien à envier aux plus vantés de l'Europe. Un gourmet distingué de Bordeaux nous disait, il y a quelque temps, qu'on pourrait, en perfectionnant le système de vinification, obtenir en Corse des vins peut-être supérieurs à ceux de Malaga et de Madère, de Lunel et de Frontignan. Nous sommes convaincu que le jour où les Corses fabriqueront leurs vins selon les procédés nouveaux intelligemment appliqués dans le département de la Gironde, ce jour-là les vins de l'île de Corse seront connus, appréciés et bien vendus sur tous les marchés où se distinguent de notre temps les vins si renommés connus sous le nom de vins de Bordeaux ; ce jour-là, dit le gourmet en question, on obtiendra des vins blancs très-estimés, et des vins rouges qui approcheront par la qualité de ceux de Château-Margaux, Château-Laffitte et Château-Latour. Nous croyons que, dans l'état actuel des choses, il serait très-utile pour la Corse de donner à la culture de la vigne le développement le plus considérable, car nous avons la certitude que cette branche agricole pourrait, dans un avenir prochain, si on en comprenait toute l'importance, être pour tout le pays une source de richesse de plus pour accroître notablement l'aisance et le bonheur des habitants.

Les 9,885 hectares [2] de terrains cultivés en vigne produisent à peu près 300,000 hectolitres de vin, et une assez grande quantité de raisin qu'on fait sécher. Mais nous savons qu'il y a encore 12,365 hectares susceptibles de cette culture et pouvant facilement tri-

[1] Ceux de M. Martinenghi ont mérité une médaille de deuxième classe à l'exposition universelle.
[2] Robiquet, *Statistique de la Corse.*

pler les produits de ce genre. Qu'on se mette donc à l'œuvre, car les moments sont favorables, et la Corse acquerra sous ce rapport une réputation qu'on ne pourra lui disputer, car elle possède tous les éléments essentiels à sa prospérité.

C'est afin d'aider, de faciliter la tâche de nos compatriotes, que nous voulons leur apprendre le moyen de fabriquer et de conserver leurs vins. Nous habitons Bordeaux depuis deux ans, nous sommes nous-même propriétaire de vignes, et nous avons pu, de nos propres yeux, voir comment on manipule les vins et les moyens auxquels on a recours pour les bonifier et pour les conserver.

Sous le rapport du choix des plants, de la taille, de l'époque de la taille et des travaux de la vigne, nous n'avons rien à dire, car on s'y entend en Corse aussi bien qu'ailleurs, surtout aux environs d'Ajaccio et au cap Corse. Nous voulons cependant donner quelques conseils relativement au foulage, à la fermentation, à la préparation des tonneaux, au décuvage, au soutirage, au soufrage, au collage des vins rouges, au collage des vins blancs et aux moyens de rendre au vin sa limpidité.

Du foulage.

En Corse, on est dans l'usage de faire fouler la vendange dans des caisses percées de trous en la faisant piétiner par des hommes. Cette méthode est vicieuse, car un grand nombre de grains arrivent entiers dans la cuve, et il faut alors que la fermentation fasse crever la peau de ces grains, ce qui retarde nécessairement la fermentation générale, et semble contraire au principe qu'elle doit marcher d'une manière uniforme. On a inventé des machines fort expéditives, qui foulent admirablement les vendanges, sans laisser un grain qui ne soit parfaitement écrasé; mais ces machines n'étant pas à la portée de la petite culture, nous n'en ferons pas la description.

Nous engageons cependant les gros propriétaires de vignes d'avoir à leur disposition une caisse carrée ayant une seule ouverture, par où seraient évacués le jus et les résidus. Il serait bon que cette caisse fût installée d'une manière fixe dans un coin du cuvier.

De la fermentation.

La préparation des cuves est une opération importante que les propriétaires ne doivent jamais négliger.

« Il paraît à peu près indifférent, dit M. Carlotti,
» que les cuves soient en bois ou en maçonnerie, mais
» elles devraient être hermétiquement fermées, sauf à
» y laisser une valvule par laquelle, toutes les fois
» qu'on aurait besoin de descendre dans la cuve, on
» ferait échapper l'acide carbonique, qui est un gaz
» délétère. Il faut aussi avoir l'attention de laisser un
» vide de cinq à six pouces jusqu'au couvercle, dans
» la prévision de l'augmentation de volume qu'éprouve
» la masse, et de chauffer les cuves si l'atmosphère est
» froide [1]. »

Presque partout on a compris les avantages des cuves fermées, et M. Carlotti a eu raison, comme dans d'autres circonstances, de donner de pareils conseils à ses compatriotes.

---

[1] *Traité élémentaire de pratiques agricoles à l'usage spécial des cultivateurs de la Corse*, par Régulus Carlotti.

L'essentiel, comme du reste le fait observer l'auteur en question, est de laisser, d'une manière ou d'une autre, une issue à la fermentation. Ajoutons qu'avec des cuves fermées le vin est moins sujet à aigrir, acquiert plus de force et permet de décuver plus tôt.

« Mais, poursuit M. Carlotti, le but de la fermenta-
» tion est d'obtenir la conversion du mucoso en alcool,
» et d'avoir par conséquent un vin qui se conserve
» sans se détériorer, et qui puisse au besoin être trans-
» porté. Il arrive souvent, lorsque la saison a été plu-
» vieuse, que le raisin ne contient pas assez de sucre.
» On peut remédier à cet inconvénient en faisant
» bouillir, en le concentrant, une certaine quantité de
» moût que l'on mêle à la masse avant le commence-
» ment de la fermentation, ou bien en dissolvant du
» sucre de canne dans la cuve, ou bien encore en y
» ajoutant une dose d'alcool. Cette dernière addition
» doit être faite au moment où la fermentation vineuse
» est apaisée. »

De la préparation des tonneaux.

Cette opération n'est pas des moins importantes, car la bonté du vin dépend souvent en partie de la qualité des tonneaux. Ainsi, il va sans dire que tout vin renfermé dans des tonneaux qui ont contracté une odeur de moisissure, de punaise ou autre, serait gâté inévitablement. On aura donc soin, pour éviter toute déception, de passer à plusieurs reprises de l'eau bouillante, de l'eau de sel dans les tonneaux qui sont neufs. Il serait bon aussi d'y passer du moût bouillant. Dans le cas où les tonneaux auraient déjà servi et seraient encore en bon état, il faut avoir soin, avant de les remplir, de les brosser, après y avoir versé de l'eau bouillante ; il faut aussi introduire dans ces mêmes tonneaux une chaîne de fer pour enlever la couche de tartre et la lie adhérente aux parois. Ceci fait, on les lave à plusieurs eaux.

Du décuvage.

Il est très-utile de connaître le moment de décuver.

Jusqu'à présent la science ne fournit aucune règle positive : chaque pays a ses coutumes particulières, et chacun les respecte.

Les uns croient qu'il faut décuver quand la couleur est bien foncée ; d'autres fixent ce moment par l'affaissement de la vendange, ou bien mettent du vin dans un verre, et s'ils n'aperçoivent ni mousse à la surface ni bulles aux parois, ils sont persuadés que le moment du décuvage est favorable. Enfin certains propriétaires de Bordeaux enfoncent un bâton dans la cuve, en ayant soin de le retirer promptement et de laisser couler le vin dans un verre, pour examiner s'il fait un cercle d'écume (ce qu'ils appellent faire la roue).

« En principe, nous dit M. le comte de Villeneuve,
» le moût doit cuver d'autant moins de temps que la
» masse en est plus volumineuse, que la température
» se trouve plus chaude, et qu'on se propose d'obtenir
» un vin plus agréablement parfumé : au contraire la
» fermentation doit être plus longue si le principe sucré
» est plus abondant, le moût plus épais et la tempéra-
» ture peu élevée. »

Tels sont les principes généraux connus. Chaque agriculteur devra en faire l'application en combinant les espèces de raisins avec les qualités du terrain.

Du soutirage. — Du soufrage.

Il est tout à fait nécessaire, si l'on veut avoir de bon vin, de faire deux soutirages par an.

Le premier soutirage se fait généralement dans le courant du mois de mars de la première année qui suit la récolte. Nous avons vu plus haut quelles sont les précautions qu'il faut avoir pour nettoyer convenablement les tonneaux ou barriques avant de les remplir ; nous n'y reviendrons donc pas ; nous dirons seulement que l'opération du nettoyage est indispensable et doit précéder celle du soutirage.

Après avoir bien lavé le tonneau intérieurement et extérieurement, on procède à l'opération du soufrage. Voici en quoi elle consiste : on suspend une mèche soufrée au bout d'un fil de fer en y mettant le feu, et on la plonge dans les barriques qu'on veut remplir ; après quoi on bouche fortement et on laisse brûler. Aussitôt que la combustion est complète, on verse le vin dans le tonneau. Par le soufrage le vin est d'abord trouble, mais il s'éclaircit peu de temps après et se conserve mieux.

A Bordeaux, certains propriétaires préfèrent le procédé suivant : on jette au fond du tonneau une petite quantité d'eau-de-vie qu'on allume avec un cordon allumé, et on a soin pendant qu'elle brûle de tenir la main sur la bonde sans la fermer entièrement. Tels sont les procédés de soufrage pratiqués dans les pays où l'industrie viticole a fait d'immenses progrès.

Après avoir lavé et soufré les tonneaux qui doivent être remplis, on s'occupe de soutirer son vin en se servant soit d'une grosse fontaine, soit du soufflet ou de la pompe; et dès que le transvasement est opéré par l'un des moyens que nous savons, on bouche les tonneaux avec des bondons neufs garnis de linge blanc de lessive. On place ensuite sur des chantiers les pièces ainsi remplies. On a besoin de les tenir bien pleines, en suppléant régulièrement tous les mois au déficit que chaque tonneau peut avoir éprouvé. Nous avertissons les agriculteurs que pour ce remplissage, communément appelé *ouillage,* il est indispensable d'employer la même qualité de vin, car dans le cas contraire on s'exposerait à altérer ou à affaiblir toute la quantité du vin qu'on veut conserver.

Six mois après un second soutirage est encore nécessaire, et pour cela il n'y a qu'à se conformer aux procédés que nous venons d'indiquer. En répétant plusieurs fois cette opération, on a l'avantage de donner à son vin de la finesse et de la qualité.

Du collage du vin rouge.

Lorsque le vin a acquis le degré voulu de bonté par le soufrage et le soutirage, il convient de le coller, et voici comment on s'y prend :

On fouette cinq blancs d'œufs qu'on a soin de mêler avec une pinte d'eau de rivière. On tire du tonneau qu'on veut coller trois bouteilles de vin; on prend ensuite un bâton d'une grosseur ordinaire, on le fend en quatre de manière que chaque bout soit écarté de l'autre; on enfonce de petits coins de bois qui doivent pénétrer jusqu'au dernier trait de scie qu'on a fait au susdit bâton. Ceci fait, on verse la colle par le bondon, on introduit le bâton auquel on a donné la forme de quatre doigts de la main un peu écartés les uns des

autres, et on l'agite dans tous les sens. Lorsqu'on a
bien remué, on finit de remplir le tonneau avec le vin
qu'on en a tiré ; on bat les douves pour fouler le vin ;
on donne un coup de foret sur la douve de dessus, et
on abandonne son tonneau, auquel il ne faut plus toucher durant huit à dix jours. Pour faire une telle opération, il faut autant que possible choisir un temps
calme et serein.

Collage des vins blancs.

Les observations pour le collage des vins rouges
s'appliquent également aux vins blancs. Il y a cependant une différence dans la manière de les coller. Le
procédé généralement mis en usage est celui-ci :

Lorsqu'on a fait subir au vin blanc tous les soutirages dont il a besoin pour parvenir à son point de
maturité, si l'on veut le rendre limpide, lui donner
un goût plus agréable et une couleur beaucoup plus
flatteuse, il faut le coller. A cet effet, on prend de la colle
de poisson, que l'on met dans un linge bien propre ;
on la bat avec un marteau ou avec tout autre ustensile
convenable jusqu'à ce qu'elle se défeuillette ; alors on
la déchiquette, et on la met dans une terrine avec un
peu d'eau de rivière ou de fontaine ; on met un verre
d'eau sur la colle au fur et à mesure qu'elle a absorbé
l'eau qui l'imbibait, jusqu'à ce qu'on en ait employé
un litre pour un fort bâton de colle, qui peut servir à
coller trois pièces de vin. Lorsque la colle est bien
dissoute, on y ajoute un litre de bon vin blanc et un
verre d'excellente eau-de-vie pour conserver la colle
dans le cas où on ne l'emploierait pas tout de suite.
Pour qu'elle se conserve, on passe le tout au travers

d'un linge clair et blanc (car le vin surtout exige la plus grande propreté), on coule deux fois sa colle et on l'entonne dans des bouteilles bien rincées, *que l'on* bouche; on les met ensuite dans un lieu sec et frais. Une bouteille de cette colle suffit pour coller une pièce de vin. On suit à cet égard la même marche que pour coller le vin rouge, excepté qu'au lieu de blancs d'œufs on se sert de colle de poisson. On ne doit pas oublier de donner de l'air au moyen d'un fausset, ce qui facilite la clarification, ainsi qu'il a été dit à l'article du vin rouge.

Moyen de rendre au vin sa limpidité.

Dans le cas où, contre toute attente, le vin serait trouble, même après l'avoir collé, il faut faire bouillir une pinte de lait, qu'on laisse refroidir; on enlève la peau qui se forme dessus, on le vide ensuite dans le tonneau, et le vin ne tarde pas à s'éclaircir.

Si c'était du vin rouge qui fût trouble, dans ce cas il faudrait prendre du papier gris sans odeur. On roule les feuilles de manière qu'elles puissent entrer par le bondon; on en met d'abord une, et, quand elle est développée, on en met une seconde, et ainsi de suite jusqu'à douze. On laisse se précipiter au fond, et on ne tire le vin que quand il est bien clair, ce qui ne tarde pas à arriver. Par ce moyen, si le vin était gras, il se trouverait à la fois clarifié et dégraissé.

C'est en se conformant à tous les procédés que nous nous sommes efforcé de faire connaître que les agriculteurs corses parviendront à donner à leurs vins les qualités qui leur manquent. Et puisque chacun sait que, pour que le vin soit bon, il faut qu'il soit clair,

fin, et que sa couleur soit celle du rubis; puisqu'il est
à la connaissance de tout le monde que ce qui carac-
térise sa bonté, c'est le bouquet et la franchise de son
goût, c'est-à-dire qu'il faut qu'il soit sans goût de terroir, qu'il ne soit pas liquoreux, qu'il ait de la force
sans être piquant, et du corps sans être dur, nous invitons les vignerons de la Corse à expérimenter les
méthodes que nous venons de développer.

III.

Des meilleurs crus de la Corse.

Nous avons dit plus haut que les vins de Corse faits
avec soin étaient excellents.

Nous n'avons dit que la vérité. Mais il est bon de
dire aussi que, dans l'île de Corse comme ailleurs, les
qualités des vins sont diverses, et n'ont pas toutes la
même valeur. Du reste, si tous les terroirs ne sont pas
propres au même degré à la culture de la vigne, plusieurs contrées privilégiées offrent toutes les garanties
désirables de bonté de terrain, d'exposition, de température, et produisent du vin très-estimé, véritablement remarquable par la supériorité de sa qualité.

Les cantons d'Ajaccio, de Bastia, de Calvi, de Ro-
gliano, de San-Martino, de Luri, de Cervione, de San-
Nicolao, de la Porta et de Pero, sont ceux qui ont la
plus grande superficie relative de terrains plantés en
vignes. Le cap Corse, Calvi, Ajaccio, Sartène, Sari,
Vico, Peri, Bastia, Pietra-Negra, Maccoticcia, Algajola,
Calenzana, Monte-Maggiore, Cervione, Bonifacio, Tallano et Porto-Vecchio, sont les vignobles dont les produits se distinguent d'une manière particulière.

IV.

Ce que seraient ces vins s'ils étaient bien soignés.

Ce que pourraient être ces vins, nous l'avons déjà fait entendre au titre II de ce chapitre. Avant nous, pourtant, on a dit que la vigne, qui prospère presque dans toutes les parties de la Corse, [1] produit des vins délicieux que l'on peut aisément comparer aux meilleurs vins de Sicile et d'Espagne; avant nous on a dit qu'avec ce vin on peut faire toute espèce de vins sans qu'ils en soient altérés, ni qu'ils contiennent des substances nuisibles à la santé; avant nous enfin on a comparé le vin cuit du cap Corse au malaga, le vin ordinaire de cette partie de l'île au frontignan, le vin de Furiani au syracuse, celui de quelques villages au tokai, celui de Vescovato et de Calvi au bourgogne [2]. Par conséquent, n'a-t-on pas le droit d'espérer voir cette branche agricole du département de la Corse tendre à un de ces développements importants qui transforment la face d'un pays en répandant partout le bien-être, la richesse et la vie?

Nous ne doutons point, quant à nous, qu'on ne fasse avec la plus grande facilité une qualité exactement semblable aux vins que nous venons de mentionner.

Il est à notre connaissance que des spéculateurs génois, arrivés à l'époque de l'avant-dernière vendange dans les ports de Calvi, Algajola et Ile-Rousse, y ont acheté des raisins à raison de 12 francs les 50 kilogrammes, le double du prix moyen des années ordi-

---

[1] Robiquet, Gaudin (abbé), *Voyage en Corse.*
[2] Boswel, *Relation de l'île de Corse.*

naires. Nous savons aussi que ces raisins ont été convertis sur le continent en vins de dessert, qui se sont débités au prix de deux francs la bouteille.

Depuis plusieurs années on fait des envois de vins sur le continent et même dans les possessions anglaises de la Méditerranée. La vente est assez avantageuse, les vins expédiés supportent parfaitement la mer, et des connaisseurs expérimentés les ont proclamés comparables à plusieurs crus d'un prix très-élevé. Nous pouvons donc affirmer que les vins de la Corse entreront pour beaucoup dans la consommation générale de la France; dès que leur réputation sera établie d'une manière irrévocable.

CHAPITRE SEPTIÈME.

DE LA CULTURE DE L'OLIVIER. — AMÉLIORATIONS A INTRODUIRE.

I.

De la culture de l'olivier.

« La Corse devrait fournir la meilleure huile du monde.

» BLANQUI. »

Parmi les divers produits dont la culture devrait fixer l'attention des agriculteurs de la Corse, nous plaçons l'olivier en première ligne.

Cet arbre prospère d'une manière exceptionnelle en Corse et acquiert des proportions si remarquables, que les plus beaux que la France possède[1] ne peuvent nullement en supporter la comparaison. Nous avons dit que l'olivier croît naturellement sur presque toute la surface de l'île[2]. Nous avons ajouté que cette culture est assez répandue de nos jours, principalement dans les provinces de Balagne, de Nebbio, de Bonifacio, et que la production annuelle des huiles est évaluée en moyenne à 150,000 hectolitres, dont une quantité est

[1] (Dans le Var.) Il y a en Corse des oliviers qui produisent cent litres d'huile.

[2] L'administration entreprit en 1820 de faire le recensement des sauvageons : on en compta plus de 12 millions. Voir l'arrêté de M. de Suleau, en date du 10 octobre 1823, sur le greffage des oliviers.

exportée à Marseille. Mais à côté de ce tableau fidèle
nous n'avons pas omis de dire que les produits de ces
arbres sont jusqu'ici mal fabriqués, ce qui fait que les
huiles de la Corse sont généralement mauvaises, malgré
la grande supériorité des olives. Cet état de choses est,
comme on le comprend, déplorable au plus haut point,
et nous nous indignons à l'idée que, dans ce siècle de
lumières et de progrès, l'industrie n'ait pas encore opéré
à cet égard une transformation heureuse et si grandement désirée. « J'ai remarqué, a dit M. Rendu, inspec-
» teur d'agriculture, qu'en Corse on ne connaît pas
» tous les avantages de l'arboriculture. Non-seulement
» on ne plante pas assez, mais les arbres existants ne
» sont pas l'objet de soins intelligents. En Balagne
» même les oliviers sont extrêmement négligés. »

Puis il ajoute :

« Couvrez les coteaux, les pentes d'arbres, comme
» oliviers, amandiers et mûriers : vous retenez la terre,
» vous l'améliorez et vous augmentez considérablement
» la richesse du pays. »

Certes on peut affirmer hautement qu'il y a intérêt
majeur pour toute l'île de Corse à perfectionner cette
culture [1], car c'est d'elle que dépend en partie la grande
prospérité du pays. Déjà cet arbre précieux, quoique
négligé, est pour la Corse une source de richesse qui
accroît tous les jours le bien-être des populations qui
se donnent à ce genre de culture; déjà tout le monde
en comprend l'utilité, et nous croyons que les moins
soucieux, les plus indifférents, les plus paresseux,
secoueront leur torpeur héréditaire, si funeste au sort

[1] Dans les années de bonne récolte la Balagne retire de l'exportation
de ses huiles plus de 5 millions de francs.

et à l'avenir du pays, pour se mettre résolûment à l'œuvre dans le but de marcher d'un pas ferme et sûr dans le sentier des perfectionnements, c'est-à-dire dans ce sentier qui conduit à la fortune, à l'aisance, et nous ouvre les portes de la félicité, de la civilisation.

Ce succès serait d'autant plus désirable que la Corse est peut-être le département le plus pauvre de France, tandis que la nature l'a doté de tous les éléments propres à assurer sa grandeur agricole, industrielle et commerciale. La négligence n'est plus permise, et quiconque espérerait encore tout de la nature, et rien que de la nature, serait indigne d'être membre de la société et, comme tel, s'attirerait à juste titre le dédain et le mépris de tous ses concitoyens.

Nous savons qu'il y a des cultures qui exigent de grands capitaux, des connaissances spéciales, et qui faute d'argent sont souvent condamnées à un état déplorable de décadence. Nous savons que dans ces cas-là la volonté demeure impuissante, mais nous savons aussi que la culture de l'olivier ne demande que du travail, des soins et de l'attention ; par conséquent nous n'avons pas de motifs d'excuser ceux qui consentiraient à vivre dans l'oisiveté plutôt que d'embrasser une vie laborieuse, cette vie honnête qui fait de l'homme un bon citoyen, un digne père de famille, un vertueux patriote.

Dans l'aperçu statistique que nous avons donné au chapitre IV, titre II, nous avons vu qu'il y a à peu près 4,445 hectares de terrain cultivé en oliviers. Or, puisque cette quantité produit annuellement en moyenne 150,000 hectolitres d'huile, on conviendra avec nous que l'olivier suffirait à lui seul pour décupler, dans

l'espace d'une vingtaine d'années, la richesse territoriale de l'île, si on faisait de nombreuses plantations, si
on greffait les innombrables sauvageons qui couvrent
la surface du pays, si les producteurs donnaient tous
leurs soins à la fabrication de l'huile. « L'huile, dit
» M. Blanqui, y est d'une excellente qualité : elle est
» demeurée jusqu'à ce jour la propriété exclusive d'une
» seule province du pays, nommée la Balagne et située
» au nord-ouest de la Corse. On en exporte annuelle-
» ment pour plus de 2 millions de francs, malgré l'im-
» perfection évidente des procédés, et on en consomme
» dans le pays pour 1 million environ. C'est un revenu
» énorme et qui pourra être décuplé un jour, quand on
» aura substitué aux arbustes stériles des makis les
» jeunes plants d'oliviers auxquels le climat est si pro-
» pice. » Nous souhaitons donc que l'olivier, dont les
anciens avaient fait le symbole de la paix, soit pour la
Corse l'emblème du bien-être, qui au reste, comme
tout le prouve, est la meilleure garantie de tranquillité
et de concorde.

II.

Des améliorations à introduire.

Les sauvageons sont nombreux en Corse, avons-nous
dit; pourquoi ne les greffe-t-on pas? Cette opération
est pourtant facile. Qui ne comprend pas, que soignés et
taillés comme ils doivent l'être, cultivés au pied, enrichis d'engrais, ils produiraient d'une manière avantageuse? et cependant on les voit remplis de bois inutile
ou mort. Absorbés par des plantes parasites qui ont
grimpé sur leurs rameaux, le tronc et les branches

couverts de mousse, ils produisent quand même ; mais le fruit est menu et presque entièrement dépourvu de pulpe. Cependant on pourrait remédier à cet inconvénient en adoptant le système de la greffe. C'est par ce moyen qu'on parviendrait, dans un temps plus ou moins long, à obtenir de ces arbres des produits de très-bonne qualité. En effet, trois ans après la greffe on commencerait à recueillir des olives, la quantité augmenterait successivement, et les profits du propriétaire s'accroîtraient rapidement d'une année à l'autre.

On trouve partout des oliviers greffés ; il y a peu de propriétés dans lesquelles il n'en existe quelques-uns. Cette considération, ce nous semble, rend plus étrange l'insouciance des Corses et l'abandon dans lequel ils laissent également les arbres greffés. Presque dans toutes les localités de la Corse on en remarque qui donnent des olives de la qualité la plus renommée pour produire la meilleure huile. Les frais de culture se bornent à peu de chose : on les taille seulement tous les trois ans ; on laboure deux fois par an une terre ainsi plantée, et on enterre un peu d'engrais au pied de l'arbre avant la saison des pluies.

Pour faire des plantations nouvelles en Corse on n'a pas besoin d'employer des ressources étrangères au pays. Les sauvageons y sont innombrables, il n'y a pas de parcelle de terre couverte de makis qui n'en renferme quelques-uns.

On peut donc considérer le territoire de l'île de Corse comme une vaste pépinière capable de fournir des sujets aux plantations les plus considérables. Ces jeunes arbres sont en grande partie assez avancés pour n'avoir pas besoin d'être mis en pépinière ; l'agriculture y gagnera au moins deux ans. D'ailleurs, il est à notre connaissance que quelques propriétaires ont établi des pépinières d'oliviers et de mûriers. D'autres, nous aimons à le croire, en feront autant dès qu'ils connaîtront l'immense avantage qu'il y a à faire venir les plantes que l'on veut utiliser dans le même sol et sous le même climat où elles doivent vivre.

Il est difficile de se rendre compte d'une manière certaine de quelle façon les sauvageons ont été reproduits ; ce qui ne peut être révoqué en doute, c'est que le merle, la grive et quelques autres oiseaux qui se nourrissent de ce fruit sont les auteurs de la plus grande partie de cette immense reproduction ; les merles surtout, qui voyagent par milliers, s'abattent toujours au-dessous des oliviers et de préférence sous les oliviers sauvages, dont le fruit, plus petit, est par conséquent plus facile à saisir. L'instinct de ces oiseaux les porte, lorsqu'ils sont chassés par le bruit de l'homme, à emporter dans leur bec et jusque dans leurs pattes une olive qu'ils vont manger dans le premier taillis où ils trouvent à se jeter ; parmi tous ces noyaux qu'ils laissent tomber après les avoir dépouillés, il s'en trouve souvent qui, recouverts de terre, germent d'abord, puis produisent un arbre.

Cette version nous paraît très-naturelle ; elle semblera peut-être à plusieurs personnes un conte fait à plaisir. Cependant ce qui ressemble à une fable paraît une chose vraisemblable ; aussi nous ne craignons pas de manquer au respect que tout écrivain doit au public en consignant dans un ouvrage qui n'a rien de futile, et dont le but n'est pas l'amusement, un fait qui explique les merveilleuses opérations de la nature.

Le principal ennemi de l'olive, c'est un ver qui, en certaines années, se loge dans sa chair ; dans ce cas, il en tombe une quantité beaucoup plus considérable que les années où ce malheur n'arrive pas, l'huile qui en provient est moins abondante, la qualité en est moins bonne. Cet accident arrive fréquemment en Corse aussi bien qu'en France, en Italie, en Espagne, et dans tous les pays où il existe des oliviers. Sous ce rapport, la situation est la même. Mais il n'en est pas ainsi pour l'olivier lui-même : cet arbre, comme son fruit, n'a qu'un seul danger à craindre : c'est le grand froid d'hiver ; lorsqu'une température de 3 à 4 degrés au-dessous de zéro se manifeste immédiatement après la pluie, le froid, surprenant les arbres mouillés, les couvre de glaçons. Un pareil accident est très-regrettable ; la présence de la glace pendant un jour entier sur le jeune bois suffit pour détruire presque entièrement la récolte de l'année courante, et si la fonte de la glace n'a lieu qu'après plusieurs jours, les branches meurent, et trois ou quatre années, quelquefois un plus grand nombre, suffisent à peine, si cet accident ne se renouvelle pas dans l'intervalle, pour en réparer les suites fâcheuses. Il peut arriver pis encore : un froid sec de 8 à 9 degrés tue l'arbre jusqu'au pied ; c'est à de telles catastrophes que les départements méridionaux de la France doivent la perte successive de presque tous les oliviers, depuis le funeste hiver de 1789, qui fut le prélude de celui de 1794 et de plusieurs autres aussi rigoureux qui ont suivi à divers intervalles. Nous ne craignons pas de faire cette douloureuse prédiction : *La France, d'ici à quelque temps, perdra tous ses oliviers.* Si la température qui s'est reproduite si souvent depuis quarante ans doit se représenter encore, dans moins d'un demi-siècle il ne restera plus à la Provence, de ses oliviers, que de tristes souvenirs.

La Corse est bien loin d'offrir le même danger; il n'y gèle jamais, le froid n'y est point à redouter pour la mortalité des branches, et encore moins pour celle de l'olivier; par conséquent les récoltes ne failliront jamais. La France, comme on sait, achète tous les ans des huiles étrangères, à Tunis, en Italie, à Candie, en Espagne, pour 16 ou 20 millions de francs. Il faut que ce soit de la Corse qu'elle reçoive à l'avenir cette denrée de première nécessité. Mais pour cela il faut, sans plus tarder, qu'on accorde à cet arbre précieux tous les soins qu'il réclame; il faut planter sans cesse, il faut greffer sans relâche, il faut perfectionner les moulins à huile, qui sont tout à fait défectueux; il faut que l'île de Corse produise à elle seule autant d'huile que toute la Provence, il faut enfin que les productions de ce genre n'aient rien à envier aux meilleures de l'Europe.

CHAPITRE HUITIÈME.

DE LA CULTURE DU MURIER. — CE QU'ELLE POURRAIT ÊTRE EN CORSE.

I.

De la culture du mûrier.

De nos jours, la culture du mûrier a pris des proportions colossales et élevé d'une manière notable la richesse de plusieurs contrées du continent français. Le développement qu'elle a reçu est très-significatif, et nous démontre combien il est utile d'y consacrer ses soins.

Déjà plusieurs départements de France ont grandi peu à peu et atteint, sous l'heureuse influence du progrès de l'industrie séricicole, un degré de fortune propre à servir les intérêts de la mère patrie, à satisfaire les goûts et les tendances des producteurs, et à assurer aux générations futures l'aisance essentielle à leur bonheur, à leur félicité ici-bas. Qu'on tourne un instant les regards vers les départements de la Drôme, de Vaucluse, du Var, de l'Ardèche, des Cévennes, des Vosges, des Hautes et Basses-Alpes, et qu'on nous dise ce qu'étaient ces contrées avant l'introduction du mûrier. Partout il y avait misère et privation, partout on souffrait, partout la vie était un fardeau; aujourd'hui tout a changé : le sol, d'abord ingrat, verse par mille voies diverses des trésors inépuisables qui profitent à l'agriculteur intelligent et actif, la misère a fui ses antiques foyers, le bien-être a succédé à la privation, l'aisance à la pauvreté, la vie à la mort; tels sont les succès du mûrier.

Mais ce n'est pas tout encore, cette heureuse métamorphose a également profité à la France entière, dont les représentants ont su, par des encouragements bien combinés, donner de l'essor à un élément de haute prospérité industrielle et commerciale. Il résulte en effet d'un rapport adressé à la société impériale d'agriculture, que les produits de la soie, en France, pendant l'année 1855, ont été de 2,545,000 kilógrammes, et que l'exportation a été de 1,455,000 kilogrammes. On évalue à 375 millions de francs la valeur des soieries annuelles fabriquées en France, représentant 250 millions pour la matière première et 125 millions pour la main-d'œuvre.

C'est dans la Lombardie, la Vénétie et les États sardes que la culture du mûrier a pris le plus d'extension ; la production seule de la Lombardie et du Piémont donne un ensemble de 26,222,580 kilog. de cocons, et ce chiffre dépasse celui de tous les autres pays réunis (25,279,351 kilog.). L'agriculture lombardo-vénitienne livre plus de cocons que la France; celle de toute la péninsule en fournit plus que l'Europe entière. La production annuelle des cocons est évaluée à 51,501,931 kilog., d'une valeur de 213,052,084 francs.

La filature emploie 259,712 ouvriers.

Le tableau officiel, dont nous ne donnons que les

chiffres sommaires, nous permet de constater que 51,999,051 kilog. de cocons produisent 4,195,758 kilog. de soie grége, d'une valeur de 238,138,759 francs, qui laisse, prélèvement fait des frais généraux, 19,759,437 francs de bénéfice net aux entrepreneurs.

Cette année, le déficit de la soie, survenu à la suite du fléau qui frappe le mûrier, a été en Europe d'environ 600 millions. Toutes les manufactures ont été obligées de s'approvisionner sur les marchés de l'Asie.

Dans ces circonstances, il faut reconnaître qu'il y a utilité majeure à accorder toute notre attention à cette branche importante de l'arboriculture. Certes, ce serait mal comprendre les intérêts les plus chers de la vie que de négliger le mûrier, qui produit des merveilles en donnant naissance à une foule d'industries toutes utiles, toutes civilisatrices. Tâchons donc de profiter de l'exemple de ceux qui se sont fortifiés, enrichis dans l'art séricicole, en faisant comme eux des efforts en vue d'atteindre le perfectionnement, et de porter de plus en plus haut l'avenir sérigène en France.

II.

Ce qu'elle pourrait être en Corse.

La Corse est le département de la France qui est le plus heureusement situé pour la production de la soie.

RENDU, inspecteur général d'agriculture.

Il y a en Corse des mûriers de plusieurs sortes, à toutes les expositions, sur les coteaux comme dans les plaines ; tous sont également fort beaux et très-vigoureux. Le mûrier blanc à fruit blanc, si répandu dans le midi de la France, y devient superbe ; son fruit et

sa feuille sont de la meilleure espèce ; nous pouvons
assurer que le succès de cette culture n'a rien d'hy-
pothétique, et que les agriculteurs corses peuvent en
toute sûreté y consacrer leurs soins. Il serait à désirer
qu'on cherchât à introduire en Corse le mûrier blanc
à fruit noir, très-rare en Provence ; il offrirait certains
avantages, d'autant plus qu'il n'y prospérerait pas
moins. De tout temps les Corses ont planté beaucoup
de mûriers noirs, dont le fruit est bon à manger ;
quoique peu soignés, ils ont généralement acquis une
grande beauté, leur fruit est juteux et d'une saveur
très-agréable ; mais la feuille de ce mûrier est grossière ; on n'a pas l'habitude d'en donner aux vers à
soie, et cette exclusion a de bons motifs.

Les mûriers, comme les oliviers de la Corse, sont
en partie sauvages ; les agriculteurs qui connaissent la
greffe dédaignent de la propager ; ce n'est pas à dire
que la feuille sauvage ne soit pas propre à la nourriture
des vers, sous un certain rapport elle est même préférable, car elle est plus tendre ; les vers qui s'en nourrissent ne sont ni moins vigoureux, ni moins productifs ;
mais peut-être en consomment-ils davantage ; d'un autre
côté, la quantité de feuilles que les arbres produisent
est beaucoup moins considérable que celle des mûriers
greffés, et les branches étant plus menues, plus tor-
tueuses, présentent nécessairement un peu plus de difficulté pour la cueillette. Pourtant il serait bon que
chaque propriétaire en eût quelques-uns de sauvages,
car leur feuille est préférable pour les premiers jours
de la vie des vers à soie.

En Italie on a depuis longtemps introduit l'usage
des prairies de mûriers ; on sème la graine à la volée

dans un champ cultivé, et lorsque la pourrette s'est élevée à une certaine hauteur, on la fauche et on la donne ainsi aux vers à soie. L'expérience nous démontre que ce procédé ne change rien à la bonté de la récolte et à la qualité de la soie. Nous voudrions engager les agriculteurs de la Corse à mettre en pratique ce système ; mais la difficulté de se pourvoir toujours d'une si grande quantité de graine mérite considération. Nous savons qu'il faut du temps et des soins pour faire cette provision, et cette graine étant fort délicate, si par malheur elle venait à souffrir de quelque influence extérieure, elle ne prospérerait pas, et le cultivateur pourrait, pour cette année-là, être complétement privé de sa récolte ; ceci n'arrive jamais avec des arbres ; la graine de mûrier est une de celles qui exigent le plus de précaution pour être bien conservée. Une très-bonne méthode est de planter de la pourrette pour avoir des mûriers nains ; on les taille à la hauteur de trois pieds et demi environ ; dans cet état ils durent fort longtemps, leur feuille est très-bonne, et les dépenses de la cueillette s'élèvent à peu près au tiers de celles qu'exigent les grands arbres, dont les rameaux étendus ne peuvent être dépouillés qu'en montant dessus ou par le moyen d'une échelle, ce qui prend passablement de temps.

Tout le monde sait aujourd'hui que la culture du ver à soie réussit parfaitement en Corse ; ce qu'il y a de plus remarquable, c'est que, tandis qu'en France la vie de ces insectes est de quarante à quarante-cinq jours, trente-cinq jours ont suffi en Corse pour les acheminer à commencer leurs admirables travaux. Il est évident pour tous que cette circonstance est d'autant plus avantageuse qu'une économie de huit à dix jours en est une réelle sur la main-d'œuvre; dans un intervalle moins long, il y a aussi une meilleure chance contre les accidents atmosphériques qui sont quelquefois nuisibles à ces précieux animaux.

La récolte en Corse peut se commencer quinze jours ou trois semaines avant la récolte usitée en France; c'est encore un avantage. Les vents chauds et étouffants du sud, les temps orageux qui rendent l'air lourd et chargé de vapeurs, sont les ennemis les plus dangereux des vers à soie; ces vents en Corse ne font sentir leur influence que dans les mois de juillet, août et septembre, tandis que les vers parcourent toutes leurs périodes dans les mois d'avril et de mai; ainsi donc les accidents qui frappent souvent les cultivateurs du continent sont peu à craindre; avec des locaux où la circulation est bien ménagée, on peut les préserver toujours de ces funestes mortalités; plusieurs villes de la Corse offrent des lieux parfaitement exposés pour cette industrie. Si le vent du sud, dont nous venons de parler, est un ennemi pour le ver, la rosée blanche du matin est plus dangereuse encore pour la feuille du mûrier; lorsqu'elle s'attache sur la feuille tendre et qu'un soleil ardent vient à la saisir, la feuille reste brûlée presque entièrement. Quand une pareille calamité a lieu en France, la récolte se trouve par ce fait réduite de moitié, souvent des trois quarts, le cocon est mollasse et imparfait, la soie qui se fabrique est loin d'être aussi belle, car elle n'est que le produit d'une feuille malade ou d'une seconde pousse plus grossière, plus tardive, et qui donne une nourriture beaucoup plus inférieure. En Corse on n'a pas à craindre les effets de cet accident; il n'y gèle jamais, et notamment au mois d'avril, époque où la végétation du mûrier se trouve dans un état si périlleux à cause des gelées blanches.

Il ressort de tout ce que nous venons de dire que, sous le rapport de la culture du mûrier et des vers à soie, l'île de Corse se trouve dans d'excellentes conditions d'avenir. Sol, climat, exposition, tout y est favorable ; mais pour convaincre plus amplement le lecteur de la vérité de nos assertions, pour donner plus d'autorité à nos paroles, nous tenons à transcrire dans ce chapitre un rapport adressé à M. le préfet de la Corse sur l'état de l'industrie séricicole en Corse.

EXTRAIT

d'un rapport adressé à M. le préfet de la Corse sur l'état de l'industrie séricicole en Corse au mois de septembre 1847.

La Corse est un département heureusement situé pour la production de la soie. Nulle part ailleurs, sur le continent, le mûrier ne peut croître avec autant de facilité, et la beauté du climat y garantit le succès de l'éducation des vers. La Corse figure cependant au dernier rang des départements producteurs, quand la nature lui a donné tous les avantages qui pourraient la placer au premier.

La production de la soie grége se compose de trois parties bien distinctes qui forment en France trois industries tout à fait différentes, ce sont :

La culture du mûrier ;

L'éducation des vers à soie ;

La filature ou dévidage des cocons.

Nous nous occuperons ici séparément de chacune de ces parties, comme dans le corps du livre.

1° CULTURE DU MURIER.

On peut encore retrouver les traces des premières plantations de mûriers qui ont été faites en Corse sous l'administration de Louis XVI. Il existe de ces vieux arbres aux environs de Bastia, à l'Arena (en Balagne), et dans l'arrondissement de Sartène. Leur belle venue, malgré l'incurie des cultivateurs, témoigne de la convenance du sol et du climat, et fait vivement regretter la destruction du reste.

Depuis cette époque, l'administration a toujours encouragé cette culture dans l'île, et particulièrement depuis 1830, en créant des pépinières; il en existe trois à ma connaissance : celle d'Ajaccio, celle de l'Arena et celle que le duc d'Orléans fit établir à Pigna, en Balagne. Je ne veux qu'énoncer des faits sans me permettre aucune critique; mais je puis certifier que presque toutes les plantations importantes ont été faites avec des plants venus de France à grands frais d'achat et de transport, quand l'administration a fait toutes les dépenses nécessaires pour les procurer gratuitement. Et particulièrement moi, j'ai préféré acheter sur le continent des mûriers tout greffés et d'une belle venue, plutôt que de faire des frais de plantation pour des sauvageons rabougris. Le propriétaire ne peut pas être pépiniériste, il désire une culture prompte et facile, et il est bien préférable pour lui de faire les premières dépenses pour de beaux plants que pour des baguettes sauvages.

La Corse est cependant moins en arrière aujour-

d'hui pour les plantations de mûriers que pour l'éducation des vers, et cela me fait espérer que sa production séricicole peut subitement s'accroître dans une
forte progression. Il existe aujourd'hui un très-grand
nombre d'arbres exploitables ; de nouvelles plantations
considérables ont eu lieu depuis quelque temps, et je
sais qu'on a le projet d'en faire beaucoup d'autres d'ici
à deux ou trois ans.

Il y a de nombreux mûriers à Ajaccio, tant à la pépinière que chez les particuliers, et j'estime que la production de cette ville seulement pourrait égaler, dès
l'année prochaine, la moitié de celle de la Corse entière aujourd'hui, si toute la feuille était utilisée.

Il y a des mûriers à Bastia et dans les environs ; la
plaine orientale renferme des plantations très-importantes et prospères, et je citerai particulièrement celles
du Lago, du Golo, de l'Arena et d'Aleria. La magnifique plantation de 12,000 arbres qu'on avait faite au
Migliaciario, est complétement perdue faute de soins.

Il y a des mûriers à Sartène, à Porto-Vecchio et à
Corte, à Saint-Florent et dans le Nebio, à Calvi et dans
toute la Balagne. On a fait dans l'arrondissement de
Calvi de grands efforts pour cette culture depuis deux
années, et je crois y avoir beaucoup contribué en y
donnant l'élan par mon exemple.

Enfin, dans le cap Corse, où la propriété est très-
divisée, où le terrain manque pour les grandes plantations, il y a quelques mûriers autour de tous les
villages, et ils sont partagés entre un nombre infini de
propriétaires, dont l'industrie est assez active pour
que leur production représente à elle seule les cinq
sixièmes de toute la production de la Corse.

En général, la connaissance de la culture du mûrier, quoique très-simple, manque en Corse, et si, à part quelques exceptions, les arbres sont si mal tenus, cela tient autant à l'ignorance des cultivateurs qu'à la mauvaise qualité des plants qu'on leur a fournis. Le mûrier blanc, greffé à haute tige, à mi-tige ou à basse tige, est le seul qui soit employé aujourd'hui en France ; au cap Corse, ils en sont encore, pour la majeure partie, à élever les vers avec la feuille du mûrier noir à fruits, et ils doutent encore de la supériorité de la *fronda francesa*, comme ils l'appellent.

Le mûrier blanc à haute tige peut être placé partout en pleine campagne, parce qu'il peut moins souffrir de l'atteinte des bestiaux, qui en sont très-friands ; on devrait le trouver ici comme en France, autour et en traverse des champs. Le mûrier nain, au contraire, a besoin d'être protégé contre les animaux, mais il convient admirablement dans les parties montagneuses ; sa cueillette est facile, il résiste beaucoup plus au vent, on peut rapprocher plus les plants, son rapport est bien plus prompt, et rien n'empêche de cultiver à la pioche tout le terrain dans lequel on le place ; ce sont ces raisons qui me font croire qu'il conviendrait de le planter de préférence sur les montagnes, autour des villages. Je suis l'introducteur de ces mûriers en Corse ; je cherche à les populariser par tous les moyens, et c'est dans ce but que j'en tiens dans le jardin de ma filature, pour surprendre tous les visiteurs par la richesse de leur végétation.

Le mûrier est un arbre très-vivace, qui ne craint que les grands froids ; il exige cependant beaucoup de soins pendant les premières années sans donner de revenu, mais le produit ne tarde pas ensuite à en dédommager amplement. Beaucoup de propriétaires, en Corse, ont cru bien faire en faisant des plantations considérables tout d'abord, les ressources leur ont manqué ensuite pour faire d'un seul coup les sacrifices qu'elles exigeaient, et plus tard le peu de succès de leurs bonnes intentions et de leurs efforts les ont découragés. C'est ainsi que ceux qui étaient le plus engoués de cette culture en sont devenus les plus violents détracteurs.

On a fait encore cette année beaucoup de nouvelles plantations de mûriers, particulièrement en Balagne, au cap Corse et dans le Nebio.

2° ÉDUCATION DES VERS A SOIE.

J'ai dit déjà que l'éducation des vers à soie est une industrie qui peut être tout à fait séparée de la culture du mûrier : cela est si vrai que la plupart des grands propriétaires de France se bornent à vendre leur feuille sur pied, et en Italie on la porte au marché. Il n'y a que la petite propriété qui utilise elle-même ses arbres. Je commence par dire que je suis tout à fait opposé aux grandes éducations, et je crois que ce ne sont pas celles qu'il faut encourager en Corse, dans l'intérêt de cette industrie et des producteurs eux-mêmes. Ce ne sont pas les grandes magnaneries qui approvisionnent de cocons les marchés de France et d'Italie ; dans les pays séricicoles on élève les vers dans toutes les familles, on en trouve dans toutes les habitations de la ville et dans toutes les chaumières de la campagne. Chacun soigne avec passion la petite éducation qu'il a entreprise ; le produit total et le bénéfice particulier en sont bien plus grands. C'est aussi la tendance du cap Corse, mais ce n'est pas celle du reste de l'île. Toute la feuille se perd sur les arbres sans être exploitée, parce que les propriétaires des grandes plantations de mûriers n'osent pas s'aventurer encore, malgré leur désir, dans de grandes éducations, qui nécessitent de vastes locaux spéciaux, quelques avances, et offrent un résultat bien plus chanceux que les petites; d'un autre côté, ils ne trouvent personne qui leur achète cette feuille, et les arbres restent sans produit. Il faut dire aussi que l'éducation des vers nécessite quelques connaissances pratiques que l'exemple peut seul donner. Je ne parlerai pas de tous les moyens dont l'administration peut disposer pour populariser ce travail, je crois seulement qu'elle ne peut y arriver qu'en recommandant aux directeurs des établissements modèles d'agriculture de chercher à vulgariser les théories en les dépouillant de tout l'appareil de charlatanisme dont on les entoure, de toutes les précautions par trop scientifiques qu'on enseigne sous le climat de Paris et dont on n'a pas besoin ici. Tout le monde connaît les résultats des éducations de la magnanerie d'Ajaccio.

Il est de mon intérêt personnel de faire augmenter les productions des cocons, et, sous ce rapport seulement, je lutterai avec l'administration d'énergie et de persévérance. Étranger au département, je ne puis chercher à profiter que de ses ressources présentes; j'ai donc essayé de me placer dans différents centres où je puisse réunir assez de feuilles pour faire une éducation importante. Depuis deux ans je donne au pays un exemple que je crois profitable; j'ai fait venir des ouvrières du continent français, et cette année j'ai fait élever des vers à Bastia, à l'Arena, à Saint-Florent et à Calvi, où partout nos auxiliaires ont pu apprendre la pratique. C'est malheureusement une assez triste spéculation pour moi qui ne suis pas propriétaire dans l'île, attendu que je suis obligé d'acheter la feuille assez cher, de m'installer dans des locations onéreuses, et de n'avoir recours qu'à des mercenaires ; et puis enfin, je le répète, les grandes éducations ne sont jamais avantageuses. Je persévérerai néanmoins tant que je le pourrai, et, tout en calculant mon intérêt personnel, je ferai tous mes efforts pour le bien du pays, car c'est, je crois, une belle tâche à entreprendre que celle d'introduire en Corse une industrie aussi riche.

Il vient tous les ans en Corse une quantité d'Italiens qui sont très-familiarisés avec l'éducation des vers ; je les mettrai en rapport avec les propriétaires, et je m'arrangerai pour qu'ils puissent entreprendre quelques petites spéculations, qu'ils feront eux-mêmes à de bien meilleures conditions que moi, et leur exemple multiplié sur tous les points fera beaucoup, je l'espère, pour l'enseignement de cette industrie.

On a fait cette année, en Corse, plus de 8,000 kilog. de cocons, et j'en puis certifier le chiffre, car ils sont presque tous venus entre mes mains, à l'exception d'une petite quantité qui a été achetée à l'Ile-Rousse. J'en ai produit moi-même environ 1,700 kilog.

Non-seulement la quantité de cocons a été plus considérable que l'année précédente, mais ce qui doit satisfaire encore davantage, c'est de voir que cette industrie se répand dans un grand nombre de com-

munes nouvelles; il n'y en a pas une seule du cap
Corse ou des environs de Bastia qui y soit demeurée
étrangère cette année. On a fait une assez forte partie
de cocons dans l'intérieur de beaucoup de ménages de
Bastia, et c'est là, selon moi, la meilleure tendance
que puisse prendre la production; on s'y disputait la
feuille cette année, et j'espère la voir vendre régulièrement au marché l'année prochaine.

C'est le cap Corse qui fournissait autrefois la totalité
des cocons; quoique sa production ait quadruplé, il
ne fournit plus que la moitié de tout ce qui est produit
dans l'île, car j'ai reçu des cocons des points les plus
éloignés de l'île, de la Balagne, de Corte, de Sartène
et de Porto-Vecchio. Il y a des propriétaires qui s'occupent avec persévérance de l'éducation des vers à soie,
et leurs récoltes seraient déjà très-importantes si leurs
plantations avaient eu le temps de se développer; je
citerai particulièrement MM. . . . .

M. F. n'a voulu utiliser jusqu'à ce jour que le produit de l'émondage de ses arbres, mais il veut mettre en
exploitation l'année prochaine sa magnifique plantation
des bords du Golo; elle peut être comparée pour la
tenue à ce qu'il y a de plus beau en ce genre sur le
continent. Il a 7,000 arbres environ de huit ou neuf
ans, plantés régulièrement en quinconce, qui sont
d'une richesse de végétation admirable et doivent déjà
donner un produit considérable. Je suis persuadé que
tous les villages qui l'entourent produiront beaucoup
de cocons avant peu d'années.

Je crois aussi que la plantation de l'Arena va être
exploitée avec intelligence.

M. G. a fait faire au Logo une petite éducation qui

a parfaitement réussi, et qui l'encouragera sans doute à faire exploiter une assez grande quantité d'arbres qu'il possède dans la plaine.

Le climat de la Corse est on ne peut plus favorable à l'éducation des vers quand on sait se placer dans les conditions nécessaires, particulièrement sur les hauteurs, où presque tous les villages sont situés. On a à craindre dans la plaine les touffes de chaleur, et dans la partie orientale de l'île l'influence du sirocco. Autrement les conditions atmosphériques sont telles, qu'on est dispensé d'une infinité de précautions qui sont indispensables à d'autres latitudes, et les produits doivent être plus abondants avec moins de peine. Il faut cependant beaucoup de soins encore, et on peut reprocher aux éducateurs de Corse de ne pas en donner assez, non-seulement par ignorance, mais aussi par manque de sollicitude.

Je crois qu'on peut faire en Corse des produits exceptionnels en qualité, et que le temps viendra où la soie de ce pays aura la réputation qu'elle mérite; aujourd'hui les cocons sont inférieurs parce que les vers sont en général mal nourris, négligemment élevés et récoltés. Aussi ils rendent peu de soie, ils sont tous plus ou moins tachés, et les produits peu abondants. Ils devraient être au contraire bien fournis, avoir le brin nerveux et une couleur franche. Je dois ajouter que la graine qui a été introduite dans l'île était de mauvaise nature ou a beaucoup dégénéré; je me suis imposé encore un grand sacrifice pour la renouveler en donnant gratuitement celle que j'ai fait venir de bonne source. Jusqu'à présent les meilleurs cocons que j'ai reçus provenaient de la Balagne.

L'industrie-séricicole doit faire maintenant de très-rapides progrès en Corse, car elle y est aujourd'hui naturalisée; le développement qu'elle vient d'y prendre tout à coup promet un magnifique avenir. Mais en même temps que la production augmente il faut aussi qu'elle s'améliore; il faut que les éducateurs s'appliquent à donner tous les soins minutieux qui peuvent augmenter la quantité et surtout la qualité de la récolte, et alors on pourra faire en Corse la plus belle soie du monde.

3° DE LA FILATURE.

La filature de la soie grége consiste dans la fabrication d'un premier fil de soie encore impropre aux usages industriels tant qu'il n'est pas soumis à d'autres préparations; c'est le dévidage pur et simple des cocons réunis en un nombre qui varie de trois à douze. Ce travail rentre dans la catégorie des industries ordinaires; la culture du mûrier et l'éducation des vers à soie font partie de l'exploitation agricole, tandis que la filature est une spéculation vraiment industrielle, qui nécessite des connaissances particulières de manufacture et de commerce, et qui est soumise à toutes leurs chances. Je ne fais cette observation que pour bien séparer ces travaux, et pour démontrer combien les petits éducateurs qui veulent filer leurs produits sont téméraires en essayant d'être à la fois agriculteurs et fabricants, et je prouverai plus tard qu'ils travaillent en petit dans des conditions tellement désavantageuses, que la dernière opération leur enlève le bénéfice des deux autres.

L'influence des établissements de filature est tellement grande sur la production de la soie qu'ils en

deviennent à la fois le principe et l'encouragement.
Rien n'engage plus à la production que la sûreté d'un
bon débouché ; or, il n'existait en Corse, avant mon
arrivée, que deux petits tours à fourneau dans le village de Luri, au cap Corse. Les deux propriétaires,
d'abord associés, achetaient les cocons de l'île à un prix
tellement bas (de 50 à 75 centimes le demi-kilog.), que
l'éducation était onéreuse ; plus tard, en se séparant,
ils payèrent ces cocons 2 francs 40 centimes le kilog.
Ils ne pouvaient pas aller au delà parce que leurs procédés de fabrication étaient tellement arriérés, qu'ils
ne leur permettaient pas de faire des produits de bonne
qualité, bien vendables. Le prix de la soie grége peut
varier du simple au quadruple, et en temps ordinaire
depuis 35 francs le kilo jusqu'à 140 francs ; il y a
donc avantage à ce qu'on recueille une assez grande
quantité de cocons pour qu'on puisse faire les frais
d'un établissement bien organisé, indépendamment de
toutes les économies qu'on trouve dans un travail fait
sur une plus grande échelle.

C'est là le but que je me suis proposé en créant
mon établissement, et les propriétaires des tours du
cap Corse ont si bien compris qu'ils ne pouvaient pas
lutter avec moi pour le prix que je pouvais donner des
cocons, qu'ils ont cessé leur travail et ont acheté les
cocons du cap Corse pour ma fabrique. Le résultat pour
les producteurs a été que je leur ai payé de suite les
cocons un prix raisonnable, en leur promettant de les
leur payer encore plus cher s'ils les faisaient meilleurs.
La concurrence est telle aujourd'hui, que ce n'est que
par la supériorité du travail que l'on peut y trouver du
bénéfice, et pour cela il faut de grandes connaissances

pratiques et une bien vigilante administration. L'un des plus grands inconvénients de cette industrie est, en outre, dans l'importance des capitaux qu'il faut hasarder à chaque campagne, dans l'incertitude des prix qui se feront plus tard, sans parler encore des frais d'installation jetés à là grosse aventure, surtout quand on commence dans un pays nouveau.

Mon établissement est une filature à la vapeur sur le modèle de Gensoul ; j'ai commencé avec six tours, j'en fais marcher en ce moment vingt-huit, et je vais en porter incessamment le nombre à quarante-huit. La vapeur ne sert que comme générateur pour chauffer les bassines, mais je vais l'utiliser aussi comme moteur. Il y a une femme par tour, et comme je n'ai pas pu trouver toutes les ouvrières dans le pays, je les ai fait venir en majeure partie du continent français et italien ; je forme toujours des apprenties du pays dans une assez forte proportion avec le nombre des ouvrières, et j'espère n'employer l'année prochaine que des ouvrières corses.

Je n'aurais pu donner à ma fabrique la petite importance qu'elle a ni celle que je compte lui donner encore, si je n'avais fait venir de l'étranger un supplément de matières premières afin d'améliorer les conditions de ma fabrique. Je compte y renoncer l'année prochaine.

Je puis affirmer que mes produits rivalisent à Paris avec ceux des meilleures fabriques de France, et que j'établis à l'avance une bonne réputation à mes futurs concurrents ou successeurs.

WEIBERT.

Nous n'aurions pas besoin d'insister davantage sur cette matière ; mais nous voulons constater en finissant ce chapitre, que depuis 1847 les plantations de mûriers se font partout en Corse avec plus d'intelligence [1], que l'éducation des vers à soie se répand dans les communes rurales, et qu'une petite amélioration a été aussi constatée dans la qualité des produits. Et puisque l'industrie séricicole fait des progrès dans le département, que les plantations de mûriers se font dans presque tous les cantons, nous sommes autorisé à dire que sous ce rapport il est réservé à la Corse un brillant avenir ; mais en même temps que la production augmente, il faut qu'elle s'améliore de mieux en mieux. Que les éducateurs s'appliquent donc à donner tous les soins nécessaires qui peuvent augmenter la qualité de leur récolte, et les produits de la Corse ne tarderont pas à rivaliser avec ceux des contrées les plus renommées du continent, « et alors, dit M. Weibert, » on pourra faire en Corse la plus belle soie du monde. »

« Mon inspection, a dit M. Rendu, inspecteur général » d'agriculture, comprend quinze départements, dont » la plupart appartiennent au midi de la France, et je » peux assurer que la Corse est entre tous celui où le » mûrier prospère le mieux et où l'industrie séricicole » peut prendre le plus grand développement et qua- » drupler en peu d'années la richesse territoriale du » pays. »

---

[1] Suivant l'affirmation du directeur de la pépinière, la commune d'Ajaccio possède à elle seule 10,000 mûriers pouvant produire un revenu de 270,000 francs environ.

CHAPITRE NEUVIÈME.

DES PRAIRIES ET DE L'ÉLÈVE DES BESTIAUX. — RACES BOVINE, OVINE, CHEVRINE, PORCINE, CHEVALINE. — AMÉLIORATION DES RACES.

I.

Des prairies et de l'élève des bestiaux.

Il ne suffit pas, pour assurer le succès de l'agriculture, de comprendre et d'appliquer le système d'assolement, d'introduire dans l'exploitation rurale des charrues perfectionnées qui ouvrent plus profondément la terre, de bien ameublir les terres argileuses par l'écobuage, de bien fumer les champs soit par le pacage, soit par la culture de plantes fécondantes, soit de toute autre manière. Il ne suffit pas, disons-nous, d'apprendre la science agricole, d'assainir les terres humides et marécageuses, d'attirer les populations vers les plaines, il faut quelque chose de plus : il faut des prairies pour avoir des fourrages, car sans fourrage il n'y a pas de bétail, et sans bétail pas de labours, pas de transports des produits de la terre, pas de lait, pas de fromage, pas de beurre, pas de laine, pas de fumier, pas de viande.

Malheureusement en Corse le nombre des prairies naturelles est limité, et jusqu'à présent rien n'indique que nous assisterons bientôt à une transformation que

tout homme soucieux des intérêts de son pays appelle
de tous ses vœux. Les prairies artificielles sont également peu nombreuses, et le progrès à cet égard va un
peu lentement, ce qui est fort regrettable surtout dans
la situation actuelle. « Cette île, dit Jacobi, dont la
» population est encore si peu en rapport avec l'étendue
» de son territoire, n'a pas non plus autant de bestiaux
» qu'elle pourrait en nourrir. Il n'y avait en 1830, par
» chaque mille hectares, que soixante-cinq têtes bovi-
» nes, trois cent quarante têtes ovines, deux cent seize
» têtes de chèvres, boucs, chevreaux, environ quinze
» chevaux, juments, poulains, et seize mulets et
» ânes. »

Cependant de nos jours l'élève du bétail a réveillé
l'attention de tous ceux qui s'occupent d'économie
rurale; partout en France on crée des prairies, partout
les populations déploient du zèle en vue d'améliorer
les races, et d'accroître le nombre des animaux domestiques; mais aussi partout on obtient, à la suite d'une
telle initiative, des résultats immenses. L'île de Corse
seule paraît avoir vécu jusqu'ici en dehors de ce mouvement qui assurera bientôt l'avenir de l'agriculture
française. Pourtant elle aurait pu, comme les autres
pays, travailler et aboutir au perfectionnement, à l'amélioration des races indigènes, car tout s'y prête : la
température de son climat, le sol, la variété et la bonté
de ses fourrages, tout aurait concouru à la réalisation
du but qu'il est de l'intérêt général de poursuivre avec
ardeur.

« Sans animaux domestiques, dit la *Maison rustique*
» *du dix-neuvième siècle*, il n'y a pas d'agriculture. Ce
» sont eux qui permettent de réparer la fécondité de la

» terre, que les récoltes successives ne tarderaient pas
» à épuiser, qui exécutent des travaux pour lesquels
» les forces de l'homme seraient insuffisantes, qui ont
» permis de perfectionner les cultures et d'introduire
» les cultures alternes, en consommant les plantes
» fourragères qu'on fait alterner avec les céréales,
» et en fournissant les engrais nécessaires; ce sont
» eux enfin qui transforment en viande, en graisse,
» en laine et en autres matières animales, des pro-
» duits agricoles qui deviendraient sans usage et sans
» valeur, et qu'on ne pourrait pas même cultiver avec
» profit, si l'on ne parvenait à leur donner cette nou-
» velle forme. »

Il ressort de ce qui précède que le bétail est l'auxi-
liaire de toute bonne culture, une source de richesse
soit au point de vue des engrais, soit comme branche
de rapport; par conséquent pourquoi ne s'occuperait-on
point de son bien-être en le plaçant dans le plus court
délai dans les meilleures conditions possibles de développement? Chacun sait que la première condition de
progrès et de perfectionnement consiste à augmenter
le nombre des prairies naturelles et à créer partout
des prairies artificielles, pour avoir des fourrages en
grande abondance.

Le bétail en Corse a été de tout temps négligé, c'est
une faute grosse de conséquences désastreuses. Livrés
à eux-mêmes, mal soignés, mal nourris, les bestiaux
de ce pays ont été toujours petits, chétifs, misérables,
et nous attribuons leur petitesse et leur mauvais état à
une dégénérescence qui devait nécessairement suivre
le défaut de soin et d'approvisionnement. Jusqu'ici
ils naissaient, se développaient et mouraient souvent

sans avoir jamais connu une bergerie destinée à les
protéger contre les intempéries des saisons. La nature seule se chargeait de leur entretien. Aussi quel
triste spectacle se présente à nos yeux! Tandis que
toutes les nations du monde se sont efforcées et s'efforcent constamment d'améliorer leur bétail, le département de la Corse, vivant dans son insouciance,
peu désireux de suivre le courant du progrès, a laissé
dépérir ses races faute d'avoir consacré à leur conservation les soins indispensables; il se demande encore
ce qu'il fera en présence de la loi du 22 juin 1854 sur
l'abolition de la vaine pâture, loi qui a pour but de
détruire les abus, de faire respecter la propriété, et
de contraindre les bergers, les agriculteurs et les propriétaires à tenir leurs bestiaux dans des étables,
comme cela se pratique dans les pays où l'agriculture est en pleine voie de prospérité, où la propriété
est sauvegardée et par conséquent productive et bien
cultivée. Les choses changeront-elles? Il faut espérer
que oui, car une telle incurie compromet tout l'avenir
agricole de l'île. Ne sait-on pas qu'en Espagne la société de la Meta, avec ses troupeaux transhumants, a
ruiné et dépeuplé toute l'Estrémadure?

Aujourd'hui le libre parcours n'est heureusement
plus permis en Corse, la propriété est protégée, l'arboriculture peut facilement prendre de l'essor n'ayant
plus à craindre les atteintes et les dévastations des animaux. Désormais on est obligé de les tenir dans les
étables, si on ne veut pas encourir les peines portées
contre ceux qui ne respectent pas les termes formels
de la loi en question. La vaine pâture a été abolie, et
c'est un grand bienfait que tout homme sensé ne peut

manquer d'apprécier, surtout s'il se rend compte des beaux succès qu'ont réalisés, sous l'égide de la même loi, d'autres pays tels que l'Angleterre, l'Autriche, le Danemark, la Belgique, la France, l'Italie, heureux et fiers de nos jours de la ressource de leur bétail, ressource immense qui facilite la production de la terre et enrichit des contrées entières en donnant naissance à l'industrie et au commerce.

Il est malheureusement démontré que non-seulement la production de la viande en France est insuffisante pour la population, mais qu'il en est ainsi pour les autres substances alimentaires, comme le lait, les œufs, le fromage, etc. Ce fait réagit d'une manière funeste sur la culture des céréales. La France peut, à l'aide de ses prés naturels et de ses prairies artificielles, quadrupler l'élève de ses bestiaux ; elle augmenterait ses engrais dans la même proportion, et pourrait plus que doubler le rendement de ses céréales. La statistique nous donne les chiffres suivants :

	kilogrammes.
On obtient annuellement de l'espèce bovine. .	302,000,000
Les espèces ovines et caprines fournissent. . .	83,000,000
L'espèce porcine donne en viande de charcuterie	315,000,000
La totalité de la viande provenant des animaux abattus est de	700,000,000
Il faut ajouter à cette quantité l'équivalent ou ce que représentent de viande de boucherie les volailles, le gibier, les poissons, les œufs, les fromages, que l'on peut évaluer à. . . .	280,000,000
TOTAL GÉNÉRAL.	980,000,000

Ces chiffres donnent, pour la population de la France, qui est de 35,000,000 d'habitants, 28 kilogrammes au plus pour chaque individu ; cette quantité est très-insuffisante, et fait désirer que l'élevage du bétail prenne partout un grand développement.

Là où le bétail est nombreux, là où il est l'objet de la sollicitude des éleveurs, là l'agriculture est en progrès et marche sans cesse dans la voie de l'amélioration, au grand avantage de l'humanité entière ; et n'est-il pas vrai aussi que là où le bétail est en souffrance, là l'agriculture est en décadence, par conséquent là nous apparaît la misère ; car, nous l'avons dit, c'est l'agriculture qui est la mère nourricière des hommes, c'est elle qui produit le pain indispensable au soutien de la vie matérielle ici-bas, c'est elle qui décide de l'avenir des nations.

L'importance du bétail étant de nos jours profondément comprise, tout le monde s'applique et travaille en vue de l'améliorer et de l'augmenter de plus en plus. Le concours universel agricole du mois de juin dernier en est une preuve, et nous démontre clairement qu'il existe en Europe une heureuse émulation qui profite largement à la production générale, et par conséquent à la prospérité universelle.

En effet, c'est en parcourant tout le rez-de-chaussée du palais de l'Industrie, transformé en une vaste étable, qu'on a pu se convaincre de la vérité de notre assertion. Là, on remarquait avec plaisir le bétail des races Durham, Devons, Sussex, Alderney, Herford, de l'Angleterre ; les Durham, West-Highland, Polled et Ayrshire, de l'Écosse. Là, on comptait une centaine de têtes des races Mursthal, Styrie, Pingzon, Tyrol et Hongrie, d'Autriche. Là étaient représentées les races jutlandaises du Danemark, les belles races hollandaises, ainsi que de nombreux spécimens de leurs races ovines et porcines. Là brillaient particulièrement les races Durham de Belgique et les vaches suisses. Là, les animaux des races fribourgeoises, bernoises, Schwitz, Obershall et Unterwald attiraient les regards des agriculteurs. Là, enfin, on admirait les taureaux de race limousine, aubine, saline et charolaise de France.

Quel est celui qui ne comprend toute la portée de l'idée qui a eu pour but de réunir, dans une même enceinte, toutes les merveilles du règne animal? Certes on peut affirmer que cette vaste exhibition a été riche en résultats heureux, car les agriculteurs intelligents de l'Europe savent, à l'heure qu'il est, quel est réellement le mérite de leurs animaux. Ceux-ci ont été tous scrupuleusement étudiés et appréciés. Mais, à nos yeux, le plus beau succès, c'est celui d'avoir excité une saine émulation parmi les exposants; dorénavant ils feront de nouveaux efforts pour perfectionner de mieux en mieux leurs races; tous les éleveurs, enhardis par le succès de leurs devanciers, pourraient à leur tour, à une occasion prochaine, se préparer à entrer en lice pour concourir aux prix qu'on décerne aux plus méritants; et cette tendance vers le progrès est d'autant plus utile qu'elle sert d'une manière directe les intérêts de la principale branche industrielle.

En vain nous avons cherché avec une curiosité toute naturelle les bœufs et les moutons de l'île de Corse au milieu de la grande exposition de tous les pays. Nous avons parcouru tout le palais, mais à notre grand regret les espèces bovine et ovine de notre pays brillaient... par leur absence, ceci est regrettable; car il ne s'agissait pas de comparer les races différentes les unes avec les autres. Ce serait une grande erreur de croire, par exemple, que la race bretonne pure ne puisse tenir son rang à côté des colosses de la Normandie ou de l'Angleterre. Les races diverses ont des aptitudes et des destinées particulières d'après lesquelles elles doivent être appréciées. La race bovine corse est éminemment propre au travail, c'est donc comme telle qu'elle aurait été jugée et peut-être primée.

Dans le chapitre suivant nous allons traiter la question des plantes industrielles qu'il serait utile d'introduire et de perfectionner en Corse. Nous déclarons à l'avance et nous pensons que pour le moment il faut surtout et exclusivement encourager la production du bétail. C'est là le commencement; le reste vient après. Pourquoi commencer par la fin?

Que les agriculteurs corses se mettent vite à l'œuvre, et que désormais ils ne laissent plus souffrir leurs animaux. Nous souhaitons qu'ils comprennent qu'il est temps de songer sérieusement à l'accroissement notable des prairies pour venir à leur aide. *Le jour de la régénération est venu;* il faut se montrer actif, intelligent et soucieux du bien-être du bétail ; il faut respecter une loi, loi sacrée, loi bienfaitrice, qui oblige les hommes à être plus prévoyants envers lui ; il faut enfin faire ce que les autres font, si on ne veut pas paraître ridicules et méprisables aux yeux de ces dignes cultivateurs qui font l'honneur de leur pays.

Nous espérons que les agriculteurs de l'île de Corse comprendront toute l'importance de la loi qu'ils considèrent comme désastreuse, qu'ils profiteront, dans l'intérêt du présent et de l'avenir, des ressources qu'ils possèdent, qu'ils sauront les exploiter, et que leur aisance deviendra, par ce moyen, de plus en plus belle, de plus en plus méritoire.

II.

Races bovine, ovine, chevrine, porcine, chevaline.

RACE BOVINE. Les bœufs corses sont généralement petits, faibles comparativement à ceux du continent; mais ils sont très-propres au travail; leur chair est un peu dure et sèche; sans nul doute c'est le défaut de nourriture qui a contribué à rapetisser leur taille et à faire disparaître tout ce que l'on recherche dans les bêtes de boucherie ou dans les vaches laitières.

M. Burnouf, président de la société d'agriculture de Corte, décrit ainsi le bœuf corse : « Poil court, doux
» et luisant, variant du noir au fauve et au grain de
» blé, front assez large, cornes courtes et bien plan-
» tées, toupet très-fourni, l'œil vif et doux, encolure
» très-forte, surtout au point d'attache avec la tête,
» fanon ample, plissé, descendant presque au genou,
» poitrail profond, corps ramassé et trapu, épaule
» large et dégagée, peu de ventre, flancs retroussés,
» hanches serrées et un peu avalées, le dos droit et la
» queue attachée un peu haut; il manque générale-
» ment par le peu de largeur de la fosse et le volume
» de la croupe, mais il a le jarret large, les extrémités
» courtes, et l'onglon sain et très-bien fait. Ses aplombs
» sont beaucoup plus verticaux qu'on ne serait en
» droit de l'attendre d'une race montagnarde. »

D'après ce signalement, il est facile de se convaincre que le bœuf corse est un animal de travail. Comme on le comprend, il est urgent d'améliorer cette race. Nous verrons plus loin ce qu'il y a à faire à cet égard.

RACE OVINE. Les moutons étant, comme les bœufs, l'objet de peu de soins, sont presque tous d'une petite taille [1]; leur laine est grossière, de couleur noire et pendante; mais ils sont renommés pour la délicatesse de leur chair. Le lait des brebis est délicieux; le fromage qu'on en fabrique est généralement de bonne qualité.

RACE CHEVRINE. Les chèvres sont très-nombreuses en Corse, on en compte plus de cent mille; elles sont de très-belle espèce. Il y a certaines montagnes couvertes de broussailles propres à la nourriture de cet animal; mais il est si malfaisant pour la campagne, il a une dent si meurtrière, surtout pour les arbres, les oliviers, la vigne, le mûrier, l'amandier, etc., que nous ne conseillerons jamais à personne d'en nourrir un troupeau dans un pays où il convient surtout de se livrer aux plantations.

« Les chèvres corses ont sur le cou et sur les parties » latérales antérieures un duvet très-fin. Il en est de » même des mouflons. M. le préfet Eyard envoya, en » 1820, au ministre de l'intérieur une certaine quan- » tité de duvet provenant d'un jeune mouflon de dix- » huit mois; examiné par une commission composée » de gens de l'art, il fut trouvé d'une grande beauté. » (ROBIQUET.)

---

[1] Cependant les moutons de Luri et de Meria, communes du cap Corse, ne le cèdent en rien à ceux de la Haute-Loire, du Cantal et du Lot.

Race porcine. Dans l'intérieur de la Corse chaque ménage élève un ou plusieurs cochons pour les usages domestiques, car tout le monde comprend que cet animal a une grande importance en économie rurale[1]. Généralement le porc corse est petit, parce qu'il est élevé à la campagne sans aucun soin, et la plupart du temps privé de nourriture suffisante; aussi est-il maigre et de peu de rapport; son lard cependant est recherché. Nous croyons, quant à nous, que les porcs de la Corse pourraient devenir fort beaux et très-gras. Leur nourriture est beaucoup plus économique qu'en France; il y a tous les végétaux y compris le gland, la châtaigne et de plus la figue de Barbarie, que le porc préfère à tous les autres aliments, qui ne coûte que la peine de la cueillir, et qui peut lui suffire pendant deux mois de l'année. On peut donc considérer l'éducation de cet animal comme très-avantageuse; la température et le climat lui conviennent beaucoup; le fumier qu'il produit, quoique plus froid, plus lâche que celui des autres espèces de bétail, devient fort bon lorsqu'il est mélangé avec la litière des écuries, des étables ou des bergeries. Ce serait en Corse une branche d'industrie très-lucrative, et nous engageons les éleveurs à ne pas la négliger.

Race chevaline. La race chevaline est petite, mais vigoureuse. Le cheval corse a beaucoup d'identité avec le cheval arabe, moins la taille; c'est pourquoi nous sommes convaincu qu'avec des soins les agriculteurs de l'île de Corse pourraient fournir, en très-peu d'an-

[1] Dans le canton d'Alesani ils sont un objet de commerce : c'est là qu'on élève un grand nombre de pourceaux que les éleveurs vendent dans l'intérieur de l'île.

nées, une masse de chevaux de selle d'une grande valeur.

Jusqu'ici ces animaux sont mal soignés; les accouplements et l'éducation des poulains sont imparfaits. Il serait pourtant utile de bien comprendre l'avantage de l'élève du cheval de selle, et comme bête de vente et comme producteur d'engrais. Les mulets sont magnifiques; ils ont les extrémités fines et le pied très-sûr. Ils sont plus grands, plus forts que les chevaux; ce sont eux qui sont employés à tous les transports; plus sobres que les chevaux, leur nourriture est moins coûteuse. Il est à désirer que les éleveurs consacrent leur soin à l'augmentation et à l'amélioration de ces animaux.

Les oiseaux de basse-cour sont peu nombreux et peu variés en Corse. Il conviendrait que les amateurs de basse-cour se multipliassent dans les villes et les campagnes, car jusqu'à présent on a souvent de la peine à se procurer une couple de poules, de canards ou de pigeons. D'ailleurs, les oiseaux de basse-cour sont des auxiliaires trop utiles et trop intéressants pour nos subsistances pour que nous ne voyions pas avec le plus grand plaisir l'intérêt qui s'attache au choix des types dont l'élevage donne le plus de bénéfices.

Nous croyons à propos de faire savoir au lecteur que la Corse possède également une belle race de chiens de bergerie, et d'autres chiens propres à la chasse du cerf et du sanglier. Il n'y a pas de loups dans l'île, mais les renards y sont nombreux ainsi que les sangliers; le cerf est assez commun dans les grandes forêts; ces forêts recèlent aussi des lièvres d'une

grande beauté. La perdrix, la bécasse, la bécas-
sine, etc., sont fort communes et d'une grande délicatesse; rien n'égale la bonté des merles, des grives, des
ramiers et des cailles de montagnes. Les oiseaux de
proie habitent les hauteurs, surtout les aigles et les
vautours. Les reptiles sont assez communs, mais peu
dangereux, si ce n'est une espèce d'araignée veni-
meuse connue sous le nom de *malmignate,* dont la
morsure est quelquefois mortelle; elle a le corps noir
avec treize petites taches d'un rouge de sang sur l'abdomen. Les rivières et les petits ruisseaux de la Corse
produisent des truites et des anguilles délicieuses. Les
truites du Liamone et les anguilles d'Ino et de Creno
sont exquises; les continentaux se plaisent à reconnaître leur supériorité. La mer qui entoure l'île passe
pour être la plus poissonneuse de toute la Méditerranée; c'est de ses rives que sont approvisionnées les
villes de Toscane, de la Ligurie et la capitale des Deux-
Siciles. Nous verrons plus loin combien il serait urgent que des compagnies bien organisées tirassent
parti des richesses ichthyologiques de la Corse. —
Cette question a déjà préoccupé des esprits sérieux;
espérons que leurs désirs se réaliseront bientôt.

III.

De l'amélioration des races.

D'après ce qui précède il est facile de voir que les
animaux domestiques de la Corse sont abâtardis, et
qu'il est urgent de songer à les améliorer dans le plus
bref délai. « Ce que vous avez, a dit M. Rendu, en
» matière de bétail ne mérite pas la peine d'être men-

» tionné : le bétail ne formera une branche de votre
» industrie agricole que lorsque vous aurez perfec-
» tionné votre race de l'espèce bovine et amélioré celle
» de l'espèce ovine, et même de la porcine. Pour
» atteindre ce résultat, il faut que vous renonciez à la
» funeste habitude de ne compter que sur les pâtu-
» rages pour alimenter vos animaux. Il faut que vous
» multipliiez les prairies artificielles. »

Nous l'avons dit, le bétail est la base principale,
essentielle et indispensable de l'agriculture ; donc,
comme tel, il doit attirer l'attention de tous les agriculteurs, comme tel aussi il doit être entouré des soins
hygiéniques les plus minutieux et les plus sagement
combinés. On sait déjà que la chétivité des animaux
domestiques de l'île tient à plusieurs causes : d'abord
au défaut d'étables et de nourriture suffisante, ensuite
à l'espèce. Par conséquent, il s'agit de stimuler les éleveurs et de les convaincre qu'ils peuvent arriver, même
dans l'état actuel des choses, à des améliorations certaines. Les considérations que nous avons présentées
sur les bestiaux doivent donner une grande importance
à la culture du fourrage. A ce sujet les agriculteurs
corses ne se sont guère tourmentés jusqu'ici ; ils ont
abusé de la richesse de leur sol, et se sont contentés de
faire paître leur bétail tant que la terre fournissait de
la pâture. Ce mode d'agir n'a plus sa manière d'être.
Que faut-il faire ?

L'une des conditions les plus importantes pour
aboutir à l'amélioration graduelle des races, c'est,
sans contredit, celle de soumettre les animaux, de
quelque espèce qu'ils soient, à un régime réglé, et de
leur fournir une nourriture convenable.

Parmi les moyens propres à assurer ce résultat, le principal est de persuader les éleveurs qu'il y a nécessité de substituer à leurs jachères des fourrages légumineux et tuberculeux, tels que des luzernes, des sainfoins, des topinambours, des vesces, des choux, des carottes, des betteraves et des pommes de terre, qui forment l'alimentation la plus substantielle.

La luzerne est une plante qui veut une terre profondément labourée, située au midi, exempte d'humidité stagnante. Elle nourrit parfaitement et engraisse les bœufs; elle donne aux vaches un lait riche et abondant, et rétablit les chevaux maigres. Une prairie de luzerne réclame l'arrosage le plus fréquent, il faut le renouveler au moins tous les dix jours, et l'on peut faire cinq à six coupes dans l'année.

Il vaut mieux, dans les terres privées d'eau, s'attacher à la culture du sainfoin (*esparcet*). Ce fourrage est de première qualité, les bestiaux le mangent avec grand profit, et on l'obtient plus aisément sans arrosage. La terre légère, lorsqu'elle est de bonne qualité, lui convient assez quoique mêlée de pierrailles. Voici, du reste, ce que dit Olivier de Serres à ce sujet :

« C'est une herbe fort valeureuse, non de beaucoup
» inférieure à la luzerne. Elle rend abondance de foin
» exquis, bien que gros, il est appétissant et substan-
» tiel, propre pour nourrir et engraisser toutes sortes
» de bêtes à quatre pieds, jeunes et vieilles, même
» pour agneaux et veaux, faisant abonder en lait leurs
» mères. »

La culture du topinambour est partout adoptée sur le continent; c'est un fourrage précieux qui n'est pas apprécié en Corse. Il serait pourtant d'un puissant secours pour l'amélioration de la race ovine, qui en est très-friande.

Encore un fourrage dont nous conseillons l'usage, c'est la bisaille, composée de deux tiers d'avoine et un tiers de vesce. La vesce noire est préférable à la blanche, elle est plus abondante en rameaux et en feuillage. Ce foin est peut-être le premier de tous pour la qualité; les chevaux qui en sont nourris, ne fût-ce que la moitié de la journée, n'ont nul besoin qu'on leur donne du grain, tant il est substantiel et nourrissant.

Ceux qui nourrissent des bêtes à cornes, et surtout des vaches, doivent cultiver le chou, la carotte, la betterave et la pomme de terre.

La pratique de cultiver des choux pour fourrage doit se répandre en Corse si on veut augmenter les bestiaux. Les bœufs s'engraissent facilement avec des choux, les brebis également. Quant aux vaches laitières, on ne cultivera pour elles que des choux à tête, pour leur donner seulement le cœur, car les feuilles donnent un mauvais goût au lait, au beurre et à la crème des vaches qui en sont nourries.

La carotte est aussi un fourrage très-précieux pour la nourriture et l'engrais du bétail, pour les volailles et pour les vaches laitières. Donnée aux chevaux, elle remplace l'avoine et une partie du foin.

Nous ne dirons rien de la betterave et de la pomme de terre, car tout le monde connaît l'importance de ces deux plantes.

Ce n'est pas tout encore : il faut améliorer les espèces et obtenir des bœufs aussi beaux que ceux qu'on a en France. Il faut que l'incurie des éleveurs corses cesse, car elle révolte les cœurs honnêtes; il faut par tous les moyens possibles rendre la stabulation permanente ou mixte, introduire la culture des fourrages racines, et instruire les éleveurs à bien diriger l'accouplement et l'élève.

A une éducation plus soignée, il faudra demander l'introduction de meilleures races : quelques vaches pleines ou quelques beaux taureaux venus de la Bretagne ou de la Normandie, ou même de la Suisse, opéreraient un changement notable dans cette partie importante de l'agriculture.

La race ovine indigène est complétement dégénérée. L'amélioration de cette race, sous le double rapport de la taille et de la toison, est donc une chose nécessaire. Le croisement avec des types améliorateurs étrangers (avec la race dite de Barbarie) et les accouplements judicieux des animaux les plus parfaits du pays, pourraient donner à cette race des qualités supérieures.

Nous savons déjà que le cheval corse a beaucoup d'identité avec le cheval arabe, moins la taille. Nous concluons que pour que l'île de Corse puisse fournir des chevaux de selle d'une valeur égale aux chevaux arabes, il faut que les éleveurs soignent l'accouplement, rendent la stabulation permanente, et que les juments poulinières soient croisées avec le cheval corse pur sang ou des étalons arabes. Les chevaux de race corse pure ou croisée arabe sont admirables comme chevaux de selle ; ils ont une allure rapide, beaucoup d'ardeur et d'harmonie dans leurs formes. Si donc l'on perfectionne la race chevaline de l'île de Corse par les croisements arabes, on aura certainement le cheval de cavalerie légère.

Nous croyons que pour arriver à améliorer les bœufs

et les chevaux corses, il faudrait des haras ; nous faisons un appel à l'État pour en obtenir.

Nous ne dirons rien des autres animaux. Nous réclamons pour eux une nourriture abondante et variée, c'est tout ce qu'on peut désirer, puisque la race est bonne.

CHAPITRE DIXIÈME.

DES CULTURES A PERFECTIONNER ET A INTRODUIRE EN CORSE.

I.

Nous croyons avoir suffisamment démontré, dans les chapitres précédents, que la Corse acquerra dans peu d'années une très-grande importance agricole, surtout si le gouvernement, juste appréciateur des besoins du pays, vient à son secours pour l'aider à atteindre le but qu'il est de toute utilité de poursuivre sans relâche. Tout le monde est convaincu que l'île de Corse sera bientôt riche. C'est à l'agriculture qu'est dû le soin d'assurer ce succès, c'est pourquoi c'est elle qui doit recevoir une forte impulsion; c'est l'arboriculture qui doit élever de plus en plus le degré de richesse et de prospérité, et c'est elle aussi qu'il faut encourager d'une manière particulière.

C'est dans ce chapitre que nous ferons connaître quelles sont, d'après nous, les cultures qu'il serait encore utile de perfectionner en Corse, et celles que nous voudrions voir introduire sous peu. Nous savons que la vigne, l'olivier et le mûrier, etc., réussissent à merveille et qu'ils promettent de porter bien haut l'avenir de tout le pays. D'autres plantes non moins importantes méritent d'attirer notre attention, et nous sommes heureux de les signaler au lecteur pour le persuader de plus en plus que nous ne nous sommes pas écarté de la vérité en affirmant que l'île de Corse, par sa position, son climat, la qualité de son terrain, est appelée à devenir infailliblement une belle contrée agricole, au grand étonnement de ses détracteurs.

Mais, avant d'entamer les questions qui font l'objet de ce chapitre, qu'on nous permette d'adresser à la presse parisienne quelques reproches que nous croyons mérités. Elle a longuement examiné la question algérienne, qui, après avoir été évoquée devant le public et devant le parlement, a fini par devenir une question nationale. L'exposition universelle de 1855 a grandi encore aux yeux de tous l'importance de l'Algérie; maintenant que ses intérêts se rattachent à ceux de la métropole, il n'est plus permis de les passer sous silence, et leur discussion absorbe exclusivement tous les journaux. Le *Constitutionnel*, la *Gazette de France*, le *Journal des Débats*, l'*Assemblée nationale*, le *Siècle*, etc., prêchent sans cesse en faveur de l'Algérie, et appellent de tous leurs vœux l'introduction dans ce pays d'institutions solides et utiles, en vue de venir en aide au progrès de la civilisation qui s'y implante tous les jours d'une manière si heureuse, grâce aux mesures sages et bienfaitrices adoptées par le gouvernement depuis quelques années surtout.

Mais tandis que des écrivains distingués s'érigent en dignes défenseurs des intérêts d'une colonie riche d'avenir, tandis que le gouvernement, stimulé par eux, encourage par des primes l'agriculture et l'industrie, pour tirer de cette nouvelle possession les denrées que la France a empruntées de tout temps à l'étranger, la Corse, vivant dans son isolement, est oubliée encore par toute la presse, et cet oubli lui est d'autant plus nuisible que le gouvernement, faute d'entraînement, n'a pas encore songé à rentrer dans la voie qui a assuré la haute prospérité de l'Afrique française.

Et pourtant la Corse aussi a envoyé à l'exposition universelle des échantillons des richesses qu'elle renferme; elle aussi a concouru aux prix; elle aussi a obtenu des succès éclatants; elle aussi est susceptible de produire des cotons, des tabacs et toute espèce de denrées coloniales [1]. Pourquoi donc les journaux parisiens

---

[1] Voici la liste des récompenses décernées aux exposants de la Corse :

Décoration de l'ordre impérial de la Légion d'honneur. — BEAUX-ARTS.
M. DE FOURNIER, d'Ajaccio, peintre.

Grande médaille d'honneur. — INDUSTRIE MÉTALLURGIQUE DES ACIERS BRUTS ET OUVRÉS.
MM. JAKSON (frères), PELIN et GAUDIN, propriétaires de l'usine de Toga (Bastia).

Médailles de première classe. — CONSTRUCTIONS CIVILES.
M. ILLIANI, de Corte : colonnes de marbre de Corte; M. TOMEI, de Bastia : colonnes de marbre vert de mer.

Médailles de deuxième classe. — AGRICULTURE.
M. MORATI, de Murato : huiles fines d'olives.
L'abbé PARSI : miel d'Asco.
M. DURIEU : marbres de Castifao et Popolasca.

Mentions honorables. — ART DES MINES ET MÉTALLURGIE.
M. FRANCESCHI, de Centuri : minerai d'antimoine.

ART FORESTIER.
Administration forestière de la Corse. — BOIS.
M. DE L'ARBRE, de Porto-Vecchio : chênes-liéges.

Préparation et conservation des substances alimentaires.
M. BATTIONI, de Bastia : alcool extrait des baies d'arbousier.
M. FORCIOLI, d'Ajaccio : alcool extrait de l'asphodèle.

INDUSTRIE DE LA SOIE.
MM. DOMINICI (frères), de Bastia : soie.

se montrent-ils indifférents envers un pays si digne de leur intérèt? Pourqũoi négligent-ils de faire ressortir aux yeux de leurs lecteurs tous les avantages qu'on pourrait retirer de cette île encore vierge, qui recèle des trésors inépuisables dont l'exploitation servirait si .directement les intérêts de la mère patrie? Ne savent-ils pas que plaider la cause de la Corse c'est plaider celle de la France, c'est lui rendre un service immense; et a-t-on besoin d'établir que les avantages à retirer de l'île de Corse seraient incalculables? Ah! messieurs les rédacteurs du *Siècle,* vous hommes profondément versés dans la science économique; vous qui savez si bien guérir les maux d'un·pays, tournez, .tournez bien vite vos regards vers cette terre de liberté et d'indépendance qui vous accuse de votre oubli coupable, et faites que bientôt la belle île de Corse devienne, comme l'Algérie, un centre de richesse et de prospérité; faites que les cultures du tabac, du coton, du chanvre, de l'indigo, de la canne à ·sucre, etc., soient également encouragées par le gouvernement. Alors vous aurez bien mérité de la patrie, et les habitants de la Corse vous seront particulièrement reconnaissants de votre initiative et de votre concours. Espérons que bientôt les rédacteurs des feuilles parisiennes, écoutant les conseils de la sagesse et de la justice, signaleront à l'attention publique l'île de Corse telle qu'elle est, *cela va sans dire,* et telle qu'elle peut devenir.

En attendant, voyons quelles sont les cultures·qu'il conviendrait de perfectionner; examinons ensuite celles qu'il serait urgent d'introduire.

. ORANGER. Parmi les produits propres au pays et que

nous estimons beaucoup, nous classons l'oranger, qui
vient parfaitement en pleine terre et qui exige peu de
soins. Le climat lui convient admirablement, aussi
devient-il d'une taille très-élevée. Il n'est pas difficile
d'en voir à Ajaccio ou en Balagne qui ont quarante
pieds de hauteur. Lorsqu'ils sont bien cultivés et arrosés
le fruit devient très-gros, et la saveur en est exquise.
Les arrondissements d'Ajaccio, de Calvi et de Bastia en
produisent de magnifiques et en grande abondance. Le
commerce d'exportation est important, mais nous pensons qu'il pourrait s'accroître encore si l'on augmen-
tait le nombre de ces arbres [1] ainsi que celui des citron-
niers, surtout si la culture du cédrat, qui est en progrès
dans le cap Corse, prenait une extension plus considérable. Comme on sait, ce fruit est très-recherché
pour la table, pour la médecine, et fournit en même
temps des éléments à la distillation par les fleurs, les
feuilles et l'écorce, par conséquent il y a des motifs
suffisants pour développer ce genre de culture.

L'AMANDIER. La culture de cet arbre est susceptible
d'un plus grand développement; les avantages qu'on
en retirerait ne sont pas sans valeur. Partout en Corse
l'amandier prospère très-bien; aussi ce serait mal comprendre ses intérêts que de dédaigner cet arbre qui
produit un fruit qui sert à divers usages et se vend aussi
facilement que le blé. En moyenne chaque amandier
produit deux décalitres d'amandes, et elles se vendent
à raison de 2 francs 50 le décalitre; donc chaque arbre rapporterait au propriétaire 5 francs; celui qui en
posséderait, par exemple, cinq cents pieds, pourrait
compter sur un revenu annuel de 2,500 francs. Certes

[1] On pourrait en cultiver cent fois plus qu'il n'y en a actuellement.

ces chiffres ne sont pas exagérés; nous sommes dans la conviction que la Corse pourrait produire au moins 20,000 hectolitres d'amandes par an, ou soit pour 1,500,000 francs. Nous engageons donc tous les agriculteurs à ne pas négliger l'amandier, qui est d'une grande utilité et d'un grand rapport. Pendant que le parcours était toléré en Corse, le peu d'élévation de la tige de cet arbre était un obstacle sérieux à la prospérité de cette culture; aujourd'hui cet inconvénient n'existe plus, et nous aimons à croire qu'à l'avenir elle ne sera plus restreinte aux provinces du cap Corse, du Nebbio, de la Balagne, de la Marana et de la Casinca.

Le Noyer. Les noyers en Corse acquièrent des proportions colossales; ils couvrent les vallons des régions montagneuses. Cet arbre fournit une amande très-recherchée comme fruit d'hiver. Son bois est également recherché par l'ébénisterie, c'est pourquoi nous ne saurions trop recommander d'en étendre la culture.

Figuier de Barbarie (*opuntia ficus indica*). La culture du figuier de Barbarie, inconnue en France et généralement dédaignée en Corse, nous semble pourtant mériter quelque attention. Le figuier de Barbarie n'est pas précisément un arbre, c'est une plante qui ne produit d'abord aucune tige, mais seulement des feuilles ovales, longues depuis huit jusqu'à quinze et vingt pouces, larges depuis quatre jusqu'à huit, épaisses de six ou huit lignes, et couvertes d'épines fortes longues d'un pouce et d'un vert poli : elles poussent les unes sur les autres par une excroissance qui se forme à l'extrémité; lorsque plusieurs de ces feuilles ainsi superposées vieillissent quelques années, les plus basses prennent de la consistance, s'arrondissent en forme de tronc, se durcissent, se lignifient ; c'est dans ce cas que le figuier de Barbarie prend la forme d'un arbre. Ses feuilles sont charnues ; pendant la première année, elles ne renferment presque que de l'eau. Le fruit de cette plante est d'une utilité incontestable ; les Corses l'ont plantée de tout temps, ils mangent volontiers son fruit, qui est du reste excellent, très-salubre et un peu astringent. Les porcs, les vaches, les chevaux, les mulets et les ânes se nourrissent également de ce fruit. C'est donc une ressource dont l'utilité ne peut être contestée. Cette plante pousse partout, même dans les parties les plus arides. Sur le continent français, les rochers sont improductifs ; il n'en est pas de même en Corse, les figuiers de Barbarie y réussissent bien ; par conséquent, ils pourraient développer dans cette île une industrie que la betterave et la canne à sucre alimentent de nos jours ; nous voulons parler de la fabrication du sucre et de la distillerie des alcools.

LE CHARDON SAUVAGE. Les terres cultivées ou en friche produisent spontanément une quantité prodigieuse de chardons sauvages qui acquièrent en peu de temps une force merveilleuse. On sait à quoi cette plante est employée : les fabriques de tissus de laine en font une très-grande consommation. L'Angleterre et la Belgique en achètent beaucoup en France pour leurs manufactures de draps, de chapeaux et de bas. On pourrait facilement étendre cette culture en semant le chardon en pépinière au mois de mars pour le repiquer en automne. Un hectare de terrain donne environ cent soixante mille têtes.

La Garance [1]. Bien des personnes ont pensé que la garance serait avantageuse à cultiver dans le département de la Corse. Nous le pensons également. Cette racine demande un sol léger et profond : ces qualités se rencontrent facilement en Corse. Quelques propriétaires en ont déjà semé ; leur expérience a été couronnée de succès ; du reste, on en trouve de la sauvage partout, et cette circonstance semble indiquer la faculté d'en recueillir de la bonne. Des teinturiers ont déjà essayé cette garance ; ils en ont obtenu de bons résultats ; il faut donc espérer que les agriculteurs corses imiteront ceux du département de Vaucluse pour atteindre à cet égard le progrès désirable.

Le Houblon. Le houblon devrait bien réussir aussi ; les mêmes motifs qui font préjuger la réussite du cardère et de la garance se rencontrent à l'occasion de cette plante ; le houblon sauvage est en grande abondance en Corse : les buissons, les arbres, placés dans les haies et entourés de broussailles, sont couverts de ses rameaux et de ses fleurs. Le houblon, comme on sait, est indispensable pour la fabrication de la bière. Nous croyons qu'il serait convenable de faire un essai en houblon de Hollande, dont la France fait annuellement des achats très-importants. Ce serait d'un inappréciable avantage pour les brasseries des Bouches-du-Rhône, du Var et de tous les départements du Midi.

Le Lin et le Chanvre. Il est encore en Corse deux plantes industrielles qui pourraient avoir le plus grand succès et devenir même le principe de quelques manufactures. Nous voulons parler du lin et du chanvre.

[1] M. le comte de Casabianca, sénateur, a réussi à introduire en Corse la culture de la garance.

Partout, sur les montagnes comme dans les plaines, ces substances végétales y sont naturalisées; elles croissent très-bien; partout il serait très-facile de les multiplier, et ce serait d'autant plus à désirer qu'elles sont d'un usage commun et d'une utilité immédiate. Jusqu'à présent cette culture a été négligée; c'est très-regrettable, car un pareil état de choses est loin d'être en rapport aux idées de progrès, aux tendances et aux besoins de notre siècle.

Chacun, de nos jours, sait tout le profit qu'on peut retirer du lin et du chanvre; personne n'ignore que ces deux plantes donnent naissance à l'industrie et au commerce. Pourquoi ne donnerait-on pas à cette culture le développement dont elle est susceptible [1]?

Le Tabac. Il y a une dizaine d'années la France achetait annuellement pour six à huit millions de tabac étranger, dont le mélange dans certaines proportions est indispensable dans la fabrication de celui qu'on livre au commerce. Pendant plus de vingt ans on a contesté à l'Algérie la possibilité de produire du tabac: les prédictions d'impuissance sont détruites aujourd'hui. Cette culture, qui n'occupait qu'un hectare en 1847, s'est propagée à ce point qu'en 1855 le chiffre des plantations s'est élevé à trois mille hectares environ. L'Algérie satisfait maintenant à peu près aux demandes de la métropole, et supplée en grande partie aux fournitures de l'étranger [2]. Après ces exemples, nous nous demandons pourquoi la Corse n'entrerait pas bientôt,

[1] Ces plantes veulent un terrain profond, meuble, riche et plus humide que sec; elles succèdent bien aux tabacs et aux pommes de terre.

[2] La production de cette année a été de plus de 3 millions de kilogrammes.

elle aussi, dans la voie déjà si bien tracée par notre belle colonie.

Le tabac qu'on récolte en France est trop inférieur, même celui du département des Bouches-du-Rhône, qui est pourtant supérieur à tous les autres. N'y aurait-il pas grand avantage à naturaliser en Corse la belle espèce dite *tabac de Virginie* [1] ? Quels sont les obstacles qui s'y opposeraient ? Nous n'en connaissons aucun : le climat et le sol lui sont très-favorables ; les expériences qui ont été déjà faites ont donné les plus belles espérances. Cette culture, comme tant d'autres, pourrait donc prendre un très-grand développement.

Comme nous l'avons dit au chapitre IV, on cultive du tabac dans plusieurs localités de la Corse ; mais nous avons eu soin de faire observer que les récoltes sont peu abondantes et qu'elles proviennent d'une semence de mauvaise espèce.

Indépendamment de leur incurie sur le choix de la graine, ce qui n'est pas indifférent, les agriculteurs corses ne savent ni l'élever sur pied par les travaux qu'exige la plante, ni le faire arriver par les bons procédés au degré de siccité nécessaire pour le livrer au commerce ; aussi leur tabac, produit par des plantes énervées, et séché sans attention ni méthode, est maigre, les feuilles sont minces, transparentes, friables. C'est pourquoi il n'est pas étonnant que le tabac de la Corse ne soit pas admis dans les manufactures du gouvernement.

Puisque déjà on a complété quelques essais importants, nous ne saurions douter qu'ils ne soient un

[1] Le tabac demande un sol argileux ou sableux, sec et riche, abrité contre le nord, et qu'on prépare comme pour les plantes sarclées.

acheminement vers un grand progrès. La différence
marquée qui existe entre les plantations de bonne
espèce et le tabac récolté par les indigènes, prouve
jusqu'à la dernière évidence que si celui du pays
n'est pas plus renommé qu'il ne l'a été jusqu'à présent, c'est la faute des cultivateurs, et non celle du
terroir ou du climat.

II.

Des denrées coloniales.

Les cultures qu'il convient d'introduire en Corse
sont nombreuses : le coton, l'indigo et la canne à
sucre sont autant de plantes industrielles qui s'ac-
commodent parfaitement des terrains de l'île, et qui
pourraient dans un avenir prochain porter très-haut la
richesse du pays.

Nous n'avons pas besoin de faire de grands efforts
d'esprit pour en convaincre le lecteur. Nous affirmons
à l'avance que l'époque n'est peut-être pas éloignée où
la Corse comptera par centaines de millions les matières premières qu'elle pourra fournir à la France et
à l'étranger.

Le Coton. Le coton deviendra pour la Corse une
branche de commerce de la plus haute importance.
Plusieurs de nos concitoyens en ont cultivé; tous ont
abouti à des résultats très-heureux. Les succès qu'on
obtient depuis peu d'années en Algérie, les avantages
incalculables que cette jeune colonie retire de cette
culture, devraient, ce nous semble, engager les
agriculteurs de l'île à prendre en sérieuse considé-

ration cette plante industrielle si utile sous plusieurs points de vue.

C'est seulement en 1851 qu'on a fait des essais de cette culture en Afrique; aujourd'hui on compte plus de 4,000 hectares ensemencés, et, dans huit à dix ans, la culture du coton en Algérie sera infailliblement décuplée.

Quoique cette culture soit extrêmement facile, il faut cependant que l'on étudie par la pratique quelles sont la qualité de terre, l'exposition, la saison qui lui conviennent le mieux. Personne jusqu'à présent n'est versé dans la connaissance de cette culture; il est pourtant indispensable de savoir, avant tout, faire la distinction entre le coton arbuste, qui dure plusieurs années, et le coton herbacé, qui est annuel; entre le brin à longue soie et celui à courte soie. Il est également indipensable de savoir comment on doit semer, afin de pouvoir garder les distances nécessaires selon que l'espèce est arbuste ou herbacée, de connaître mieux les expositions et la nature de terre qui conviennent; il faut enfin sortir de l'enfance de l'art, et l'île de Corse, à l'instar de l'Algérie et de l'Égypte, versera, elle aussi, sur le continent français de grandes quantités de coton. Cette plante exige très-peu de frais de main-d'œuvre : c'est un motif de plus qui doit engager les agriculteurs insulaires à la propager autant qu'il dépendra d'eux.

« Le climat de la Corse, dit M. Conti, receveur général de ce pays [1], est favorable à la culture du cotonnier; et pour savoir si la nature du sol lui est également propice, il suffira de dire que l'expérience a

---

[1] Président de la société d'agriculture d'Ajaccio : *Mémoire sur la culture du coton en Corse.*

démontré que le coton s'accommode de tous les terrains, et même de ceux qui sont les moins propres aux
autres cultures, pourvu qu'ils ne soient pas glaiseux.
Les espèces Jumel et Géorgie longue soie, qui se plaisent
sur les bords de la mer et sur les coteaux imprégnés
des émanations salines, ne sauraient trouver un sol
plus heureux que celui de nos rivages.

» Ce qui s'est fait pour l'Algérie ne pourrait-il pas
se faire pour la Corse? Si quelques propriétaires s'en-
tendaient pour ensemencer, à titre d'essai, une vingtaine d'hectares de graine de cotonnier, je m'assure
que le ministre de l'agriculture et du commerce suivrait
l'exemple de son collègue de la guerre, et consentirait à
acheter de nos planteurs jusqu'au moment où, comme
en Algérie, l'industrie privée se chargera de l'égrenage.

» L'égrenage ajoute sans doute une grande valeur
commerciale au coton; mais la plante, en elle-même,
est assez riche pour rémunérer largement le travail
purement agricole.

» Le prix auquel le ministre de la guerre achète, en
Algérie, le coton en capsule, est de 3 francs le kilog.
ou 300 francs le quintal métrique. Or, un hectare de
terre ensemencé en coton rend, suivant le degré de
soins et d'appropriation, de 2 à 6 quintaux métriques
de capsules. En prenant la moyenne de ces deux nom-
bres, soit 4 quintaux, un hectare donnerait donc un
produit de 1,200 francs, sur lequel il n'y aurait à
déduire que les frais ordinaires de culture.

» D'après ces données, qui ont été puisées dans des
documents officiels, on voit clairement quel pourrait être
l'avenir de la Corse. Son territoire, déduction faite de
la superficie occupée par les forêts, les châtaigniers,

les oliviers, les jardins et les vignes, contient, d'après Robiquet, 357,408 hectares cultivés ou cultivables en grains. En admettant que la moitié seulement de cette quantité soit susceptible de recevoir des plantations de coton, et qu'en adoptant le système triennal, le tiers de cette moitié, c'est-à-dire 59,535 hectares, soit consacré à cette riche culture, il s'ensuivrait qu'à raison de 4 quintaux métriques par hectare on recueillerait, par an, 238,140 quintaux métriques de coton en capsule, qui, au prix de 300 francs le quintal, donneraient annuellement un revenu brut de 71,443,000 francs.

» Ce chiffre paraîtra hyperbolique et impossible, et cependant ces miracles de l'industrie agricole ne sont pas rares de nos jours. Sans revenir sur la transformation que l'Algérie subit dans ce moment, combien dans les Amériques et même en Europe ne compte-t-on pas de contrées qui, par l'introduction d'une culture spéciale, ont passé en quelques années d'un état d'improduction complète à celui de la plus haute prospérité ?

» On a souvent dit que pour changer la face d'un pays il suffirait d'un homme ou d'une plante. Eh bien ! pour la Corse la plante est trouvée : il ne s'agit plus que de l'y naturaliser. A cet effet, nous proposons d'ouvrir une liste de souscription où viendraient s'inscrire les propriétaires qui désireraient consacrer une partie quelconque de leur terre à un essai de la culture du coton. Lorsque les souscriptions auraient atteint le chiffre d'au moins 20 hectares, M. le préfet serait prié, au nom de la société d'agriculture, de faire des démarches auprès de S. Exc. le ministre de l'agriculture et du commerce afin d'obtenir :

» 1° Qu'un bon choix de graines de coton nous soit

envoyé en quantité suffisante pour être distribué aux propriétaires souscripteurs ;

» 2° Qu'un agronome expert dans la culture du coton reçoive la mission officielle de venir diriger nos planteurs dans leurs essais ;

» 3° Qu'il soit décidé que les récoltes de coton qui seraient faites en Corse seraient achetées par l'administration au même prix que celui de l'Algérie ;

» 4° Enfin, que ces décisions soient prises en temps assez utile pour que les ensemencements puissent avoir lieu au mois d'avril prochain. »

De telles paroles, provenant d'une autorité aussi compétente, sont de nature à convaincre les plus incrédules, à provoquer d'heureuses tentatives ; elles nous donnent une juste idée de ce que pourrait être la Corse à cet égard. Nous nous associons de bon cœur aux pensées de M. Conti, et nous faisons des vœux ardents pour la prochaine réalisation des divers projets qu'il a conçus jusqu'à présent sous l'inspiration d'un sentiment élevé de patriotisme, en vue de servir la cause de la civilisation de son pays et de contribuer, par son intelligence et ses ressources financières, au développement matériel de l'île entière.

L'INDIGO. Les essais en indigo ont été encourageants ; cette plante précieuse est, comme le coton, d'une culture très-facile ; il suffit de semer la graine dans une terre bien labourée, de la sarcler et de la faucher lorsqu'elle est mûre. Elle est bisannuelle. Si on veut l'exploiter avec avantage, il faut en recueillir une grande quantité, afin de pouvoir monter une indigoterie au moyen de laquelle on obtient cette magnifique fécule qui a tant de valeur dans le commerce. Les cultivateurs qui ne pourraient en semer qu'une petite quantité auraient la faculté de faire sécher la feuille, pour aller ensuite la mettre en œuvre chez ceux de leurs voisins qui posséderaient un établissement propre à la fabrication. Ils feraient alors comme ceux qui portent leur blé au moulin à farine; c'est ainsi que cela se pratique aux colonies. Il n'y aurait qu'une culture un peu développée et renouvelée chaque année qui permettrait de faire les frais d'un pareil établissement.

Le peu d'indigo fabriqué en Corse a été jugé par les chimistes d'une très-belle qualité; c'est là un point très-important; il a été trouvé d'une belle nuance, bien cuivré, bien friable, et la quantité produite par une quantité donnée de feuilles a été presque égale à ce qu'on obtient au Sénégal, où le produit est supérieur à celui de l'Inde.

La culture de l'indigo est très-avantageuse aux propriétaires; la végétation de cette plante est très-active; trois mois et demi au plus après les semailles elle est bonne à couper; la fabrication est si rapide, que dix à douze jours après la coupe, la fécule bleue peut être livrée au commerce. Ainsi donc quatre mois suffisent pour faire rentrer dans la bourse du cultivateur ses déboursés et ses bénéfices.

La Canne a sucre. Quelques personnes, entre autres le directeur du jardin des plantes d'Ajaccio, ont planté de la canne à sucre; elle a pris de l'accroissement, elle a été trouvée fort belle, la pression qu'on lui a fait éprouver sous la dent a·produit une saveur sucrée fort intense. Mais la culture de la canne à sucre ne sera en Corse qu'un objet de curiosité tant qu'on ne montera pas une sucrerie. Toutefois il serait convenable de faire des essais en petit, sauf à dépenser proportionnellement beaucoup plus qu'on ne le fait dans un établissement organisé, afin de connaître si la quantité de sucre contenue dans les cannes du pays égale celle que produisent les cannes des Indes ou de l'Amérique.

La plaine d'Aleria, dont nous avons parlé plus haut, pourrait à elle seule fournir du sucre pour toute la consommation de la France, si une fois il était démontré que les cannes renferment suffisamment de matière sucrée.

CHAPITRE ONZIÈME.

HORTICULTURE.

————

Nous avons fait ressortir au chapitre IV qu'il était à la fois économique et essentiel pour la santé d'entretenir des jardins potagers, afin d'avoir à sa disposition des légumes verts.

Il n'y a pas de famille de l'intérieur de la Corse qui ne possède un cheval, une chèvre ou deux, autant de cochons, un petit enclos à quelque distance du village, et près de la maison un petit jardin potager qui produit des légumes durant toute l'année. La culture des jardins est principalement connue à Bastia, à Ajaccio et à Corte. Là ils sont parfaitement entretenus ; tous les légumes y réussissent, toutes espèces de plantes potagères acquièrent un degré de beauté remarquable, parce que le sol et le climat s'y prêtent admirablement. Il nous semble que cette culture pourrait se développer dans toute la Corse, et augmenter la somme de bien-être des populations rurales.

Nous ne voulons pas nous étendre longuement sur cette matière ; cependant, sans prétendre faire un cours d'horticulture qui, du reste, n'est pas de notre compétence, nous croyons à propos de présenter quelques réflexions relatives aux principes généraux, dans le but de les faire connaître à ceux de nos compatriotes qui auraient le projet de s'occuper de cette culture, culture qui sert toujours largement les intérêts du jardinier et du propriétaire.

Toutes les fois qu'on projette la création d'un jardin potager ou fruitier, il est indispensable d'avoir au préalable une connaissance exacte de l'exposition, et de savoir comprendre l'importance de la clôture, de l'eau, des arrosements, de la nature du terrain, des labours, du fumier et des instruments de jardinage, afin de ne pas être assujetti à d'amères déceptions.

D'abord, et avant tout, il faut avoir égard aux expositions. On les règle suivant les climats et la nature du sol. Dans un pays chaud on doit chercher l'aspect du nord afin de modérer la violence de la chaleur; dans un pays froid, au contraire, il est bon de choisir l'aspect du midi pour mettre le jardin à couvert du nord. Mais, que l'on soit placé au nord ou au midi, on a toujours besoin d'un soleil favorable, parce que le soleil est l'âme de la végétation.

La meilleure exposition pour un jardin est le sud-est; celle du nord est moins favorable, elle est cependant de quelque utilité pour les jardins à fruit d'été, elle est surtout propre aux herbages et aux légumes durant les grandes chaleurs. Mais à quelque exposition qu'on se trouve, il est bon que le terrain soit un peu incliné, surtout s'il est composé de terre forte.

Tout jardin doit être clos, et les murs sont préférables aux haies. Comme on sait, ils sont nécessaires non-seulement pour garantir le jardin des passants et des bestiaux, mais encore pour renvoyer la chaleur aux plantes, étendre les espaliers et procurer de bons fruits dans toutes saisons, hâtives et tardives.

Il est utile également qu'il y ait de l'eau dans le jardin pour les arrosements ; car la sécheresse est l'ennemie mortelle des plantes, principalement quand elles sont jeunes ou nouvellement transplantées; la rosée et les pluies ne suffiraient pas pour les garantir des hâles dévorants du printemps et des chaleurs brûlantes de l'été. Il faut donc faire en sorte d'avoir un puits qui fournisse l'eau nécessaire aux arrosements.

« Pour que le fond d'un jardin soit bon, dit M. Rouard, professeur d'horticulture, voici les conditions dans lesquelles il doit se trouver:

» Le terrain aura un mètre de profondeur de bonne terre; s'il y en a moins, les arbres à six ans ne feront plus que languir, et même les légumes à longue racine, comme artichauts, betteraves, salsifis et carottes, n'y réussiront pas. On doit préférer à toute autre la terre noirâtre, sablonneuse et grasse, surtout qu'elle ne soit ni trop humide ni trop sèche. Celle qui est humide est froide, trop forte, pesante et peu propre à la végétation ; celle qui est trop sèche ou trop légère est sans humus et demande trop d'arrosements. Les terres meubles douces, qui ont le grain menu et sans pierres, sont excellentes pour le jardinage, de même que les terres fortes et franches qui sont rougeâtres, qui se manient, se labourent aisément, et qui ne sont ni froides ni chaudes. »

Les labours doivent être réitérés souvent; ils se font ordinairement à la bêche et à la houe. C'est en remuant la terre, en remettant celle de dessous à la place de celle de dessus, qu'on la rend meuble, légère, capable d'absorber l'humidité de la rosée et de la pluie, et de recevoir la chaleur bienfaitrice du soleil.

C'est aussi le labour qui détruit les mauvaises herbes, qui rend la terre facile à pénétrer aux racines des plantes, et qui donne de la fertilité aux terres qui en ont peu.

Le fumier est la nourriture du végétal, et sans fumier le potager n'est pas possible. Nous avons fait ressortir dans un titre de notre ouvrage l'importance du fumier et l'utilité qu'il y a à s'en procurer ; nous ne voulons point nous étendre davantage sur une pareille matière. Nous nous contentons de conseiller vivement aux jardiniers l'emploi des engrais.

Quant aux instruments que l'on emploie dans la culture maraîchère, ils sont assez nombreux. Sans en faire une description toute particulière, nous allons les indiquer.

Il faut à un jardinier pour les différents ouvrages de jardinage, savoir :

Une charrette à fumier, un tombereau, des brouettes, des fourches à dents en fer et en bois, des pelles, des bêches, des pics, des pioches, piochons, des scies, des échalas pour les treillages d'espaliers, cabinets et berceaux, des serpes, des échelles de toute espèce, simples, doubles et à trois pieds, des charrues, des battes pour battre la terre et l'unir, des râteaux, des arrosoirs grands et petits, à pomme percée ou à simple goulot, et des ciseaux.

Si nous sommes entré dans les détails qui précèdent, nous n'avons pas prétendu faire un cours et donner des leçons. Ce que nous venons de dire est connu de tous ceux qui ont la moindre teinture de ce qui concerne un jardin.

Comme on le voit, nous n'avons pas donné de grands

détails sur les fruits, le jardinage et tout ce qui constitue la culture de second ordre; tous les mêmes fruits et les légumes qu'on connaît en France existent en Corse ; nous en avons fait l'énumération au chapitre IV de notre ouvrage.

CHAPITRE DOUZIÈME.

FORÊTS DE LA CORSE.

———

« Et quels arbres ! Le bois d'un seul d'entre eux a fourni
» 2,275 pieds cubes, à peu près le volume de la colonne de
» la place Vendôme. »

BLANQUI.

Les naturalistes modernes distinguent vingt-trois espèces de pins qui croissent dans diverses parties du globe. Les forêts de la Corse en renferment principalement deux : le pin pinier et le pin lariccio.

Le pin pinier se rencontre dans tout le midi de l'Europe, sur les côtes de Barbarie ; il est remarquable par sa tête étalée et touffue, qui présente de loin l'aspect d'un parasol, et par son fruit, qui ne parvient au terme de la maturité qu'au bout de trois ans, tandis que les fruits des autres espèces mûrissent en deux ans au plus, et dont les noyaux renferment une amande douce et agréable au goût.

Cet arbre s'élève de 50 à 60 pieds ; son bois est blanchâtre, médiocrement résineux et fort léger. Il est très-bon pour la charpente et la menuiserie. On en fait des planches, des poutres, des solives, des gouttières, des corps de pompes ; on s'en sert aussi pour le bordage des vaisseaux, mais il ne vaut rien pour la mâture.

Le pin corse ou *lariccio* est considéré comme une espèce particulière à cette île ; c'est l'espèce dominante dans les forêts de la Corse. Il s'élève en pyramide bien régulière, et atteint communément à une hauteur considérable. Il n'est pas rare de rencontrer des pins *lariccio* qui ont plus de 100 pieds. Sa conformation le rend éminemment propre à la mâture des vaisseaux, et sous ce rapport il serait préférable au pin de Russie (pin sauvage), avec lequel il a beaucoup d'analogie. Jusqu'à présent un vieux préjugé a fait donner la préférence aux pins du Nord.

En 1818 et 1820 l'atelier de mâture de Toulon fit usage, à défaut de bois du Nord, du pin de Corse. Jusqu'alors on ne s'en était servi que pour les ponts et le bordé des vaisseaux. Les expériences qui ont été faites nous font croire que le pin corse peut bien valoir le bois de Riga.

M. A. Clem, ingénieur forestier, membre de l'Académie britannique, a étudié cette importante question, et voici les résultats qu'il a obtenus :

LE PIN LARICCIO.

Examen de cette question : Est-il propre aux constructions navales ?

ARBRES.		DIAMÈTRE à la BASE SUPÉRIEURE.	BOIS.			AUBIER.			HAUTEUR TOTALE.
N°s	AGE.		NOMBRE de couches	ÉPAISSEUR totale.	moyenne.	NOMBRE de couches	ÉPAISSEUR totale.	moyenne.	
1	200	0,56	90	0,183	0,00203	110	0,096	0,0008	37
2	250	0,95	100	0,330	0,0031	150	0,145	0,001	39
3	215	0,66	100	0,235	0,002	115	0,085	0,0007	35
4	230	0,54	110	0,156	0,0015	120	0,107	0,0008	40
5	300	0,64	128	0,218	0,0017	172	0,106	0,0009	35
6	220	0,52	100	0,190	0,0019	120	0,070	0,0005	28

« Il ressort de ces résultats, dit-il, que si le chiffre
» représentant le nombre des couches annuelles de
» l'aubier est beaucoup plus fort que celui des couches
» de bois fait, d'un autre côté l'épaisseur de la couronne
» en aubier est beaucoup plus faible que celle du bois
» fait.

» Ainsi pour le n° 1 les 90 couches de bois fait ont une
» épaisseur de 0,183 millimètres, en moyenne 0,0020;
» les 110 couches d'aubier n'ont que 0,096, ou en
» moyenne 0,00087.

» Ce que nous disions plus haut se trouve ainsi con-
» firmé : nous aurions pu apporter ici d'autres chiffres
» pris sur des arbres de la forêt d'Aëtone, de celles de
» Libio et de Bavella, c'est-à-dire de tous les principaux
» centres forestiers de la Corse. Ainsi des expériences
» faites par nous dans la forêt de Libio nous ont donné
» des arbres qui, avec un demi-diamètre de 0,49,
» avaient 0,34 en bois fait et 0,15 seulement en aubier;
» d'autres qui, sur un diamètre de 0,268, avaient
» 0,223 de bois fait et 0,045 d'aubier.

» Mais ces résultats nous sont trop favorables, et nous
» nous contentons de ceux trouvés dans la forêt de Viz-
» zavona, bien que moins concluants, parce que cette
» forêt, traversée par la route impériale d'Ajaccio à
» Bastia, est une des plus connues de la Corse, et que
» c'est d'elle principalement que l'administration mari-
» time tira des bois aux diverses époques.

» Voilà ce qu'est l'aubier dans le lariccio; veut-on
» savoir ce qu'il est dans les pins du Nord, MM. Bra-
» vais et Martins, qui l'ont étudié sur place, dans le but
» de déterminer les conditions de végétation de ceux
» qui sont regardés comme les plus propres aux con-

» structions, vont nous l'apprendre. (*Annales fores-*
» *tières*, 1843.)

» La séparation entre l'aubier et le bois parfait est
» assez nettement indiquée sur les troncs des pins sep-
» tentrionaux; elle est moins distincte dans nos zones
» tempérées. Nous ne l'avons notée qu'un petit nombre
» de fois. Le nombre des couches de l'aubier, comp-
» tées à partir de la plus récente, a été trouvée de
» 50, 67, 114 sur les pins n°s 2, 10 et 13. La largeur
» moyenne de l'aubier embrasse donc 77 couches ou
» 77 années.

» Mais d'un autre côté :

» Le pin n° 2 était âgé de cent ans, son demi-dia-
» mètre était de 0,144, le bois fait présentait 50 cou-
» ches, dont l'épaisseur était de 0,0995, l'aubier en
» avait pareil nombre, son épaisseur était de 0,0545.

» Le pin n° 10 avait cent cinquante ans, son demi-
» diamètre 0,158, le bois fait comprenait 84 couches
» d'une épaisseur de 0,107, l'aubier 107, dont l'épais-
» seur était de 0,051.

» Enfin, le n° 13 avait cent cinquante-sept ans, 0,127
» son demi-diamètre, 43 couches de bois fait, occu-
» pant 0,044, et 114 en aubier formant le reste de
» l'arbre sont 0,083.

» Les trois arbres que nous citons n'ont pas été
» choisis au hasard, ils représentaient, dans l'idée des
» deux expérimentateurs, la moyenne de ceux qu'ils
» avaient eu occasion d'examiner.

» Quand on compare ces chiffres à ceux trouvés,
» même pour Vizzavona, et que l'on tient compte :

» 1° Des conditions de végétation;

» 2° De la différence de latitude, ou plutôt de l'élé-

» vation topographique correspondante, on se demande
» où est la valeur de l'objection tirée contre le lariccio
» du volume de son aubier.

» Cependant MM. Bravais et Martins, dont personne
» ne peut contester la science et l'aptitude, ont opéré
» en Finmark (Suède), à Kaafiord, Pello, Greffe et
» Halle, du 50° au 70° latitude nord, dans les pays qui
» fournissent les pins les plus recherchés pour la
» mâture.

» Nous avons précédemment émis des doutes au sujet
» du degré de certitude que l'on doit attacher à la colo-
» ration, comme moyen de détermination de l'aubier
» et du bois fait.

» Voici quels sont nos motifs :

» Nous savons bien que la couleur rosée est pour les
» constructeurs un indice de qualité de bois, et que,
» généralement, quand cette couleur est uniforme et
» devient de plus en plus foncée en approchant du
» cœur, elle indique des arbres bien conditionnés ; mais
» doit-on être exclusif et faire de la coloration rouge
» un signe, *sine qua non*, de la transformation de l'au-
» bier en bois ; voilà ce que nous n'admettons pas,
» principalement en ce qui concerne le *lariccio*. Ainsi
» dans toutes les forêts de la Corse, à Marmano, Vizza-
» vona et Rospa surtout, il existe une variété de cette
» essence facilement remarquable à l'aspect extérieur
» et au port général de l'arbre, et dont le bois est tota-
» lement blanc ou à peine coloré en jaune paille très-
» clair, quel que soit l'âge du végétal. D'un autre côté,
» on peut se convaincre, en examinant les pièces débi-
» tées qui existent sur le port d'Ajaccio, que la coloration
» rougeâtre est loin d'être régulière, qu'elle présente

» souvent des gonflements et des inflexions, et que
» quelquefois même elle disparaît totalement sur une
» certaine longueur de l'arbre pour reparaître ensuite.
» Quelque inexplicable que puisse paraître ce fait, il
» n'est pas moins vrai qu'il existe, et nous avons eu
» occasion de le faire constater à des personnes par-
» faitement entendues en matière de bois. Il est donc
» bien certain que cette coloration n'est pas un indice
» positif du bois fait, bien qu'à la vérité elle l'accom-
» pagne souvent. Du reste, la couleur jaune clair est
» tout aussi recherchée que la couleur rosée ou rou-
» geâtre, et c'est à tort qu'on regarde cette dernière
» comme une condition indispensable de qualité pour
» le *lariccio*.

  » Le véritable signe distinctif entre le bois et l'aubier,
» c'est leur différence de ténacité, de résistance, et la
» composition des liquides qui en parcourent les tissus.

  » Nous ne concevons pas, du reste, comment la
» présence de l'aubier dans un arbre peut avoir une
» influence pour les constructions, quand il est pos-
» sible de se procurer des arbres qui, dépouillés de
» cette partie, peuvent donner les dimensions recher-
» chées pour les divers usages. S'il y a dépréciation,
» elle frappe uniquement la valeur commerciale, puis-
» que l'aubier constitue alors une perte sèche, mais
» nullement à la qualité du bois. »

Nous concluons en disant que le bois de Corse vaut
celui du Nord, et qu'il sera toujours pour la marine
française une ressource d'autant plus précieuse qu'il
peut s'extraire immédiatement, et qu'en prenant soin
de le ménager et de favoriser sa multiplication, nous
pouvons cesser tout à fait d'être tributaires des puis-

sances du Nord pour l'approvisionnement de nos arsenaux en bois de mâture.

En 1791, le directeur général de la Corse disait à l'Assemblée nationale :

« Des forêts précieuses, qui pourraient approvisionner » la marine en mâts de première grandeur, et des pièces » de construction les plus rares, vont dépérir de vé- » tusté. »

En 1808, M. Durand écrit :

« Pour que les avantages qu'offrent les forêts de » l'île soient d'une longue durée, il faut adopter de » bonne heure un système de conservation, et se ména- » ger des ressources pour l'avenir. On assurerait par » cette sage prévoyance des moyens intarissables pour » l'approvisionnement des arsenaux. »

En 1842, une commission composée d'agents forestiers des plus distingués fut envoyée pour visiter les principales forêts de l'île, et étudier leur richesse au point de vue du matériel qu'elles pourraient fournir dans un délai fixé; c'était alors que l'on pensait à mettre en pratique le principe de la loi de 1840, et à adjuger les forêts par masse et pour une période de vingt ans. Cette commission s'exprime ainsi dans son rapport :

« Un renouvellement, une régénération complète » sont presque partout indispensables; ils sont impé- » rieusement réclamés par ce fait, que ce département, » par sa position géographique, par l'essence et la qua- » lité de ses bois, est appelé à jouer un rôle très-impor- » tant dans la fourniture de nos ports. »

Pendant longtemps l'exploitation du bois de la Corse a été beaucoup plus onéreuse qu'avantageuse à l'État et aux compagnies. L'absence et le mauvais état des routes en étaient la cause; car, partout, les transports par terre se faisaient difficilement et coûtaient horriblement cher. C'est sans doute pour cette raison que les bois du Nord ont eu jusqu'à présent la préférence.

Nous savons qu'en 1818 et 1820 l'administration maritime fit une rude école, et nous ne serions pas étonné qu'elle gardât rancune au bois de l'île de Corse des 108 francs qu'elle payait alors pour le transport du mètre cube de Vizzavona à la mer.

Mais, dit M. Clem dans son rapport au ministre de la marine :

« Comparera-t-on la Corse d'alors à celle d'aujourd'hui? Ce serait nier l'évidence. Maintenant de nombreuses routes forestières, tracées avec le soin et l'intelligence que l'administration des ponts et chaussées apporte aux travaux qui lui sont confiés, traversent ou traverseront bientôt les principales vallées forestières, et permettront d'amener sans peine les bois aux ports d'embarquement où elles aboutissent. Les prix de transport qui, actuellement déjà, ne dépassent pas 0 franc 30 par kilomètre et par mètre cube pour des pièces de 0 mètre 40 d'équarrissage et de 15 à 17 mètres de longueur, ne dépasseront jamais le double pour les bois du plus fort équarrissage. Or, si on suppose la distance moyenne des forêts à la mer de 60 kilomètres, ce qui est fort exagéré, il s'ensuit que le transport ne s'élèvera pas à plus de 36 francs par mètre cube, ou 400 francs environ pour un mât de 28 palmes.

» Reste maintenant la main-d'œuvre. Son prix dépasse-t-il de beaucoup celui qui est accepté en France? Non; et si maintenant il paraît un peu fort, il ne faut

pas aller en chercher la cause autre part que dans
l'absence de l'emploi des agents mécaniques, soit dans
le débit des bois, soit dans le chargement et le déchargement, lorsque ces agents remplaceraient avec tant
d'avantage la force humaine. On objectera que les pays
où se produisent les pièces de marine sont encore sous
le poids de l'esclavage ou du servage, que dès lors le
travail est peu rétribué, que les transports se font en
temps de neige, etc. Les faits différents qui peuvent
résulter de ces diverses situations sociales ou économiques ne sont pas tels qu'il y ait lieu d'en tenir
compte, quand il s'agit de pièces qui ont une valeur de
2,000 à 2,500 et même 3,000 francs l'une.

» De ce qui précède que résulte-t-il, ou plutôt que
nous paraît-il résulter clairement? C'est que s'il n'existait aucun autre motif d'exclusion pour le *lariccio*, la
Corse devrait pouvoir, dès aujourd'hui, regarder ses
bois comme occupant dans nos chantiers la place qui
leur est due. »

Dans le rapport sur le matériel de la marine, présenté en 1838 à M. le vice-amiral Rosamel, par M. le
baron Tupinier, on lit également les passages suivants:
«Les bois de mâture figurent en première ligne par
les matières qu'il faut absolument tirer de l'étranger,
et dont la difficulté des communications pourrait rendre
le transport impossible en temps de guerre. Il est, par
conséquent, très-essentiel de profiter des années de
paix pour réunir dans nos ports de grandes quantités
de ces bois. Sous ce rapport, notre situation est bonne,
et pour la rendre parfaite il suffirait d'ajouter à ce que
nous possédons de mâts bruts quelques pièces de fortes
dimensions, propres à servir de mâts de hune à des

vaisseaux. Malheureusement on ne trouve plus qu'avec de grandes difficultés, dans les forêts du Nord, des arbres qui remplissent toutes les conditions qu'on exige pour faire un mât de hune. Pour en acquérir un très-petit nombre, il faut consentir à admettre en même temps en recette beaucoup de mâts moins précieux, dont nous possédons déjà de fortes quantités.

» A défaut de bois du Nord, il nous a fallu, dans ces derniers temps, recourir aux pins du Canada, dont la qualité est fort inférieure et qui n'ont pas, à beaucoup près, la même durée. Cette nécessité vraiment fâcheuse est également subie par l'Angleterre et par les autres puissances maritimes. Mais, dira-t-on, pourquoi ne pas recourir aux forêts de la Corse? Ces forêts produisent en effet du bois dont la qualité est bonne, quoique inférieure à celle du pin de Riga, et malgré leur plus grande pesanteur spécifique. Mais tant que de nouvelles routes n'auront pas été ouvertes en Corse, tant que l'accès des forêts de l'île ne sera pas plus facile, les transports de ces bois en rendront le prix excessif lorsqu'ils seront parvenus sur le continent. »

Il est donc constant que c'est le manque de routes qui a été la véritable cause de l'abandon des bois des forêts de la Corse.

« Il y a en Corse 100,000 hectares de bois, disait M. le ministre des finances (*Moniteur* du 20 juillet 1839), mais l'absence de routes et de moyens de transport a empêché jusqu'à présent le gouvernement d'en tirer aucun produit. Longtemps les forêts de la Corse ont été abandonnées à la marine; et quand la marine faisait ses calculs, il en ressortait qu'un arbre lui serait revenu à 900 francs ou 1,000 francs. »

Ce motif d'exclusion n'existera plus prochainement, car le gouvernement a compris l'importance de la richesse forestière de la Corse, et a adopté des plans d'exécution propres à activer le progrès à cet égard. Un décret du 28 mars 1852 a commencé par mettre fin à toutes les contestations relatives aux forêts de la Corse. Un autre décret, du 1er avril 1854, a prescrit l'ouverture de nouvelles routes forestières.

Par le tableau que nous allons dresser ici, il sera facile de se rendre un compte exact de l'état des forêts au 30 juin 1848. Ce tableau, qui contient les noms, la contenance en hectares, la situation, l'essence, la distance et l'état des routes de chaque forêt, nous a paru grandement utile. On sera, par ce moyen, suffisamment renseigné sur cette importante matière.

Au chapitre des routes, nous dresserons un autre tableau sur l'état des routes forestières de la Corse en 1856. On jugera donc des progrès accomplis et de ce qui reste à faire.

État des Forêts au mois de juin 1848.

NOMS ET CONTENANCE EN HECTARES.		CANTONS.	ESSENCE.	DISTANCE A LA MER.	ROUTES.
DOMAINE DE MIGLIARO OU DES PORETTES.	Ondella 489	Vezzani.	. . . .	. . . . . .	. . . .
	Faga 1,904	Idem.	. . . .	. . . . . .	. . . .
	Pietra Piana 1,645	Idem.	Sapin, 5/100 . . . . Chêne vert, 15/100. . . . . Pin larix, 80/100	30 kilom.	A construire.
	Vallechiara 98	Idem.	Pin maritime, 30/100. . . .	. . . . . .	. . . .
	Tava ou Too 3,813	Prunelli.	Chêne vert et blanc, 25/100. Pin larix, 45/000	15 —	A construire.
	7,949				
DOMAINE DE PORTO-VECCHIO.	Arghiavera 879	Serra.	Pin larix	40 —	A construire.
	Bavella 2,846	Idem.	Idem	40 —	A construire.
	Sambucco 1,559	Idem.	Idem	. . . . . .	. . . .
	Vittoli Grilluccio. . . 1,717	Idem.	Idem	4 —	A construire.
	Albarello 450	Porto-Vecchio.	Pin maritime, 75/100. . . . Chêne vert et liége, 25/100.		
	Zonza 6,069	Idem.	Pin larix, 32/100. . . . . Pin maritime, 68/100. . . .	10 —	Achevée.
	San Martino 280	Idem.	Pin maritime, 8/10 . . . . . Chêne vert, 2/10		
	Barocaggio 5,563	Idem.	Pin larix et maritime, 7/10. Chêne vert, 3/10	15 —	A construire.
	Marghese Ospedele. . 3,034	Idem.	. . . .	. . . . . .	. . . .
	Cagna Soliva 4,631	Idem.	Pin maritime, 68/100. . . .	15 —	A construire.
	Tacca 1,699	Olmeto.	Pin maritime, 67/100. . . .	. . . . . .	. . . .
	Valle Mala 1,012	Idem.	Chêne vert, 33/100	15 —	A construire.
	29,739				
BASSIN DU TALAVO.	Coscione 4,512	Zicavo.	Pin larix, 75/100 . . . . . Hêtre, 25/100	50 —	A construire.
	Biancone 490	Idem.	Idem	50 —	Idem.
	Cerotte 140	Idem.	Idem	50 —	Idem.
	Ruja 290	Idem.	Pin larix	50 —	Idem.
	San Antonio 584	Idem.	Pin larix, 75/100 . . . . . Hêtre, 25/100	50 —	Idem.
	Piatone 478	Idem.	Hêtre	50 —	Idem.
	San Pietro di Verde . . 1,129	Idem.	Pin larix, 7/10 . . . . . . Hêtre, 3/10	50 —	Idem.
	Casamente 2,959	Vezzani.	Pin maritime, 1/10 . . . . . Hêtre, 2/10 . . . . Pin larix, 7/10	50 —	Idem.
	Marmano 3,586	Idem.	. . . .	. . . . . .	Idem.
	A reporter . . . 14,168				

NOMS ET CONTENANCE EN HECTARES.	CANTONS.	ESSENCE.	DISTANCE A LA MER.	ROUTES.
Report. . . . 14,168				
Balire. 927	Vezzani.	. . . .	. . . . .	A construire.
Rospa. 1,277	*Idem.*	Chêne vert, 2/10 . . . . . . / Pin larix, 8/10	40 kilom.	Elle est achevée.
Logoniello. 276	*Idem.*	. . . .	. . . . .	A construire.
16,648				
Sorba. 949	*Idem.*	. . . .	. . . . .	Elle est achevée.
Cervello. 3,996	*Idem.*	. . . .	. . . . .	A construire.
Vizzavona. 2,190	Serragio.	Pin larix, 7/10 . . . . / Pin maritime, 3/10	50 —	*Idem.*
Bocognano. 745	*Idem.*	. . . .	. . . . .	*Idem.*
7,880				
Restonica.. 2,569	. . . .	. . . .	. . . . .	A construire.
Campotile. 990				*Idem.*
Tavignano. 2,154	. . . .	Pin larix, 9/10 . . . . / Chêne vert, 1/10	50 —	*Idem.*
Melo. 863	. . . .	Pin larix.		*Idem.*
Forca. 966	Corte.	. . . .	. . . . .	*Idem.*
St-Appiano 405	. . . .	. . . .	. . . . .	*Idem.*
St-Angelo 87	. . . .	. . . .	. . . . .	*Idem.*
St-Pietro d'Accio. . . 1,668	. . . .	. . . .	. . . . .	*Idem.*
Pinetto. 154	. . . .	. . . .	. . . . .	*Idem.*
Stella. 642	. . . .	. . . .	. . . . .	*Idem.*
10,498				
Tartagine 2,408	Olmi et Capella.	Pin larix.	55 —	A construire.
Melaja. 978	. . . .	*Idem*	. . . . .	*Idem.*
5,186				
Calenzana. 5,184	Calenzana.	Pin larix, 1/10 . . . . / Pin maritime, 6/10	. . . . .	A construire.
Filasorma 8,106	*Idem.*	Chêne vert, 3/10	20 — de Calvi.	S'achève.
Particato. 3,166	. . . .	*Idem.*	. . . . .	*Idem.*
Teti. 1,424	. . . .	. . . .	. . . . .	*Idem.*
A reporter. . . . 17,880				

FORÊT DITE DE CORTE.

DE CALVI.

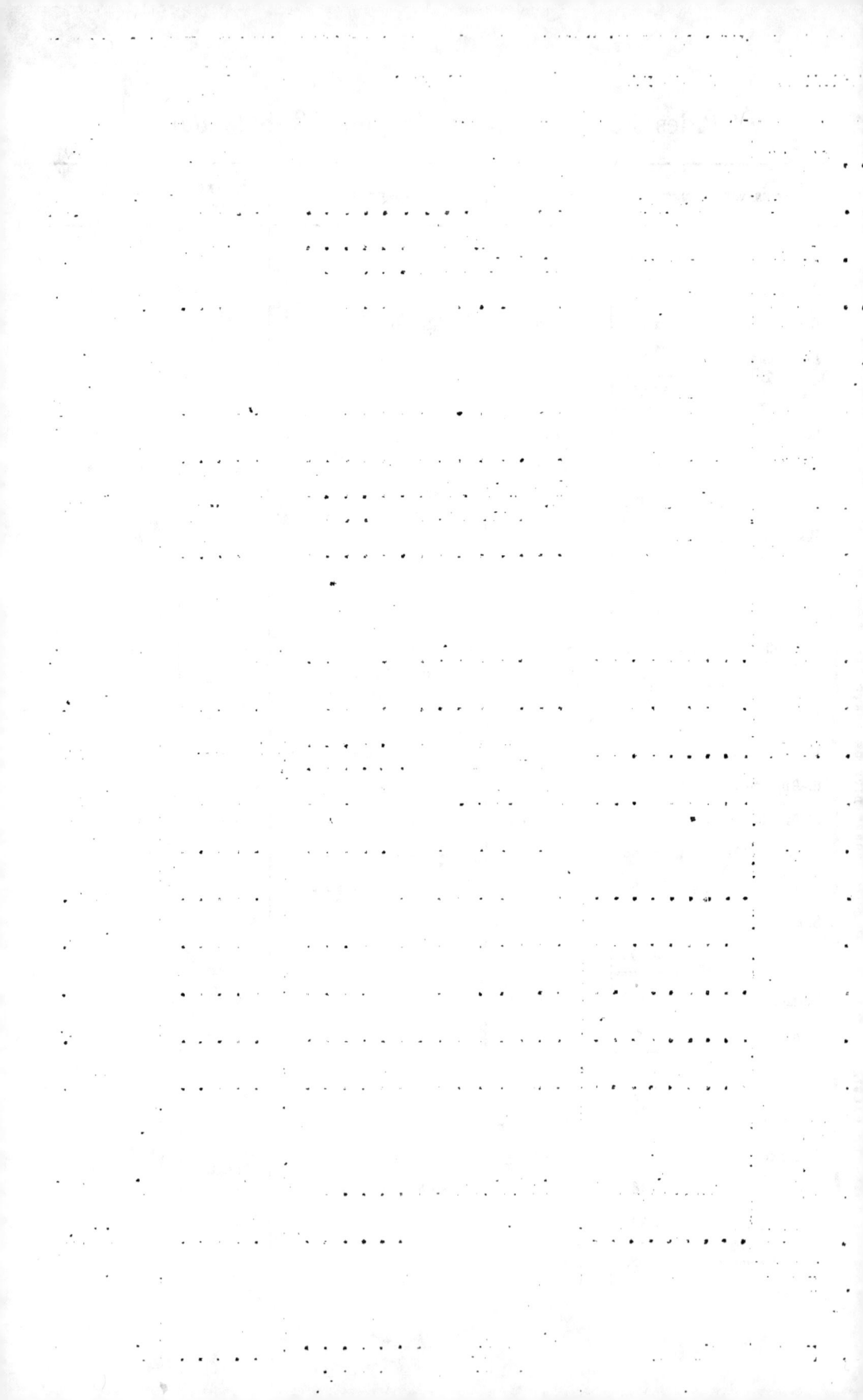

État des Forêts au mois de juin 1848 (*suite*).

NOMS ET CONTENANCE EN HECTARES.	CANTONS.	ESSENCE.	DISTANCE A LA MER.	ROUTES.
Report. . . 17,880				
Luccio. 1,194	Calenzana.	. . . .	. . . . .	A construire.
Scia de Tetti. . . . 393	Idem.	. . . .	. . . . .	Idem.
Scia di Sabinetto. . . 797	Idem.	. . . .	. . . . .	S'achève.
Eltro 372	Idem.	. . . .	. . . . .	A construire.
Majolino ou Stretto. . 101	Idem.	. . . .	. . . . .	Idem.
Licetto. 150	Idem.	. . . .	. . . . .	Idem.
20,887				
Sabineto et Pedua . . 248	Idem.	. . . .	. . . . .	A construire.
Piana 217	Idem.	. . . .	. . . . .	Idem.
465				
Lonca. 2,604	Evisa.	. . . .	. . . . .	. . . .
Lindinosa 695	Idem.	Pin larix.	32 kilom.	Elle est construite.
Aitone. 1,717	Idem.	Pin larix, 6/10 . . . . Sapin, 1/10. . . . . Hêtre, 3/10.	37 —	Idem.
Valdoniello. 4,648	Calacuccia.	Pin larix, 93/100 . . . . . Hêtre, 7/100	32 —	A construire.
Libio 1,794	Vico.	Pin larix, 6/10 . . . . Pin maritime, 3/10 . . . . . Sapin, 1/10.	24 —	Elle est construite.
Tretore 1,060	Soccia.	Pin larix et sapin, 8/10. . . Chêne blanc, 2/10	26 —	Elle est construite jusqu'à Guagno.
Vero et Arancina. . . 3,189	Idem.	. . . .	. . . . .	Route départementale et vicinale.
15,707				
Scaldasole. 163	Soccia.	. . . .	. . . . .	A construire.
Vacaggio. 503	Idem.	. . . .	. . . . .	Idem.
Meridiana 203	Idem.	. . . .	. . . . .	Idem.
Ponteniello. 460	Idem.	. . . .	. . . . .	Idem.
Querceta. 1,240	Bastelica.	Hêtre, 8/10. . . . . Chêne blanc, 2/10	40 —	Idem.
Pineta. 719	Idem.	Pin maritime.	40 —	Idem.
Stragonato. 493	Idem.	. . . .	. . . . .	Idem.
3,801				

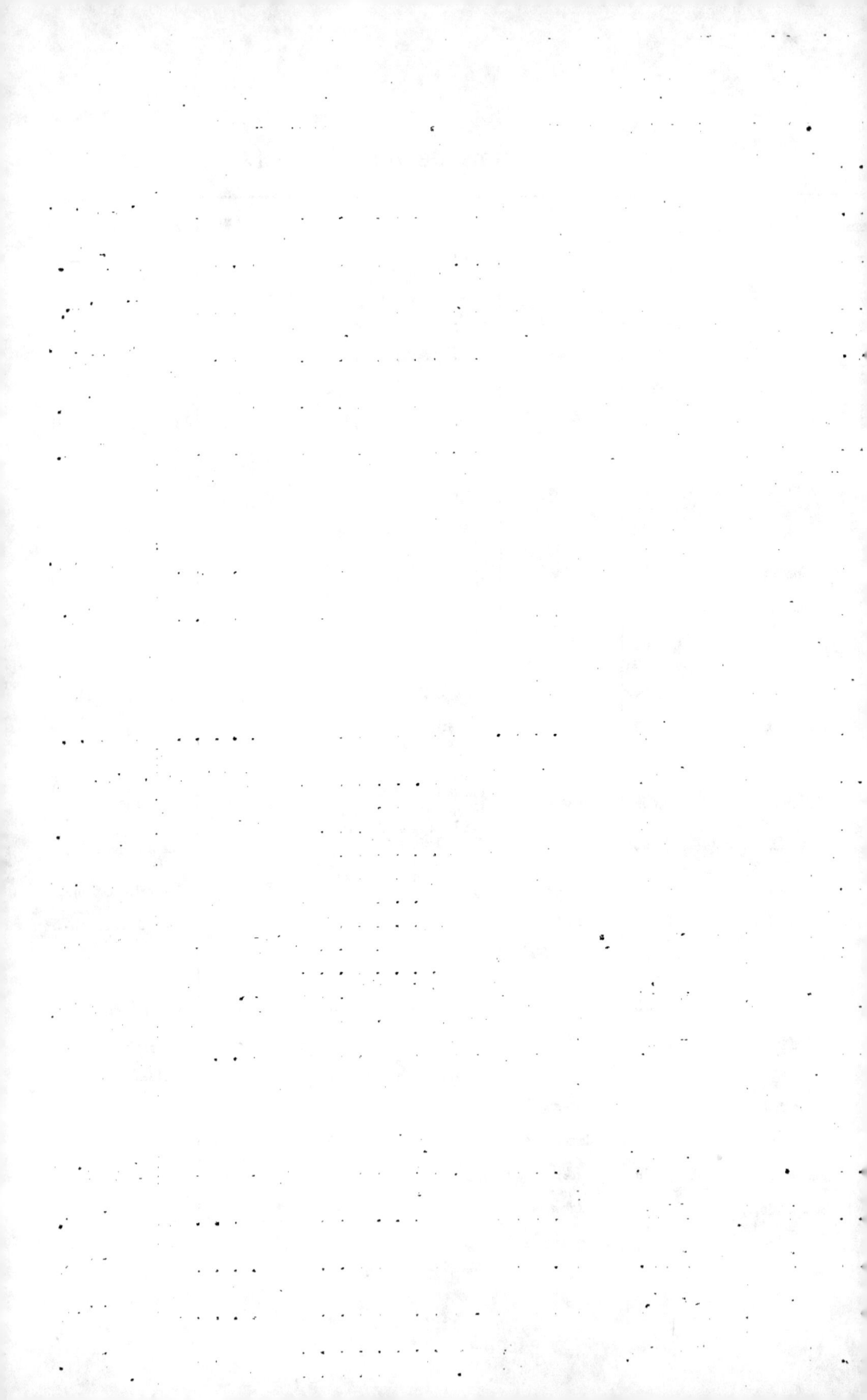

CHAPITRE TREIZIÈME.

I.

Ce n'est pas assez de donner un aperçu de l'état de l'agriculture en Corse, il nous semble qu'il est opportun de tourner aussi nos regards vers d'autres sujets qui se recommandent à plus d'un titre à l'attention du lecteur.

La France possède un sol fertile, varié en productions et sillonné de cours d'eaux navigables. Partout elle y a fixé des populations actives et intelligentes. Les richesses minérales seules lui ont été à peu près refusées.

La Corse, sans être un pays essentiellement riche en métaux, possède des mines d'une valeur réelle. Elles sont même assez nombreuses ; celles qui sont connues donnent les plus belles espérances, et pourraient être exploitées avec beaucoup d'avantage.

Parmi celles-là, nous citerons celles d'Olmeta et de Farinole au cap Corse, celle de fer oligiste et oxydé située tout près de l'église de Venzolasca. Le minerai de Farinole est de très-bonne qualité ; c'est du fer oxydulé magnétique très-compacte, identique à celui qu'on traite dans le Piémont. Il a donné à l'analyse environ

1 pour 100 de matières volatiles, 8 à 9 pour 100 d'argile ; il contient environ 52 pour 100 de fer métallique.

Une mine de plomb se trouve dans le petit vallon de Barbaggio, qui sépare la chaîne principale du chaînon calcaire, à 10 kilomètres de Saint-Florent. D'autres mines de plomb argentifère existent sur le territoire des communes de Calenzana : celles de Moncale, arrondissement de Calvi, de Calacuccia, Albertacce, Casamaccioli, Corscia et Lozzi, arrondissement de Corte.

Près de Calenzana, dit M. Gueymard, et à une petite distance du port de Calvi, il y a une mine argentifère dite *Argentella,* minière où l'on a trouvé les traces de quelques fouilles pratiquées depuis un temps très-reculé.

Une mine d'antimoine sulfuré existe à Ersa, dans le cap Corse, et une mine de manganèse oxydé, noir, compacte, très-pure, à Valle dans le bassin du torrent d'Alesani.

Des recherches sérieuses, exécutées par M. Besnier de la Pontonerie, directeur de la société des mines de la Méditerranée, ont fait connaître que deux mines importantes, l'une et l'autre à base de cuivre, existent dans l'arrondissement de Corte : ce sont celles de Castifao et Linguizetta. Ces mines contiennent de la pyrite cuivreuse et de fer fort belle et très-abondante, de la galène argentifère et de la blende. Des travaux d'exploitation ont été faits sur deux points seulement, et on a obtenu 12 tonnes de minerai analysé à 25 pour 100 de cuivre, 16 tonnes de minerai à 20 pour 100, 18 tonnes à 15 pour 100. Il résulte de rapports consciencieux faits par des ingénieurs éclairés que la quantité de minerai qu'on pourrait extraire des cinq puits déjà connus pourrait être évaluée à plus de 100 tonnes par mois. Nous savons que les mines de Linguizetta présentent des filons de 20 centimètres de puissance.

Des indices d'une mine de mercure ont été signalés dans la ville même d'Ajaccio.

Dernièrement une mine de fer a été découverte à Ota, tout près d'Evisa, chef-lieu de canton, à peu de distance du golfe de Porto. Des indices d'une mine de fer ont été également signalés à Rouani, au-dessus de Sagone. Il serait à désirer que sous peu un homme de science fût chargé d'étudier le degré de richesse de ces deux minières.

La Corse possède aussi des mines de charbon minéral : elles sont situées sur le territoire des communes d'Evisa et Ota, arrondissement d'Ajaccio ; de Calacuccia, Albertacce, Casamaccioli, Corscia et Lozzi, arrondissement de Corte.

II.

La Corse, comme on le voit, n'est pas pauvre en mines de différentes natures ; elle offre surtout de grandes ressources à l'architecture et à la marbrerie.

On trouve, dit M. Gueymard, sur les bords de la mer, à Algajola, le granit oriental contenant du sphène ou titane oxydé, qui a été exploité pour le soubassement de la colonne de la place Vendôme, à Paris. Un des plus beaux granits de la meilleure espèce existe près de Vico, sur la route de la forêt d'Aïtone à Sagone. On trouve un porphyre roide assez joli et des granits où le feldspath imite la couleur du corail, dans le pays de Tallano. Il existe sur un grand nombre de points de l'île des gisements de serpentine souvent avec diallage susceptibles d'exploitation. En effet, on a trouvé dans le vallon de Sainte-Lucie, tout près de Bastia, une carrière de vert de mer. Cette serpentine est d'une qualité supérieure, préférable même à celle qu'on exploite dans les Alpes. On a également découvert à une faible distance de Bastia, sur les bords du Bivinco, une carrière de beaux marbres verts : *le vert de mer sur le fond azuré, le vert antique et le vert campan,* sont réunis dans cet inépuisable gisement. De l'avis de MM. les ingénieurs des mines, ces marbres sont supérieurs, par la finesse du grain et par leurs coloris, à ceux si renommés de Gênes ou des Alpes. Ils sont donc appelés à prendre la principale place parmi les roches de luxe employées à l'ornementation des édifices publics de France.

Les environs de Corte renferment des marbres calcaires en grande quantité. Les pays d'Ortiporio, de Rostino et de Serraggio, possèdent des carrières de beaux marbres blancs qui peuvent être employés par le marbrier et le statuaire. Ce marbre peut être comparé à celui de Carrare de la plus belle qualité. M. Gueymard a reconnu que cette roche forme des couches de 5 à 8 pieds (1 mètre 66 à 2 mètres 66 de puissance).

« Les pays de Tallano et d'Olmeto possèdent de belles syénites. Le granit orbiculaire de Sainte-Lucie et les porphyres globuleux de Galeria, de Girolata et de Curzo, sont connus du monde entier, et il est étonnant que les beaux-arts ne se soient pas emparés de ces roches uniques.

« Le jade et le diallage de Stazzona (vert antique),

roche unique en son genre, se trouvent dans tous les pays d'Orezza et d'Alesani en blocs considérables et en plans de la montagne ; mais c'est principalement sur les blocs qu'on devrait porter ses vues ; la nature semble avoir fait la moitié du travail en les roulant sur toute la longueur d'un ruisseau où l'on compte les chutes ou cascades par milliers. La belle formation du porphyre de la vallée de Stagno ne connaît pas de rivale ; mais elle se trouve à une grande élévation dans le pays de Niolo. » L'amiante est très-commun ; il se trouve à Brando, à Scolca, à Coreicchia, à Noceta, à Monte-Cinto, etc.

On conviendra sans doute avec nous que l'île de Corse est très-bien partagée sous le rapport géologique, et que l'industrie marbrière peut y acquérir le plus grand essor. Nous reviendrons sur cette importante question.

CHAPITRE QUATORZIÈME.

EAUX MINÉRALES DE LA CORSE.

I.

Nous lisons dans le *Guide pratique du médecin et du malade aux eaux minérales,* par Constantin James, le passage suivant :

« La Corse, par son heureuse position géographique,
» son climat si favorisé, les belles proportions de ses
» habitants et la merveilleuse fertilité de son territoire,
» est un des pays les plus magnifiquement dotés par la
» nature. Malheureusement c'est peut-être un de ceux
» qui sont le moins visités. Pour ne parler que des
» eaux minérales, j'avoue qu'on trouverait difficilement
» ailleurs, dans une enceinte aussi circonscrite, une
» plus grande abondance de sources, des effets théra-
» peutiques plus puissants, des sites mieux appropriés
» à des établissements thermaux. »

Parmi tant de richesses naturelles, parmi tant de trésors enfouis dans le sein de cette terre, il en est encore qui sont méconnus sur le continent français. Nous voulons parler des sources d'eaux minérales qui jaillissent sur toutes les parties du sol de la Corse. Quelques-unes jouissent d'une grande réputation d'efficacité ; mais malheureusement cette renommée ne s'étend pas encore au delà de nos frontières.

De nos jours pourtant, tout le monde voyage, tout le monde fuit la ville, toutes les familles aisées vont aux champs chercher le grand air et la santé pendant la saison chaude. Vers le milieu de mai, la haute aristocratie commence à parler de départ, de voyages, de visites aux eaux minérales, de séjour dans ses terres. Elle y trouve à la fois les salons de la grande capitale, les charmes de la mer et des montagnes.

Depuis que le transport rapide des voies ferrées a réduit et rapproché les distances, en même temps qu'il a beaucoup diminué et la fatigue du chemin et les dépenses du confortable nécessaire, les promenades aux eaux, les excursions, les visites aux plages maritimes, sont devenues fort à la mode ; ceux qui passent la saison de l'été dans les villes n'appartiennent guère au monde du haut étage.

On a fini par comprendre d'ailleurs que, pour former l'esprit des jeunes gens des deux sexes, rien n'est plus utile que des excursions un peu étendues, telles que le parcours des beaux sites qui bordent le Rhin, une visite aux belles montagnes de la Suisse ou une promenade vers la côte maritime de France jusqu'à l'Espagne.

Les paysages de la Corse, riches d'une si grande variété d'arbres et de sites gracieux, seraient, étant mieux connus, des promenades qui ne le céderaient en rien aux excursions les plus pittoresques, surtout à une époque où le goût des arts et du dessin a fait d'immenses progrès dans toutes les classes de la société, et a puissamment contribué à faire mieux apprécier les beautés de la nature.

« Si nous n'avions qu'à exprimer ici, dit Malte-Brun,
» toute notre pensée sur ce département de la France,
» nous croirions ne pas sortir de la vérité en disant
» que ce noble pays mérite d'être visité, parcouru et
» étudié dans tous les sens. Il intéresse à tous les points
» de vue ; l'imagination aussi bien que l'intelligence
» ne pourraient que se plaire dans cette île immortelle
» par ses grands hommes, remarquable par son his-
» toire nationale et le caractère original de ses habi-
» tants, frappant à l'égal de la Suisse, pour le moins,
» par la nature grandiose qui règne en souveraine. »

Quel est celui qui n'est jaloux de visiter les alentours de Bonnes, de Cauterets, de Luchon, de Bigorre,
de Saint-Sauveur, de Baréges et de Vernet ? Quel est
celui qui ne désire profiter des plaisirs séduisants, des
charmes délicieux de ces contrées où l'on trouve la
santé et la gaieté ? Quel est celui enfin qui ne rêve un
voyage vers ces parages enchanteurs où le corps se
retrempe des fatigues du joug social, où l'esprit se
délasse et s'embellit, et où le cœur respire à son aise
et jouit en silence, sans tourmente, des douceurs de
la vie champêtre ? Partout on voyage, partout on va aux
eaux, et chacun est jaloux de parcourir les parages d'I-
talie, d'Allemagne, de Suisse, d'Espagne et de Grèce.

Mais tandis qu'on ne craint pas de franchir des distances énormes pour explorer le littoral de la Méditerranée ou de l'Atlantique, tandis qu'on aborde des
rivages lointains pour admirer la beauté d'un paysage
ou le ravissant spectacle d'un site, la Corse héroïque,
la Corse avec ses montagnes superbes, ses forêts séculaires, ses vallées fraîches et riantes, la Corse avec son
beau ciel, la douceur de son climat, l'abondance et la

diversité de ses eaux minérales, la Corse française enfin est complétement déshéritée des avantages inhérents à sa structure physique. C'est un malheur, c'est une injustice, et il est déplorable qu'un Français sème de l'argent sur une terre étrangère au préjudice d'un pays qui, lui aussi, offre des charmes peut-être plus attrayants à l'artiste et au penseur, aux touristes et aux malades.

Située à quelques lieues des côtes de France, l'île de Corse devrait, ce nous semble, être visitée de préférence à tout autre pays : car, dit M. Constantin James, «le temps n'est plus où un voyage en Corse » exigeait une navigation de plusieurs jours, qui avait » ses fatigues et même ses dangers. Grâce à la vapeur, » il ne faut que vingt heures aujourd'hui pour se ren- » dre de Marseille à Calvi, Bastia, Ajaccio; et cepen- » dant combien peu de personnes entreprennent une » semblable excursion. »

Malheureusement de fausses préventions éloignent de nos rivages les visiteurs et les malades; jusqu'ici la puissance d'aucune plume n'a détruit ces vieux préjugés qui représentent notre pays sous le jour le moins favorable, et le condamnent impitoyablement à l'isolement, à l'abandon le plus triste.

Ainsi délaissé, *dédaigné par la mère patrie,* les lumières pénètrent lentement dans les campagnes; aussi c'est avec raison qu'on se plaint et qu'on a le droit de dire :

Français, vous faites peu pour venir au secours d'une contrée qui mérite un meilleur sort.

Certainement nous n'avons pas besoin de faire ressortir l'influence qu'exerceraient les eaux minérales de la Corse sur la prospérité de l'île, si un jour ces eaux étaient fréquentées par les baigneurs du continent. Il nous suffit de tourner nos regards vers ces contrées jadis pauvres et aujourd'hui riches pour être convaincu de l'opportunité du progrès des eaux minérales, soit au point de vue de la civilisation, soit au point de vue de l'intérêt matériel.

Que seraient Bonnes, Cauterets, Luchon, Saint-Sauveur, Bigorre, Baréges, sans le secours de leurs eaux? Partout il y aurait la misère à la place de l'aisance.

Nous nous demandons pourquoi les eaux de la Corse seraient plus longtemps dédaignées par cette population flottante de continentaux distingués qui voyage par plaisir ou par besoin!

Les Marseillais s'en vont à Lucques, en Suisse, ou ailleurs chercher la santé ou l'agrément; pourquoi ne viennent-ils pas en Corse? ils y trouveraient des eaux très-efficaces, un air pur et salutaire, de belles montagnes, des promenades agréables et des plaisirs séduisants.

Nous entendons une voix qui nous crie : *Les propriétés curatives de vos eaux sont inconnues sur le continent.* C'est peut-être vrai; c'est pourquoi nous allons faire connaître au lecteur quels sont les établissements thermaux qui se recommandent à l'attention des médecins et des malades.

N'étant ni médecin ni chimiste, nous nous voyons dans la nécessité de recourir aux notes, aux recherches de gens qui, plus compétents que nous, ont analysé ces eaux, étudié les effets physiologiques et thérapeutiques de leur médication.

Nous nous occuperons des cinq principaux établissements de la Corse : c'est-à-dire des bains de Guagno, de Pietrapola, de Guitera, d'Orezza et de Puzzichello.

II.

Bains de Guagno.

Les eaux thermales de Guagno sont situées à 63 kilomètres d'Ajaccio, à 12 kilomètres de Vico, dans un vallon qui s'étend de l'est à l'ouest de Jacconi jusqu'à Caselle, et du nord au sud de la branche principale du Liamone, qui n'en est distante que de cent cinquante pas environ.

La célébrité de ces eaux remonte à une haute antiquité, ainsi que l'attestent les recherches de Philippini dans son Histoire de la Corse (1594). Toutefois les agitations qui ont troublé cette contrée pendant une longue période d'années avaient puissamment concouru à l'oubli dans lequel ces eaux étaient restées. Ce ne fut qu'en 1711, bien qu'à cette époque la Corse supportât encore le joug odieux des Génois, que le P. Jean, cordelier de l'ordre de Saint-François, fit construire, du produit des quêtes faites à cette intention, trois bassins en granit qui existaient encore il y a peu d'années, et dont on trouve une description détaillée et fidèle dans les recherches sur la topographie physique et médicale de la Corse, par M. le docteur Thiriaux, actuellement membre du conseil de santé. Cent ans après, de 1808 à 1810, on construisit le bassin de la petite source, appelée source *degli occhi*, des yeux. A la même époque, la province demanda et le département rétribua un médecin inspecteur des eaux. De

1821 à 1823, lorsque l'administration de la guerre
commença à envoyer à l'établissement thermal de Guagno des militaires malades de la 17ᵉ division (île de
Corse), le département fit construire un établissement
thermal qui a existé jusqu'en 1848.

L'établissement de la petite source, construit en
1808, existe toujours, et les effets de ces eaux sont
merveilleux pour la guérison des organes les plus déli-
cats, les yeux, les oreilles, toutes les parties de la face
qui peuvent être affectées, et surtout elles opèrent des
cures admirables dans les maladies de la vessie.

Au lieu des établissements qu'on remarque aujour-
d'hui à Guagno, il n'y avait autrefois que de misérables
cabanes couvertes de fougère, où les malades étaient
obligés d'apporter eux-mêmes des matelas et des ustensiles. Les bassins n'étaient pas mieux couverts que les
maisons. Les chemins qui conduisaient à ces bains
étaient assez en harmonie avec la tenue des habitations.
Il n'y avait point de routes carrossables. Malgré cette
perspective peu réjouissante, les eaux de Guagno
avaient une efficacité si bien reconnue qu'elles attiraient chaque année une affluence considérable.

Il existe actuellement trois établissements construits
sur de vastes proportions : un établissement thermal,
un hôpital militaire et un établissement civil.

La route qui, dans quelques parties de son parcours,
longe la mer, est partout grande, belle et très-bien
entretenue. Nous allons faire une rapide description
de ces établissements.

L'établissement thermal se compose de trois corps
de bâtiment qui, réunis entre eux à angle droit, cir-
conscrivent une vaste cour par laquelle on entre. Il est

situé à l'endroit où existaient les anciens bains, c'est-
à-dire sur le penchant de la colline dite de Saint-
Antoine.

L'aile gauche est occupée par des piscines destinées
aux militaires malades envoyés de France et d'Afrique
pour le compte du gouvernement, par des cabinets de
bains pour les officiers et par des douches.

L'aile droite est destinée aux malades civils.

Le bâtiment du milieu se compose de deux grands
réservoirs alimentés par la source principale, qui donne
soixante litres par minute, et dont la température est
de 42 degrés Réaumur. Une partie de l'eau de la
source se rend directement aux douches ; l'autre partie
se déverse dans les réservoirs, d'où, après un refroidis-
sement convenable, elle est distribuée aux baignoires
et aux piscines. Deux cent quatorze personnes peuvent
se baigner à la même heure. Cet établissement compte
trente-deux cabinets à baignoires, vingt-cinq piscines
à quatre places, quatre à dix et deux à vingt places.

L'établissement civil forme le premier étage de l'établissement thermal. Il se compose d'une soixantaine de
chambres meublées très-convenablement, de salons de
réception et autres. Dans ce moment-ci il est à peine
suffisant pour recevoir les nombreux visiteurs qui y
affluent tous les ans. Par le moyen d'un escalier on
descend dans le corridor des baignoires ; c'est très-
commode pour les malades, puisqu'ils peuvent prendre
leurs bains sans être exposés à l'air ou à un changement de température.

L'hôpital militaire, situé sur une petite élévation et
à une faible distance de l'établissement thermal, reçoit
depuis trente-cinq ans des militaires qui ont besoin de

faire usage des eaux thermales. Dans le principe il était dénué de tout ; mais le gouvernement fut d'abord si satisfait de leurs magnifiques résultats, qu'il leur confia la santé de ses plus précieux malades dès le temps où il n'y avait encore à Guagno que le désert, lorsque les soldats ne pouvaient coucher que sous des maisonnettes en bois, lorsque l'exposition continuelle aux injures de l'air et le désagrément d'habiter en un pays inculte semblaient conspirer contre elles ; elles étaient plus fortes que tout et elles guérissaient en dépit de tout. Depuis les choses ont bien changé, non pas les eaux, mais le pays ; égale bonté d'une part, de l'autre progrès croissant. Depuis 1835 cet établissement a été l'objet d'améliorations importantes, et il peut aujourd'hui recevoir plus de deux cents malades officiers et soldats.

L'administration de la guerre nomma d'abord un docteur pour le service de l'hôpital de Guagno ; plus tard il y envoya un médecin en chef, un chirurgien, un pharmacien, un comptable et douze infirmiers. D'après une convention faite avec le gouvernement, le propriétaire des trois établissements mentionnés se charge de loger, nourrir, blanchir, faire baigner, etc., tous les soldats à raison de 1 fr. 90 c. par tête, et de 2 fr. 75 c. pour les officiers.

Après avoir parlé de l'antiquité des eaux de Saint-Antoine de Guagno, et avoir dépeint les améliorations successives dont elles ont été l'objet, nous exposerons leurs diverses qualités. A cet égard nous laisserons parler les faits.

La réputation des eaux de Guagno est depuis long-temps parfaitement établie ; leur efficacité ne saurait être mise en doute, car elle est attestée par des autorités dignes de foi.

Les médecins militaires qui se sont succédé pour instituer les traitements, surveiller l'administration des eaux, apprécier leurs effets, ont laissé des rapports et des statistiques ; nous les avons tous lus et consultés. MM. Gaudineau, Mercier, Varlet, Netter, Haspel, Villamur, Juliani, Milliet, etc., ont constaté dans leurs rapports la grande efficacité des eaux de Guagno pour une foule de maladies qui ne pourraient se passer de leur secours. Cette efficacité est également reconnue et hautement proclamée par M. Constantin James, chargé par le ministre de l'agriculture, du commerce et des travaux publics, d'étudier les eaux minérales de la Corse. M. Cloquet, célébrité médicale, nous disait dernièrement que les eaux de Guagno étaient peut-être les plus efficaces de France. Mais s'il est un fait qui puisse témoigner de leur excellence, c'est qu'après en avoir fait essai durant plusieurs années, l'État a voulu que l'établissement hospitalier de Guagno fût agrandi au point de recevoir deux cents malades. D'ailleurs les merveilleux résultats qu'on obtient de ces eaux, les analyses qui en ont été faites et les attestations des médecins, sont autant de témoignages de leur bonté.

Propriétés physiques des eaux de Guagno et résultats analytiques [1].

L'eau minérale de Saint-Antoine de Guagno est limpide, transparente, sans couleur, très-onctueuse au toucher, d'une saveur fade, et répandant une légère

[1] Rapport de M. Milliet, médecin en chef de l'hôpital militaire.

odeur d'acide sulfhydrique (œuf pourri). Sa densité comparée à l'eau distillée est de 1,000,271, et sa température 51 degrés centigrades à la sortie des tuyaux qui la conduisent au réservoir. Elle laisse déposer en abondance dans les bassins et les vases qui la contiennent cette matière glaireuse, blanche, ressemblant au blanc d'œuf un peu coagulé : c'est la substance connue sous le nom d'extractif animal, de barégine, de glairine. On la trouve dans toutes les eaux sulfureuses des Pyrénées, mais en moins grande quantité.

La première analyse qui ait eu cours est de M. Thiriaux, pharmacien inspecteur au conseil de santé des armées. Elle fut faite en 1828, et publiée dans une thèse inaugurale de l'auteur en 1829 ; en voici les résultats :

	Eau 1 kilogramme.
Acide hydro-sulfurique.	0ᵍ 032ᵐ
— carbonique.	0 187
Hydro-chlorate de soude.	0 099
Sous-carbonate de soude.	0 025
Sulfate de soude.	0 044
Sous-carbonate de chaux.	0 020
— de magnésie	0 017
Sulfate de chaux.	0 041
Silice.	0 028
Extractif animalisé	0 032
Eau de dissolution	0,999 475
	1,000ᵍ ᵐ

Le mérite de cet expérimentateur est incontestable, mais l'époque à laquelle il fit son travail est déjà si loin de nous, et ces sortes de recherches ont fait de tels progrès, qu'il faut chercher mieux. En 1836, M. Poggiale, pharmacien en chef du Val-de-Grâce et membre de la faculté de médecine, s'occupa à son tour des eaux de Guagno, et obtint :

Eau 1 kilogramme.

Acide carbonique.	0ᵍ 3600ᵐ
Sulfure de sodium.	0 1060
Carbonate de soude.	0 0870
Chlorure de sodium.	0 2420
Nitrate de potasse.	0 0190
Carbonate de chaux.	0 0130
Carbonate de magnésie.	0 0330
Sulfate de soude	0 1130
— de chaux.	0 1480
— d'alumine.	0 0230
Silice.	0 0480
Glairine.	0 0720
Perte.	0 0270

Malgré les soins éclairés qu'il avait donnés à cette analyse, M. le professeur Poggiale crut devoir la reprendre en 1852, parce qu'il n'avait opéré d'abord que sur des résidus envoyés d'Ajaccio et qui n'avaient pas été convenablement préparés. Cette fois, ce chimiste distingué fit des expériences sur une très-grande quantité d'eau recueillie avec les plus minutieuses précautions, et cette dernière analyse mérite confiance ; elle donne :

Eau 1 kilogramme.

Acide carbonique libre	1ᶜ 5ᵐ
Air atmosphérique	19 0
Acide hydrosulfurique.	traces.

Principes fixes.

Sulfure de sodium	0ᵍ 024ᵐ
Carbonate de soude.	0 131
Chlorure de sodium.	0 044
— de chaux	0 017
Acide silicique, oxide de fer et calamine.	0 046
Azotate de potasse.	traces.
Carbonate de chaux.	traces.
— de magnésie	traces.
Iodure alcalin.	quantité notable.
Matière organique (glarine)	quantité notable.

« On le voit, dit M. Millet, cette eau est alcaline.
En effet, elle ramène au bleu la teinture de tournesol
rougie par les acides, verdit le sirop de violette, et
donne au papier du curcuma une teinte brune après
un contact assez prolongé.

» Exposée au contact de l'air, l'eau minérale de
Guagno perd assez rapidement son odeur hépatique
(sulfureuse). Mais ce n'est qu'avec une assez grande
lenteur que le sulfure de sodium se décompose; tandis
que les autres eaux minérales qui contiennent de l'a-
cide sulfhydrique s'altèrent avec une rapidité extrême.
Cette stabilité est due particulièrement à son alcalinité.

» Si on allait reprocher à cette analyse de ne pas
avoir été faite au griffon, ce serait pousser loin le scru-
pule, car qu'importe quelques milligrammes d'une
substance en plus ou en moins, lorsque nous savons
bien ne jamais réaliser, dans nos laboratoires, ni les
analyses ni la synthèse de cette chimie souterraine qui
donne aux eaux minérales naturelles des propriétés
que nos plus savants procédés sont impuissants à reproduire? La dernière analyse de M. Poggiale acceptée,
et elle peut et doit l'être, nous montre les eaux de
Guagno en quelques points analogues à celles de Baréges. Plus riches en principes fixes, pris dans leur
ensemble, elles contiennent cependant près de moitié
moins de sulfure de sodium. Ce ne sont donc pas absolument et seulement des eaux sulfureuses, et puisque
les autres principes minéralisateurs, en particulier le
chlorure de sodium, sont si abondants, elles se rapprochent beaucoup des eaux salines comme celles de
Bourbonne.

» Nous n'hésitons donc pas à les classer aujourd'hui

dans l'ordre mixte des eaux sulfo-salines ou salino-sulfureuses. Nous n'ignorons pas que cette dénomination n'existe plus dans la classification générale adoptée dans l'*Annuaire des eaux minérales* de 1851, publié par le ministère de l'agriculture, du commerce et des travaux publics. Cependant nous la maintenons ici, malgré notre respect profond pour la haute autorité scientifique de la commission qui a rédigé le précieux travail que nous rappelons, parce qu'elle n'est pas absolue, parce qu'elle n'est pas exclusive, et qu'ainsi les chimistes la peuvent repousser ; elle a sa place dans les divisions de l'hydrologie thérapeutique. C'est de cette dernière que nous nous préoccupons surtout dans l'intérêt public.

» Les eaux minérales de Guagno peuvent désormais être désignées aux médecins et aux malades sous cette dénomination complexe : *Eaux thermales sulfo-salines iodurées.*

» La constitution de ces eaux est remarquable à plus d'un titre. Leur température, leur alcalinité, la stabilité qui en découle, la présence du soufre à l'état de principe fixe (sulfure de sodium), celle du chlorure de sodium, de l'iode, des sels alcalins, leur donnent une grande valeur, et peuvent expliquer en partie les propriétés remarquables qu'elles possèdent comme les résultats variés qu'elles donnent ; propriétés qui, nous le répétons ainsi qu'au début de cette note, participent, selon les cas, tantôt des vertus attribuées aux eaux sulfureuses (Baréges), tantôt de celles des eaux salines (Bourbonne).»

Effets physiologiques.

« Si nous examinons donc, ajoute M. Milliet, les
effets physiologiques des eaux de Guagno, nous pouvons dire, en généralisant, qu'ils se traduisent par un
effet primitif, l'excitation, et deux autres effets secondaires, la révulsion et la résolution. Mais puisque nous
avons prononcé le mot d'excitation, hâtons-nous d'affirmer qu'à l'encontre de presque toutes les eaux minérales en réputation, elles n'ont jamais provoqué sous
nos yeux de réaction tumultueuse. Cela tient-il à la
combinaison électro-chimique de leurs principes minéralisateurs, à la grande quantité de la barégine, que
beaucoup d'auteurs regardent comme un correctif, ou
est-ce là un de ces faits que l'expérience constate et
qui éludent toute interprétation ?

» Mises en rapport avec les organes par boisson,
bains ou douches, nos eaux sont tolérées, et dès lors
elles sont rejetées sans efforts par la voie des sécrétions
ou bien assimilées. Dans ce dernier cas, se combinant
avec les fluides de l'économie, et plus particulièrement
avec le sang, elles arrivent par la circulation aux parties les plus ténues de nos organes, et y excitent
l'innervation en élevant la vitalité jusqu'à ce point nécessaire à la résolution de certains états pathologiques.
Rejetées au contraire de l'organisme, elles ouvrent une
voie d'élimination aux principes morbides par la peau,
par les glandes, par les urines, etc.

» La circulation est de toutes les fonctions la première et la plus sensiblement modifiée par l'usage des
eaux de Guagno ; elle est notablement excitée. La face
s'injecte légèrement, la peau rougit, et sa température

s'élève, le pouls devient plus fréquent et plus fort ;
plus rarement cependant qu'ailleurs ces signes d'excitation s'élèvent jusqu'à l'état fébrile (fièvre thermale).
Les flux naturels ou morbides auxquels la circulation
préside et que le sang fournit augmentent de fré-
quence et de quantité.

» La respiration est si intimement liée à la fonction
précédente, que ses modifications tiennent à celles que
nous venons de dire; bien entendu qu'il s'agit des
modifications physiques, car il y a peut-être quelques
recherches à faire pour savoir si un traitement ther-
mominéral ne fait pas varier les phénomènes chimiques de cette fonction. La peau est certainement de
tous les appareils d'organes celui que les eaux thermales de Guagno impressionnent le plus ; c'est celui
qui, par sa surface étendue, subit le premier l'influence de l'action thermo-minérale. L'excrétion cuta-
née (transpiration) devient abondante. Le derme rougit,
brunit, et souvent se recouvre de ces éruptions diverses,
connues sous le nom de *poussée,* quand elles sont pro-
voquées par la médication thermale. Mais après quelques bains, la peau devient souple, onctueuse, douce
au toucher, ce qui est dû, soit à l'action du carbonate
de soude, soit à la glairine.

» Malgré cette expansion de la transpiration, les
reins participent bientôt à ce surcroît de vitalité. Plusieurs malades s'inquiètent même de voir leurs urines
non-seulement plus abondantes, mais encore sédimen-
teuses, et la stimulation retentir jusqu'aux organes
génitaux.

» Après la peau et les reins, la muqueuse digestive
est plus particulièrement influencée, lentement et à

un faible degré chez les malades qui ne boivent pas à la source ; plus tôt et d'une manière à fixer leur attention et celle du médecin chez ceux qui font usage interne de l'eau thermale. Ceux qui n'en boivent que de petites quantités sont constipés, ceux qui prennent d'un à deux litres par jour ont de la diarrhée ; mais l'un et l'autre phénomène se dissipent d'ordinaire lorsqu'il se fait une distribution régulière et uniforme de l'excitation sur tout l'organisme. »

Effets thérapeutiques de la médication thermale à Guagno.

« D'après M. Marcaggi, docteur en médecine et médecin inspecteur des bains de Guagno, sont attaquées avec succès par les eaux minérales de Guagno les arthrites chroniques générales ou partielles, les anévrismes passifs survenus à la suite de congestions cérébrales ou de la moelle épinière, soit que ces affections occupent une région ou quelques points isolés des organes sensitifs. Les rétractions musculaires et tendineuses résultant des plaies des armes à feu, les fractures, les luxations complètes ou incomplètes subissent la même influence thérapeutique et offrent les mêmes conditions de traitement que les plaies des os, celles des parties molles et les ankyloses.

» Des succès incontestables de guérison et qui offriraient matière à faire un livre de thérapeutique, se représentent en grand nombre parmi les cas de caries osseuses, d'ulcères ou d'abcès scrofuleux, suite de la diathèse lymphatique ou d'accidents vulnérants. Dans la même catégorie se placent l'anémie chlorotique provenant de l'appauvrissement du cruor sanguin. Dans ces maladies, le moyen curatif agit en stimulant l'activité vitale du système circulatoire et en rétablissant l'état physiologique de l'économie ; c'est en quelque sorte une réaction générale et locale que les eaux provoquent contre la maladie.

» Un état morbide hyposthénique général ou partiel, les hypertrophies organiques, les hydroémies naissant à la suite de fièvres paludéennes, l'hépatite, la splénite sous la dépendance de la même cause, sont combattues avantageusement par le même moyen curatif.

» Pendant la saison dernière il s'est présenté à Guagno des cas nombreux de cette espèce de maladie, ce qui aurait pu fournir des observations très-intéressantes.

» Des militaires qui se rendent aux eaux de Guagno offrent des lésions traumatiques, des plaies suppurantes, des caries osseuses, des rétractions dans les parties molles avec perte de substance, des ankyloses partielles (ou -incomplètes), des trajets fistuleux dans les parties profondes traversées par des balles, se trouvent, après deux ou trois mois de bains, en voie de guérison.

» Certains soldats et officiers venus de Crimée, mutilés et ne pouvant marcher sans le secours des béquilles, ont quitté l'établissement pleins d'espoir d'y retrouver une guérison radicale à la saison prochaine ; déjà ils marchent librement, et ont vu leurs plaies cicatrisées.

» Les eaux de Guagno, dit également M. C. James, sont très-utiles contre certaines affections cutanées, et en particulier l'eczéma et ses différentes formes. Les rhumatismes simples ou compliqués d'engorgements articulaires, les névralgies sciatiques s'en trouvent très-bien. Il en est de même des accidents consécutifs aux blessures par armes à feu, tels que fausses ankyloses, cicatrices vicieuses et adhérentes, paralysies partielles, rétractions tendineuses, anciennes fractures, trajets fistuleux avec carnosité entretenus le plus souvent par des caries ou des névroses. Sous ce rapport, ces eaux ont de l'analogie avec celles de Baréges. Elles agissent comme elles en provoquant vers les parties malades une stimulation artificielle et intime, qui a pour effet de ramener la vitalité des tissus à des conditions meilleures, et, comme elles aussi, elles comptent de fort belles cures. »

Voici quelques observations recueillies aux bains de Guagno par M. Abeille, médecin en chef de l'hôpital militaire du Roule, à Paris :

PREMIÈRE OBSERVATION.

Plaie par arme à feu.

« Le sieur P..., de Mezana, constitution au-dessous de la moyenne et détériorée, à prédominance nerveuse, portait au tiers inférieur de l'avant-bras gauche une plaie traversant d'avant en arrière et résultant d'une balle. Cette plaie, qui datait de six mois, ne pouvait arriver à cicatrisation. Elle était réduite aux proportions de trajet fistuleux à deux orifices, l'un antérieur, l'autre postérieur. Des chairs baveuses surmontaient ses orifices. Le membre était œdématié et ne pouvait exécuter aucun mouvement même dans ses articulations, excepté dans l'articulation scapulo-humérale, restée intacte. Les doigts de la main correspondante étaient comme frappés de paralysie. Il s'écoulait, par

des orifices fistuleux, un pus séreux, mal lié, en quantité considérable ; le malade était épuisé par les souffrances et l'abondance de cette suppuration ; son membre semblait gravement compromis. C'est en cet état
qu'il arriva aux bains dans le courant de juillet dernier. Il y fit un séjour de quarante-cinq jours. Il se
contenta de l'usage des eaux en bains durant le premier mois. Les quinze jours ensuite il se soumit à
quelques douches ; les effets qu'il en retira furent sai-
sissants ; la sortie de nombreuses esquilles fut d'abord
le premier résultat, puis, avec élimination de parties
osseuses, la suppuration tarit complétement, les douches parvinrent ensuite à rétablir les mouvements nor-
maux du membre, et notamment ceux de la main, qui
semblait frappée de paralysie à tout jamais.

» Il partit définitivement guéri d'une plaie qui avait
un instant suscité la pensée d'une amputation.

DEUXIÈME OBSERVATION.

*Gastralgie rebelle à tous les moyens et liée à un état
chlorotique avancé.*

« Mademoiselle P. L..., de Coggia, âgée de dix-huit
ans, d'un tempérament lymphatique nerveux, à constitution éminemment détériorée, présentant tous les
stigmates de la chlorose : teint pâle, anémie, bouffissure
de la face, bruit de souffle au cœur et aux carotides,
menstruation irrégulière et à peine marquée aux époques, était sujette, depuis l'âge de quatorze ans, où
ces phénomènes avaient commencé à paraître, à la
dyspnée, aux palpitations. Les digestions étaient bien
difficiles, le goût dépravé ; parfois il y avait des dou-

leurs constrictives à l'épigastre. Ces douleurs s'exas-
péraient par moments à tel point, qu'elles donnaient lieu
à des attaques hystériformes. Le ventre était presque
toujours ballonné, surtout à l'approche des règles,
avant, pendant et après chaque époque ; elle était sujette à des vomissements qui ne permettaient le séjour
d'aucun aliment dans l'estomac. Cet état morbide l'avait
réduite à un degré de faiblesse très-prononcé. Une certaine teinte jaune de la face et les douleurs épigastri-
ques qui semblaient avoir le pylore pour point de
départ avaient fait supposer à plusieurs médecins une
dégénérescence de cette partie de l'estomac.

» Les ferrugineux, les toniques et toutes sortes d'em-
ménagogues avaient été administrés à cette malade. Puis
on avait eu recours aux calmants sous toutes les formes.
Enfin on lui avait largement fait user du sous-nitrate
de bismuth, et tout cela vainement. Elle se décida à
aller aux eaux de Guagno. L'examen rigoureux du médecin fit exclure chez cette malade toute affection orga-
nique. Elle fut d'abord soumise à quelques bains à
température douce et peu prolongée, aux promenades
matin et soir, à une nourriture légère. Bientôt elle put
prendre les eaux en boisson, coupées d'abord, pures
ensuite. Au bout d'un mois, elle en prenait quatre
verres par jour ; le régime fut basé sur l'usage des
viandes rôties, qu'elle commençait à bien digérer. Durant le second mois, avec les bains, les eaux en boisson, on prescrivit l'usage des douches sur la région
lombaire et les douches ascendantes sur l'utérus. La
fatigue pouvant être supportée, les promenades furent
prescrites plus longues. A la fin du deuxième mois,
cette demoiselle était débarrassée de sa gastralgie et

des phénomènes hystériques. La menstruation était rentrée dans l'ordre, et les forces étaient en très-grande partie récupérées.

TROISIÈME OBSERVATION.

Tumeur blanche du genou droit arrivée à un état alarmant avec menace de perte du membre.

» M. V..., d'Ajaccio, jeune homme de dix-huit ans, lymphatique, constitution faible, avait été pris de tumeur blanche au genou droit dès le mois de juin 1851. Cette grave affection marcha envers et contre tous les moyens actifs mis en usage pour l'enrayer. La jambe était dans une demi-flexion permanente; l'articulation malade avait à peu près deux fois le volume de l'autre. Il n'y avait aucun mouvement possible dans la jointure. Tout le membre était dans un commencement d'atrophie prononcée; le moindre mouvement suscitait des douleurs très-vives. Le malade gardait le lit depuis plus de huit mois, et ne pouvait même pas supporter la marche en béquilles. Il était arrivé à un état d'amaigrissement prononcé; on avait même cru remarquer quelques commencements de désordre dans les organes pulmonaires. Des sueurs nocturnes, un état fébrile continu, justifiaient à cet égard les prévisions qu'avait données l'examen direct de la poitrine.

» Un traitement général et local avait été méthodiquement institué : les sangsues, les vésicatoires, les cautères sur le genou, et le repos le plus absolu du membre, les toniques, les ferrugineux, les préparations d'iode à l'intérieur, puis l'huile de foie de morue, telle fut en substance la base de ce traitement.

» M. V... arriva aux eaux de Guagno dès les premiers jours de juin, et y resta jusqu'au commencement d'août. Les bains quotidiens d'abord, puis alternant avec des douches sur le membre malade et les eaux en boisson, telle est la conduite à laquelle il s'astreignait rigoureusement.

» La diminution du volume du genou ne tarda pas à se manifester ; l'appétit se manifesta vif et franc ; quelques commencements de mouvement s'opéraient dans l'articulation malade ; au bout d'un mois le malade pouvait marcher sans douleur, simplement appuyé sur une canne ; le membre arrivait à un état fort voisin de l'extension complète, et sa nutrition s'opérait à tel point qu'il était difficile d'établir une différence avec son congénère quant au volume. Les douches firent accélérer la marche des effets merveilleux commencés par les bains. Bref, quand M. V... retourna à Ajaccio, au mois d'août, il y avait chez lui une mutation complète. Le membre malade ne présentait presque plus aucune différence avec l'autre ; la marche était facile, sans douleur, le jeu de l'articulation à peu près semblable à celui de l'autre articulation, et la constitution générale était reconstituée à tel point qu'on n'eût jamais dit que ce jeune homme avait été malade.

QUATRIÈME OBSERVATION.

Sciatique rebelle du côté droit, un an de date.

» Madame P..., de Coggia, femme de peine, âgée de quarante ans, après s'être exposée plusieurs jours de suite à un froid assez rigoureux dans ses travaux, était prise d'une douleur fort aiguë parcourant toute la cuisse et la jambe droite en suivant le trajet du nerf sciatique. Des ventouses scarifiées, des vésicatoires en grand nombre, des frictions de diverse nature, n'avaient pu déraciner le mal, et au bout d'un an elle en était réduite à ne pouvoir se servir du membre dont elle souffrait continuellement. Une certaine maigreur de ce membre avait été la conséquence d'un endolorissement si prolongé. C'est alors qu'elle vint aux bains de Guagno. Son séjour n'y fut pas très-long, car elle était complétement guérie le vingt-septième jour. Elle a usé quotidiennement des bains et des douches à température très-élevée. Il suffit de vingt-cinq bains et quatorze douches pour entraîner une guérison complète, et lui permettre de se servir du membre auparavant malade comme de l'autre.

CINQUIÈME OBSERVATION.

Carie scrofuleuse portant sur toute la face et le bord antérieur du tibia.

» M. G. P.., de Balagna, à constitution lymphatique fortement entachée de scrofules, âgé de seize ans, habitant un pays situé au versant nord d'une montagne et par conséquent froid et humide, éprouva dans l'hiver de 1851 des douleurs aux deux genoux. Le genou droit guérit avec le temps, le gauche resta tuméfié. La tuméfaction s'étendit à toute la jambe correspondante, la marche devint impossible ; il survint un amaigrissement considérable. Une ouverture se fit au-dessous de l'épine du tibia, qui laissa sortir une portion d'os assez grande représentant très-bien l'os carié, suivant le récit du malade.

» Plusieurs autres ouvertures se firent ensuite sur la partie antérieure de la même jambe, laissant échapper un pus ichoreux. Un stylet, introduit par ces différentes ouvertures, laisse percevoir là surface du tibia cariée sur plusieurs points de son étendue. C'est en cet état qu'il arriva aux bains de Guagno en août 1851. Pendant deux mois il fit un usage continu des eaux en bains, douches et boisson. Plusieurs morceaux de séquestre se détachèrent pendant ce traitement. A son départ, fin septembre, il ne restait plus que deux ouvertures fistuleuses. La jambe avait diminué considérablement de volume, la suppuration était réduite à de faibles proportions ; le malade avait récupéré de l'embonpoint. Cette demi-cure fit pressentir aux parents du malade que la cure complète d'une maladie aussi grave serait obtenue dans une prochaine saison.

SIXIÈME OBSERVATION.

Hémiplégie exaspérée durant une première saison des bains, puis guérie l'année suivante sous la même médication.

» M. P. A..., habitant du village de Vivario, âgé de soixante ans, était atteint d'hémiplégie, suite de coup de sang, depuis six mois. Il crut trouver un remède à son mal dans l'usage des eaux de Guagno. Il s'y rendit dans le courant d'août 1850. Il y avait chez lui impossibilité absolue de mouvoir le bras et la jambe du côté droit ; la bouche était fortement déviée à gauche ; l'œil droit présentait une pupille plus dilatée que celle du côté opposé. Les effets des bains furent nuisibles, car il y avait menace de congestion vers la tête à chaque instant ; le malade dut y renoncer promptement.

En 1851, il revint au mois de juin. Cette fois les bains furent pris d'abord à une très-douce température, 25 degrés. Ils furent bien supportés. Au bout d'un mois, la sensibilité revenait à la peau, la marche semblait s'effectuer un peu. Enhardi par ce résultat, le malade se soumit aux douches descendantes. Il en prit vingt-deux et cinquante bains. Le résultat ne trompa pas son attente empressée. Le 1er novembre il pouvait s'en aller, marchant sans béquilles et ne conservant presque plus aucune trace de son ancienne affection. Les bains n'ont commencé à agir sur les organes locomoteurs que quand l'épanchement céréhral a été entièrement résorbé et que la pulpe cérébrale a perdu sa susceptibilité et sa disposition aux congestions nouvelles. »

En présence de pareils exemples, on est obligé de proclamer hautement que les eaux de Guagno sont d'une efficacité remarquable.

Les bains de Guagno sont ouverts le 1er juin et se ferment le 30 septembre. Pour les militaires, il y a deux saisons. La première commence le 1er juin et expire le 30 juillet. La deuxième s'ouvre le 1er août et se ferme fin septembre. Pendant ces quatre mois les bains de Guagno présentent l'aspect le plus animé et offrent le charme le plus attrayant aux visiteurs qui affluent de tous les points de la Corse, les uns pour guérir leurs maux, les autres pour jouir des plaisirs séduisants que l'on trouve à Guagno.

Les promenades dans l'intérieur d'une forêt magnifique, les excursions sur des montagnes gigantesques qui rappellent si bien celles de la Suisse, les danses deux et trois fois par semaine, les jeux, la pêche aux truites, enfin les enchantements d'une société élégante et choisie, sont autant d'attraits qui n'échappent à personne et qui attirent aux eaux de Guagno, dès leur ouverture, l'élite de la société de la Corse. Peu de fonctionnaires publics négligent de faire une petite apparition dans ces beaux parages où l'œil contemple à la fois les ravissants panoramas d'un pays qu'on dirait sorti hier des mains de Dieu, et l'étincelante beauté d'un ciel pur, favorisé à tous égards. Aussi tout le monde aime ce séjour enchanteur, tout le monde fait des vœux pour la prospérité de cette branche industrielle de la Corse.

Peut-être nous trompons-nous, mais nous avons un pressentiment qu'un jour (et ce jour n'est peut-être pas éloigné) les eaux de Guagno jouiront d'une réputation européenne. Déjà ces eaux sont connues de toute l'armée française. Que de braves soldats sont venus à Guagno avec le désespoir dans l'âme et en proie aux douleurs les plus mortelles suite de maladies ou de blessures graves, et s'en sont retournés le cœur satisfait, l'esprit tranquille après avoir été complétement guéris ! Mais ce n'est pas tout encore : si les eaux de Guagno possèdent des vertus curatives d'un grand mérite, si elles ont la faculté de rétablir les santés délabrées et de donner la vie aux membres morts, si, en un mot, elles rendent d'immenses services à l'humanité souffrante, leur importance se fait également sentir sous le double point de vue de la civilisation et des intérêts matériels.

L'hôpital militaire surtout est de la plus grande utilité, car il est reconnu aujourd'hui que cet établissement facilite et développe les germes d'une prospérité à laquelle la Corse est appelée. C'est pourquoi il serait de bonne politique de donner à cet établissement la plus grande extension possible.

Le conseil général du département de la Corse (séance du 29 août 1856) a, comme nous, apprécié et mesuré toute la portée de cet établissement, et à cet effet il a émis le vœu suivant :

« Le conseil général recommande au bienveillant » intérêt de S. Exc. M. le ministre de la guerre l'éta- » blissement thermal de Saint-Antoine de Guagno. Les » cures étonnantes qui s'y opèrent chaque année font » sentir la nécessité de donner un plus grand dévelop- » pement à cet établissement.

» La cession gratuite et à perpétuité des trois quarts » des eaux et terrains en dépendant pour le service » des militaires, faite en 1841 par le département, a » eu pour but unique de faciliter l'exécution du projet » de l'administration de la guerre, annoncée dans la » lettre ministérielle du 9 août de la même année, de » former à Saint-Antoine de Guagno un hôpital mili- » taire susceptible de recevoir quatre cents malades. » Le conseil général espère que M. le ministre de la » guerre voudra bien compléter l'œuvre commencée et » donner l'extension projetée à l'établissement susdit. »

Ces considérations, fortifiées par les avantages qu'of- frent les sources de Guagno, nous font vivement désirer que le département de la guerre s'associe, dans l'in- térêt bien entendu de l'armée, aux généreux efforts que tente l'administration civile, sous l'habile et intel- ligente direction de M. le préfet Montois, pour l'avenir de l'île de Corse.

Nous aimons à croire que le gouvernement de l'Empereur, soucieux des intérêts du département de la Corse, saisira cette occasion pour donner une preuve de sa sollicitude pour le bien-être des populations de ce pays. Dans cette question il ne s'agit pas de créer, il suffit de maintenir et de développer, à mesure qu'il devient évident que ce développement, ce progrès, donneraient naissance à une prospérité qui profiterait à l'universalité. Avant nous des intendants généraux [1] ont proclamé dans leurs rapports d'inspection administrative que les eaux de Guagno méritaient de fixer d'une manière sérieuse l'attention du gouvernement ; avant nous aussi ces hauts fonctionnaires ont demandé l'agrandissement de cet établissement ; par conséquent ce qu'on sollicite aujourd'hui n'est qu'une répétition d'un fait déjà accompli, ce qui donne plus d'importance à la proposition de l'administration civile, proposition formulée dans un but d'utilité générale. M. Cloquet, professeur de la faculté de médecine de Paris, a fait la prophétie suivante, après nous avoir dit que les eaux de Guagno étaient peut-être les plus efficaces de France :

« Les bains de Guagno, dit-il, promettent un avenir » brillant à la compagnie qui les exploitera d'une ma- » nière sérieuse. »

M. le baron Denié, intendant général, membre du comité d'infanterie et de cavalerie, a dit également, dans son rapport d'inspection administrative :

« Je n'hésite pas à affirmer que le jour où l'établis- » sement civil sera formé sur un plan très-vaste et » bien confortable, que le jour où l'on aura tracé à fort » peu de frais des promenades dans un pays vierge,

[1] MM. le baron Denié, Dubois, Blanquar de Bailleul, Genty de Bussy, etc., intendants généraux et membres de divers comités.

» promenades qui offriront tout le charme d'un jardin
» anglais de la nature, les eaux de Guagno attireront
» la foule et que la promenade en Corse sera double-
» ment excitée par l'intérêt que ce pays fait naître à
» chaque pas et sous tous les rapports. »

En effet, la beauté des sites qui environnent ces
bains, leur proximité avec Marseille et l'Italie, l'agrément d'une traversée de dix-huit heures pendant l'été
sur une mer tranquille, le voyage dans un pays vierge
qui a fait dire à un grand écrivain qu'il était le plus joli
de l'univers, le beau ciel qui anime cette nature, riva-
lisant avec celui d'Italie dans toute sa sérénité, les propriétés curatives de ces eaux devenues célèbres, peuvent
laisser espérer de voir se réaliser une conception dont
le résultat serait vital pour la prospérité de l'île de Corse.

Nous croyons fermement, nous aussi, que le jour où
ces eaux seront exploitées par une de ces compagnies
puissantes qui font la fortune des thermes du continent
en même temps qu'elles font la leur, ce jour-là les
bains de Guagno prendront le plus grand essor et riva-
liseront avantageusement avec les établissements thermaux qui sont depuis longtemps en possession d'attirer
l'élite de la société française [1]. Ce jour-là, disons-nous,
les étrangers viendront de tous les points de l'Europe
admirer et parcourir le beau pays de la Corse, de
même qu'ils parcourent de nos jours d'autres contrées
peut-être moins intéressantes que la nôtre.

Que les continentaux se décident donc à aller visiter

[1] Le propriétaire de cet établissement consentirait à le vendre, si une
compagnie voulait s'en emparer. S'adresser, pour avoir d'amples détails,
à l'auteur, Fossés de l'intendance, n° 54, à Bordeaux; ou, à Paris,
rue Corneille, 5.

les eaux de Guagno ; ils trouveront tous les avantages réunis en quelque sorte exprès pour eux. Une traversée de peu d'heures, et les voilà qui, après un court voyage, partis le vendredi de Marseille, déjeunent le samedi à Ajaccio et dînent à Guagno le même jour. Chemin faisant, que de sujets pour eux de se féliciter d'avoir entrepris un si petit voyage ! La vue d'un golfe magnifique, un des plus beaux du monde ; et à peine quittent-ils cette jolie ville d'Ajaccio, coquettement assise dans le fond de ce golfe, qu'ils ne pénètrent dans l'intérieur des terres que pour ne pouvoir plus regretter ni Ajaccio qu'ils ont entrevu, ni le pays qu'ils habitent !

Quant aux mœurs de la Corse, si elles sont quelque peu différentes des mœurs continentales (inoffensives, du reste, comme le reconnaissent les continentanx qui l'habitent), n'est-ce pas un attrait de plus ? N'y a-t-il pas plaisir à étudier le pays natal de Napoléon et la terre classique des bandits, aussi peu dangereux, partant aussi curieux qu'au théâtre ! C'est le charme d'un voyage à l'étranger, et c'est toujours la France ; un Français ne préfère-t-il point être utile à la France plutôt que d'alimenter le commerce d'une ville étrangère, joint à la proximité relative presque avec les mêmes avantages que partout ailleurs et moins de frais ?

III.

Bains de Pietrapola.

Les bains de Pietrapola, situés dans le canton de Prunelli, à 20 lieues de Bastia et à 12 de Corte, jouissent d'une réputation d'efficacité bien méritée.

Ces bains, comme ceux de Guagno, remontent à la

plus haute antiquité ; ils ont été fréquentés, dès les temps les plus reculés, par de nombreux malades, qui, malgré le mauvais état des chemins et des habitations, affluaient de tous les points de l'île pour leur demander la santé et la force [1].

A en juger par quelques ruines qui avoisinent les sources, quelques piscines auraient été anciennement bâties par les Romains. Ce qui rend cette hypothèse vraisemblable, c'est le voisinage de la ville d'Aleria.

Dans le principe, il n'y avait à Pietrapola pour tout logement que des cabanes, des maisonnettes à peine abritées par des branchages où plusieurs malades s'étendaient sur des planches juxtaposées. Quant à la nourriture, elle ne ressemblait en rien au régime des établissements thermaux qui existent aujourd'hui.

Telle a été Pietrapola.

Depuis 1840, époque à laquelle le département fit la concession de ces eaux à M. Laurelli, on remarque à Pietrapola une heureuse transformation qui fait honneur au concessionnaire. C'est grâce aux importants travaux qu'il a exécutés et aux améliorations consécutives qu'il y a introduites que les baigneurs trouvent aujourd'hui à Pietrapola un magnifique établissement thermal, composé de trois belles piscines pouvant contenir chacune trente à quarante personnes et douze cabinets de bains très-propres.

« Mais il ne se développe qu'avec une lenteur déses-

---

[1] « Insula ubique locorum lucentes habet aquas, potuque suavissimas;
» et pluribus in locis sunt saluberrimæ, non solum calidæ, verum etiam
» frigidæ, quarum potus et insessio morbos curant. Petrapolæ calidæ
» sunt balneæ ad ægritudines quasdam accommodatissimæ, generatim
» nervis prosunt, multosque alios sanant morbos, capiti, auribusque
» privatim medentur. » (*Cyrnœus.*)

pérante, et l'agriculture dans le Fiumorbo paraît en suivre les phases. On ne peut pas espérer que l'établissement, tel qu'il est aujourd'hui et tel qu'il fonctionne, puisse s'attirer un grand nombre d'étrangers. D'un autre côté, il n'est pas possible que celui auquel la concession des eaux a été accordée, et qui a supporté, il faut en convenir, les plus grands sacrifices, puisse, livré à ses seules ressources personnelles, donner à son établissement les proportions nécessaires. » (Carlotti, médecin, ancien inspecteur de ces eaux.)

Le service des eaux est parfaitement organisé, et la vie matérielle est bonne. Les logements destinés aux baigneurs sont convenablement meublés, et il semble qu'on comprend l'utilité d'élever des habitations particulières dans le voisinage des sources.

L'endroit où est situé l'établissement de Pietrapola est bordé d'un côté par le torrent d'Abbatesco, et se termine de l'autre par un vallon et par des coteaux couronnés de montagnes superbes.

Les sources d'eaux minérales jaillissent d'un plateau : elles sont au nombre de dix ; toutes sont sulfureuses, d'une température qui varie de 32 à 58 degrés centigrades. Elles portent des noms différents.

« L'eau de toutes, nous dit M. Constantin James, est claire et limpide ; sa saveur rappelle celle d'un bouillon faible légèrement salé, son odeur est franchement sulfureuse.

» Cette eau a été analysée dans ces derniers temps par M. Henry, qui a constaté qu'elle contient par litre environ 0 gramme 0,250 de sulfure de sodium et quelques sels alcalins ainsi que des chlorures. Mais comme il opérait sur de l'eau transportée, cette eau devait

avoir perdu déjà de son titre sulfuré. Il serait donc
bien à désirer qu'une nouvelle analyse fût faite sur les
lieux mêmes. Ce sont des eaux extrêmement riches en
barégine, à en juger du moins par la sensation veloutée
qu'elles donnent au toucher et par les abondants dépôts
gélatineux qui tapissent les réservoirs et les canaux de
décharge. Cette barégine m'a offert tous les caractères de celles des Pyrénées; seulement, au lieu de se
présenter par flocons amorphes, elle affecte plutôt la
texture filamenteuse. Bien que toutes les sources de
Pietrapola possèdent les mêmes caractères chimiques,
il est cependant certaines particularités que je dois
signaler. Ainsi la source de la *Leccia* renferme plus de
barégine que les autres; celle de la *Doccia* offre des
traces plus sensibles de principes ferrugineux; enfin
la source de *Solata* contient une plus forte proportion
de chlorure de sodium, ce qui se reconnaît même au
goût. Du reste, un caractère commun à toutes ces
sources, caractère sur lequel je ne saurais trop insister, c'est l'extrême fixité de l'élément sulfureux. »

Effets thérapeutiques de ces eaux.

« Les eaux de Pietrapola, ajoute M. James, sont indi-
quées toutes les fois qu'il s'agit de tempérer la trop
grande excitabilité du système nerveux. Ainsi dans les
névralgies intermittentes non périodiques, elles éloignent les accès, rendent les crises moins douloureuses,
et finissent le plus souvent par les faire disparaître.
L'hystérie, la chorée, les spasmes, certaines névroses
du col utérin, cèdent quelquefois, comme par enchantement, à l'action de ces eaux, à la condition que les
bains seront pris à une température un peu basse.

» Les différentes formes de rhumatisme articulaire, surtout le rhumatisme nerveux, se trouvent également bien de l'emploi des eaux de Pietrapola.

» Les maladies scrofuleuses sont, après les affections du système nerveux, celles contre lesquelles ces eaux jouissent de la plus grande efficacité. La gravelle et le catarrhe vésical éprouveraient encore de bons effets de ces eaux, par suite de leurs propriétés diurétiques.

» Les maladies de la peau, les paralysies, les rétractions tendineuses, les hydarthroses, les caries, les nécroses et le nombreux cortége des accidents consécutifs de la syphilis sont également traités avec succès à Pietrapola. »

La saison des eaux commence le 1er mai et se prolonge jusqu'à fin juin. A dater de ce moment, les conditions de salubrité laissent beaucoup à désirer à Pietrapola; les émanations marécageuses du littoral oriental ne permettent pas aux baigneurs de prolonger leur séjour. Cependant, quand les pluies ont purifié l'atmosphère en balayant les miasmes qui l'infectaient, on peut en toute sécurité revenir à ces eaux et en faire usage en automne.

Dès que la plaine orientale sera assainie, les bains de Pietrapola, nous en sommes sûr, acquerront une prospérité qui profitera largement à tout le canton de Prunelli.

IV.

Bains de Guitera.

Les eaux minérales de Guitera, situées à 60 kilomètres d'Ajaccio et à 5 kilomètres du village qui leur a donné son nom (canton de Zicavo), jouissent d'une grande célébrité d'efficacité.

Depuis 1776 les habitants de la commune de Guitera y faisaient rouir du lin et du chanvre. A la suite
de l'immersion des jambes dans cette eau, des femmes
atteintes de rhumatismes ont été guéries comme *par*
enchantement. C'est de cette époque que ces eaux sont
fréquentées.

Il est fâcheux qu'il n'y ait aucun établissement à
Guitera, et que ces eaux n'offrent jusqu'à présent aucune ressource[1]. A peine y trouve-t-on des masures
où les baigneurs s'abritent pour se garantir des influences de l'air. Mais déjà les eaux de Guitera vont
être ralliées à la route impériale par un chemin de
grande vicinalité, et ce progrès important en facilitera
d'autres infailliblement.

« Si maintenant nous mettons de côté, dit M. James,
toutes ces circonstances défavorables pour n'envisager
que la valeur intrinsèque de l'eau minérale elle-même,
nous arriverons à cette conclusion que Guitera est une
des meilleures eaux de la Corse. On comprend en effet
que si les malades ne trouvaient pas réellement à ces
eaux, comme compensation des privations de toute nature qui les y attendent, la guérison ou du moins le
soulagement de leurs maux, ils en auraient bientôt
oublié le chemin.

» Une source seulement est utilisée; l'eau qu'elle
fournit en très-grande abondance a une température
de 48 degrés centigrades : bien que cette température
diminue de quelques degrés pendant que l'eau coule
du bassin où elle jaillit dans celui où l'on se baigne;

---

[1] Il paraît qu'on a commencé à jeter les fondements d'un établissement thermal. Sans doute l'administration ne manquera pas d'encourager
le concessionnaire à persévérer dans ses tentatives de création nouvelle.

elle reste cependant beaucoup trop élevée pour le bain. Ainsi la durée de l'immersion ne peut être que de quelques minutes.

» La source de Guitera exhale une odeur d'œuf couvé très-caractéristique. Sa limpidité est parfaite, sa saveur franchement sulfureuse, avec un arrière-goût douceâtre. On aperçoit sur tout son parcours de longues traînées de barégine. Quant à la composition chimique de cette eau, je ne sache pas qu'elle ait été l'objet d'une analyse sérieuse. Tout ce que je peux dire, c'est que le soufre s'y trouve à l'état de sulfure de sodium, et que les gaz qu'elle laisse dégager sont un mélange d'acide carbonique et d'azote. Même absence de documents pour tout ce qui se rattache à sa partie médicale. C'est donc par voie de renseignements, en s'adressant aux malades eux-mêmes, qu'on peut parvenir à quelque chose d'un peu positif. Or, voici ce qui m'a paru résulter de l'espèce d'enquête à laquelle je me suis livré : les rhumatismes, les engorgements articulaires, les ankyloses incomplètes, les foulures, les vieilles entorses, certaines contractures spasmodiques des muscles, cèdent assez rapidement à l'emploi de ces eaux. Il en est de même de la plupart des maladies cutanées. On les vante beaucoup également contre les affections de l'utérus caractérisées par la sensibilité vers le col, des pertes blanches et de la pesanteur dans les reins. Enfin on m'affirma qu'elles étaient souveraines contre les paralysies suite d'apoplexie. »

Tels sont les bains de Guitera; espérons que bientôt l'établissement qui est en voie de construction sera achevé et qu'on y trouvera la santé et le plaisir.

V.

Eaux acidules d'Orezza.

Les eaux acidules et ferrugineuses d'Orezza, situées à dix lieues de Corte, dans le canton de Piedicroce, jaillissent au fond d'une magnifique vallée sur la rive droite du Fiumalto.

Ces eaux, d'une efficacité remarquable, attirent tous les ans des milliers de baigneurs qui ont besoin de leur demander la santé. Les sources sont au nombre de deux : l'une, appelée *Sorgente alta,* source haute, sort et coule sur le coteau ; l'autre, appelée *Sorgente bassa,* source basse, est plus considérable que la première. Elle sourd à 300 mètres environ de celle-là, près d'un petit plateau qui la sépare du torrent. Cette source, inconnue ou négligée jusqu'en 1777, fut accréditée par des officiers de santé français, MM. Castagnoux et Vachez. C'est la plus importante, et c'est celle dont nous allons nous occuper.

Laissons parler M. James :

«Cette eau, dit-il, petille et mousse en sortant ; sa fraîcheur est extrême (14 degrés centigrades). Recueillie dans un verre, cette eau se trouble légèrement par le dégagement de nombreuses bulles de gaz acide carbonique, puis elle reprend toute sa limpidité. Sa saveur est piquante, aigrelette, acidule, avec un arrière-goût styptique qui n'a rien de désagréable. On aperçoit sur tout le trajet que parcourt la source des dépôts rougeâtres et filamenteux, qui ne sont autre chose que du carbonate de fer mêlé d'un peu de glairine. Quant au

sous-sol, il est presque exclusivement formé d'argile
marneuse, dans laquelle le fer existe avec tant d'abondance qu'il n'est même point passé à l'état d'oxyde.

» Un excellent travail sur l'eau d'Orezza vient d'être
publié par M. Poggiale. Il résulte des opérations auxquelles ce savant chimiste s'est livré que 1,000 grammes
de cette eau contiennent 0 gramme 128 de carbonate
de protoxyde de fer et 1 litre 248 d'acide carbonique
libre ou provenant des bicarbonates. C'est donc une
eau excessivement remarquable. Elle l'emporte par la
proportion de fer et de gaz qu'elle renferme sur les
eaux ferrugineuses et gazeuses les plus célèbres, telles
que Spa, Schwalbach et Pirmont. Ainsi, par exemple,
le Pouchon de Spa, qu'on cite avec raison comme le
type des eaux ferro-gazeuses, ne contient, pour la
même quantité d'eau, que 0 gramme 77 de carbonate
de fer et 0 litre 880 d'acide carbonique.

» Si les eaux d'Orezza méritent, au point de vue chimique, d'être placées en première ligne, elles ne le
méritent pas moins sous le rapport hygiénique et mé-
dicinal. Ces eaux en effet, par leur action tonique sur
l'estomac et sur l'ensemble de nos fonctions, conviennent à l'homme en santé et à l'homme malade.

» Elles sont particulièrement utiles dans la chlorose
et dans l'aménorrhée, qui en est si souvent la conséquence ; dans les hémorrhagies passives, l'anémie, les
leucorrhées, les gastralgies et dans les diarrhées chroniques, pure atonie de la muqueuse. La rapidité avec
laquelle elles sont absorbées, puis éliminées par les
urines, les rend encore fort avantageuses contre la gravelle et certaines formes du catarrhe vésical. C'est du
reste l'histoire de la plupart des eaux ferrugineuses ;

seulement ces caractères sont surtout très-prononcés dans celles d'Orezza.

» Mais ce qui appartient en propre à ces eaux, et les rend surtout précieuses pour la Corse, c'est qu'elles constituent un puissant antidote contre l'empoisonnement miasmatique que produisent les émanations des marais. On sait en effet qu'une partie du littoral de l'île et quelques localités de l'intérieur sont infectées par des miasmes d'une grande malignité. Il en résulte des fièvres périodiques plus ou moins dangereuses, qui déterminent souvent de graves altérations vers les viscères de l'abdomen, spécialement le foie et la rate. On reconnaît ces malades à la couleur mate et plombée de leur visage, à la bouffissure œdémateuse des membres, à l'augmentation du volume du ventre, quelquefois à l'ascite, à leur démarche pénible et lente, puis enfin à une extrême prostration physique et morale.

» Les eaux d'Orezza, pourvu qu'il n'y ait point encore d'organes profondément compromis, produisent en peu de jours une modification des plus salutaires, et même, si l'on en continue quelque temps l'usage, un retour complet à la santé. Nous ne connaissons, sous ce rapport, aucune eau du continent, excepté peut-être Carlsbad et Montecatini, qui leur soient comparables. La saison thermale commence vers le 10 juin et se termine dans la dernière quinzaine d'août.

» Orezza, comme source gazeuse et ferrugineuse, est une eau sans rivale. »

Voici un certificat touchant l'efficacité de cette eau :

« Je soussigné, professeur agrégé de la Faculté de » médecine de Paris, ancien médecin principal des » armées et professeur au Val-de-Grâce, membre de la

» Légion d'honneur, certifie que l'eau d'Orezza m'a
» rendu les plus grands services dans le traitement de
» la dyspepsie en général. Elle est très-efficace contre
» la gastralgie, et agit souvent avec une promptitude
» surprenante pour réveiller l'appétit. Je suis fondé en
» outre à la recommander à titre de précieux adjuvant
» dans le traitement de la chlorose et de l'anémie. On
» ne peut pas en continuer l'usage indéfiniment, et il
» faut suspendre de temps à autre pour le reprendre
» selon le besoin.

» MARCHAL, de Calvi. »

Nous croyons donc qu'il est suffisamment établi que
ces eaux jouissent à juste titre d'une grande réputation
d'efficacité. Il nous reste à dire que cette eau précieuse [1]
est appelée, aussi bien que les eaux de Guagno, à attirer, dans un avenir prochain, de nombreux baigneurs
du continent français. Mais, pourquoi ne le dirions-nous
pas ? cet heureux résultat ne pourra être atteint que
le jour où une compagnie française exploitera ces eaux
avec de puissants moyens d'action.

La compagnie qui s'emparerait à la fois des bains
de Guagno et des eaux acidules d'Orezza, pour leur
donner un grand développement et les exploiter sur
une large échelle, se présenterait, d'après nous, dans
les meilleures conditions possibles de réussite, et pourrait être sûre à l'avance d'embrasser une entreprise
riche en résultats heureux, à laquelle s'associeraient
par le cœur tous les habitants de la Corse. La campagne
d'Orezza est sans contredit des plus ravissantes, le

---

[1] On en vend à raison de un franc la bouteille dans toutes les bonnes
pharmacies de Paris.

climat est doux et des plus salutaires, les promenades à travers les belles forêts de châtaigniers qui couronnent ces lieux sont superbes et pittoresques. Que les capitalistes se décident donc à tirer parti de ces avantages rares.

VI.

Bains de Puzzichello.

Les eaux de Puzzichello, situées dans un vallon, non loin du chemin de ceinture qui longe la côte orientale de la Corse, sont très-efficaces et ont été fréquentées par de nombreux baigneurs dès la plus haute antiquité. Les sources sont au nombre de deux et jaillissent du pied d'une colline située du côté de la mer, à une petite distance d'Aleria : de là des conditions de salubrité laissant malheureusement beaucoup à désirer.

Dans le principe il y avait à Puzzichello peu de confortable ; à peine remarquait-on quelques piscines mal conditionnées où on se baignait pêle-mêle, et quelques misérables tentes couvertes de broussailles. Depuis 1840 les choses ont changé. M. Philippini, propriétaire de ces eaux, a fait construire un établissement thermal qui ne manque pas d'avoir une certaine élégance ; il se compose de dix-sept baignoires.

A peu de distance de cet établissement on remarque, au delà d'un ruisseau qui se jette dans le Tagnone, un magnifique édifice qu'habitent les baigneurs.

Ces deux établissements sont entourés de beaux jardins, de belles plantations qui récréent d'autant plus la vue, que la plaine environnante offre le triste spectacle d'une vaste plage déserte, sans habitation ni culture.

« Il y a, dit M. James, deux sources principales.

On est averti de leur nature sulfureuse par l'odeur
caractéristique qu'elles répandent au loin. Elles sont
voisines l'une de l'autre, toutes deux froides à 14 degrés centigrades; leur saveur est styptique. L'une de
ces sources a une limpidité parfaite, l'autre offre une
teinte un peu grisâtre par suite de quelques flocons
sulfureux qu'elle tient en suspension.

» D'après la remarquable analyse de M. Loetscher,
professeur à l'école Paoli, ces eaux contiennent par
litre 0 gramme 0473 de gaz sulfhydrique, quelques
sels à base de soude et de magnésie, et une matière
bitumineuse particulière; elles laissent dégager au
griffon de l'acide carbonique et du protocarbure d'hy-
drogène; enfin elles seraient riches en barégine. Cette
eau paraît douée d'une grande énergie. Bue à la dose
de plusieurs verres, elle éveille l'appétit, produit une
sensation agréable de chaleur qui se répand vers toute
la périphérie du corps, accélère le mouvement du
sang et augmente les sécrétions.

» Chez quelques malades, elle purge légèrement dans
les premiers jours; chez presque tous, elle ne tarde
pas à congestionner les plexus veineux du rectum, ou
même à provoquer un flux hémorrhoïdal. Puzzichello
n'est pas sans quelque analogie avec Schinznach.

» Puzzichello jouit d'une grande efficacité dans le
traitement de la plupart des maladies cutanées, surtout
quand elles s'accompagnent d'ulcérations atoniques et
serpigineuses.

» On a vu également à Puzzichello des goutteux qui
se sont trouvés à merveille de ces eaux.

» Elles favorisent la disparition des tophus et rendent
les attaques plus rares et moins douloureuses.

» D'autres états morbides sont plus ou moins profondément modifiés par les eaux de Puzzichello. Ce sont les éruptions répercutées, les anciens flux supprimés, surtout le flux hémorrhoïdal; à cet égard, nous n'hésitons pas à mettre Puzzichello sur la même ligne que Marienbad. Ce sont encore les accidents syphilitiques ou mercuriels, les scrofules, tumeurs indolentes et certains engorgements des viscères abdominaux. Ces eaux offrent par conséquent à la thérapeutique de très-précieuses ressources.

» Or combien peu de médecins, même en France, savent seulement qu'elles existent ! »

Il y a à Puzzichello deux saisons, comme à Pietrapola. La première commence le 1er mai et se prolonge tout au plus jusqu'à la fin de juin. La seconde s'ouvre vers le 15 septembre et se ferme le 30 octobre.

CHAPITRE QUINZIÈME.

ÉTAT ACTUEL DE L'INDUSTRIE EN CORSE. — QUELQUES IDÉES GÉNÉRALES
ET IMMENSE PROGRÈS A RÉALISER.

I.

État actuel de l'industrie.

Robiquet a dit avec raison que l'agriculture était la
grande manufacture pour toutes les nations, et qu'elle
absorberait pendant longtemps encore presque tous
les capitaux dont la Corse pourra disposer. Cependant
quelques efforts industriels ont été tentés, surtout
pendant ces dernières années, mais sur une échelle
réduite.

On ne peut plus dire aujourd'hui avec l'abbé Gaudin :
« Aucun village ne possède aucun des arts de première nécessité; on n'y trouve ni forgerons, ni maré-
chaux, ni charpentiers, ni aucun de ces ateliers qui s'offrent dans toutes nos campagnes; » car on rencontre
partout des meuniers, des boulangers, des forgerons,
des serruriers, des maçons, des charpentiers, des cor-
donniers, des tailleurs, des modistes, des chapeliers,
des selliers, des tapissiers, des teinturiers, des hor-
logers, etc., etc.

MÉTALLURGIE. L'industrie métallurgique est en progrès. Les deux hauts fourneaux de Toga, situés près

de Bastia, et à peu de distance de l'île d'Elbe, d'où l'on extrait le minerai, produisent chacun plus de 6,000 kilogrammes de fonte par jour, et rapportent un bénéfice qui dépasse actuellement 100,000 francs par mois. Leurs fers peuvent rivaliser avec ceux de Suède pour la fabrication des aciers fondus.

Encouragés par ce succès, les fondateurs de ces vastes usines, MM. Jackson frères, Petin-Gaudet et Cie, vont établir à Ajaccio une sorte de succursale, qui s'élèvera bientôt sans doute au niveau des deux établissements primitifs.

« La consistance de la nouvelle usine comprendra :

» 1.° Deux hauts fourneaux au charbon de bois ;

» 2° Dix feux d'affinerie au charbon de bois ;

» 3° Un four à réchauffer ;

» 4° Et les appareils accessoires, fours à griller, à chauffer l'air, etc.

» La force motrice de l'usine sera fournie par des machines à vapeur. Le combustible sera le charbon des bois de la Corse ; la consommation annuelle approximative sera de douze à treize mille tonnes. Les minerais seront tirés de la côte d'Afrique, de l'île d'Elbe et des points de la Corse où l'on pourra s'en procurer. »

Il a existé en Corse, pour la fabrication du fer, onze usines dont voici les noms : Casaconi, Murato, San-Pelegrino ou Fiumalto, Casalta, Orezza, Padulella, Bucatoyo, Saint-Blaise, Chiatra, Alesani, Moita. Toutes étaient situées dans l'arrondissement de Bastia, et disparurent les unes après les autres, à l'exception de quatre. Celles-ci travaillent pendant huit mois de l'année, du commencement d'octobre à la fin de juin, et chacune d'elles produit en moyenne 300 quintaux métriques de fer. Tout le minerai employé par ces usines est tiré de l'île d'Elbe; il donne 60 pour 100 de fer. « Ce fer, dit M. Sagey, est excellent. Sans être malléable comme celui de Suède, il est ductile et très-nerveux; il se forge très-bien à chaud et à froid et se laisse percer sans se gercer; employé pour le ferrage des chevaux, il dure au moins deux fois autant que le fer qui vient du dehors de l'île. On le préfère aussi pour les outils d'agriculture, mais il est peu propre aux ouvrages de serrurerie; il est en grosses barres, et aurait besoin d'être travaillé au martinet pour satisfaire aux diverses demandes de l'industrie. »

La prospérité de la compagnie Jakson a éveillé l'attention d'autres métallurgistes, et une usine semblable à celle de Toga a été construite à la *Solenzara,* point de la côte est, situé à proximité d'une région forestière qui offre de grandes ressources en combustible.

Cette vaste usine, dont la construction a absorbé 800,000 francs, promet de gros bénéfices aux actionnaires. Elle sera en outre un élément puissant de civilisation pour la Corse en général et pour la côte est particulièrement, qui est, comme nous l'avons constaté, déserte et dépourvue de mouvement. Sous ce rapport, cette nouvelle création offre plus d'utilité que celle de Toga.

Puisque les tentatives de la compagnie Jakson ont été couronnées d'un plein succès au grand avantage de l'industrie nationale, nous pouvons prévoir à l'avance quels seront les immenses résultats qu'obtiendra la nouvelle société; celle-ci se présente sous les meilleurs auspices, elle se trouve surtout dans d'excellentes conditions d'avenir.

Dirigée par des mains habiles, elle ne sera ni moins heureuse ni moins prospère que la société Jakson.

Qu'il nous soit permis, à nous qui voulons le bien-être de notre pays, de rendre hommage à l'initiative intelligente de M. Paganelli, de Zicavo (banquier).

Grâce à son patriotisme, à son activité, à ses ressources financières, la Corse voit dans sa personne un de ses enfants les plus dévoués. Déjà cette île retire le fruit de ce dévouement qu'on ne saurait trop louer; certes, si nous devons en juger par les projets qui sont à l'étude et qui préoccupent M. Paganelli, nous pouvons assurer que de plus beaux jours luiront encore pour la Corse.

Que M. Paganelli reçoive ici nos félicitations. La Corse, qui n'oublie jamais les bienfaits, lui est reconnaissante du bien qu'il lui fait.

L'exploitation des mines a fait depuis quelques années un petit progrès. Celles de Castifao et de Linquizzetta ont été l'objet de travaux assez importants. Nous savons que pour l'exploitation de la première on a déjà ouvert quatre galeries, dont la plus forte a quatre mètres de développement. Ces travaux ont amené la découverte d'un filon de pyrite de cuivre ayant 1 mètre 50 de puissance.

Au moment où nous écrivons plusieurs demandes en concession de mines ont été faites. Nous trouvons dans le journal de la Corse (numéro du 30 décembre 1856) les avis administratifs suivants :

« 1° Par pétition régulière en date du 22 février 1856, les sieurs Ponte (Philippe), Rousseau (Pierre) et Filippi (Constantin), domiciliés à Ajaccio, ont formé la demande en concession de mines de charbon minéral situées sur le territoire des communes d'Evisa et Ota, arrondissement d'Ajaccio, et de celles de Calacuccia, Albertacce, Casamaccioli, Corscia et Lozzi, arrondissement de Corte ;

» 2° Par pétition régulière en date du 9 mars 1855, le sieur Agostini (Pascal), docteur en médecine, a formé la demande en concession de mines de plomb argentifère situées sur le territoire des communes de Calenzana et Moncale, arrondissement de Calvi, et de celles de Calacuccia, Albertacce, Casamaccioli, Corscia et Lozzi, arrondissement de Corte ;

» 3° Par pétition régulière, en date des 5 janvier, 6 février et 20 juin 1855, le sieur Piccioni (Jean) a formé la demande en concession de mines de plomb argentifères situées sur le territoire des communes de Calenzana et Moncale, etc., etc. »

Une société en commandite exploite depuis le mois de juin 1856 la mine de mercure située dans la ville même d'Ajaccio. Nous n'osons pas nous prononcer encore sur la valeur de cette mine ; on nous assure cependant que jusqu'à présent les recherches ont abouti à des résultats peu satisfaisants. Les travaux viennent d'être suspendus.

Marbrerie. Les marbres de la Corse ont été admirés à l'exposition universelle de 1855, leur mérite a été proclamé, et aujourd'hui il est suffisamment prouvé que les richesses minéralogiques de cette contrée sont réellement remarquables et d'une valeur incontestable.

Depuis plusieurs années il s'est formé une société pour l'exploitation des carrières de marbre situées dans l'arrondissement de Corte. Cette société se trouve dans de bonnes conditions de prospérité ; elle inspire aux intéressés les plus légitimes espérances, et au public une confiance qui ne sera pas certainement déçue; mais ses ressources sont peu importantes, et les résultats ne peuvent être, pour cette raison, que d'une valeur médiocre.

Une autre société en commandite par actions s'est constituée au capital de 6,000,000 de francs par acte du 11 juillet 1855, sous la raison sociale : Paganelli, Casale et Cie. Ce capital est divisé en soixante mille actions de 100 francs au porteur.

Déjà cette société a commencé ses travaux. Les résultats obtenus sont très-satisfaisants; de nombreuses commandes ont été faites, et désormais l'exploitation des richesses minérales de la Corse aura lieu sur la plus vaste échelle.

C'est encore à M. Paganelli qu'est dû l'honneur de cet important succès, qui en amènera d'autres infailliblement.

Voici d'ailleurs quelle est l'opinion exprimée par le jury international sur les marbres de la Corse [1] :

« Le groupe de Corse comprend les carrières et les usines de l'île de Corse. C'est seulement depuis quelques années que l'attention a été appelée sur les marbres de la Corse; dès à présent on a cependant constaté l'existence de beaux marbres dont l'exploitation est facile. Médaille de 1re classe, M. Illiani (n° 4298), à Bastia (Corse).

» Sur les deux rives du torrent la Restonica, et à 2 kilomètres seulement de la ville de Corte, M. Illiani a fait en 1844 la découverte de plusieurs gisements

---

[1] Ce rapport a été imprimé, mais il n'est pas dans le commerce, ce qui donne à ce document le caractère d'un document inédit.

de marbres. Ces marbres, qu'il a envoyés à l'exposition universelle, sont : le bleu turquin, des marbres gris et blancs (bardiglio, fiorito), à dessins très-variés, quelquefois à structure bichiforme.

» Il y avait aussi un cipolin blanc compacte à grain fin, traversé par des veines régulières et parallèles de mica verdâtre. Déjà le cipolin avait été exploité à Corte, et on le trouve également à Erbalunga et au cap Corse.

» Les carrières de bleu turquin sont situées dans la commune de Serraggio, à droite et à une faible distance de la route de Corte à Ajaccio. Elles sont surtout remarquables par la facilité de l'exploitation, par la qualité et par les grandes dimensions des blocs pouvant servir à faire des colonnes qui ont 5, 6, 7 et même jusqu'à 10 mètres de longueur.

» Le piédestal de la statue du général Paoli à Corte, qui provient de ces carrières, est un bloc unique cubant 5 mètres 50.

» Plus récemment, M. Illiani a trouvé à San-Gavino, sur la grand'route de Corte à Ajaccio, un marbre très-remarquable.

» Tous ces marbres s'exploitent facilement, et ils peuvent être livrés à Bastia au prix de 150 ou 200 francs le mètre cube brut.

» Dès 1844, M. Illiani se mit en mesure d'exploiter les richesses minérales qu'il avait découvertes, et il construisit une usine sur la Restonica.

» Les machines y sont mises en mouvement par une roue hydraulique de la force de quarante chevaux, et le sciage y est fait par huit châssis, dont chacun est garni de trente lames.

» Bien qu'elle ait une origine récente, cette usine

a déjà exécuté les trente-deux colonnes de 5 mètres 75 de hauteur qui décorent le nouveau palais de Bastia; elle a exécuté également douze colonnes pour une église de Livourne; ses produits peuvent donc se répandre dans la Toscane, qui est cependant un des pays les plus riches en marbres.

» En résumé, on doit à M. Illiani la découverte de plusieurs gisements de marbre qui étaient inconnus en Corse et qui ne s'exploitent même pas en France; on lui doit également la création d'une usine dans laquelle ces marbres sont travaillés. Le bleu turquin, le cipolin, le marbre de San-Gavino produisent un très-bel effet, et peuvent servir à la décoration des palais et des monuments. »

Scieries. Il existe dans le canton de Brando, outre la scierie dont nous venons de parler, trois établissements pour polir les marbres communs, dits de *carrelage* : ce sont ceux de Erbalunga, Marmorajo et Castello.

L'exploitation des bois de la Corse, malgré les entraves qu'elle a rencontrées, a pris assez de développement pour qu'on substituât à la scierie à bras la scierie à eau ou à la vapeur. L'établissement de M. Cantaloup, à Vico, que nous avons visité, sert à dépecer les bois de la belle forêt de Libio. Les machines sont mises en mouvement par le Liamone; mais ce moteur est insuffisant en présence de l'extension que doit prendre cette exploitation; et il est à désirer que M. Cantaloup monte le plus tôt possible la machine à vapeur qu'il a fait venir d'Angleterre.

Tanneries. Il existe neuf tanneries à Bastia et une à Ajaccio. Celles de Bastia approvisionnent tout l'arrondissement et même celui de Corte. Celle d'Ajaccio, ré-

cemment établie sous l'habile direction de M. Louault,
promet d'acquérir un très-grand développement. On
trouve aussi dans les villages du canton de Piedicroce
quelques petites tanneries, où les habitants préparent
pour leur usage des peaux du pays.

Depuis la promulgation du décret du 17 mai 1853,
les cuirs fabriqués en Corse sont assimilés à ceux du
continent français, et les fabricants de ce département
jouissent de l'avantage des primes accordées par l'État
à l'exportation pour l'étranger.

FABRIQUES DE PATES. Pendant longtemps on tirait de
Gênes toutes les pâtes *dites d'Italie*. Il s'en est créé
plusieurs fabriques qui sont en voie de prospérité. On
en compte quinze à Bastia, deux à Ajaccio, et une à
Sartène ; cette dernière se soutient avec peine.

C'est encore sur le continent italien et en Afrique
qu'on va chercher le blé nécessaire à cette fabrication,
et qu'on nomme *grano duro*. Il est probable que cette
sorte de blé réussirait en Corse. Les agriculteurs qui
voudraient en faire l'essai auraient la perspective d'un
débit immédiat, et affranchiraient le pays du tribut
qu'il paye encore à l'étranger pour alimenter une industrie nouvellement introduite et susceptible d'extension.

DISTILLERIES. Il y a à Ajaccio et à Bastia des distilleries
établies dans de bonnes conditions, et qui exportent
dès à présent une certaine quantité d'alcool d'asphodèle et de baies d'arbousier.

FILATURE DE SOIE. « La filature de soie à la vapeur
que M. Veibert avait établie à Bastia en 1845 était fer-
mée depuis les événements de 1848, au grand regret
des éducateurs de vers à soie, qui se voyaient forcés

ou de subir la loi de quelques marchands de l'île, ou
d'envoyer leurs cocons sur le continent. En 1853,
MM. Dominici frères se sont rendus acquéreurs de cet
utile établissement et en ont augmenté l'importance :
M. Veibert n'avait jamais fait marcher que douze tours,
on en compte vingt aujourd'hui. Les ouvrières de
M. Veibert venaient toutes d'Italie ; il y a dans ce moment douze fileuses du pays. La campagne actuelle a
commencé le 1ᵉʳ mai, et depuis cette époque jusqu'à
ce jour, la filature de Bastia a dévidé 4,500 kilogrammes de cocons, et a fourni 380 kilogrammes de
soie, qui a rivalisé à Paris et à Lyon avec les produits
des meilleures fabriques de France. »

Il existe aussi deux petits tours à fourneaux dans la
commune de Luri, au cap Corse.

Chantier de construction. On vient de créer à Ajaccio
un petit chantier de construction, dont le créateur,
M. Bastiani, a obtenu de la Société centrale d'agriculture une médaille d'or.

M. Carlotti, sur la proposition duquel cette récompense a été votée, terminait son rapport en ces termes :
« Vos commissions ont pensé que M. Bastiani, directeur du chantier de construction établi dans cette ville,
méritait de votre part un témoignage de vive sympathie. En effet, le chantier, en activant la consommation, en fixant à Ajaccio des ouvriers étrangers, en
utilisant les produits de nos forêts, pouvait contribuer
à accélérer les progrès de l'agriculture et des industries qui ont avec cet art une relation intime. »

Savonnerie. Deux fabriques de savon existent à Bastia,
mais elles se soutiennent avec peine, faute de capitaux.
Une verrerie, qui avait été établie dans la même ville,

se soutint pendant les dernières guerres de l'Empire. Elle envoyait une partie de ses produits dans la Sardaigne, dont les communications avec le continent étaient devenues difficiles; mais à la paix la verrerie tomba, et elle n'a pas été remplacée.

Manufactures. De tout temps on a fait en Corse une assez grande quantité de toiles grossières. Il n'y a presque pas de famille de l'intérieur de l'île qui n'y travaille chaque année pour une partie de sa consommation. Ce sont des femmes qui font cette toile. Des tisserands du pays fabriquent également, dans plusieurs villages, du drap corse, *panno corso* ou *pelone*. Le meilleur drap se fabrique à Pietra Corbara, Sisco, Corte, Niolo, Bocognano et Venaco.

Poteries. « La poterie ordinaire, la faïence, la terre d'Angleterre sont tirées du continent, dit M. Gueymard; il est bien extraordinaire pour moi de n'avoir pas rencontré un seul atelier dans ce genre, et sûrement il ne faut pas l'attribuer au défaut des argiles ni au manque de combustibles. »

Mais Ajaccio possède depuis quelques années une fabrique de poterie créée par des Alsaciens. Ces fabricants méritent d'être encouragés; déjà leurs produits sont favorablement accueillis par le commerce.

On fabrique dans plusieurs localités de la Corse des pipes en terre cuite.

Moulins a huile. Les huileries sont nombreuses, mais le système actuellement répandu est défectueux ou très-imparfait. Cependant l'huilerie à vapeur de M. Calvi à Bastia a acquis un grand développement; c'est pourquoi elle mérite de notre part une mention honorable.

Moulins a blé. On compte en Corse 1,250 moulins à

blé. Le seul moteur, c'est l'eau des fleuves torrents. On rencontre par-ci par-là quelques moulins à vent.

Nos moulins, à cause de la grossièreté de leur mécanisme, donnent des farines d'une qualité inférieure, malgré la beauté du blé. Depuis 1852, il s'est formé près de Bastia deux établissements de minoterie à système anglais. Ce sont ceux de *Marmoraya* et *Griggione*. On remarque aussi aux environs de Calvi un moulin à farine à roues perfectionnées.

Il y a quelques années, on voulut créer à Ajaccio un moulin à vapeur. La société, faute de bonne administration ou de bons ouvriers, fit de mauvaises affaires, et cet établissement fut malheureusement obligé de suspendre ses travaux. La minoterie qu'a établie M. Versini dans les environs d'Ajaccio (à *Meza Via*) est en pleine prospérité, et les produits qu'on obtient peuvent rivaliser avec ceux du continent. On ne saurait jamais trop encourager l'honorable fondateur d'une entreprise qui sera éminemment riche en résultats heureux.

EXPLOITATION DU LIÉGE. Une circonstance particulière, dit le vice-président du comice de Sartène, dans son rapport à M. le préfet, vient de me révéler l'existence d'une autre branche d'industrie que je croyais depuis longtemps abandonnée, par suite de la destruction presque générale qui eut lieu dans notre arrondissement des chênes-liéges séculaires qui encombraient nos plaines et nos vallées. C'est l'exploitation du liége par une société dirigée par M. Delarbre, négociant de Paris, et représentée à Porto-Vecchio par M. Dufresne, agent spécial. Cette industrie serait passée inaperçue pour le comice sans la déclaration qui m'a été adres-

sée par ce dernier, en ma qualité de président du comité de Sartène pour l'Exposition universelle, à laquelle il compte présenter 20 kilogrammes de liége
brut, râpé et non râpé, en planches de 1 mètre de
longueur, 60 à 70 centimètres de largeur, et 25 à
30 centimètres d'épaisseur totale. Il paraît que ces exploitations en Corse, depuis deux ans, lui ont donné,
en poids net, 2,200 quintaux métriques brut râpé, et
qu'il espère, d'ici à peu d'années, doubler au moins
cette quantité par les soins continuels que son directeur donne à cette culture.

BRASSERIE. Pendant longtemps les liquoristes et cafe-
tiers de la Corse tiraient du continent la bière qu'ils
débitaient. Depuis qu'on a établi des brasseries à Ajaccio et à Bastia, le commerce d'importation de cette boisson a beaucoup diminué.

CORDERIE. L'industrie de la corderie a fini par prendre pied en Corse. Déjà on n'a plus besoin de recourir
à Marseille et à Livourne pour satisfaire les besoins du
pays. Il s'en fabrique à Ajaccio et à Bastia une très-
grande quantité.

CONFISERIE. Cette industrie n'est pas restée en arrière;
au contraire, elle a fait de rapides progrès.

Il y a à Ajaccio et à Bastia un grand nombre de confi-
seurs. Les produits de la confiserie de MM. Bonnet
frères (Ajaccio) peuvent facilement être comparés aux
meilleurs produits de ce genre du continent français.

FABRIQUE D'ALLUMETTES. Pendant longtemps on a tiré
du continent les allumettes chimiques. C'est depuis
quelques années seulement que des fabriques se sont
établies à Ajaccio et à Bastia. Les produits en sont satisfaisants.

FABRIQUE DE BOUGIES ET DE CIERGES. Il en existe sur plusieurs points de la Corse, ainsi que des fabriques de cire jaune et blanche.

MANUFACTURES DE TABACS. Les contributions indirectes n'étant pas prélevées en Corse, la fabrication du tabac, monopolisée sur le continent, occupe un assez grand nombre d'ouvrières, tant à Ajaccio qu'à Bastia. Les produits les plus remarquables sont ceux des fabriques Zevaco à Ajaccio et de MM. Damei frères à Bastia.

BIJOUTERIE. Cette industrie a fait des progrès, principalement à Bastia, où des bijoutiers intelligents montent le corail, en font des bracelets, des broches, des pendants d'oreilles et autres objets.

BONNETERIE. On fabrique à Ajaccio, depuis quelques années seulement, des chaussettes et des bonnets à la mécanique.

ÉBÉNISTERIE. L'ébénisterie a pris de l'accroissement dans plusieurs villes de l'île, principalement à Bastia et à Ajaccio. Désormais on n'est plus obligé de recourir aux fabricants du continent pour avoir des meubles de tout genre.

CARROSSERIE. Il y a quelques années on avait de la difficulté à se procurer une charrette ; à peine comptait-on quelques charrons à Ajaccio et à Bastia. Aujourd'hui il y a progrès. On trouve des charrons partout, et de plus ces deux villes possèdent des carrossiers intelligents et habiles.

BRIQUETERIES. On fabrique des briques et des tuiles dans plusieurs localités, car il y a de la terre qui est de très-bonne qualité pour cette fabrication.

CHARBONNAGE. On fait du charbon sur plusieurs points de la Corse. Plusieurs spéculateurs ont donné à cette

industrie le plus grand développement. Les bénéfices
qu'ils réalisent sont importants. Enhardis par le succès,
ils étendent leurs opérations sur une large échelle;
bientôt cette industrie alimentera avantageusement le
commerce de l'île.

FABRIQUE DE GOUDRON. Les habitants d'Asco extraient
de la résine du goudron qu'ils vont vendre dans tous
les villages de la Corse.

Les habitants du canton de Piedicroce (ancien canton d'Orezza) se distinguent par leur activité industrielle. Les paysans, dont l'unique travail agricole est
la récolte des châtaignes, occupent leurs loisirs à fabriquer des selles, des cuillers, des fourchettes, des
chaises de bois, des faucilles, des couteaux, des souliers, des pipes, etc.

Ils sont à la fois marchands et producteurs, et se
répandent dans toutes les parties de l'île pour y vendre non-seulement leurs objets manufacturés, mais encore le fer des forges voisines.

SALINES. Il existe à Porto-Vecchio des salines qui
prospérèrent sous l'Empire. On y faisait, dit-on, jusqu'à 10,000 quintaux métriques de sel. L'importation
de cette matière en Corse était alors défendue. Depuis,
nous dit Robiquet, la contrebande, la concurrence des
sels du continent et les droits de douane ont à peine
permis à cet établissement de se soutenir.

Aujourd'hui la quantité de sel provenant de ces salines peut être évaluée, année moyenne, à trois mille
et quelques quintaux métriques.

PÊCHERIES. Des gondoles de Bastia, d'Ajaccio, de Calvi,
de Bonifacio et du cap Corse font la pêche des anchois
et de la sardine dans différents golfes de l'île. Cette

pêche commence au mois de février et finit vers la fin d'août.

Robiquet nous fait savoir qu'en 1833 le produit de la pêche de deux gondoles d'Ajaccio a été de cent barils d'anchois et de quinze barils de sardines. Chaque baril pèse 7 rubes ou 57 kilogrammes. Le prix moyen du rube est de 10 francs. Le produit brut en argent, pour les deux gondoles, peut donc être évalué à 8,000 francs.

Les pêcheurs des étangs de Bigulia, d'Urbino, de Diana et del Sale rapportent annuellement une somme de 30,000 francs au moins [1].

La pêche du corail est très-avantageuse en Corse ; les côtes occidentales et méridionales en sont surtout très-riches. Il est vrai que les coraux sont plus abondants sur les côtes d'Afrique, mais il est avéré que ceux des côtes de la Corse sont d'une qualité supérieure. Malheureusement les pêcheurs insulaires ne savent pas tirer parti de ces richesses. Ce sont des bateaux étrangers qui se livrent tous les ans à cette pêche. En 1826

---

[1] « In hac insula, cursus amnium, non torrentes rapidi, ut noceant, » sed lenes, affatim piscosi. Sed qui nutriuntur in stagnis, ubi piscatio » multa est, et conditurae apta, hæc faciunt. Simul ac incessit eis libido » gignendi, gregatim in mare enatant, ducibus masculis genituram spar- » gentibus, quam feminæ consectantes recurvando se ex ea concipiunt. » — Eædem ubi prægnantes in mari sunt effectæ, omnes rursus ad sibi » consueta, non amplius eorumdem ductu, sed feminarum. Hos ubi » collegerunt, alii contusum ad ignem, alii in sartagine coquunt, eosque » myrto involutos, Florentiam, Senas, Pisas, Genuam, etiam media » æstate comportant ; salsos vero, et ad eas, et Romam et ad nonnullas » alias Italiæ civitates ; sunt enim optimi pisces quod Juvenalis, in satira » quinta, illo versu testatur, dicens :

« Mullus erit domino quem missit Corsica. »

» Qui vero pisces Erbino aluntur stagno, sapore longe omnibus præ- » stant. » (*Cyrnæus.*)

quatre-vingt-sept bateaux génois, toscans et napolitains pêchèrent sur les côtes de la Corse 11,801 kilogrammes de corail, évalués à 664,645 francs, ce qui donne par bateau un bénéfice de 7,640 francs.

Préparation et conservation des substances alimentaires.

Parmi les produits de l'industrie qu'on peut appeler gastronomiques, nous signalerons les terrines de merles corses, inventées et préparées avec succès par M. Guidon, charcutier à Ajaccio. La quantité de ces oiseaux est considérable, et on les exporte par centaines de mille à Marseille. Grâce à la nouvelle préparation que leur a fait subir M. Guidon, ils peuvent voyager au loin, et bientôt peut-être ils figureront sur les tables les plus aristocratiques à côté des pâtés de Strasbourg, d'Amiens, de Chartres ou de Pithiviers.

Tous les bergers fabriquent des fromages, entre lesquels une mention spéciale est due à ceux de Coscione, de Venaco, de Bastelica et de Guagno.

Le *broccio*, fromage blanc qui se mange frais, a un parfum *sui generis* qui tient à la qualité des plantes odoriférantes répandues en abondance dans tous les pâturages de la Corse.

Il nous semble que l'éducation bien comprise de la race ovine ouvrirait dans la suite une branche de commerce, ce serait celle du fromage. En examinant la quantité prodigieuse de fromages étrangers dont la France est obligée de se pourvoir toutes les années, on est certainement jaloux de voir arriver une époque où les Français réaliseront les mêmes bénéfices que les Suisses, les Hollandais et les Sardes dans leurs relations avec la France. Évidemment il serait difficile de faire en Corse une sorte de fromage qui ressemble à celui de Gruyère ou de Hollande ; mais qu'importe la dissemblance, pourvu que la qualité soit bonne et qu'elle soit goûtée dans la consommation ?

Nous croyons que les bergers corses en pourraient fabriquer d'excellents ; car, indépendamment des considérations théoriques sur l'abondance des pâturages que la terre produit spontanément et de la bonté substantielle et aromatisée des herbes, l'expérience nous a démontré que plusieurs bergers ont fabriqué du beurre qui rivalise pour la délicatesse et la perfection avec ceux si renommés de la Prévallé, d'Isigny, de la Bretagne et de la Flandre.

Dernièrement nous avons visité une superbe vacherie créée par M. Peraldi, de Vico. Cet honorable propriétaire fait entretenir vingt vaches. Ses bergers obtiennent des produits de première qualité. Le vaste établissement qu'il a formé à cet effet réunit toutes les conditions hygiéniques voulues, et cet exemple devrait déterminer d'autres propriétaires de la Corse, en état de faire quelques avances, à imiter M. Peraldi.

Les raisins et figues secs de la Corse sont préférables à ceux de la Provence, et par le goût et par la beauté. Mais chaque ménage n'en sèche guère que pour sa propre provision, ignorant tout le profit qu'on pourrait en tirer en multipliant cette opération. Il nous semble cependant qu'il serait facile d'établir un commerce en grand de ces produits. Il suffirait d'avoir un dépôt de ces denrées à Ajaccio et à Bastia, et quelques correspondants à Paris et dans l'intérieur de l'empire pour développer en peu de temps ce genre d'industrie, car dès le jour que ses fruits seraient connus, ils obtiendraient infailliblement la préférence.

Les jambons et les saucissons se font avec succès dans tous les ménages de l'intérieur de la Corse. Ceux de Porto-Vecchio et de Vico méritent une mention spéciale; sous la direction d'un spéculateur intelligent, ils pourraient devenir un objet de commerce, et nous avons la certitude que dès que leur réputation se serait étendue, ils entreraient d'une manière permanente dans la consommation générale.

On prépare en Corse des mets spéciaux, tels que des tagliarini, ravioli, fiadoni, papaccioli, falculelle, cacavelli, torte, biscotelli, canistrelle, etc., etc.

Les continentaux dégustent avec plaisir ces mets dont nous avons cru devoir donner la nomenclature, mais qui ne sont pas susceptibles d'être exportés, à l'exception des biscotelli et des canistrelle.

II.

Quelques idées générales sur l'industrie en Corse et immense progrès à réaliser.

Voilà quelle est actuellement la situation de la Corse.
Comment parvenir à l'améliorer?
Par le développement de l'industrie.
L'industrie dont la Grande-Bretagne avait eu longtemps le monopole a pris en France un magnifique essor. Nous comptons maintenant une multitude de villes de fabriques dont les produits s'exportent dans les deux mondes. Il en est résulté un accroissement considérable de richesses et de bien-être. Des populations déshéritées ont été initiées aux bienfaits de la civilisa=

tion. Le goût du luxe et des arts s'est répandu dans toutes les classes. On a tiré parti de toutes les ressources qui n'avaient pas été jusqu'alors utilisées. De nouvelles idées ont pénétré partout. Ceux qui prétendaient que la prospérité de l'agriculture était incompatible avec les progrès de l'industrie ont pu se convaincre que c'étaient deux sœurs qui se prêtaient un mutuel appui. Les départements du Nord, de la Seine-Inférieure, de la Somme, du Rhône, etc., attestent cette vérité.

La Corse est restée en arrière du mouvement. Ce n'est pas qu'on ait entièrement méconnu son importance et les avantagés qu'elle offrait aux spéculateurs, mais diverses causes ont réduit à l'impuissance les grandes entreprises conçues dans le double intérêt du département et de la France entière.

D'abord il existe de vieilles préventions contre la Corse.

«Il n'y a pas longtemps encore, dit M. Charles Abbatucci dans son allocution au conseil général de la Corse (session 1856), les capitaux, effrayés moins peut-être par la grandeur et la gravité du mal dont nous étions atteints que par les fortes préventions qui pesaient sur nous, n'osaient s'aventurer dans notre île, malgré sa retentissante réputation de fertilité et de richesse. »

En effet, trompée par des récits mensongers ou par des exagérations, l'opinion publique se représente les habitants comme indisciplinables, avides de meurtre et de pillage, prêts à assouvir leurs passions farouches sur l'étranger.

Un écrivain, qui est un des plus hauts dignitaires de l'empire, a contribué à répandre de fausses idées sur le caractère corse. Son style élégant et pur, le soin qu'il apporte dans la description des localités, dans la peinture des caractères, ont fait illusion à ses lecteurs, qui ont accepté comme paroles d'Évangile toutes ses affirmations. Son roman eût pu être également intéressant s'il y avait ajouté quelques notes rectificatives, indispensables pour faire connaître qu'il parlait de mœurs déjà anciennes et qui tendaient à disparaître.

Nous l'avons déjà dit, le banditisme, pourchassé à outrance dans les makis et dans les réduits les plus inaccessibles, a cédé à l'action persistante du gouvernement, au zèle courageux des tirailleurs corses, ainsi qu'à l'inflexible sévérité des magistrats.

«Mais aujourd'hui, ajoute M. Abbatucci, que le mal a disparu, que la sécurité nous est rendue, que les préjugés s'effacent et tombent, les regards commencent à se diriger vers la Corse. »

D'ailleurs nous n'avons pas besoin de revenir sur la distinction qui séparait le bandit corse du brigand continental ; même à l'époque où la *vendetta* exerçait en Corse ses déplorables ravages, la propriété y était respectée. L'homme qui s'était mis en dehors de la société pour venger son honneur et celui de sa famille aurait eu honte de se souiller d'un vol. Ses mains pouvaient se teindre du sang d'un ennemi, mais elles ne s'armaient jamais contre l'étranger. Celui-ci voyageait à toute heure et sans crainte sur toutes les routes ; il y avait pour lui une sécurité complète, et il courait moins de dangers dans les sentiers les plus déserts des montagnes que sur les routes fréquentées des environs de Paris [1].

[1] « Quel sujet de recherches, notamment, que ce fait qui nous montre

Les préjugés qui s'élevaient contre la Corse n'ont plus aucune raison d'être, puisque le banditisme est complétement détruit; mais une difficulté d'un ordre matériel a entravé les tentatives qui ont été faites depuis 1830. Les routes manquaient ou elles étaient imparfaitement entretenues. Nous croyons cependant qu'elles auraient suffi pour certaines exploitations si les compagnies ne s'étaient rebutées trop facilement ou si elles avaient été conduites avec plus d'intelligence et de moralité.

En présence des trésors que la nature avait prodigués à notre île, les fondateurs des compagnies se sont figuré qu'ils allaient réaliser sans travail d'immenses bénéfices. Ils se sont partagé les dépouilles opimes avant d'avoir vaincu. Des sociétés se sont constituées avec une administration ruineuse, avec des frais énormes de directeur, sous-directeur, employés, etc. La bureaucratie a absorbé une grande partie de leur capital, et les caisses étaient à moitié vides lorsqu'on a songé enfin au principal but de l'entreprise.

Nous citerons pour exemple la compagnie du *Migliacciaro*, qui se proposait le défrichement d'une grande partie des terrains de la plaine orientale. Elle entretenait une véritable armée d'employés ; elle avait

» parmi les départements où les crimes sont le plus nombreux la Seine
» et la Corse, placés à une si grande distance sur l'échelle de la civili-
» sation! Il est vrai que dans la Seine nous rencontrons surtout des crimes
» contre les propriétés, tandis que dans la Corse ce sont les crimes contre
» les personnes. — Nous devons de plus faire remarquer que, propor-
» tionnellement, la Corse a gagné quelque peu en 1855. Depuis nombre
» d'années, elle venait ordinairement en seconde ligne pour le nombre
» des crimes. Cette année elle a remonté quant au niveau moral, grâce
» aux mesures qui ont eu pour but d'assurer dans cette île la sécurité
» publique et l'action des lois. » (Henri Cauvain, *le Constitutionnel*,
numéro du 21 février 1857.)

construit des fermes sur une vaste échelle, planté douze mille mûriers ; mais elle ne s'était nullement occupée des moyens de triompher du seul obstacle qui s'oppose à l'exploitation de ce sol fertile, l'insalubrité. Faute d'études préliminaires, malgré les conseils des hommes expérimentés, la compagnie du Migliacciaro s'est lancée aveuglément dans des opérations qui ne pouvaient être suivies d'aucun succès, parce qu'elle n'avait pas tenu compte de la condition *sine qua non* de son établissement.

La compagnie normande qui voulait exploiter en 1840 les belles forêts de Pietraggio, Clarezza, Poggiolo, Guagno, arriva avec un matériel immense. Elle avait amené des charrettes, des chevaux de forte race ; mais les uns et les autres restèrent inutiles, et pourquoi ? parce que la compagnie normande avait oublié l'essentiel, chose incroyable ! Elle n'avait pas acheté un seul arbre. Plusieurs mois s'écoulèrent avant qu'elle eût passé des contrats avec les propriétaires, qui, la voyant prise au dépourvu, profitèrent naturellement de leur position, sans toutefois en abuser. Après d'infructueux efforts, la compagnie, obérée par de folles dépenses, dut abandonner ses scieries et ses constructions.

Nous pourrions parler encore de la culture des tabacs à Ajaccio. La compagnie qui l'avait entreprise fut compromise par des dilapidations. Forcée de renoncer à son exploitation, elle se retira en déclarant dans un rapport qu'il n'y avait rien à faire en Corse.

Eh bien, nous soutenons le contraire ! Sans doute, en Corse comme en France, tous les spéculateurs ne réussissent pas. On sait que sur le continent le nombre des faillites et même des banqueroutes n'a pas malheureusement diminué. La Corse ne pouvait se soustraire aux règles générales des spéculations industrielles ; mais il est inexact de dire qu'on ne peut y rien faire, parce qu'on n'y a fait jusqu'à présent que peu de chose. Il est injuste de déduire des échecs passés, les échecs à venir. La plupart des compagnies ne doivent leur malheur qu'à elles-mêmes, à leur imprévoyance, à leur mauvaise gestion. Elles auraient prospéré si elles avaient mis plus de mesure et d'intelligence dans leurs opérations.

L'exploitation des forêts de Pietraggio, Clarezza, Libio, a été reprise par M. Cantaloup. Cet actif industriel a recueilli les titres de la compagnie en détresse, et bien qu'il ait commencé ses travaux par l'exploitation de la partie la plus difficile des bois, tout lui promet de bons résultats.

Les industries susceptibles de prendre une grande extension en Corse sont très-nombreuses. Nous allons les faire connaître.

MÉTALLURGIE. Malgré les grands efforts qui ont été faits ces dernières années, l'industrie métallurgique n'a pas acquis en France le développement désirable. La production des fers et des aciers n'est pas à la hauteur des besoins toujours croissants de la consommation, et sous ce rapport notre pays est tributaire de l'étranger pour des sommes très-considérables. Cependant, aujourd'hui que les chemins de fer se multiplient dans d'énormes proportions, que d'immenses capitaux sont absorbés par la création de voies de communication rapide et économique, l'industrie métallurgique, loin de rester stationnaire, devrait au contraire prendre une grande extension.

Les usines de France sont insuffisantes. Isolées, situées sur des points éloignés les uns des autres, assujetties à des dépenses très-fortes et possédant peu de capitaux, elles n'ont abouti qu'à des succès médiocres.

Nous savons déjà que sur deux points de la Corse cette industrie a pris un immense développement et promet de s'étendre de plus en plus. Grâce à l'importance de l'objet des sociétés Jackson et Paganelli, grâce aux solides garanties qu'elles offrent aux actionnaires, aux témoignages de sympathie qu'elles ont su acquérir; grâce surtout à la situation favorable où elles sont établies, elles sont placées dans d'admirables conditions de prospérité.

Nous sommes convaincu que ces sociétés, avec de grands moyens d'influence, sous une direction forte et éclairée, pourraient imprimer à l'industrie métallurgique le plus magnifique essor. C'est ce qu'ont compris les frères Jackson, et pour atteindre ce but, ils viennent de projeter la création d'une nouvelle usine à Ajaccio.

Mais ce n'est pas assez de créer une succursale à Ajaccio; il est très-utile de fonder des usines semblables sur plusieurs points de la Corse et d'exploiter toutes les mines que le sol recèle, car tout concourrait aux succès de ces entreprises.

La Corse est un pays boisé; les makis et les forêts, par l'ébranchage, offrent des ressources immenses [1].

---

[1] « Le nombre d'arbres brûlés au pied, dit M. Richard, est considé-
» rable; et, indépendamment des branchages, des mèches, une partie
» notable de leurs troncs devra dès lors passer au charbonnage. — Mais
» à ceux-ci il faut encore ajouter tous les bois noueux, gélifs, gercés,
» fendus, roulés, tordus, affectés, en un mot, de ces défauts dont la
» liste est bien longue, et qui les font rejeter des constructions.

» Ce n'est pas tout encore, des masses considérables de chênes verts
» couvrent presque partout les plis des terrains inférieurs; et que faire

Nous savons aussi qu'elle possède des mines susceptibles d'être exploitées avec avantage ; par conséquent nous sommes autorisé à espérer qu'aujourd'hui que l'élan est donné, l'industrie métallurgique en Corse s'étendra tous les jours de plus en plus, soit que l'on tire le minerai de l'île.d'Elbe, soit qu'on le tire des mines indigènes.

Cette industrie étant appelée à un grand développement, nous pensons qu'il est utile de présenter quelques réflexions relatives à la situation des usines à créer et à la force motrice des torrents.

SITUATION DES USINES. Le bon sens indique que l'usine doit être placée de telle sorte que la somme dépensée pour les transports soit la moindre possible, et bien qu'il soit évident qu'on ne puisse satisfaire cette condition qu'en se rapprochant le plus possible des forêts, quelques-uns prétendent, cependant, que l'usine devrait être nécessairement construite près du rivage. Entrons dans l'hypothèse de ceux-ci ; supposons comme eux l'existence d'un haut fourneau et de ses affineries placés sur le rivage ; supposons aussi une usine toute semblable établie près des bois, comme nous le proposons, et pour simplifier la question, évaluons à une journée de marche la distance qui sépare les bois du rivage.

Nous savons que pour produire 100 kilog. de fer

» des chênes verts, sinon du charbon, après qu'on en aura tiré des
» pièces de charronnage et manches d'outils.

  » Le charbon de chêne vert est d'ailleurs de très-bonne qualité ; et
» pour les usages métallurgiques, on le mélangera toujours avec avantage à celui qu'on obtiendra des débris des pins lariccio et des pins
» maritimes qui, avec les chênes verts, forment les essences dominantes
» en Corse. »

par la méthode indirecte, il faut environ 400 kilog. de
charbon et 220 kilog. de minerai. L'usine placée sur
le rivage ne payera donc aucun transport par terre
pour son minerai ni pour conduire son produit à la
mer ; mais chaque quintal métrique de fer exigera
quatre journées de mulet et coûtera environ 10 francs ;
or, le lendemain, les quatre mulets remonteront à
vide, et ce travail négatif coûtera encore une somme
égale, car en industrie le temps se paye aussi bien que
la force vive.

L'usine située près des bois, au contraire, dépensera
en transports par terre, savoir : deux journées et un
cinquième pour le port de 220 kilogrammes de minerai, et le lendemain l'un des mulets descendra à vide,
et l'autre portera au rivage le quintal de fer produit
par les 220 kilogrammes de minerai, de sorte que
l'usine située près des bois n'aura dépensé en transports que moitié environ de celle qui est située sur le
rivage, et dans l'hypothèse où se placent les partisans
du système contraire, elle aura fait sur celle-ci une
économie annuelle de 12,000 francs.

Sans doute les choses ne se passeront pas tout à
fait ainsi, mais cet exemple nous a paru propre à démontrer d'une manière sensible que ce n'était point
nécessairement près du rivage, mais bien nécessairement près du combustible, près des forêts, que les
forges devront être construites.

Il ne nous semble pas possible que la fabrication du
fer puisse être séparée du commerce des bois, s'il
s'opère sur une vaste échelle ; car il est à remarquer que si l'on renonçait à utiliser sur place, à la fabrication du fer par exemple, les énormes débris que

laissera l'exploitation de ces forêts, les chars, après avoir déposé leur bois à la mer, remonteraient à vide, tandis qu'en créant dans le voisinage des forêts, soit des forges catalanes, soit des hauts fourneaux, ces usines se trouveraient alimentées de minerai presque sans aucun excédant de dépense de transport, et sensiblement au même prix que si elles se trouvaient situées sur le bord de la mer. Il est vrai qu'en rapprochant ainsi ces forges des forêts, on augmentera de tout leur produit la masse des transports descendants; malgré cette circonstance, nous croyons qu'il y a, à bien calculer, grand avantage à créer les usines près des forêts.

FORCE MOTRICE. La force motrice des torrents est un des éléments les plus importants de la construction des usines; c'est là une de ces trivialités que nous aurions honte d'écrire, si nous ne nous étions aperçu que des acquisitions fort considérables avaient été faites sur quelques points de la Corse, sans que les acquéreurs eussent seulement songé à cette considération. Ainsi, en 1840, une somme de 200,000 francs a été consacrée à l'achat de forêts de chênes verts, dans une des vallées du sud, en vue d'y créer un certain nombre de forges, et l'on a découvert plus tard que la faiblesse habituelle du cours d'eau, que ses intermittences, ne permettraient probablement pas à ces usines de travailler six mois par an. Nous recommandons en conséquence aux industriels de bien étudier la nature des cours d'eau, généralement fort capricieux, qui sillonnent le sol de la Corse. Les chutes sont nombreuses et fortes, malheureusement le volume d'eau est très-variable pour un même point, et il importe énormément de connaître sa valeur *minima* au moins par approximation, pour le point où l'on se proposerait d'établir des forges. Nous trouvons à ce sujet, dans l'ouvrage de M. Robiquet, quelques jaugeages approximatifs opérés par M. Hucherot, conducteur des ponts et chaussées. Nous les transcrivons ici, en y ajoutant d'autres mesures également approximatives, prises par M. Richard, ingénieur.

Nous marquons d'un H les résultats de M. Hucherot, et d'un R ceux de M. Richard.

Valeur approximative du volume d'eau débité par quelques torrents de la Corse à diverses époques.

TORRENTS.	POINTS DU COURS.	ÉPOQUES.	VOLUME D'EAU par seconde en mètres cubes.	
Tavignano.	A 3,000 mètres au-dessus du point où il reçoit le Corsigiese.	16 septembre.	0,967	H
	Au-dessous de la Restonica...	19 mars.....	14,168	H
Liamone..	Au-dessus du pont de Truggia.	4 février ...	91,800	H
Golo......	C'est un des fleuves les plus considérables de la Corse. Son volume n'a pas été évalué....			
Gravone ..	Près de l'embouchure........	15 juin	5,643	H
	Au-dessous du Vero.........	10 mai.......	10,184	H
Prunelli ..	Près de l'embouchure........	15 juin	8,112	H
	Au-dessous de Bastelica......	8 août.....	0,340	H
Taravo ...	Près des bains de Guitera....	8 août.....	3,120	H
	Au-dessous du pont de Calzolo.	9 mai......	7,800	H
Valinco...	Au gué du chemin de Sartène à Propriano	8 mai......	3,456	H
Ortolo....	Au gué du chemin de Bonifacio à Sartène	7 mai......	0,396	H
	Au-dessous de la Fociarella...	12 janvier ...	0,891	R
Fiumorbo.	Un peu au-dessous du point dit Calcinajo.............	14 mars.....	2,808	R
	Au pied des rochers de Kyrie-Eléison, au-dessus du point où il reçoit le Regolo......	17 mars.....	1,800	R
	Au-dessus du point où il reçoit le Chicheri	21 mars.....	0,240	R
Abatesco..	Au point dit l'Uscione........	novembre ...	envir. 2,500	R
Travo	Au point dit la Murta	novembre ...	envir. 3,000	R

En 1816, M. Hanet Clery, inspecteur des forêts, présenta un projet détaillé des forges qu'il conseillait d'établir à Galeria[1]. M. Garella a fait la même proposition en 1833, dans un beau mémoire, où il détermine les prix auxquels reviendrait le quintal métrique de fer, soit en exploitant la mine de Farinole, soit en tirant le minerai de l'île d'Elbe, et suivant la méthode que l'on emploierait pour traiter ce minerai.

M. Garella arrive aux résultats suivants par des calculs approximatifs, en supposant que l'on fabriquât annuellement 10,800 quintaux de fer. Ce produit pourrait être obtenu avec deux hauts fourneaux et six feux d'affineries, dont la construction coûterait 400,000 fr. ou par six foyers catalans qui coûteraient 250,000

Dans le premier cas, le quintal métrique de fer reviendrait, avec le minerai de Farinole, à 38 fr. 13 c. Avec le minerai de l'île d'Elbe, à. 44   35

Dans le second cas, il reviendrait, avec le minerai de Farinole, à. . . . . 34 fr. 15 c. Avec celui de l'île d'Elbe, à. 39   10

L'avantage reste donc aux foyers catalans et au minerai de Farinole.

M. Garella fait observer que le prix de la fabrication du quintal métrique de fer est de 58 fr. 13 c. dans les forges des Pyrénées, et de 61 fr. 81 c. dans les forges à hauts fourneaux allant au charbon de bois.

Dans la Haute-Saône, le fer fabriqué à la houille pourrait seul lutter pour le prix avec celui de Galeria, mais la qualité de ce dernier serait bien supérieure.

L'exécution de ce projet offrirait un bon modèle aux maîtres de forges qui voudraient perfectionner leurs

[1] *Voir* Robiquet.

usines, et favoriserait l'accroissement de la colonie de Niolins, ainsi que celui des autres établissements que le gouvernement pourra former sur le littoral du golfe de Galeria.

MARBRERIE. Nous avons énuméré les inépuisables richesses de la Corse en granits, porphyres, marbres calcaires, marbres blancs, syénites, jade, serpentine, etc. L'exploitation en grand de ces marbres est non-seulement dans l'intérêt de l'île, mais encore dans celui de la France entière. Ils contribueraient puissamment à l'ornementation des édifices publics; ils faciliteraient la vulgarisation des travaux de la statuaire. C'est de la Corse qu'on a fait venir les magnifiques granits du soubassement de la colonne élevée sur la place Vendôme, à la mémoire de la grande armée.

Quand on a pensé à construire un monument à Napoléon sous les voûtes de l'église des Invalides, on aurait dû naturellement avoir recours aux marbres de sa terre natale. C'eût été une heureuse idée sans doute que celle de déposer sa dépouille mortelle dans un sarcophage pris aux lieux où fut son berceau. Cependant on est allé chercher en Finlande, à grands frais, des marbres qui ne valent peut-être pas ceux de Bivineo, Castifao, Corte et Oletta.

Les travaux publics acquièrent chaque jour en France une importance nouvelle. Il n'est pas de ville qui ne se soit enrichie de monuments. On élève de toutes parts des églises, des hôtels de ville, des musées, des théâtres. Chaque localité érige des statues aux hommes dont elle s'honore. Pour répondre à des besoins toujours croissants, qu'a-t-on fait? On s'est adressé à l'étranger, ou bien l'on a exploité péniblement, au prix d'énormes sacrifices, les carrières des Pyrénées et des Alpes. Si l'on avait consacré à l'exploitation des marbres corses une faible partie des capitaux employés, nous n'hésitons pas à dire qu'on aurait obtenu plus facilement des résultats meilleurs.

Sans doute il fut un temps où la plupart des carrières de la Corse étaient inexploitables, faute de voies de communication. Cet état de choses n'existe plus, et d'ailleurs il ne justifie pas l'abandon dans lequel on a laissé les granits d'Algajola et ceux des environs de Calvi.

Aujourd'hui toutes les carrières de la Corse peuvent être avantageusement exploitées, et pour donner une idée du parti qu'on en peut tirer, il suffira de citer le monolithe taillé dans le granit d'Algajola et destiné à servir de piédestal à la statue de Napoléon Ier à Ajaccio. Ce bloc, unique dans le monde par ses dimensions et la pureté de son grain, attend encore le navire qui doit le transférer à Ajaccio.

Que doit-on conclure de ce fait? C'est que pour utiliser les marbres de la Corse, il faudrait des compagnies organisées sur une vaste échelle, disposant de moyens puissants.

Elles seraient d'autant mieux accueillies en Corse qu'elles procureraient du travail à une classe nécessiteuse, et qu'elles déroberaient un grand nombre d'hommes intelligents, robustes, mais malheureusement inactifs, à la double excitation de la misère et de l'oisiveté.

Que la compagnie marbrière dont nous avons parlé étende son exploitation, et nous lui promettons le suc-

cès. Le gouvernement pourrait la favoriser sans grever
exceptionnellement le budget, en lui demandant des
marbres pour les monuments publics. Nous avons un
exemple récent de ce que peut, non pas l'influence de
l'administration centrale, mais seulement la bonne volonté d'un homme haut placé.

Les marbres du département du Lot étaient inconnus; il a suffi qu'ils fussent recommandés par une de
nos illustrations militaires, le maréchal Canrobert, pour
qu'ils fussent employés à la décoration des monuments
publics. Ils sont désormais en réputation; aucune difficulté n'a pu arrêter les capitalistes qui en ont entrepris l'exploitation; on a ouvert des routes ou amélioré
celles qui étaient déjà tracées. Si plus tard on élève
une statue au général Canrobert, ce sera avec des
marbres de son département; mais il aura dans la mémoire de ses concitoyens un monument plus durable
encore.

Il ne tiendrait qu'aux hommes éminents que la Corse
a vus naître, et qui occupent actuellement une haute
position, de s'assurer également la reconnaissance impérissable de leurs compatriotes. Ils pourraient assurément la mériter d'une manière spéciale, en réclamant
sans cesse la mise en œuvre des trésors de toute espèce
que leur pays natal possède. Si nous appelons leur attention sur cette branche d'industrie, c'est que l'occasion s'en est présentée. Dans les réalisations de quelques-uns des vœux que nous formons pour notre patrie,
ils peuvent être arrêtés par des considérations purement financières; mais ici, l'encouragement donné à
l'industrie marbrière, loin de coûter à l'État, lui assurerait au contraire des bénéfices, car il se procurerait

à des conditions favorables des marbres qu'il va chercher à l'étranger.

Le passage qui suit, tiré de l'*Exposé* de la compagnie minière et marbrière de la Corse, démontre clairement quels seront les bénéfices à réaliser dans cette vaste exploitation :

« Les marbres de la Corse sont protégés en France contre la concurrence étrangère par des droits de douane, qui, pour ceux en blocs, varient de 243 francs à 54 francs par mètre cube, pesant 2,700 kilogrammes, ce qui donne une moyenne de 135 francs par mètre.

» Pour les marbres en tranches, ces droits varient de 594 francs à 108 francs par mètre cube, ce qui donne une moyenne de 286 francs par mètre. Les droits de douane sont augmentés de plus d'un quart pour les marbres en blocs ou en tranches, lorsqu'ils sont importés en France par navires étrangers ou par terre.

» La protection accordée aux produits des carrières de la Corse est tellement large, qu'il n'y aura désormais que le très-petit nombre de marbres étrangers n'ayant ni similaires ni équivalents en Corse qui pourra supporter les droits des douanes françaises.

» Les questions de main-d'œuvre et de transport se résolvent également de la manière la plus heureuse.

» L'Italie fournit à la Corse les ouvriers carriers, équarrisseurs, marbriers et sculpteurs dont elle a besoin pour ses exploitations actuelles, et elle lui fournira ceux nécessaires pour donner tout le développement possible aux exploitations nouvelles. Ces ouvriers, pour la plupart originaires de la Toscane, des pays de Modène, de Lucques, de Massa, de Carrare et du Piémont, sont les meilleurs ouvriers du monde, et ils se contentent d'un salaire inférieur de près de moitié à celui que reçoivent les ouvriers français.

» Le mètre cube de marbre extrait et équarri revient, en carrière, de 50 à 70 francs, suivant les dimensions des blocs et la dureté du marbre.

» Le prix du transport des marbres des carrières actuellement exploitées dans le centre de l'île, au port de Bastia, Saint-Florent, l'Ile-Rousse ou Ajaccio, varie de 2 à 4 francs les 100 kilog., soit de 54 à 108 francs le mètre cube, pesant 2,700 kilog., suivant les distances à parcourir ou les dimensions des blocs. Pour les carrières situées près de la mer, le prix de transport varie de 50 centimes à 1 franc les 100 kilog., soit de 13 francs 50 centimes à 27 francs le mètre cube.

» Le fret des ports de la Corse à Marseille varie de 15 à 20 francs par tonne, tous frais compris. Le mètre cube de marbre est ordinairement compté pour trois tonnes à bord des navires.

» De Marseille à Rouen, le nolis est, en temps normal, de 35 à 45 francs la tonne. Le transport direct des ports de la Corse à Rouen coûterait moins cher.

» D'après ces données, le prix de revient du mètre cube provenant des carrières du centre de l'île, transporté à Paris, peut être établi ainsi qu'il suit :

	fr.	c.
Extraction et équarrissage.	70	»
Transport de la carrière au port d'embarquement. .	70	»
Fret de Bastia à Marseille (chapeau de capitaine, chargement, déchargement, assurance maritime, etc., compris)	60	»
Fret de Marseille à Rouen (tous frais compris). . .	120	»
Fret de Rouen à Paris.	30	»
Octroi de Paris.	17	»
Déchargement, camionnage et menus frais.	13	»
TOTAL	380	»

» Le prix de 380 francs est celui des exploitations actuelles, qui dans leur isolement sont obligées de se soumettre à des exigences ou à des nécessités auxquelles échappera une compagnie qui aura organisé avec intelligence et économie toutes les parties de son service. On peut donc affirmer que ce prix de revient sera réduit considérablement, lorsque les chargements de marbres pour les ports des côtes de l'Océan et des mers du Nord, pour l'Angleterre et l'Amérique, seront expédiés directement des ports de la Corse à leur destination, sans faire l'escale de Marseille qui renchérit le mètre cube de 65 francs au moins.

» Le transport dans l'intérieur de la France par les chemins de fer, les rivières et les canaux, se fait aujourd'hui à des prix modérés et qui tendent à diminuer.

» Ces facilités de transport, qui deviennent chaque jour plus grandes, auront pour résultat de généraliser l'emploi du marbre.

» Des bénéfices plus considérables que ceux résultant de la vente des marbres en blocs seront réalisés sur les marbres débités *en tranches* ou mis *en œuvre* dans des usines et ateliers établis à proximité des principaux centres d'exploitation.

» Les marbres riches de la Corse qui, en supposant les conditions les plus désavantageuses, reviendront à 380 francs le mètre cube, rendus à Paris, en blocs, pourront y être vendus de 700 à 900 francs aux marbriers ou entrepreneurs. »

Tels sont les avantages que présente l'exploitation des carrières de la Corse. Il est donc à supposer que beaucoup de capitalistes du continent concourront à cette entreprise pour lui donner une impulsion de plus en plus grande.

CHANTIER DE CONSTRUCTION. Dans sa session de 1856, le conseil général s'associant au désir exprimé par le conseil d'arrondissement, a émis un vœu pour l'établissement dans le golfe d'Ajaccio d'un arsenal maritime industriel. L'accès facile de ce golfe, la sûreté de ses mouillages, son admirable position au sein de la Méditerranée, le voisinage de riches forêts, sont autant de conditions favorables pour la réalisation de ce projet, qui se recommande d'ailleurs à la sollicitude du gouvernement par des considérations d'un ordre plus élevé.

On sait en effet que la marine marchande française est dans un état de décadence.

L'industrie s'est développée, la guerre et des récoltes insuffisantes ont rendu nécessaire l'emploi d'un grand nombre de bâtiments, et le gouvernement s'est vu dans la nécessité de noliser des navires étrangers, et de répandre au dehors des capitaux qui auraient pu être répartis dans nos ports.

Cependant des chantiers se sont établis sur divers points du littoral de l'Océan et de la Méditerranée. Une société, constituée au capital de 10 millions, construit maintenant des navires à Cette, et elle y a prospéré ! A plus forte raison, quelles magnifiques chances d'avenir aurait l'établissement à Ajaccio d'un chantier de construction industriel, soit pour les bâtiments à voiles, soit pour les bateaux à vapeur !

Quelles sont les matières premières propres à ces sortes de constructions ?

Du fer en très-grande quantité pour les coques et les machines ;

Du bois de sapin pour les ponts et les parois des bastingages;

Du bois de chêne pour les barreaux, les montants et les lisses de bastingages, et les ceintures intérieures et extérieures;

Du bois de sapin pour les mâtures;

Du chanvre pour les cordages et les toiles à voiles;

Du brai et du goudron pour le calfatage et les cordages;

Enfin du cuivre, des matières grasses pour les machines. Ajoutons, pour compléter cette énumération, la nécessité de créer un centre de population assez étendu pour parer à tous les besoins, à toutes les exigences de cette vaste industrie.

Eh bien, ces matières premières se trouvent en Corse sur place, et à bon marché.

Le minerai de l'île d'Elbe alimente déjà, comme nous l'avons vu, des usines qui sont en progrès.

A proximité du port d'Ajaccio sont des forêts de chêne vert et de pin Iariccio qui a la propriété de se conserver inaltérable dans l'eau.

Le goudron et le brai abondent, et constituent même l'industrie spéciale de plusieurs villages de l'intérieur.

Nous avons également vu qu'il y avait des mines à base de cuivre dans l'arrondissement de Corte.

La plaine de *Campodiloro* (champ de l'or), dont on connaît la fécondité, fournit du chanvre et pourrait en fournir encore davantage.

Quant à la main-d'œuvre, jusqu'à ce qu'on eût façonné des ouvriers indigènes, il serait facile d'appeler d'Italie des travailleurs exercés dont le salaire ne serait pas plus élevé que sur le continent, et qui trouveraient à Ajaccio une existence aussi facile qu'a-gréable.

Avec ces éléments de production on arriverait à construire de beaux navires et des bateaux à vapeur dont le prix de revient serait très-inférieur à celui des bâtiments qu'on lance à Cette et dans les ports de la Manche.

C'est ce qu'a démontré avec talent M. Roux, lieutenant de vaisseau, dans son ouvrage intitulé *Opportunité et avantages de créer à Ajaccio un arsenal maritime industriel.*

. Après avoir établi que la France ne figure qu'au troisième rang sous le rapport de l'effectif de la marine marchande, et que le nombre des chantiers est par conséquent insuffisant, M. Roux termine son préambule en ces termes :

« En ce moment l'on travaille à agrandir deux chantiers de construction : celui de la *Seyne* près de Toulon, appartenant à la compagnie des messageries impériales, et celui de *Cette,* qu'une compagnie nouvellement formée au capital nominal de 10 millions a acheté à l'ancienne compagnie Reynaud.

» Certes, ce n'est point en critiquant ces chantiers que nous ferons mieux valoir celui que nous nous proposons de créer; nous nous contenterons seulement de poser cette simple question : quelles sont les matières propres aux constructions maritimes que ces deux chantiers pourront se procurer dans un rayon de trente lieues?

» Nous n'hésitons pas à répondre : aucune; tout donc devra y être importé.

» Nous croyons pour notre part, et nous espérons le

prouver bientôt, que l'on peut trouver sur le sol français un endroit plus convenable, plus heureusement
situé pour ces sortes de constructions. »

L'endroit désigné est Ajaccio, où M. Roux propose
d'établir, comme annexe d'un chantier de construction,
une fonderie, des laminoirs, un atelier de machines
et d'ajustage, un atelier de chaudières et zincage, de
grandes et petites forges, des ateliers pour la menuiserie, la voilerie; une corderie, une filature de toile à
voile, etc.

Il établit par des chiffres qu'à Ajaccio les constructions navales ne coûteraient pas plus cher qu'en Angleterre et aux États-Unis.

Nous n'avons pas besoin d'insister sur les avantages
qui résulteraient de l'exécution de ces projets, tant
pour la compagnie qui les entreprendrait, que pour la
marine marchande en général.

On se plaint avec raison que la population de la
Corse n'est pas en proportion de l'étendue de son
territoire. L'établissement d'un arsenal maritime industriel serait un moyen d'attirer de nouveaux habitants dans la capitale de l'île. Cette ville serait plus
fréquentée et mieux connue; les continentaux s'habi-
tueraient à y venir assidûment. Ils reconnaîtraient
qu'elle l'emporte par la douceur du climat, par le bon
marché des subsistances, par les agréments de la vie,
sur bien des villes où l'on a coutume d'aller chercher
pendant une partie de l'année des distractions ou les
bienfaits d'une douce température.

La création d'un chantier de construction ne serait
pas seulement utile à Ajaccio; elle offrirait des débouchés constants à des produits abondants, à des arbres

23.

qui souvent aujourd'hui tombent de vétusté, sans avoir été touchés par la hache du bûcheron.

Enfin elle occuperait un grand nombre de bras et contribuerait à initier les populations de l'intérieur au bien-être et aux lumières de la civilisation.

TANNERIES. Quoiqu'il existe des tanneries à Bastia et à Ajaccio, ainsi que nous l'avons dit, on expédie encore sur le continent de grosses peaux qui reviennent en Corse transformées en cuir avec des frais de toute nature.

Les peaux d'agneaux et de chevreaux, vendues quelquefois à vil prix, alimentent les fabriques de diverses villes. Il serait à désirer qu'on profitât plus largement des avantages naturels du pays : abondance de matières premières, écorce de tan, eaux limpides et courantes.

Une compagnie qui établirait une tannerie en grand concentrerait des bénéfices qui sont actuellement répartis entre une foule d'industries du continent.

A la tannerie viendrait naturellement s'adjoindre la ganterie. Quoique possédant les matières premières, la Corse a recours à Marseille, à Grenoble, à Montpellier, à Paris, qui lui renvoient des gants pour lesquels elle a fourni les peaux. Cette industrie, dont l'apprentissage est facile, occuperait avantageusement les ouvriers indigènes.

Les papeteries n'y offriraient pas moins d'avantage, grâce aux nombreux cours d'eau qui descendent des montagnes et à la facilité des approvisionnements en chiffons, sur tout le littoral de la Méditerranée.

DISTILLERIES. Les distilleries établies et que nous avons énumérées traitent spécialement l'asphodèle et les baies d'arbousier. Dans les circonstances actuelles, où le vin est devenu rare, il importe de multiplier ces établissements. L'arbousier croît sans culture et acquiert des proportions colossales ; l'asphodèle envahit les champs ; la matière première est donc en abondance, et les alcools de la Corse lutteront d'autant plus avantageusement avec ceux des autres départements, qu'ils pourront être obtenus à meilleur marché.

Il ne faut pas non plus oublier le *sorgho,* qui est resté jusqu'à présent sans utilité.

Le rédacteur propriétaire du *Journal de la Corse*, M. Marchi, si connu par son dévouement aux intérêts du pays, appelle en ces termes l'attention sur le parti qu'on peut tirer de cette plante trop longtemps négligée :

« On sait que le *sorgho à sucre* (sagina) croît presque naturellement en Corse, et que cette plante se propage comme pour faire honte aux agriculteurs qui n'en font aucun cas ; on n'en fait pas même des balais, ou du moins on n'en fait pas la dixième partie de ceux qui nous viennent du continent ou de l'île de Sardaigne. Triste vérité que nous sommes forcés d'avouer, à savoir, qu'en Sardaigne on sait utiliser mieux que nous les produits du sol !

» On se rappelle que M. Lefort, directeur de la pépinière départementale d'Ajaccio, dans un rapport qu'il fit à la société d'agriculture de cette ville, fit connaître quel parti l'industrie et le commerce pouvaient tirer de cette plante, dont il avait extrait une boisson légèrement alcoolique et rafraîchissante, qui fut goûtée par les membres de ladite société, et pour laquelle il lui fut accordé une récompense honorifique.

» Cependant il en est de cette plante comme de l'asphodèle, non moins propagée en Corse, et qui n'était
pas moins dédaignée. Plusieurs distilleries d'alcool
d'asphodèle se sont déjà créées en Corse et ont fait de
bonnes affaires. Nous formons des vœux pour que la
société qui a créé la distillerie à Ajaccio exploite aussi
les produits du *sorgho à sucre*. Pourquoi réussirait-on
ici moins qu'en Afrique ? En effet, nous trouvons dans
les *Annales de la colonisation algérienne* un remarquable rapport adressé à M. le ministre de la guerre
par M. Hardy, le savant directeur de la pépinière centrale du gouvernement à Alger, qui démontre que les
premiers essais de culture de ce graminée ont eu un
plein succès ; nous ne suivrons pas M. Hardy dans les
détails intéressants de ses expériences, mais nous
croyons devoir faire connaître une partie des conclu-
sions de son travail.

» Selon lui, un des bons côtés de la culture du *sorgho
à sucre,* c'est l'utilité que peut fournir une notable
partie des dépouilles de la plante pour alimenter le
bétail, et contribuer ainsi puissamment à la production
des engrais. C'est une large compensation à l'épuise-
ment du sol qu'elle est susceptible d'occasionner.

« De l'examen rapide auquel je viens de me livrer,
» dit M. Hardy, il résulte que la culture du sorgho à
» sucre, faite d'une manière rationnelle et moyennant
» certaines conditions économiques, est susceptible d'ac-
» croître notablement la richesse agricole de l'Algérie et
» de s'ajouter d'une manière non moins marquante aux
» quatre principales productions qui y existent déjà. »
Les colons, ainsi que le fait observer avec beaucoup
de raison M. Hardy, ne pourront que difficilement

mener cette fabrication de front avec leurs cultures. *La compagnie générale des alcools de l'Algérie* pourra en cela les suppléer, et trouvera un emploi utile des capitaux si, comme il y a lieu de l'espérer, son entreprise est conduite avec intelligence.

» Du reste, le sucre et l'alcool ne sont pas les seuls produits que l'on puisse retirer du *sorgho*. Comme plante tinctoriale, ce graminée offre encore de grandes ressources. Le *Moniteur universel* citait, dans son numéro du 9 mars, un rapport de M. Hétet, pharmacien de la marine, établissant qu'il y a dans les glumes du sorgho deux principes colorants, l'un rouge, peu soluble dans l'eau, mais soluble dans l'alcool, l'éther, les acides et les alcalis; l'autre jaune, très-soluble dans l'eau et dans les autres dissolvants. La matière rouge se présente sous la forme d'une poudre rouge-violet si foncée qu'elle paraît noire. On croit qu'appliquées à la teinture, ces matières colorantes pourront, dans une foule de cas, remplacer la garance. De tout cela il résulte que si l'introduction de la culture du sorgho à sucre doit être pour l'Algérie une source de richesse, nous ne voyons pas pourquoi elle ne pourra pas l'être également pour la Corse; et nous applaudirions à la création d'une compagnie qui s'adonnerait à l'exploitation d'une plante qui renferme de si riches produits. » (Voir le *Journal de la Corse,* numéro du 15 avril 1856.)

Les vins corses, qui sont très-capiteux, fourniraient pour la distillation une quantité notable d'excellent alcool.

Filatures. La filature de M. Dominici, à Bastia, suffit provisoirement aux besoins du pays; mais les plantations du mûrier se propagent, les magnaneries se multiplient, quoique avec lenteur. Il deviendra indispensable de créer de nouvelles filatures à mesure que l'industrie séricicole s'étendra dans toute la contrée. Il serait fâcheux que les cocons obtenus par le travail indigène fussent expédiés sur le continent, faute de pouvoir être utilisés sur place.

La même observation s'applique au coton. Dès que sa culture sera introduite, des filatures s'établiront sans doute sur plusieurs points de la Corse pour mettre à profit cette nouvelle richesse.

Indigoterie. Nous avons dit qu'en Corse la culture de l'indigo pourrait être entreprise avec beaucoup d'avantage. Le sol et le climat s'y prêtent, et les expériences sont là pour nous donner raison. Cependant il est impossible de songer à étendre cette branche agricole avant d'avoir assuré préalablement aux agriculteurs la perspective d'un débouché sûr et facile.

La main-d'œuvre de la fabrication est peu coûteuse, mais il faut avoir une connaissance exacte des procédés usités; elle n'occasionne que fort peu de frais; avec quatre ouvriers un indigotier expérimenté peut fabriquer de grandes quantités de fécule. Ainsi ce beau produit n'est pas même exposé à la difficulté que l'on rencontre sur tant d'autres marchandises, que l'on obtient dans certaines parties du monde à si bas prix qu'il n'est pas permis à l'Europe de soutenir la concurrence. Nous sommes convaincu que l'indigo ne coûterait pas plus en Corse qu'il ne coûte aux Indes, et vingt-quatre heures après sa fabrication il pourrait être rendu dans le port de Marseille.

Nous devons reconnaître pourtant qu'une des conditions *sine qua non* de prospérité réside dans la création d'une indigoterie en Corse.

Nous demandons, en conséquence, que le gouvernement fasse les frais de cet établissement, dans le but d'encourager tous les petits propriétaires, qui sans cela ne pourraient cultiver l'indigo. Il serait à désirer que cette indigoterie fût placée dans un lieu convenable, au centre des cultures, afin que les cultivateurs pussent en recueillir tous les avantages. Nous voudrions aussi que l'administration nommât un indigotier expérimenté, pour la facilité de tous les propriétaires qui ne sont pas en mesure de fabriquer.

Il en a envoyé aux Indes, au Sénégal; nous ne voyons pas pourquoi il en priverait l'île de Corse.

SAVONNERIE, FABRIQUE DE BOUGIES STÉARIQUES ET DE CIRE. On fabrique à Marseille pour plus de soixante millions de savon, qui se consomme dans toute la France ou s'exporte dans tous les pays.

Des savonneries qui s'établiraient en Corse se présenteraient dans d'excellentes conditions de concurrence. L'huile, la soude, la potasse, le combustible abondent, et on peut se les procurer sur place à bon marché. L'huile propre à la fabrication des savons se paye en détail, en temps ordinaire, environ 1 franc le kilogramme. L'établissement de savonneries offrirait un débouché facile et immédiat à une des productions les plus importantes du sol. Les cultivateurs encouragés, ayant la certitude d'une vente avantageuse, multiplieraient les plantations d'oliviers.

Les mêmes compagnies pourraient fabriquer en même temps des bougies stéariques, qu'on a été jusqu'à présent obligé de faire venir du continent.

L'éducation des abeilles est très-répandue en Corse, et malgré l'imperfection des méthodes, la cire y est de qualité supérieure. Les produits en sont abondants et peuvent le devenir encore davantage, car nous savons que les anciens Corses payaient les impôts de guerre aux Romains en gâteaux de cire et de miel [1].

Indépendamment de la consommation domestique, il faut tenir compte de celle des églises, aux besoins desquelles ne répondent pas les petites fabriques établies dans plusieurs localités. Que des spéculateurs entreprennent de créer une grande manufacture de cierges, de bougies, et pouvant produire à bas prix, non-seulement ils auront la clientèle des habitants de l'île, mais encore ils feront fructueusement concurrence aux autres fabricants sur les marchés du continent.

VERRERIE. Toute la verrerie se tire aujourd'hui du continent, et arrive grevée de frais de transport considérables augmentés encore par le déchet. Cependant la matière de verre ne manque pas en Corse, où l'on trouve au contraire du sable de la plus grande finesse, aisément fusible et fournissant un verre d'une rare pureté. On a pu en juger par les produits de l'unique verrerie qui ait anciennement existé en Corse. Le combustible nécessaire est sous la main. Une verrerie peut donc être créée dans les conditions les plus avantageuses. Dès qu'elle serait établie, le commerce d'im-

---

[1] « Melque Corsum cuncta bonitate superat, testimonio etiam Plinii, » qui, xii capitulo XXXVII et ultimi libri, dicit : *Omnes gemmæ melli* » *decoctu nitescunt, præcipue Corsici.* Cera quoque optima, optimique » odoris fit in Corsica ; et quoniam ex buxo fit, habere quamdam vim medi- » caminis putatur, ut etiam Plinius ipse, *Naturalis historiæ* libro XXI, » capitulo xiv, dicit. » (*Cyrnæus.*)

portation cesserait, et la compagnie profiterait des bénéfices que réalisent de nos jours plusieurs fabricants du continent.

Sucrerie. C'est presque exclusivement dans les départements septentrionaux de la France que la culture de la betterave s'est propagée. La Corse y est évidemment propre, surtout dans les riches terrains d'alluvion de la plaine orientale, dont nous réclamons avec instance l'assainissement. Il est à notre connaissance qu'une compagnie placée sous le patronage de hauts dignitaires de l'empire va se constituer avec un capital considérable pour l'exploitation d'une fabrique de sucre de betterave. Peut-être pourra-t-on utiliser plus tard la canne à sucre, dont les essais ont si bien réussi au jardin des plantes d'Ajaccio. Il serait également possible de tirer parti de la figue de Barbarie, qui contient de la matière sucrée en grande quantité, et qui croît jusqu'à présent, sans profit pour personne, sur les rochers les plus arides.

L'exemple de la compagnie qui va se former, et qui est appelée à un grand avenir, aura infailliblement une heureuse influence sur l'industrie sucrière en Corse.

Manufacture de toiles. C'est de Lyon, de Rouen et autres villes que viennent presque toutes les toiles consommées en Corse, où l'on ne fabrique que des toiles de qualité inférieure. Il est permis de promettre un succès éclatant à toute compagnie qui établirait une manufacture de toiles en grand au centre de la Corse, par exemple à Corte. Elle aurait à sa disposition des quantités considérables de chanvre et de lin de premier choix, avec lesquels on pourrait obtenir les plus fines étoffes. La consommation intérieure offrirait un débouché certain, et la Corse s'enrichirait en s'affranchissant d'un tribut qu'elle paye au continent.

PARFUMERIE. M. Blanqui a dit :

« Les plantes aromatiques du pays sont douées des propriétés les plus énergiques; dans certaines vallées l'air paraît saturé de leurs émanations, et l'on rencontre des tubéreuses de trente centimètres qui se balancent sur des tiges de quatre à cinq pieds, comme sous la zone torride. C'est là que l'industrie des parfumeurs devrait établir ses grands ateliers de fabrication d'huiles essentielles, qui assurent à la seule ville de Grasse un revenu annuel de plusieurs millions. »

Après un pareil témoignage, il est suffisamment démontré que les industriels qui établiraient des laboratoires pour la distillation des essences et des huiles aromatiques obtiendraient des produits supérieurs, et rivaliseraient avec les célèbres manufactures de Grasse.

MOULINS A HUILE. Nous avons dit que l'huile produite en Corse était souvent trouble et avait une saveur qui la faisait repousser des tables. Et pourquoi? Uniquement parce que les méthodes d'extraction sont mauvaises. Si l'on avait des huileries à vapeur montées sur un grand pied, avec tous les perfectionnements récemment introduits dans cette industrie, on donnerait aux huiles corses une pureté, une limpidité et un goût qui les placeraient bientôt au même rang que les huiles d'Aix. Ce serait une spéculation des plus avantageuses que celle d'une huilerie telle que nous l'indiquons, car l'huile ne coûte guère en Corse qu'un franc le kilogramme, tandis qu'elle se vend deux et même quatre francs sur le continent.

MINOTERIE. MOULINS A BLÉ. La Corse importe plus de

deux millions de kilogrammes de farine. Le blé est porté à Marseille et revient surchargé de dépenses d'aller et retour, ainsi que de frais de courtage et de commission. Déjà on a établi quelques minoteries qui tendent à se perfectionner, et que nous ne saurions trop encourager dans leurs utiles tentatives. Il serait essentiel de multiplier ces essais, de mettre à profit les nombreux cours d'eau qui sillonnent la Corse, et d'employer le puissant agent de la vapeur. Il y aurait économie pour le pays et bénéfice pour les industriels. Nous ne saurions aussi trop recommander aux propriétaires de moulins de perfectionner leurs meules, qui sont tellement défectueuses, qu'avec des blés de la plus belle qualité on n'obtient que des farines de qualité secondaire.

CHARBONNAGE. Cette industrie acquiert de jour en jour plus d'importance. Déjà, nous l'avons dit, on exporte à Marseille une grande quantité de charbon. Une quantité non moins considérable alimente les usines nouvellement créées. L'exploitation forestière de la Corse doit nécessairement acquérir un jour de vastes proportions, et ce jour n'est pas éloigné. La fabrication du charbon s'accroîtra dans une égale mesure, puisqu'on sera intéressé à tirer parti des branches obtenues par l'élagage.

SALINES. Voici ce que dit M. Gueymard :

« Il existe au fond du beau golfe de Porto-Vecchio, au sud et au nord-est du bourg de ce nom, des salines qui furent établies en 1795 par J. P. Roccasera, un des plus riches propriétaires de cette partie de l'île.

» Les eaux du golfe se rendent, par l'effet de la marée, dans un premier réservoir longitudinal. On a

établi des vannes pour y introduire les eaux lors de la
marée montante, et pour les retenir lors de la marée
descendante. Cette marée, souvent nulle, s'élève quelquefois jusqu'à la hauteur de trois pieds.

» Les eaux du bassin longitudinal se distribuent dans
les premiers réservoirs, puis successivement dans les
seconds et troisièmes, au fur et à mesure de l'évaporation spontanée. C'est dans la série des troisièmes
réservoirs que se fait le sel.

» On ouvre la campagne dans le mois de mars; on
nettoie les réservoirs ou caselles; on bat la terre quand
elle n'est pas ferme. On introduit les eaux de la mer
vers le 15 avril, et la dernière récolte se fait en septembre, quelquefois en octobre. La série des trois réservoirs donne souvent trois récoltes de sel : la première est la plus blanche, la seconde la meilleure pour
les usages domestiques, et la dernière la moins esti-
mée. On les mélange quelquefois pour n'avoir qu'une
seule qualité. »

La Corse importe une grande quantité de sel. Il serait donc indispensable d'établir des salines sur plusieurs points des côtes orientales et occidentales, qui
se prêtent admirablement à cette industrie. Le sel,
qui n'entre maintenant que dans la consommation alimentaire, pourrait être utilisé tant pour l'engraissement
des bestiaux que pour l'amendement des terres, sur
lesquelles tous les agronomes ont signalé son action
énergique.

PÊCHERIES. Les côtes de la Corse sont très-poisson-
neuses, et il y a à Ajaccio des bancs d'huîtres qui ne
sont pas exploités. Les pêcheurs sont en petit nombre ;
ce sont des étrangers, et particulièrement des Napoli-

tains, qui viennent mettre à contribution les richesses ichthyologiques de la Corse. Il en résulte la plus triste décadence de la marine de cabotage. Sous l'impulsion d'une compagnie puissante, qui organiserait une flottille de bateaux de pêche, la Corse serait en état de fournir à Marseille toutes les variétés de poissons de la Méditerranée.

«Malheureusement, dit M. Conti [1], ce n'est pas la seule source de richesse qui reste improductive parmi nous. Il existe dans le golfe de cette ville des bancs d'huîtres dont les qualités sont supérieures à celles si estimées de Cancale et de Marennes; ils pourraient être l'objet d'un trafic facile et considérable avec Marseille, qui fait venir ses huîtres de Paris; et nous n'avons pas même de dragues pour les pêcher; et c'est à peine si de loin en loin les habitants de la ville ont la faveur d'en goûter.

» Il en est de même pour le thon et les sardines, qui abondent dans nos parages; nous n'avons pour les pêcher ni madragues ni filets, tandis que les ports de la Provence emploient 1000 à 1200 barques à ces pêches, dont le produit est expédié en tonneaux, en boîtes, en bouteilles, dans l'intérieur de la France, aux colonies, aux États-Unis, en Espagne, en Italie et dans le Levant. »

La même compagnie pourrait aussi mettre à exécution pour la pêche du corail l'arrêté consulaire de 1801 [2]. Le corail abonde sur les côtes, comme nous l'avons

[1] Discours prononcé le 30 janvier 1853, à l'occasion de l'inauguration du comice de l'arrondissement d'Ajaccio.
[2] Cet arrêté portait qu'une manufacture de corail allait être établie à Ajaccio, en vue d'encourager cette pêche. Les dispositions de cet arrêté ne furent jamais mises à exécution.

démontré par l'estimation du produit d'un certain nombre de bateaux en une seule année. Ce produit est employé dans la bijouterie de toutes les nations, et il est évident qu'en y consacrant des capitaux assez importants, on recueillerait d'immenses bénéfices.

Telles sont les industries que nous voudrions voir introduire ou perfectionner en Corse. Nous en avons sans doute oublié d'autres ; mais l'extension de celles que nous avons mentionnées suffirait pour assurer la prospérité de notre pays, y développer une activité féconde, y détruire l'oisiveté, et produire des résultats favorables au bien-être et à la civilisation. Ce n'est point pour la Corse seule que nous plaidons, la France tout entière profiterait largement de l'exploitation des trésors d'un département riche d'avenir et trop longtemps méconnu.

CHAPITRE SEIZIÈME.

ÉTAT ACTUEL DU COMMERCE EN CORSE. — CE QU'IL POURRAIT ÊTRE.

I.

État actuel du commerce.

Observation. — Nous devons prévenir le lecteur que les denrées et articles importés en Corse venant de France, où déjà ils figurent sur des états d'importation, ne figurent pas sur les états de la Corse comme marchandises importées en Corse. Il en est de même pour l'exportation. — En résumé, sont dites marchandises importées ou exportées les marchandises venant directement des pays étrangers à la France ou y allant.

Tableau des marchandises importées en 1855 [1].

BUREAU DE DOUANE D'AJACCIO.		BUREAU DE DOUANE DE BASTIA.	
MARCHANDISES IMPORTÉES.	QUANTITÉ.	MARCHANDISES IMPORTÉES.	QUANTITÉ.
Céréales	295 hect.	Céréales	12,833 hect.
Farine.............	70,823 kilog.	Farine.............	301,027 kilog.
Huiles.............	2,718 kilog.	Huiles.............	1,212 kilog.
Fromages	113,086 kilog.	Fromages..........	76,500 kilog.
Boisson...........	12,457 litres.	Boisson...........	23,192 litres.
Résine.............	"	Résine.............	1,340 kilog.
Bois.		*Bois.*	
A brûler..........	1 stère.	Pin brut équarri...	56 stères.
Pin brut..........	1 stère.	Sapin scié.........	508 stères.
Noyer scié........	4 stères.	Mâts	2 pièces.
Échalas...........	40 pièces	(Illisible.)	(Illisible.)
Bois en éclisses	5,472 pièces	Bois feuillard......	"
Idem.	200 pièces	— en éclisses.....	9,452 pièces.

[1] Les éléments de ces tableaux ont été tirés des registres déposés aux archives de l'administration générale des douanes.

Tableau des marchandises importées en 1855 (suite).

BUREAU DE DOUANE D'AJACCIO.		BUREAU DE DOUANE DE BASTIA.	
MARCHANDISES IMPORTÉES.	QUANTITÉ.	MARCHANDISES IMPORTÉES.	QUANTITÉ.
Marbres	10,500 kilog.	Marbres	29,735 kilog.
Fer (fonte)	»	Fer (fonte)	92,213 kilog.
Charbon de bois....	»	Charbon de bois....	12,351 m. c.
Laines............	9,014 fr.	Laines............	10,208 francs.
Chanvre	5,467 kilog.	Chanvre	17,344 kilog.
Lin..............	31 kilog.	Lin.............	358 kilog.
Sels.............	1,200 quint.	Sels.............	1,318 quint.
Cordages	5,652 kilog.	Cordages	24,592 kilog.
Fourrages.........	23,358 kilog.	Fourrages.........	»
Avoine	»	Avoine	337,605 litres.
Maïs.............	»	Maïs.............	1,638 kilog.
Son..............	»	Son..............	85,367 kilog.
Soie	»	Soie	80 kilog.
Légumes secs......	»	Légumes secs......	4,394 kilog.

Tableau des marchandises exportées en 1855.

BUREAU DE DOUANE D'AJACCIO.		BUREAU DE DOUANE DE BASTIA.	
MARCHANDISES EXPORTÉES.	QUANTITÉ.	MARCHANDISES EXPORTÉES.	QUANTITÉ.
Céréales	»	Céréales	8,403 hect.
Huiles.	»	Huiles.	608 kilog.
Eau-de-vie de vin...	1,014 litres.	Eau-de-vie de vin...	1,618 litres.
Idem d'asphodèle.	»	*Idem* d'asphodèle.	740 litres.
Autres boissons (vin)	36,550 litres.	Autres boissons (vin)	74,818 litres.
Fromages	12 kilog.	Fromages	212 kilog.
Marbres	»	Marbres	13,138 kilog.
Légumes secs......	101,572 kilog.	Légumes secs......	38 kilog.
Châtaignes	33,602 hect.	Châtaignes	86,170 hect.
Bois.		*Bois.*	
A brûler..........	180 stères.	A brûler..........	123 stères.
Bruts ou équarris...	8,809 stères.	Bruts ou équarris...	274 stères.
Sciés ayant plus de 80 mm. d'épaisseur	3,358 stères.	De pin et de sapin scié...........	10,401 m. c.
		Merrains et autres..	1,400 m. c.
Et moins de 80 mm.	185,092 mèt. de long.	Lupin.............	1,394,009 kil.
Bois exotique (ébénisterie)........	20 kilog.		

Dispositions relatives à l'île de Corse [1].

Les produits du sol et de l'industrie française expédiés du continent à destination de la Corse ne sont soumis à aucun droit de sortie, et n'acquièrent aucun droit à leur entrée dans l'île.

Des décrets déterminent provisoirement des produits du sol et des fabriques de la Corse qui peuvent être admis sur le continent en exemption de droits, ainsi que les conditions de cette admission.

Sont, dans l'état actuel de la législation, admis à jouir de l'immunité :

1° Les articles dénommés ci-après : chevaux, bœufs et moutons, tortues, sangsues, viande fraîche de boucherie, peaux brutes, laines en masse, crins et poils, soie en cocons, cire jaune non ouvrée, suif brut, miel, engrais, oreillons, sang de bétail, anguilles et dorades salées provenant de l'étang de Chiurlino, huiles extraites des poissons marinés en Corse, cornes, os et sabots de bétail bruts, froment, seigle, maïs, orge et avoine, pommes de terre, haricots, lupin et pois chiches, châtaignes et leurs farines, alpiste et millet, citrons et oranges frais, cédrats salés à l'eau de mer, figues et raisins, amandes en coques ou cassées, olives et noix communes, graines de lin, de pin et de garance, huile d'olive, herbes, fleurs et graines de lavande, mousse marine, bois à brûler et à construire, charbon de bois, perches et échalas, merrains de chêne et de châtaignier, osier en bottes, liége brut ou simplement râpé, joncs de marais, écorces de tilleul

[1] Nous avons puisé ces notes dans l'*Almanach universel de* 1857.

pour cordages, lin et chanvre bruts en tiges, garance
en racine, écorce de pin et chêne-liége, mortina et
lichens tinctoriaux, légumes verts, fourrages, plants
d'arbres, agaric brut, bulbes et oignons, chardons,
cardières, drilles, grignon, marbres et granits bruts,
vins et vinaigres de vin, eaux minérales, fromages de
lait de brebis dits *broccio*, alcools d'asphodèle, de
cactus et autres, vieilles ferrailles, acier en barres naturel ou de cémentation.

Ces articles doivent être accompagnés d'acquits-à-
caution, qui ne sont délivrés que sur la présentation
et le dépôt de certificats d'origine émanés des autorités locales. Pour les huiles et pour les céréales, ces
certificats ne sont valables que lorsqu'ils ont été re-
vêtus du visa du préfet, accordés d'après l'avis du directeur des douanes.

2° Les marchandises suivantes : brai sec, chanvre
et lin teillés et peignés, coussinets en fonte pour chemin de fer, eaux-de-vie de baies d'arbousier, fer étiré
en barres de toutes dimensions, lorsque l'origine en
est constatée, au vu d'échantillons, par des commissaires experts du gouvernement, fontes en masses pesant plus de 15 kilogrammes, goudron, groisil, marbres polis et ouvrés, poissons de mer salés dans les
ateliers situés à la résidence des receveurs des douanes,
potasses, soies gréges, soude naturelle, tartre brut,
marbres sciés, livres imprimés dans l'île de Corse, les
résines de toute sorte, les peaux tannées et apprêtées,
les fers forgés en marliaux ou prismes, les fontes
moulées, les aciers en cémentation, les essieux bruts
pour locomotives ou voitures, les écorces de chêne
vert.

Ces marchandises doivent être pareillement accompagnées d'acquits-à-caution, dont la délivrance par les douanes de la Corse est subordonnée à des conditions particulières, qui ont été déterminées par l'article 7 de la loi du 6 mai 1841.

3° Les feuilles sèches recueillies en Corse et triturées, mais sous la condition qu'elles seront expédiées sous les formalités prescrites par le paragraphe 1er de l'article 10 de la loi du 21 avril 1818, c'est-à-dire avec acquits-à-caution délivrés sur certificats des magistrats des lieux de récolte, attestant leur origine.

Toutes autres marchandises et denrées envoyées de l'île de Corse sur le continent français sont assujetties à leur entrée aux droits du tarif général, comme si elles étaient importées de l'étranger même.

Les produits de la Corse dont l'admission en franchise sur le continent est autorisée ne peuvent être importés que par les ports de Toulon, Marseille, Antibes, Cannes, Cette, Agde, Bayonne, Bordeaux, Nantes, Saint-Malo, le Havre, Honfleur, Rouen et Dunkerque. Toutefois les coussinets en fonte pour chemins de fer et les marbres polis et ouvrés sont également admissibles par les bureaux d'Arles et de Bouc.

*Le tarif général des douanes est applicable en Corse,
sauf les modifications suivantes,*

DÉNOMINATION DES MARCHANDISES.	UNITÉS sur lesquelles portent LES DROITS.	DROIT D'ENTRÉE par NAVIRE FRANÇAIS.		par NAVIRE ÉTRANGER.		DROIT de SORTIE.	
		francs.	cent.	francs.	cent.	francs.	cent.
Animaux vivants.							
Bœufs..................	Par tête.	1	»	1	»	1	»
Taureaux	Idem.	1	»	1	»	3	»
Bouvillons	Idem.	»	30	»	30	3	»
Vaches	Idem.	»	30	»	30	»	50
Génisses	Idem.	»	30	»	30	I	50
Veaux.................	Idem.	»	15	»	25	»	50
Béliers, brebis, moutons..	Idem.	»	25	»	25	»	25
Agneaux...............	Idem.	»	10	»	10	»	10
Boucs et chèvres........	Idem.	Exempts.		Exempts.		»	»
Chevreaux	Idem.	Idem.		Idem.		»	10
Porcs pesant plus de 15 kil.	Idem.	Idem.		Idem.		»	25
Idem 15 kilog. au moins (cochons de lait).	Idem.	»	25	»	25	»	10
Bois communs, à brûler.							
En bûches et en fagots ...	Le stère.	Exempts.		Exempts.		»	40
A construire, des colonies françaises et du Sénégal, de toute espèce........	Idem.	Idem.		Idem.		Idem.	
Bruts	Idem.	»	5	»	10	»	50
Sciés, de plus de 80 millièmes d'épaisseur	Idem.	»	5	»	10	»	25
De 80 mill. et au-dessous.	100 m. de l.	»	5	1	»	»	15
Compositions diverses.							
Tabac fabriqué..........	100 kil.	100	»	107	50	»	25
Denrées coloniales, etc.							
Tabac en feuilles........	100 kil.	60	»	65	50	»	25
Farineux alimentaires.							
Riz...................	100 kil.	1	»	1	10	Idem.	
Châtaignes.............	100 kil.	1	»	3	»	Idem.	
Pâtes d'Italie	100 kil.	15	»	16	50	Idem.	
Semoule en pâte	100 kil.	15	»	16	50	Idem.	
Idem en gruau (grosse farine)..............	100 kil.	Mêmes droits que les farines, selon l'espèce.					
Métaux.							
Minerai de fer	100 kil.	Exempt.		»	25	Prohibé.	
Pêche.							
Poissons de pêche étrangère	100 kil.	15	»	16	50	Exempt.	
Idem marinés	100 kil.	50	»	55	»	Idem.	

*Le tarif général des douanes est applicable en Corse,
sauf les modifications suivantes.*

DÉNOMINATION DES MARCHANDISES.	UNITÉS sur lesquelles portent LES DROITS.	DROIT D'ENTRÉE		DROIT de SORTIE.
		par NAVIRE FRANÇAIS.	par NAVIRE ÉTRANGER.	
Produits et dépouilles d'animaux.		francs. cent.	francs. cent.	francs. cent.
Viande de porc salée.....	100 kil.	» 50	» 50	» 25
Fromages de Sardaigne [1]..	100 kil.	5 »	5 50	» 25
Autres	100 kil.	10 »	11 »	*Idem.*
Teintures et tannins.				
Écorce (seconde) du chêne-liége, brute ou non moulue	100 kil.	» 10	» 10	Prohibée [2].
Feuilles de myrte........	100 kil.	Exempt.	Exempt.	» 50
Tissus de lin ou de chanvre.				
Dentelles	La valeur.	2 ½ %	2 ½ %	¼ %
Autres................	*Idem.*	Moitié des droits portés au tarif général pour tous les articles compris sur cette dénomination.		
Tissus de fleuret........	1 kil.	1 »	1 10	» 25

[1] La tarification spéciale dont il est ici question n'est applicable qu'aux fromages venant de l'île de Sardaigne même. — Ceux qui sont importés de toute autre partie des États sardes sont assujettis à la taxe générale qui affecte, à l'entrée en Corse, les fromages étrangers.

[2] Aux termes de l'ordonnance du 26 juin 1842 et de la loi du 9 juin 1845, la prohibition de sortie établie à l'égard de la seconde écorce du chêne-liége n'atteint pas les expéditions qui sont dirigées de l'île de Corse sur les ports de l'Algérie soumis à la domination française ; mais, comme l'a expliqué la circulaire n° 1921, ces expéditions ne peuvent avoir lieu que sous la garantie d'un acquit-à-caution, afin qu'on puisse s'assurer que les écorces ainsi exportées ont accompli leur destination, c'est-à-dire qu'elles n'ont pas été conduites ailleurs que dans l'un des ports de nos possessions en Afrique en faveur desquels il est dérogé à la prohibition.

II.

Ce que le commerce pourrait être en Corse.

D'après les tableaux qui précèdent, il est facile de reconnaître que, sous le rapport du mouvement commercial, la Corse est de beaucoup en arrière.

L'agriculture et l'industrie ayant fait peu de progrès, le commerce ne pouvait pas y prendre une plus grande extension. Cependant l'île de Corse alimente de ses produits non-seulement les marchés de l'étranger, mais aussi ceux du continent français, malgré les entraves que nous avons à signaler.

Les produits que la Corse verse sur le marché de Marseille sont les huiles, les châtaignes, les oranges, les merles, les bois, les fers, etc.

La quantité des marchandises importées en Corse, venant de France et ne figurant pas dans les tableaux des matières importées, sont assez considérables.

On peut évaluer à trois millions et demi le chiffre des exportations, et à environ neuf millions le montant des importations.

M. Conti a établi ainsi, en 1853, le bilan de la Corse :

Recettes.

	francs.
Montant des exportations.	3,147,000
Subsides accordés par l'État.	4,418,000
Contributions et recouvrements divers. . . .	2,000,000
Total.	9,565,000

Dépenses.

	francs.
Importations.	8,565,000
Salaires emportés par les Lucquois.	1,000,000
Total.	9,565,000

« La balance de ce bilan, dit-il, démontre donc que les sommes qui sortent de la Corse sont égales au montant de ses recettes ; qu'il n'existe, par conséquent, aucun excédant qui puisse être employé à l'augmentation de ses produits. Cette augmentation serait au surplus en pure perte, puisque leur écoulement ne pourrait avoir lieu, faute de consommateurs au dedans, et à cause de leur cherté relative au dehors. C'est ce qui fait que la somme de jouissance réservée aux habitants de l'île se borne à la faculté de vivre. »

Le régime douanier que la France a imposé à la Corse est sans contredit un obstacle qui paralyse l'essor du commerce. Nous avons vu qu'un certain nombre de marchandises venant de Corse sont considérées dans les ports français comme marchandises venant de l'étranger, et comme telles elles sont frappées des mêmes droits à l'entrée. Une pareille loi compromet inévitablement les intérêts matériels de l'île de Corse.

Assimiler ce département dans ses relations avec la France à un pays étranger, c'est à nos yeux à la fois une injustice et une erreur.

Nous nous demandons comment il se peut que le législateur et l'homme d'État n'aient pas vu dans cet état de choses une anomalie qui s'accorde peu avec les idées de progrès sur lesquelles repose de nos jours l'édifice social ; nous sommes étonné qu'on ne soit pas encore suffisamment convaincu de l'opportunité de reviser complétement et sans restriction le système douanier exceptionnellement élaboré pour la Corse, et que personne ne se soit érigé en défenseur des intérêts d'un pays qui a droit d'être traité sur le pied de l'égalité, et non de l'exception.

Nous avons démontré l'importance qu'acquerront un jour en Corse l'agriculture et l'industrie. Les moyens pour y arriver sont nombreux, et aucun n'offre de difficultés sérieuses dans leur exécution; c'est pourquoi il est urgent d'aller à leur devant.

Les améliorations que nous sollicitons du gouvernement ne peuvent lui être importunes, car elles sont bien simples, et il ne faut pour les réaliser que l'intervention d'un homme d'État qui ait de la portée dans l'esprit, de la volonté dans le caractère, du patriotisme dans le cœur.

Celles que nous avons envisagées comme étant du domaine des particuliers ne sont au-dessus, comme nous l'avons constaté, ni de leurs ressources ni de leurs efforts; ils n'ont qu'à les vouloir et à s'entendre pour arriver bientôt au but.

Parmi les moyens qui doivent concourir à l'œuvre civilisatrice de la Corse, il en est un bien puissant: c'est celui de la nécessité de doter ce département d'une loi de douane plus équitable, plus en rapport avec ses besoins.

Des raisons d'économie politique, fortifiées par des raisons d'un ordre plus élevé, réclament impérieusement la révision de celle qui régit aujourd'hui cette matière. Laisser dans l'oubli une telle question, c'est condamner une contrée française riche d'avenir à un état d'immobilité regrettable; c'est vouloir y arrêter la marche régulière du progrès qui, en assurant la richesse et le bien-être de l'île, servirait d'une manière aussi directe les destinées de la mère patrie.

Les transactions, les échanges sont seuls capables d'activer la production; donc, travailler dans le but de les faciliter, c'est rendre un immense service au pays ; c'est assurer à la propriété, qui est la base de la société, un élément indispensable à son existence, à sa prospérité.

La douane de Marseille, nous devons le déclarer ici, se montre trop zélée. A part les tracasseries dont sont l'objet les voyageurs venant de la Corse, elle fait valoir des prétentions injustes et vexatoires. Ainsi quiconque a dans sa malle un coupon d'étoffe non confectionnée, ou bien un objet tout neuf confectionné, est averti qu'il faut payer un droit à l'entrée; peu importe qu'on allègue que le morceau d'étoffe est un reste de robe ou de pantalon, il faut payer quand même. Et pourtant ces mêmes étoffes sont sorties des fabriques de France, puisque les marchands de l'île s'approvisionnent sur les marchés de Paris, de Lyon et de Rouen, ne pouvant faire des achats plus avantageux ailleurs que là, à cause des droits de la douane.

Il y a plus : il arrive souvent qu'on paye pour le même objet deux et trois fois des droits à l'entrée.

Exemple :

En 1855, ma femme et moi nous nous embarquâmes à Ajaccio pour Marseille. A notre arrivée la douane s'empressa de bouleverser nos malles de fond en comble avant de nous les délivrer. Étant nouvellement mariés, elles renfermaient des toilettes fraîches, confectionnées à Paris. Eh bien, le croirait-on! nous eussions payé des droits à l'entrée, et cela pour le tout, si nous n'eussions trouvé dans la personne d'un inspecteur de douane assez de justice et de bonne volonté pour comprendre que nos effets, quoique neufs, avaient déjà servi.

Cependant nous n'en fûmes pas quittes à si bon marché : il nous fallut payer des droits pour trois mètres de velours en pièce, pour une paire de pantoufles et pour de la dentelle, tout cela acheté à Paris.

Plus tard, en 1856, nous allâmes de nouveau en Corse, et de retour à Marseille nous eûmes à lutter contre les mêmes embarras ; il fallut payer de nouveau des droits pour la même dentelle et autres objets de cette nature.

Voilà où nous en sommes.

Nous nous demandons si cet état de choses peut légalement se perpétuer. Nous croyons que le gouvernement, soucieux des intérêts de la France et de la Corse, prendra en considération les faits que nous venons de signaler à son attention. Il est urgent de faire d'Ajaccio un port franc.

Cette proposition paraîtra, au premier abord, contraire à quelques intérêts de localité, et soulèvera les objections de quelques économistes. Mais nous la croyons motivée par la grandeur toujours croissante de Gênes et de Livourne. Quelle autre ville qu'Ajaccio peut contre-balancer cette prépondérance ? Ce n'est pas uniquement la prospérité d'Ajaccio qui nous touche ; nous ne considérons que l'utilité générale, et nous cherchons vainement en France un autre point où l'on puisse, sans jeter la perturbation dans le système économique, ouvrir au commerce de la Méditerranée un immense entrepôt.

Nous ne pouvons pas pousser la prétention jusqu'à vouloir exposer ici un nouveau projet de loi. Ces questions seront abordées, nous l'espérons du moins, par des esprits plus sérieux ; nous leur laissons ce soin. Il nous a suffi de révéler le mal et les abus ; que d'autres étudient les principes de la mise à exécution des me-

sures propres à effacer d'une manière profitable le
système prohibitif qui fait le malheur de la Corse, et
contre lequel nous avons cru devoir faire entendre
notre voix comme pour stimuler, pour pousser le législateur à faire entendre la sienne dans l'enceinte du
Corps législatif.

Les questions que nous avons développées dans les
chapitres précédents nous donnent ici une idée exacte
de ce que pourrait être le commerce de la Corse si les
agriculteurs et les industriels de ce pays mettaient en
pratique les conseils que nous leur avons donnés. En
effet une fois que l'agriculture et l'industrie auront
reçu une forte impulsion, les relations internationales
se multiplieront dans d'énormes proportions, et la
Corse, comme d'autres contrées de l'Europe, versera
en abondance sur les marchés du continent de grandes
quantités de matières premières.

La Corse peut devenir un entrepôt de produits de
toute espèce.

Son sol, nous l'avons constaté, est des plus fertiles,
et se prête à toutes les cultures. En portant toute son
activité sur les productions nouvelles que nous avons
signalées, elle peut, sans altérer notablement la masse
de ses richesses actuelles, créer des matières exporta-
bles d'une grande valeur, ce qui amènera nécessairement pour ses ports un nouveau mouvement commercial, augmentation pour elle d'une grande importance,
puisque l'exportation des huiles et des bois qui forment
la base de son commerce n'amène annuellement qu'un
mouvement insignifiant.

Les huiles sont abondantes et le seront encore davantage par la multiplication des plantations d'oliviers. Nous pouvons affirmer sans craindre de nous tromper que la Corse exportera pour plus de quinze millions de francs d'huile dans vingt ans d'ici. Des oranges et des citrons s'exportent en assez grande quantité à Marseille. Cette production peut s'accroître notablement en peu de temps, et décupler l'importance de ce commerce.

La culture du mûrier tend à se répandre de plus en plus dans l'intérieur de l'île. Elle peut devenir une source de richesse et de bonheur pour tout le pays. La quantité de cocons obtenue est dans ce moment très-restreinte, mais elle est appelée à prendre une vaste extension; et dès lors la Corse, à l'instar de l'Italie ou de l'Asie, fournira son contingent de cocons ou de soie grége.

Les vins qu'on obtient en Corse, bien qu'ils soient mal fabriqués, sont très-bons; et mieux soignés, ils pourront être transportés avec avantage sur les marchés du continent. Jusqu'ici le commerce d'exportation des vins est peu important. Cependant il est facile de lui donner des proportions plus grandes, surtout si la cruelle maladie qui désole les vignobles doit avoir un terme.

Nous avons dit que la Corse peut produire annuellement 300,000 hectolitres de vin. La consommation des habitants est évaluée approximativement à 150,000 hectolitres. Nous connaissons la quantité de terrains cultivée en vignes et celle qui est susceptible de l'être; c'est pour cela que nous ne croyons pas nous écarter de la vérité en affirmant que la Corse pourra exporter annuellement au moins 100,000 hectolitres de vins fins de dessert. En admettant qu'on se borne à vendre ce vin à raison de 80 francs l'hectolitre, il rentrera en Corse 8 millions de francs.

Mais ce n'est pas tout encore, la Corse devrait exporter des fromages de plusieurs qualités. L'éducation mieux comprise du bétail accélérera le moment où, comme la Sardaigne, elle tirera d'immenses bénéfices de cette industrie agricole.

Le coton, l'indigo, la cochenille, le houblon, la garance, etc., réussissent bien. Ces cultures peuvent devenir très-lucratives ; mais jusqu'à présent on s'est contenté de faire des essais. Si un jour la production devient importante, l'écoulement en sera d'autant plus facile que la France, étant dans la nécessité de s'approvisionner sur les marchés de l'étranger, ne demandera rien tant que de recourir aux produits de la Corse, produits qu'on pourra offrir au commerce aux mêmes conditions que les producteurs étrangers.

L'exploitation des richesses forestières de la Corse a lieu sur plusieurs points. Déjà on embarque pour Marseille et pour l'Italie de grandes quantités de bois de menuiserie et de constructions navales. Toutefois ces exploitations ne sont que partielles. Le jour où une exploitation générale sera arrêtée en principe, ce jour-là le département de la Corse exportera annuellement au moins 150,000 mètres cubes de bois de première qualité, sans que les forêts domaniales et communales diminuent de leur valeur, sans qu'elles soient dégarnies au préjudice de l'avenir.

L'exploitation des marbres que nous connaissons ajoutera encore à l'importance du commerce de ce pays. Les marbres sont beaux. Les produits de ce genre n'abondent pas en France, puisqu'elle est obligée d'en importer pour plus de 10 millions ; par conséquent nous avons lieu d'espérer qu'un jour viendra où on recourra aux marbres de notre île pour décorer les monuments publics et privés qui se multiplient à mesure que le goût s'épure et devient plus exigeant.

Les usines et ateliers qu'on établira bientôt au centre des exploitations fourniront pour l'exportation une immense quantité d'articles de marbrerie, tels que cheminées, autels, colonnes, tombeaux, tables, socles, baignoires, fontaines, bassins, pendules, bénitiers, balustres, vases, escaliers, mortiers, dalles, carreaux, panneaux, etc.

Par l'exploitation des marbres on aboutira à un autre succès. On fabriquera une grande quantité de chaux qu'il sera facile d'exporter sur le continent.

Donc, ce n'est pas seulement en développant la production industrielle et en donnant du travail aux classes laborieuses que la compagnie marbrière de la Corse se liera aux intérêts économiques du pays, elle s'y rattachera au titre tout particulier d'institution éminemment agricole.

Enfin, si l'industrie prend un grand essor, comme tout semble l'annoncer, nous verrons alors la Corse verser sur le continent de nombreux produits de ses usines, de ses chantiers de construction, de ses manufactures, etc. Nous la verrons rivaliser avec les pays où l'industrie est pour ainsi dire monopolisée depuis des siècles.

Ces résultats nous sourient ; ils peuvent être obtenus facilement. Nous démontrerons plus loin à quels moyens il est utile de recourir pour assurer à la Corse une grande prospérité agricole, industrielle et commerciale.

La France ne faillira pas à sa mission civilisatrice, car c'est une question de haute politique que celle de tracer à la Corse des voies propres à lui faciliter le progrès, à lui ouvrir les portes de la civilisation.

CHAPITRE DIX-SEPTIÈME.

DES INSTITUTIONS DE CRÉDIT. — CRÉDIT FONCIER. — BANQUE AGRICOLE.
— COMPAGNIE GÉNÉRALE CORSE.

I.

Des institutions de crédit.

Après avoir assez longuement plaidé la cause de l'agriculture, de l'industrie et du commerce de la Corse, nous allons aborder dans ce chapitre des questions d'un ordre supérieur, qui résument en grande partie tout l'avenir de cette île.

« C'est l'absence de capitaux, a dit M. Blanqui, qui » a frappé d'une stérilité tout artificielle cette terre » admirablement féconde et le génie si actif de ses » enfants. »

En effet, il est réellement affligeant de voir la Corse dans un état qui rappelle encore son enfance. Ailleurs tout se transforme, tout prend une physionomie nouvelle, et les pays, de misérables qu'ils sont, se dépouillent de leur enveloppe grossière, et présentent tout à coup le spectacle d'une métamorphose enchanteresse.

Que de contrées sont redevables au crédit de leur bien-être croissant et rapide ! La patrie d'Adam Smith n'offre-t-elle pas un exemple frappant, au point de vue historique et au point de vue économique, de ce que peut le crédit sur l'avenir d'un pays ? L'Écosse est, comme on sait, dans des conditions climatériques et météorologiques beaucoup plus défavorables qu'aucun autre pays de notre zone tempérée. Là les habitants étaient plongés dans le dernier degré de la misère ; mais aujourd'hui, grâce à une rare aptitude à comprendre les notions utiles et à se les assimiler, grâce aux sages doctrines de Smith, le crédit est implanté en Écosse, il y est propagé, et ce peuple, jadis dépourvu de tout, a déjà accompli sa régénération, et nous prouve, dans la marche qu'il suit, l'importance qu'il ajoute à l'application, à la mise en pratique de ces doctrines.

Les institutions de crédit sont donc des agents puissants de richesse et de prospérité. Elles ont été le signal d'une révolution pacifique, et ont élevé peu à peu la civilisation européenne sur un sommet d'où elle contemple avec orgueil les progrès des nations, d'où elle applaudit aux vastes conceptions de l'intelligence et aux heureuses applications de ces inventions qui tiennent du prodige, enfantent des merveilles, et honorent les sociétés de notre temps.

C'est le progrès de la civilisation qui nous donne la mesure exacte du progrès de l'agriculture, de l'industrie et du commerce ; donc :

Là où la civilisation est peu avancée, là aussi, et par une conséquence inévitable, les trois éléments qui concourent au bien-être matériel et moral des peuples nous offrent le triste spectacle d'une médiocrité désastreuse.

Mais si c'est le progrès de la civilisation qui donne la juste mesure du progrès de l'agriculture, de l'industrie et du commerce, c'est aussi, et principalement, l'argent qui active l'essor de la civilisation, et la pousse vers le but d'où elle domine et commande en souveraine.

On a dit que l'argent est le nerf de la guerre; mais il l'est aussi de l'agriculture, avec la différence que la guerre appauvrit les empires et que l'agriculture en est la véritable richesse.

Que peut-on faire sans argent?... Rien. C'est avec de l'argent qu'on fait respecter les droits sacrés des nations, c'est avec de l'argent qu'on exécute d'immenses projets d'utilité publique, c'est avec de l'argent que l'industrie étale à nos yeux ce qu'elle crée de plus beau et de plus merveilleux, c'est avec de l'argent, et toujours de l'argent, que le commerce grandit sans cesse, c'est enfin ce métal qui donne une vive impulsion à tout : sans lui, il n'y a pas de travail, partant pas de produits; sans lui, la terre rapporte peu, l'industrie est paralysée dans sa base et le commerce est mort; sans lui, en un mot, la barbarie se tient encore debout, et défie d'un air moqueur la civilisation qui s'approche et n'ose avancer.

En Corse, il y a peu d'argent et peu de crédit; aussi tout souffre, tout est arriéré, tout marche lentement, les campagnes languissent dans les vieilles ornières de la routine, et les propriétaires sont livrés à la rapacité de quelques usuriers qui ne considèrent ni la solvabilité ni la probité des personnes honorables que la situation accidentelle de leurs entreprises place dans la dure nécessité de recourir à des fonds étrangers. Il n'est pas difficile de rencontrer en Corse des prêteurs assez cupides pour ne pas craindre de demander huit, neuf, dix, douze pour cent de l'argent qu'ils prêtent. Quelle industrie pourrait supporter une pareille charge? Et cependant les besoins sont souvent si urgents, que les propriétaires se voient obligés de se soumettre à cette rapacité. Comme on sait, les usuriers sont toujours sans pitié : si le débiteur leur fait éprouver le moindre retard, il est aussitôt cité en justice, poursuivi, saisi, exproprié, et, pis encore, décrié, parce qu'une récolte aura trahi ses espérances et qu'il aura été dans la pénible nécessité de demander une prolongation de délai.

C'est ainsi que les créances de ces lâches usuriers s'accroissent en peu de temps d'intérêts comptés cher et de frais de justice exorbitants; mais c'est ainsi également que l'avenir de la propriété est en péril, que les populations sont pauvres, et que le progrès est peu sensible.

Est-il possible que le gouvernement ne soit pas instruit de tant de choses qu'il lui importe de connaître? et s'il les connaît, comment pourrait-il ne pas recourir à de bons moyens pour y remédier?... « Les questions » de crédit, dit Louis Jourdan, ont acquis une si grande » importance, qu'elles sont devenues des questions poli- » tiques de premier ordre. Le gouvernement qui négli- » gerait ces questions serait aussi coupable que s'il » négligeait d'assurer le maintien de sa dignité et de » sa prépondérance au dehors. »

La même plaie a frappé pendant bien des années l'Algérie, également en butte à l'usure, au manque de capitaux et de crédit. Mais quand le gouvernement a voulu faire de l'Afrique une puissante colonie, il a com- mencé par encourager la création de plusieurs banques; et aujourd'hui, grâce à d'autres faveurs dont elle a été l'objet, cette contrée devient de plus en plus riche.

Pourquoi le même sort ne serait-il pas réservé à la

Corse?... Elle aussi serait capable d'une haute prospérité agricole; car elle aussi produirait du coton, du
tabac, des cannes à sucre, de l'indigo, de la cochenille, du riz, etc. Aurait-elle, par hasard, moins de
droit à la reconnaissance de la France et de son gouvernement? Assurément non. Pour quels motifs donc
ne la doterait-on pas des mêmes institutions qui fonctionnent depuis quelques années à Alger et à Oran?

Dans un rapport présenté à l'Empereur sur la situation de l'Algérie, S. E. le ministre de la guerre
s'exprime ainsi :

« SIRE,

» J'ai passé en revue les différentes sources de la
richesse agricole, industrielle et commerciale de l'Algérie. Mieux connues, mieux appréciées en France,
elles eussent sans doute appelé dans notre colonie plus
de bras, plus de capitaux; mais la vérité finira par se
faire jour; mon département ne néglige aucun moyen
de la mettre en lumière.

» La banque d'Alger, créée en exécution de la loi du
14 août 1851, a commencé à fonctionner le 1er novembre suivant avec un capital de 1,250,000 francs.

» Justement frappée des résultats qu'on a obtenus,
Votre Majesté a autorisé, en 1853, la création à Oran
d'une succursale de la banque d'Alger, et il n'est pas
douteux que cette institution ne rende dans la province
de l'ouest des services analogues à ceux que la banque
d'Alger rend chaque jour dans la province du centre. »

A notre tour nous disons (mais avec une grande différence d'autorité) :

« SIRE,

» La Corse est un beau pays : c'est le berceau de vos ancêtres, et elle en est fière; elle a devant elle une magnifique perspective d'avenir; mais jusqu'à présent elle est pauvre, car elle ne possède pas encore ce qui peut l'enrichir : elle manque de bras et de capitaux, ces deux éléments indispensables à sa haute prospérité.

» On a maintes fois répété que la Corse grandira un jour; on a eu raison, car elle possède les germes d'une grandeur future; mais, Sire, pour qu'elle grandisse, il faut que votre volonté souveraine intervienne directement, alors vous aurez fait un grand acte en faveur de la Corse; elle sera heureuse de profiter des institutions qui lui manquent, et la patrie en retirera, elle aussi, d'immenses avantages. »

II.

Crédit foncier.

Le crédit foncier de France a été créé par décrets des 28 mars, 30 juillet, 10 décembre 1852 et 6 juillet 1854.

Le crédit foncier prête sur hypothèque, aux propriétaires d'immeubles, des sommes remboursables par les emprunteurs au moyen d'annuités comprenant les intérêts, l'amortissement et les frais d'administration. L'emprunteur se libère par annuités payables en espèces, de manière que l'extinction de la dette soit opérée dans un délai de vingt ans au moins et de cinquante au plus; il a toujours le droit de se libérer par anticipation, en tout ou en partie.

Tout propriétaire qui demande à contracter un emprunt doit déposer une demande signée de lui, indiquant la somme qu'il veut emprunter, le nombre d'années de la durée du prêt, la situation et la valeur vénale des biens offerts en garantie. Il doit produire à l'appui de sa demande :

1° Un établissement de propriété sur papier libre et les titres de propriété ;

2° La copie certifiée de la matrice cadastrale ;

3° Les baux, s'il en existe, et l'état des locations, avec indication des fermages et loyers payés d'avance ;

4° La déclaration signée par lui des revenus et des charges ;

5° La cote des contributions de l'année courante, ou, à son défaut, celle de la dernière année ;

6° La police d'assurance contre l'incendie ;

7° La déclaration de son état civil, s'il est ou a été marié, ou tuteur, et son contrat de mariage.

C'est dans un but d'utilité immédiate que nous avons fait connaître les statuts du crédit foncier.

Cette institution pourrait, en effet, avoir en Corse les plus heureux résultats. Il ne s'agirait que d'en favoriser l'application. Il est beaucoup de propriétés de 15 et 20 hectares couvertes de makis. Ces terrains, d'une valeur réelle, pourraient facilement, à l'aide de capitaux, être mis en bon rapport. Les propriétaires ne désirent rien tant que d'y établir les cultures dont ces terrains sont susceptibles. Ils peuvent fournir au crédit foncier des titres réels de propriété, une hypothèque sûre, et avec les fonds qui leur seraient confiés, ils tripleraient leurs revenus, et la fertilité se répandrait sur bien des points du territoire. Qu'on estime un

terrain à sa plus petite valeur, le capital n'est plus livré
au hasard, et avec la facilité de remboursement qu'offre
l'institution du crédit foncier, les propriétaires qui ont
vingt ou cinquante ans pour payer, et l'avantage de se
libérer par annuités, pourraient en toute sûreté, et sans
crainte d'être entravés, gênés ou arrêtés, introduire
tous les genres d'améliorations.

D'ailleurs, pourquoi cette institution ne pourrait-elle
pas fonctionner en Corse aussi bien que dans les autres
parties de la France? Quels obstacles s'y opposeraient?
Nous n'en voyons aucun. Nous pensons, au contraire,
qu'en Corse l'institution du crédit foncier réaliserait de
beaux bénéfices, par cette raison toute simple que le
besoin d'argent est pressant, que les opérations seraient
plus étendues, et que les intérêts seraient ponctuelle-
ment payés aux échéances conformément à l'art. 61
des statuts, qui porte :

« Tout semestre non payé à l'échéance porte intérêt
» de plein droit, et sans mise en demeure au profit de
» la société, sur le pied de 5 pour 100 par an. Il en
» est de même des frais de poursuite liquidés ou taxés
» faits par la société pour arriver au recouvrement de
» sa créance, et ce à partir du jour où ils ont été
» avancés. »

On a prétendu que les titres de propriété des Corses
ne sont pas réguliers, que les héritages sont mal ou
indûment partagés, et qu'il y a même des communes
où l'on ne possède que par tradition. Si cela était, évidemment ce serait là une grande difficulté, qui entra-
verait inévitablement les opérations de l'institution :
le crédit foncier ne pourrait y prêter que de confiance,
ce qu'il ne peut pas faire, car ses capitaux ne repose-

raient alors que sur des gages douteux, et n'auraient
plus, par conséquent, la même valeur.

Nous voulons bien admettre que plusieurs propriétaires de la Corse n'aient pas de titres suffisants pour
établir leur droit de propriété; mais il est positif que
le nombre en est restreint, et que de nos jours chacun
comprend et sent le besoin de régulariser sa position
par des actes authentiques reconnus par la loi. D'ailleurs, la société du crédit foncier, avant de prêter, ne
réclame-t-elle pas la déposition des pièces nécessaires
pour s'éclairer sur la validité des titres et des droits
qu'on a sur la propriété qui doit être grevée d'hypothèques? La société ne prête qu'après mûr examen de
ces pièces; donc, à quelle perte serait exposé le crédit
foncier?

« Le conseil général (session de 1855) émet le vœu
» pour la création en Corse du crédit agricole. L'insti-
» tution du crédit foncier est une des plus glorieuses
» conceptions de l'Empereur; cependant, pour que
» l'œuvre soit complète et le but principal réellement
» atteint, il faut que les capitaux, qui jusqu'ici se sont
» montrés exclusifs en faveur des départements riches,
» trouvent les garanties désirables dans des contrées
» où le besoin de numéraire se fait le plus vivement
» sentir. La Corse, avec un immense territoire dont
» la plus grande partie est encore en friche, manque à
» la fois de bras et de capitaux. Livrée à ses propres
» ressources, elle ne pourrait accomplir que dans un
» avenir extrêmement éloigné le travail de sa trans-
» formation. Aidée par le crédit et l'immigration, elle
» s'élèverait dans quelques années au niveau des dépar-
» tements les plus prospères.

» Le conseil prie l'administration supérieure de vou-
» loir bien faire étudier la question du crédit foncier
» au point de vue particulier de l'état de ce départe-
» ment. On est fondé à croire que toute prévention
» fâcheuse s'effacerait devant l'intervention efficace du
» gouvernement, ou même peut-être devant la double
» solidarité qui pourrait être assumée par le départe-
» ment et par les communes. »

Ce vœu est formel, et explique assez combien il serait
utile que cette institution fonctionnât en Corse, où la
richesse naturelle est immense et où l'agent de la circulation est si rare qu'il se prête à des taux exorbitants.

Voilà plus d'un an que ce vœu, expression fidèle des
besoins du pays, a été émis, et cependant la Corse est
encore réduite à vivre d'espoir, et rien que d'espoir.
Il faut pourtant de la réalité, car le temps presse ;
mais pour y aboutir il faut quelque chose de plus qu'un
vœu, il faut, nous le répétons, qu'une puissance
suprême intervienne directement, et fasse valoir son
désir, ainsi que les circonstances qui militent en faveur
de cette création. Alors, mais alors seulement, toute
prévention fâcheuse s'effacera devant l'intervention
efficace de la volonté souveraine; alors la Corse obtiendra ce qu'elle sollicite.

III.

Banque agricole.

« Le conseil général de la Corse s'associe, comme
» l'année dernière, au vœu exprimé par le conseil
» d'arrondissement d'Ajaccio pour la création en Corse
» du crédit agricole. Le conseil général a déjà eu lieu

» de faire observer que la Corse s'est trouvée déshé-
» ritée jusqu'ici de deux éléments indispensables pour
» l'exploitation utile de sa vaste étendue territoriale :
» les bras et les capitaux. Entre ces deux principes de
» prospérité il existe une telle corrélation, que la con-
» quête de l'un serait aussitôt suivie de l'apparition de
» l'autre. Aussi, si l'application à la Corse du système
» de colonisation employé pour l'Algérie paraissait
» offrir des difficultés, le gouvernement au moins
» possède-t-il incontestablement la possibilité d'établir
» dans ce département un centre de crédit en faveur
» de l'industrie agricole comme il en existe à peu près
» dans toutes les autres parties de la France?

» En suivant en Corse un système de sacrifices par-
» tiels, l'État n'en recueillera les bénéfices que dans
» un avenir très-éloigné. Par contre, une grande cam-
» pagne entreprise résolûment en faveur de notre indus-
» trie, une mesure capitale adoptée une bonne fois,
» feraient passer immédiatement cette île, par rapport
» à ses conditions envers le trésor public, de la classe
» des départements onéreux à celle des départements
» productifs. Le conseil prie donc le gouvernement de
» fonder directement en Corse une institution de cré-
» dit agricole, ou d'en favoriser l'établissement par
» tous les moyens qui sont en son pouvoir (Session
» de 1856). »

Les banques suppléent à l'insuffisance de la monnaie
métallique, ou plutôt la remplacent avec avantage, et
font passer les capitaux, c'est-à-dire les moyens de
travail, des mains de celui qui les possède sans fruit
aux mains du travailleur qui peut le mieux les utiliser
par son industrie. Ces diverses fonctions des banques

les font naturellement distinguer en deux classes : les banques dites de circulation, émettant des billets au porteur, espèce de papier-monnaie, et les banques d'escompte.

Les services que rendent à la société industrielle les banques sont d'une importance vitale : elles impriment à tous les produits le plus grand mouvement ; elles seules peuvent fournir avec assez d'étendue et de rapidité les moyens d'échange et de crédit qui mettent toute espèce de produits à la portée ou du consommateur qui doit en jouir, ou du producteur qui peut leur donner une nouvelle valeur par le travail.

De ce qui précède il résulte que la création en Corse d'une banque produirait partout un effet profondément salutaire, et répandrait la vie et le mouvement là où il n'y a que solitude et stérilité.

Lors de la longue lutte de Pitt avec Napoléon, ce ministre, étant obligé de contracter de nombreux emprunts, porta remède à sa situation critique en encourageant la création d'une multitude de banques sur tous les points du royaume. En moins d'un an, il y en eut cinq cents en pleine activité. C'est de cette époque que date la grande prospérité de l'Angleterre.

Rien ne s'improvise ; en toutes choses l'homme n'arrive à la perfection relative qu'il lui est donné d'atteindre qu'après de longs tâtonnements et des expériences plus ou moins coûteuses.

Une banque agricole pourrait donc, d'après ce principe, opérer en Corse d'abord sur une petite échelle, puis étendre peu à peu ses opérations et devenir ainsi une forte institution financière, pouvant réaliser les plus beaux bénéfices et rendre les services les plus signalés à la cause de l'agriculture, de l'industrie et du commerce.

M. Conti, receveur général de la Corse, vient de créer un projet de banque agricole; il l'a soumis à l'appréciation du pays par la voie des journaux. Ceux qui ont suivi les considérations développées dans le *Journal de la Corse* (numéro du 26 août), en ce qui concerne le mécanisme de cette institution, s'associeront aux vœux que nous formons pour la prompte réussite de la demande de M. Conti.

Nous sommes tellement convaincu de l'importance de cette banque, que nous sommes heureux de donner une place dans notre ouvrage au projet en question. Nous l'insérons volontiers, parce qu'il est complétement dans nos vues, parce qu'il nous est impossible de mieux concevoir, parce que enfin nous avons l'espoir de le faire apprécier par les capitalistes du continent.

« Depuis que la Corse est réunie à la France, dit-il, on a persisté dans cette grave erreur qu'il suffisait de multiplier les voies de communication pour y stimuler le travail et les échanges. Des sommes ont été employées, sous divers gouvernements, à ouvrir des routes, sans que des résultats sérieux soient venus témoigner de leur utilité actuelle. C'est qu'en effet ce sont moins les routes et les chemins que le crédit et le numéraire qui sont les agents les plus actifs de la circulation des produits. Or, la Corse ne possède ni capitaux ni établissements de crédit, et la mer, qui la circonscrit, rend inabordables pour elle les banques du continent. Ainsi que nous l'avons démontré ailleurs, les subsides qu'elle reçoit de la mère patrie s'écoulent avec une telle rapidité vers le continent français et vers l'Italie, qu'ils n'ont pas le temps de se reproduire. Ce sont donc des capitaux persistants et reproductifs qu'il aurait fallu et qu'il faudrait avant tout attirer dans le pays. »

. . . .

L'auteur ajoute, après avoir raconté l'histoire des banques qui fonctionnent dans nos colonies :

« En présence d'une expérience aussi décisive, refuserait-on de doter la Corse d'un établissement semblable à ceux des colonies? Pour être plus rapprochés de la mère patrie, son commerce, son industrie et son agriculture, inspireraient-ils moins d'intérêt? Comme les colonies et l'Algérie, la Corse est séparée de la métropole par la mer, et, de même que ces contrées, elle ne peut jouir des bienfaits du crédit qu'à la condition que le crédit viendra se naturaliser chez elle. Nulle part le crédit ne produirait des effets plus certains, parce que nulle part le besoin ne s'en fait mieux sentir. Elle possède les trois sources principales d'où, suivant Adam Smith, découlent toutes les richesses des nations : les terres, les mines et les pêcheries; et ces trois sources demeurent stériles faute de cette grande roue de circulation qui lui donnerait une direction fécondante. »

. . . .

« L'absence du numéraire ou du crédit, qui fait qu'un si grand nombre d'hectares de terre restent en friche, ne se fait pas moins sentir dans les héritages en état de culture; il est plusieurs parties de la Corse où les frais de la récolte des blés, des olives, des châtaignes et des autres produits, sont payés en nature. Il s'ensuit dans le taux du salaire une inégalité qui tourne le plus souvent au préjudice du propriétaire.

» Il en serait autrement si la banque lui faisait une avance jusqu'à concurrence d'un tiers de sa récolte présumée. Non-seulement il pourrait payer ses ouvriers en argent, mais il ne serait plus pressé de vendre ses produits pour satisfaire aux besoins de sa famille. Il attendrait les cours les plus favorables, et il pourrait même étendre ou améliorer son héritage. La main d'œuvre, qui suit toujours le capital, ne lui fera pas défaut; la population exubérante de l'Italie, en versant en Corse un nombre d'ouvriers proportionné au numéraire disponible, lui permettrait d'obtenir une réduction sur le taux du salaire.

» Qu'une banque de prêt et d'escompte, en se livrant à ce genre d'opérations, rencontre en Corse de très-grandes difficultés d'exécution, c'est ce que nous ne chercherons pas à mettre en doute. Mais avec un conseil d'administration composé d'hommes intelligents, prudents, connaissant les hommes et les mœurs du pays, ces difficultés ne seraient pas insurmontables.

» Ce conseil, dont l'inflexibilité serait obligée et systématique, ne consentirait à prêter aux propriétaires qui voudraient défricher que lorsque les travaux de défrichement et d'ensemencement seraient terminés et justifiés. Cette suspension du prêt n'entraînerait aucun inconvénient, puisqu'il est déjà d'usage dans le pays de ne payer les travaux de défrichement qu'après leur achèvement. Le conseil serait, en outre, armé de tous les priviléges dont jouissent les banques des colonies. Le contrat de prêt, soit qu'il s'agît d'avances à faire pour les défrichements, soit d'avances à faire sur les fruits pendants par racine, serait garanti par les récoltes; il serait renouvelable de quatre-vingt-dix jours en quatre-vingt-dix jours jusqu'à l'époque où le gage doit être enlevé du sol, et le détournement de tout ou partie de ce gage entraînerait la contrainte par corps.

» Si les difficultés sont grandes dans les avances à faire directement à l'agriculture, il n'en serait pas de même pour celles qui concerneraient le commerce et l'industrie. Il ne s'agirait ici que de s'assurer de la moralité et de la solvabilité d'un certain nombre de commerçants et d'industriels qui garantiraient par leur signature les engagements des personnes moins connues de l'administration de la banque.

» Ce mode d'opérer ne serait pas moins favorable à l'agriculteur qu'au commerce. L'agriculteur qui n'aurait pu obtenir d'avances directes aurait recours à la signature d'un commerçant accrédité auprès de la banque. Le nouvel établissement ne se bornerait pas, du reste, à faire des avances et à escompter des effets à deux signatures et à quatre-vingt-dix jours, il prêterait également sur connaissement, sur dépôt de marchandises, sur transfert d'inscriptions de rentes, sur nantissement de lingots, monnaies et autres valeurs publiques.

» Une banque de prêt et d'escompte peut donc être implantée en Corse. Mais quelle sera la forme de son institution, sa durée, son capital et son administration?

» Ainsi que dans les colonies, elle serait constituée en société anonyme dont la durée serait fixée à vingt ans ; son capital social, d'après l'expérience acquise dans ces mêmes colonies, serait porté provisoirement à 1 million 500,000 francs, dont 500,000 francs en numéraire, et 1 million en billets de banque, divisé en coupures de 50 à 100 francs. Le capital à verser

par les actionnaires ne serait en réalité que de
500,000 francs, qui pourrait être divisé en mille ou
deux mille actions au porteur de 500 à 250 francs chacune. Quant à son administration, son rapprochement
de la métropole rendrait inutiles et l'agence centrale et
le comité de surveillance résidant à Paris, et imposés
aux banques des colonies par suite de leur éloignement.

» Le conseil d'administration se composerait donc :
d'un directeur nommé par l'Empereur, de cinq admi-
nistrateurs élus par l'assemblée des actionnaires, d'un
censeur élu également par cette assemblée, et d'un
commissaire du gouvernement.

» Le nombre des employés secondaires serait très-
restreint, attendu qu'elle deviendrait l'un des correspondants de la recette générale, et que tous ses recou-
vrements s'opéreraient par l'entremise des receveurs
particuliers et percepteurs.

» Qu'on veuille nous accorder que le capital social,
montant à 1 million 500,000 francs, serait aisément
placé, chaque année, à raison de 6 pour 100 par an ;
le produit en serait de. . . . . 90,000 fr.

» En déduisant de cette somme :

» 1° Pour frais d'administration, que nous portons à
un chiffre inférieur de 500,000 francs seulement à celui
de chaque banque coloniale, ci. . . 20,000 ⎫
⎪
» 2° Pour fonds de réserve, à ⎪
raison d'un demi pour 100 sur le ⎬ 40,000
montant du capital social. . . . . 7,500 ⎪
⎪
» 3° Pour frais de recouvrement. 12,500 ⎭

» TOTAL à déduire. . . . 50,000

» PRODUIT NET, soit 10 pour 100 par action. »

D'après cet exposé et cette démonstration, on ne peut que louer les idées élevées de M. Conti. Comme lui nous ne voyons pas quelle difficulté sérieuse pourrait rencontrer l'application de son système dans les conditions où il est présenté aujourd'hui. L'opinion d'un grand nombre d'hommes compétents, les discussions de la presse, ne nous laissent aucun doute à cet égard. Ajoutons que le petit mouvement de reprise qu'on signale dans les affaires sur divers points de la Corse, et le nouvel essor que l'agriculture et l'industrie sont appelées à prendre dans un avenir prochain, ne feraient qu'accroître l'utilité de la banque agricole et commerciale.

IV.

Compagnie générale corse.

Jusqu'ici nous avons traité chaque question séparément, et réclamé pour la Corse les institutions strictement nécessaires dans chaque spécialité; mais ne serait-il pas possible de répondre à tous les besoins par une vaste organisation qui assurerait le crédit à l'industrie comme à l'agriculture, et réaliserait simultanément le progrès dans toutes les branches avec une force irrésistible? Ne serait-il pas possible, disons-nous, de créer une institution à la fois financière, industrielle et agricole capable de frapper un grand coup, de remuer profondément les populations, de faire jaillir la lumière au milieu des ténèbres?

Nous apprenons avec une grande satisfaction que des hommes sérieusement préoccupés des intérêts nationaux ont élaboré un projet tendant à l'établissement

d'une compagnie générale corse. — Cette compagnie
serait constituée sur des bases analogues à celles de la
compagnie hollandaise et de la compagnie anglaise des
Indes orientales ; elle produira inévitablement des résultats identiques.

Cette compagnie aurait pour but d'exploiter les forêts de la Corse et toutes les branches d'industrie qui
s'y rattachent, de faciliter le commerce par l'escompte,
de commanditer les entreprises nouvelles, d'acquérir
ou de souscrire des obligations ou actions dans les
mines, chemins de fer, etc. ; d'aider à la création ou
à la fusion des sociétés anonymes, de prêter sur hypothèques, d'encourager l'agriculture par des avances ;
elle consacrerait plusieurs millions à l'établissement
d'un chantier à Ajaccio, etc.

La compagnie proposée aurait des succursales non-
seulement dans les principales villes de la Corse, mais
encore à Marseille et à Paris.

D'après le projet, la compagnie générale corse serait
administrée par un gouverneur, dont la nomination est
réservée à l'Empereur, etc.

L'importance de l'administration suffit pour donner
une idée de la grandeur du plan dont on s'occupe.

Napoléon disait à l'île d'Elbe : « Si j'ai un regret,
» c'est de n'avoir rien fait pour mon île natale. »

Il pourrait se justifier en alléguant les intérêts majeurs dont il avait été constamment préoccupé, et les
embarras d'une guerre presque sans interruption. La
paix vint sans apporter d'améliorations à la Corse, qui
végéta jusqu'en 1830. Quand le drapeau tricolore eut
été arboré de nouveau, le gouvernement de Louis-Philippe tourna un moment les yeux vers cette île si digne

d'intérêt. Il y fit exécuter des routes et des travaux de terrassement importants, et les habitants lui témoignèrent leur vive gratitude par l'enthousiasme avec lequel ils accueillirent son fils le duc d'Orléans.

A partir de cette époque, la Corse a été pour ainsi dire délaissée; mais il semble que le gouvernement actuel ait l'intention de solder l'arriéré, si nous devons en juger par les nombreuses études préliminaires qu'il a commandées.

La réalisation du projet dont nous venons de parler pourrait accomplir l'œuvre de la civilisation, et opérer en peu de temps, sans qu'il en coûte à l'État, l'heureuse transformation de la Corse, que des intérêts majeurs appellent de tous leurs vœux.

Puisse-t-il donc être vu d'un œil favorable par les autorités qui sont appelées à se prononcer sur son utilité et son importance !

CHAPITRE DIX-HUITIÈME.

I.

Colonisation de la Corse.

Napoléon Ier disait à Saint-Hélène qu'il voulait civiliser la Corse avec cinquante millions et cinquante mille hommes.

Nous avons donné le chiffre de la population de la Corse, 240,000 habitants. Nous savons que la superficie est d'environ 900,000 hectares. La Corse n'a donc que 28 habitants par kilomètre carré, tandis que les autres départements en comptent 67 en moyenne. La population est donc insuffisante, et ce qui le prouve, c'est qu'on est obligé d'avoir annuellement recours aux Lucquois, qui dépensent peu d'argent, et emportent des sommes considérables.

Cet état de choses est regrettable. Que doit-on faire pour y remédier ?

Faut-il, sans chercher des moyens extraordinaires, attendre patiemment l'accroissement normal de la population ?

Cet accroissement est sûr, mais il s'opère avec lenteur, comme on peut s'en convaincre par l'état comparatif de la population de 1827 à 1856, d'après les recensements quinquennaux des communes qui ont mille âmes et au-dessus :

	1827.	1831.	1836.	1841.	1846.	1851.	1856.
Ajaccio............	7,658	8,920	9,003	9,834	11,541	11,944	12,109
Bastelica..........	2,160	2,314	2,375	2,429	2,528	2,605	3,003
Bocognano........	2,271	1,992	2,157	2,461	2,689	2,800[1]	2,651
Ucciani...........	944	932	970	1,045	1,021	1,050	1,089
Evisa.............	913	994	850	1,186	1,320	1,350	1,370
Piana.............	955	960	1,007	811	1,115	1,143	1,164
Vico.............	1,304	1,364	1,460	1,409	1,424	1,704[2]	2,024
Zicavo...........	1,137	1,249	1,160	1,223	1,424	1,380	1,360
Cargese	694	697	806	846	999	1,118	1,116
Bastia...........	9,527	9,531	13,061	13,018	13,004	15,985	17,141
Brando...........	735	1,189	1,385	1,438	1,491	1,493	1,423
Cervione.........	1,304	1,468	1,510	1,486	1,657	1,604	1,462
Luri.............	1,350	1,335	1,500	1,646	1,803	1,848	1,890
Canari...........	903	994	962	1,133	1,287	1,233	1,214
Oletta...........	927	1,004	1,046	1,082	1,093	1,067	1,081
Rogliano.........	1,500	1,397	1,464	1,501	1,566	1,713	1,477
S.-Pietro di Tenda..	910	900	1,010	1,028	1,137	1,154	1,220
Venzolasca........	1,080	1,172	1,388	1,393	1,144	977	1,180
Vescovato........	1,103	1,005	1,133	991	1,015	1,077	1,152
Ersa.............	852	846	850	889	866	976	1,040
Calvi.............	1,278	1,382	1,457	1,456	1,680	1,837	1,473
Muro	1,017	1,163	1,239	1,307	1,346	1,337	1,279
Calenzana........	1,939	1,974	2,100	2,243	2,437	2,377	2,440
Corbara	1,190	1,144	1,193	1,240	1,178	1,228	1,171
Ile-Rousse	834	1,046	1,175	1,428	1,860	1,756	1,626
Santa-Reparata....	1,114	1,086	1,105	1,125	1,188	1,143	1,222
Belgodere.........	734	752	805	933	993	993	1,001
Corte	2,841	3,282	3,503	3,587	4,599	4,719	4,926
Albertacce	998	940	967	1,020	1,070	1,153	1,050
Omessa...........	822	889	992	879	1,011	940	1,054
Isolaccio.........	945	1,207	1,199	1,310	1,383	1,321	1,369
Ventiseri	811	833	907	1,001	1,070	1,251	1,108
Prunelli di Fium...	237	480	556	600	690	897	1,079
Gatti di Vivario....	760	784	843	789	997	919	1,124
Serraggio.	818	905	934	916	973	1,018	1,070
Ghisoni	1,181	1,535	1,624	1,630	938	1,529	1,593
Sartène	2,242	2,715	2,682	3,091	3,235	3,949	3,845
Bonifacio	2,687	2,944	3,031	3,017	3,250	3,383	3,184
Levie	594	1,416	1,560	1,674	1,602	1,757	1,652
Olmeto.	1,385	1,379	1,968	1,986	2,040	2,087	1,819
Portovecchio.......	1,416	1,738	2,007	2,015	2,071	1,971	2,117
Aullene...........	837	1,033	1,104	1,100	1,229	1,443	1,412

[1] Diminution provenant de la distraction du hameau d'Afa, érigé depuis 1851 en commune, canton de Sarrola-Carcopino.

[2] Y compris la population de la commune d'Appricciani, supprimée postérieurement à 1851 et réunie à celle de Vico.

L'opinion généralement admise est que la Corse peut nourrir au moins 600,000 habitants[1]. Il est donc facile de s'assurer par le tableau ci-dessus qu'il faudrait un nombre considérable d'années pour mettre la population en harmonie avec l'étendue de son territoire.

Or, cela n'est pas possible, comme l'a démontré avec tant d'éloquence M. Conti, receveur général.

« Adoptés, dit-il, avant l'âge par la première nation du monde, nous sommes comme ces orphelins pauvres et dénudés qui, recueillis et élevés dans une maison opulente, sentent leur infortune avec d'autant plus d'amertume, qu'ils ont appris à comprendre les jouissances d'une existence splendide. »

Si l'on se résigne à subir les lois de la multiplication de l'espèce humaine, plusieurs générations se succéderont dans le malaise, et la fortune de la France en éprouvera le contre-coup. Des terres fertiles resteront incultes; de vastes plages, dont l'assainissement est réclamé, seront le tombeau d'un peuple qui végète; l'industrie languira. La main-d'œuvre continuera à être d'un prix exagéré, ce qui empêche la Corse de soutenir la concurrence continentale. On éprouvera toujours ce manque de bras qui a forcé parfois des propriétaires à laisser périr leurs récoltes sur pied.

Lorsque la France a conquis l'Algérie, elle a compris immédiatement que cette acquisition importante serait inutile, si l'exploitation du sol n'était confiée à de nombreux colons. Le gouvernement a favorisé de

---

[1] « Egregie præterea populosa Corsica fere tota est, civiumque frequentia ubique habitata : reor quadringinta hominum millia numero excedere, præter feminas et pueros; nam, hoc anno, censa sunt centum millia levamina, id est familiæ centum millia. » (*Petri Cyrnæi De rebus Corsicis*, 1506.)

tous ses efforts l'émigration en Algérie. Il n'a reculé devant aucune difficulté, devant aucun sacrifice d'hommes ou d'argent, quoique des esprits à vues étroites, effrayés par les obstacles, aient osé demander l'abandon de la colonie naissante. Aujourd'hui les efforts, les sacrifices sont récompensés par de magnifiques résultats, et tout le monde sait maintenant que l'Algérie peut être pour l'Europe ce qu'était autrefois Carthage, un grenier d'abondance inépuisable.

Appliquez la colonisation à la Corse, et vous obtiendrez des résultats plus certains.

«Vous avez voté 50 millions pour placer 15,000 familles en Algérie, disait M. le comte de Casabianca à l'assemblée constituante en 1848; avec 50 millions vous placeriez en Corse 50,000 familles. Vos colons, nous les recevrions en frères, et chez nous ils n'auraient pas besoin d'une armée pour défendre leurs récoltes. »

M. le baron Charles Dupin disait aussi dans son rapport, à propos d'un projet de loi relatif à l'ouverture d'un crédit extraordinaire pour constructions navales et approvisionnements, à la chambre des pairs, séance du 15 juin 1845 :

«Nos populations aventureuses des Pyrénées émigrent; elles vont en grand nombre tenter la fortune en des pays lointains, sous des gouvernements précaires et souvent spoliateurs; au Mexique, dans la Plata, dans l'Océan Pacifique; et l'on n'apprend pas à ces populations qu'à leurs portes, sous le même climat que leur terre natale, il existe une autre terre française aussi féconde et spacieuse, où des centaines de mille hommes laborieux trouveraient à vivre en doublant, en triplant, en quadruplant la richesse d'un sol national et d'un littoral protégé par notre pavillon. »

Mais quelle partie de la Corse faut-il coloniser?

Est-ce la côte occidentale?

Ou la côte orientale?

Évidemment cette dernière devrait obtenir la préférence si l'assainissement était effectué; mais les travaux ont été souvent suspendus et entrepris sur quelques points seulement, et si nous devons en juger par la négligence avec laquelle l'administration a procédé jusqu'à ce jour, il peut s'écouler de longues années avant que toutes les causes d'insalubrité aient été victorieusement combattues.

Tournons donc nos regards vers la côte occidentale.

Déjà un exemple nous prouve les ressources qu'offre cette partie du territoire. En 1676 des Grecs y vinrent s'établir, et au bout de plus d'un siècle, en 1784, ils fixèrent à Cargese le centre de leur colonie. Les terrains qui lui avaient été concédés entre Piana et Sagone étaient improductifs, hérissés de makis. Malgré les vicissitudes qu'ont éprouvées les Grecs naturalisés, leur petite ville est une des mieux bâties de l'île, et le territoire qu'ils avaient trouvé en friche est actuellement couvert de vignes, de pâturages, d'oliviers, d'arbres fruitiers et de jardins potagers.

Qui empêcherait une seconde colonie de s'établir? Que de terres restent encore à défricher! Depuis Calvi jusqu'au golfe de Porto, et depuis les rivages de la Méditerranée jusqu'aux montagnes, il n'y a pas un seul village, pas un seul champ cultivé; mais la végétation luxuriante des makis atteste la fécondité du sol qu'arrosent plusieurs cours d'eau, entre autres le Fango;

la Sposata, la Figarella et le Secco. D'immenses forêts couronnent les collines, dont les flancs contiennent des granits de la plus grande beauté. Les côtes sont dentelées de ports qu'il serait facile de rendre praticables. La route de ceinture qui relie Saint-Florent, l'Ile-Rousse, Calvi et Ajaccio sera prochainement achevée. Comment ne pas profiter de tant d'avantages réunis?

On nous fera sans doute une objection, c'est que les terres n'appartiennent pas au domaine public. Le gouvernement possédait le vaste domaine de Galeria, qu'il a vendu à vil prix. Un de nos parents, dont nous pourrions citer le nom, a acheté en 1845 un lot de quatre à cinq cents hectares, moyennant la somme de dix mille francs. Ceci donne la mesure de la faute commise par le gouvernement.

S'il avait fait des concessions à divers particuliers du continent, qui se seraient engagés à lui payer une redevance annuelle, il aurait mis en valeur ces terres qui sont encore incultes, donné l'exemple aux agriculteurs de l'arrondissement, et il se serait assuré un revenu important, en même temps qu'il aurait contribué à peupler et à civiliser ce désert.

La faute est consommée; que faut-il faire pour la réparer?

S'entendre avec les propriétaires et les communes qui ne tirent aucun parti de leurs terres; ils les abandonneraient à des conditions avantageuses pour l'État. Celui-ci pourrait les concéder à son tour aux familles qui consentiraient à s'établir dans ces parages. Ces familles seraient nécessairement nombreuses, car combien d'émigrants vont chercher aux États-Unis, en Australie, des terres à mettre en culture? Ils préféreraient infailliblement un pays où l'on parle la même langue, où l'on professe la même religion, où l'on s'abrite sous les plis du même drapeau. Ils ne seraient pas expatriés pour toujours, car si l'envie leur prenait de revoir les lieux qui les ont vus naître, en quelques heures ou en quelques jours ils auraient le bonheur de revenir au berceau de leurs ancêtres.

Mais comment attirer les émigrants sur la côte occidentale ?

Conseiller des demi-mesures, proposer des concessions, dont le prix toujours modique serait remboursable par annuités ; mais comme la somme à dépenser est de peu d'importance relativement à la grandeur de la France, nous préférons demander un système large et généreux.

Il y a des familles non-seulement dans l'ordre militaire, mais encore dans l'ordre civil, dont les services ont mérité une récompense, sur le choix de laquelle l'État est souvent embarrassé. Qu'on donne à ces familles une concession gratuite, avec la somme d'argent nécessaire à la première exploitation, soit vingt hectares et cinq cents francs à chaque famille. Plusieurs villages et établissements ruraux, créés par le gouvernement, seraient les chefs-lieux de ces colonies, qui seraient sous la direction d'un administrateur général. Le choix de cet administrateur serait une chose importante, car on comprend que l'intelligence, l'activité, le savoir, l'expérience lui seraient indispensables. De lui dépendrait l'avenir de la colonie ; mais s'il la dirigeait avec habileté, le succès serait infaillible.

Que coûterait à l'État l'exécution du projet que nous formulons ?

La dépense approximative s'élèverait :

1° Achat de 20,000 hectares de terres à raison
de 200 francs l'hectare. . . . .   4,000,000 fr.
2° Frais d'installation de 1,000 familles. . . .   1,000,000
3° Frais d'encouragement à raison de 500 fr.
par famille   500,000
4° Avance en argent à faire aux colons, remboursable avec intérêt légal au bout de
dix ans (par famille, 500 francs)   500,000

TOTAL. . . . .   6,000,000 fr.

Nous espérons que le gouvernement prendra en considération le plan que nous lui soumettons. La dépense n'est pas forte, comme on le voit, et d'ailleurs le sacrifice serait suivi d'un prompt et fructueux dédommagement. Déjà des essais ont été tentés par les établissements pénitenciers de la *Costa,* en face d'Ajaccio et de Saint-Antoine, sur le territoire de la même commune. Le succès de ces colonies n'est pas encore assuré, parce que l'emplacement adopté n'est pas précisément celui qui convient, et que la direction des deux établissements a laissé beaucoup à désirer. Néanmoins, on nous assure qu'on va porter à cinq mille le nombre des condamnés, et qu'une impulsion plus énergique va être donnée à ces institutions naissantes.

Nous faisons également des vœux pour l'adoption de notre projet, et pour la prospérité de celui qui est déjà en cours d'exécution.

II.

Division de ce département en sept arrondissements.

Pour venir en aide à la colonisation et faciliter l'accroissement de la population, plusieurs publicistes ont demandé le rétablissement de la division de la Corse

en deux départements, celui du Golo et celui du Liamone. Cette division a existé depuis 1797 jusqu'en
1811, et elle fut adoptée sur la recommandation de
notre compatriote et parent le chanoine Multedo, député
de la Corse. Malgré la déférence que nous devons à sa
mémoire, qu'il nous soit permis d'exprimer une opinion contraire à la sienne. L'unité administrative nous
paraît devoir être respectée ; mais la séparation de la
Corse en sept arrondissements, maintes fois réclamée
par le conseil général, aurait, suivant nous, de très-
grands avantages. Nous la croyons même absolument
nécessaire.

Les arrondissements existants sont ceux d'Ajaccio,
de Bastia, de Corte, de Calvi et de Sartène ; ceux dont
nous proposons la création seraient ceux de Cervione
et de Vico.

Dans l'état actuel les arrondissements ont une telle
étendue, que celui que ses affaires appellent de sa
commune au chef-lieu est souvent contraint de faire un
voyage de plus d'un jour et avec la plus grande difficulté, surtout pendant l'hiver, où les communications
sont quelquefois interrompues.

Ainsi ceux qui partent de Ota, limite extrême de l'arrondissement d'Ajaccio, ont à franchir environ 75 à
80 kilomètres par des chemins presque impraticables
sur plusieurs points.

L'expédition des affaires en souffre. Non-seulement
les particuliers supportent des pertes de temps préjudi-
ciables et des fatigues inutiles, mais encore les tour-
nées périodiques auxquelles sont astreints les adminis-
trateurs s'effectuent péniblement.

Vico et Cervione ont été longtemps des chefs-lieux

d'arrondissement. La première de ces villes se trouve au centre d'une province qui produit abondamment les céréales, les huiles, les vins, les châtaignes, etc. Elle est située près des bains de Guagno et à proximité des magnifiques forêts d'Aïtone et de Libio, dont l'exploitation, déjà commencée, est appelée à un grand développement. Cette ville est le centre d'un mouvement considérable, le commerce y a augmenté ; le nombre des commerçants y est comparativement plus grand que dans toute autre ville continentale de même étendue. Les relations avec l'administration civile ou judiciaire se sont donc conséquemment accrues, et suffisent pour justifier qu'il y a urgence de faire de Vico un chef-lieu de sous-préfecture.

Quant à Cervione, cette ville est située dans une vallée productive dont la population, essentiellement agricole, produit des blés et des vins, non-seulement pour sa consommation, mais encore pour l'exportation. L'agriculture tend à prendre une extension de plus en plus importante. Le commerce y prospère, tout démontre enfin que les observations que nous avons faites sur Vico sont également applicables à Cervione.

La mesure que nous demandons est simple et motivée par les lois générales adoptées en France pour les subdivisions départementales. Ainsi : le Calvados compte 6 arrondissements et 37 cantons ; la Charente-Inférieure, 6 arrondissements et 40 cantons ; la Gironde, 6 arrondissements et 48 cantons ; l'Ille-et-Vilaine, 6 arrondissements et 43 cantons ; la Manche, 6 arrondissements et 48 cantons ; le Nord, 7 arrondissements et 60 cantons ; le Pas-de-Calais, 6 arrondissements et 43 cantons.

La Corse, avec son immense territoire, peut donc aisément être divisée, elle aussi, en 7 arrondissements.

Quels sont les moyens pratiques d'opérer cette division? Nous ne croyons pas utile d'entrer dans les détails ; mais nous nous basons sur un principe élémentaire, pour ainsi dire, qui consisterait à diminuer les plus grands arrondissements au profit de ceux qui sont en état de projet. Nous ne recherchons pas seulement les avantages matériels. Nous n'avons pas seulement pour but de faciliter l'administration et l'exécution des lois, nous songeons encore aux avantages moraux qui résulteraient de la combinaison proposée. La création de deux administrations nouvelles et de deux tribunaux de première instance amènerait en Corse un surcroît d'hommes éclairés, intelligents, initiés à tous les progrès et capables de leur donner une forte impulsion. Les intérêts locaux seraient moins négligés que par le passé. Les encouragements donnés sur place seraient plus utiles en stimulant le zèle des maires et des conseils municipaux, qui, dans l'état actuel, n'ont pas avec les chefs-lieux de communications assez directes et assez fréquentes. Les villes s'embelliraient ; les employés venus du continent adouciraient la rudesse des mœurs indigènes, et contribueraient à porter les idées d'un peuple jeune encore vers les bienfaits de la civilisation la plus avancée.

CHAPITRE DIX-NEUVIÈME.

PORTS. — ARSENAL MILITAIRE.

I.

Ports.

La Corse possède de nombreux ports. Les uns offrent des abris très-sûrs, d'autres laissent à désirer.

Les principaux ports sont ceux d'Ajaccio, Saint-Florent, Porto-Vecchio, Ile-Rousse, Calvi, Macinaggio, Bastia et Bonifacio. Les autres ports fréquentés sont ceux de Girolata, Galeria, Porto, Sagone, Propriano, Porto-Pollo, Figari, Santa-Manza, Ventiligne, etc.

Port d'Ajaccio. Le port d'Ajaccio est magnifique; c'est un des plus beaux de la Méditerranée. Il n'est pas fermé et n'est pas susceptible de l'être. Il comprend trois mouillages, où les bâtiments trouvent un abri sûr contre tous les vents. Ce sont ceux des Cannes, d'Aspretto et du Quai.

Le contre-amiral Heel, qui a dressé la carte hydrographique des côtes de la Corse, a dit qu'après Toulon Ajaccio était le meilleur port que la France possédât dans la Méditerranée. Il a signalé le mouillage dit *des Cannes,* situé au fond de cette baie, non-seulement comme le meilleur de tout le golfe, mais encore de

27

toute l'île. Le mouillage du Quai n'est pas tenable lorsque les vents du sud-ouest se font sentir. Les vagues
amenées par le vent du sud-ouest et réfléchies par la
côte opposée viennent battre le quai avec violence.
Tous les bâtiments se réfugient alors au mouillage
des Cannes. Excepté dans cette circonstance, les plus
grands navires de commerce peuvent aborder le quai
et y effectuer leur déchargement ou chargement.

M. Heel, prévoyant le haut degré de prospérité que
doit atteindre un jour le commerce d'Ajaccio, a proposé l'établissement d'une darse au mouillage *des
Cannes.*

Les trois mouillages d'Ajaccio sont reliés par une
route de ceinture qui longe la mer et qui s'achève
dans ce moment.

Le mouillage du Quai offrirait toute la sécurité désirable si l'on exécutait à la pointe de la citadelle une
jetée terminée par un musoir. Cette jetée éloignerait
les vagues du quai, et permettrait aux bâtiments de
trouver là un abri sûr, même contre les plus gros
temps.

PORT DE SAINT-FLORENT. Le port de Saint-Florent,
abrité par le cap peu prononcé sur lequel la ville est
bâtie, ne peut guère recevoir que des bâtiments d'un
faible tonnage. On y trouve un môle de débarquement
ayant 17 mètres de longueur. La hauteur d'eau à l'extrémité de cet ouvrage est de 1 mètre 35. Il y a au milieu du golfe plus de 260 pieds d'eau.

M. Heel fait observer que le véritable port de Saint-
Florent est l'anse de Fornali, située sur la côte opposée,
au nord-ouest de la bourgade décorée du nom de ville.
C'est là que vont s'abriter pendant l'hiver les bâtiments

des marines de la côte de l'ouest du cap Corse. Cette anse a besoin d'être curée.

Quant au mouillage pour les gros vaisseaux, il est situé entre la ville et l'anse de Fornali.

Nous verrons plus loin ce que nous proposons d'établir à Saint-Florent. M. Grandchand s'est contenté de proposer une route de ceinture entre la ville et le mouillage de Fornali, où l'on construirait une jetée et une fontaine. Napoléon Ier a été apparemment mal inspiré en projetant de grands travaux maritimes dans ce golfe.

PORT DE PORTO-VECCHIO. Le port de Porto-Vecchio est vaste, profond et peut contenir les plus belles flottes.

M. Grandchand, après avoir parlé de la rare fécondité des deux bassins qui aboutissent à ce golfe, a demandé l'établissement à Porto-Vecchio d'un arsenal militaire. Comme port militaire, dit-il, Porto-Vecchio est heureusement situé : en face de l'Italie, il surveillerait le commerce du Levant et lui servirait d'abri ; son marché commercial s'étendrait rapidement sur la côte orientale, depuis Santa-Manza jusqu'au Fiùmorbo, puisqu'il est jusqu'à Bastia le seul port existant sur la côte le long de laquelle l'auteur voudrait une voie de transport rapide, qui facilitât la culture et la mise en valeur des produits.

Pendant longtemps ce port a manqué d'un môle d'embarquement. Ce besoin a été heureusement satisfait, et de plus on a construit une route qui relie ce port à la route de ceinture.

Le port de Porto-Vecchio s'encombre par les détritus, la passe s'ensable tous les jours de plus en plus,

27.

et les navires chassent sur leurs ancres. Il nous paraît donc opportun de le draguer.

PORT DE L'ILE-ROUSSE. C'est un groupe d'îlots situés au nord-ouest et à 400 mètres de la petite ville de l'Ile-Rousse, qui forme, avec le rivage qui s'avance vers le nord dans cette partie, le port de l'Ile-Rousse, ouvert à l'est. Les navires y trouvent un très-bon mouillage. Des travaux ont été exécutés pour l'agrandir considérablement et le rendre abordable par des navires d'un fort tonnage. D'après M. Grandchand, il n'y a que le port de l'Ile-Rousse, dont la rade ne reçoit aucune rivière, qui se trouve dans des conditions avantageuses, et présente toujours un mouillage excellent. Il dit plus, dans toute la Méditerranée, Marseille, le Frioul et Port-Vendre exceptés, il n'y en a pas qui plus que celui de l'Ile-Rousse réunisse les conditions désirables pour devenir un port commerçant très-fréquenté et un port de relâche très-sûr pour les navires des côtes de France et d'Italie.

Ce jugement est exagéré; nous sommes plutôt porté à nous en rapporter à l'opinion du contre-amiral Heel, qui a hautement proclamé, comme nous avons dit plus haut, qu'après le port de Toulon celui d'Ajaccio était le plus beau de la Méditerranée.

PORT DE CALVI. Le cap sur la pointe duquel est bâtie la ville de Calvi s'avance vers le nord-est, et couvre le port, qui offre un abri sûr contre les vents du nord-ouest au sud-est. Lorsque les vents du nord-ouest, du nord-est, soufflent, les gros bâtiments sont obligés de se tenir un peu au large.

On a gâté le mouillage du port de Calvi en y construisant un quai, qui a produit un ressac violent et

très-incommode. En 1852, le conseil général de la
Corse faisait valoir l'importance politique de la place
de Calvi, et exprimait le vœu pour l'exécution d'un
projet présenté par le génie militaire en 1776, tendant
à la construction dans le port de cette ville d'un môle
surmonté d'une batterie à fleur d'eau. Ce môle partirait de la pointe sud-est de la citadelle, et se prolonge-
rait dans cette direction sud-est sur une longueur de
150 à 200 mètres.

Nous nous associons de bon cœur à ce vœu, et nous
serions heureux de le voir réaliser.

Port de Macinaggio. Le port de Macinaggio, dit Robiquet, est situé à l'extrémité sud de l'anse du même
nom, sur la côte orientale du cap Corse. Un môle de
100 mètres de longueur le met à l'abri des vents d'est
et de sud-est. Une ancienne digue en charpente et en
pierre le couvrait au nord, et arrêtait les algues et le
sable que les vagues du sud-est, réfléchies par le rivage nord de l'anse, y auraient amenés ; cet ouvrage
était détruit en 1820, et le port était menacé d'être
entièrement comblé. De 1820 à 1830, une jetée en
gros blocs, dont la pointe s'avance jusqu'à 70 mètres
du môle, a été construite pour remplacer l'ancienne
digue, et le curage du port a été fait sur les points où
cette opération était le plus nécessaire, particulièrement derrière le môle, où l'on trouve aujourd'hui
partout 3 mètres de profondeur.

Malgré ces améliorations importantes, le port de
Macinaggio ne répond point aux besoins du commerce
du cap Corse, qui se fait presque tout par ce port. On
avait projeté avant la Révolution de l'agrandir du côté
du rivage, et l'on s'était assuré par des sondes qu'on

ne rencontrerait pas de rochers. On a proposé aussi, et M. Heel recommande ce dernier projet, de placer ce port à l'autre extrémité de l'anse, où l'on trouverait plus d'espace et une plus grande hauteur d'eau. Aujourd'hui, ce port a besoin d'être dragué, pour acquérir ses dimensions premières.

PORT DE BASTIA. Le port de Bastia, dit également Robiquet, est fermé par une petite anse d'environ 250 mètres de profondeur et de 110 à 140 de largeur. Un ancien môle, qui part de l'extrémité nord de cette anse et se dirige vers le sud, la couvre en partie. Ce môle, dont la longueur est de 150 mètres, laisse seulement un passage de 70 mètres entre sa pointe et un rocher nommé le Lion, situé au sud de l'entrée de l'anse. Le vent du sud-est, qui souffle le plus habituellement sur cette côte, traverse le port et y cause une telle agitation que les bâtiments de plus de 50 tonneaux y courent risque de talonner et de rompre leurs amarres. On a coutume, dans les gros temps, de tirer sur la plage ceux d'un moindre tonnage. Le port de Bastia, dit autre part l'ingénieur Grandchand, est ouvert aux vents du sud-est, qui souvent y occasionnent de graves sinistres. C'est le port le plus fréquenté et l'un des moins sûrs de la Corse : c'est en outre celui qui manque le plus d'étendue, et qui, eu égard à son activité commerciale, exige impérieusement les améliorations les plus urgentes.

Le projet définitif d'agrandissement de ce port est actuellement en cours d'exécution ; il comprend la construction d'une jetée à la pointe de la citadelle. Les sacrifices que les habitants de Bastia se sont imposés pour obtenir la création d'un port neuf dans l'anse Saint-Nicolas, le mouvement commercial de cette ville, font de l'agrandissement du port de Bastia l'une des questions les plus graves qui puissent s'agiter en Corse.

PORT DE BONIFACIO. « Le port de Bonifacio présente un long canal creusé par la nature dans un banc de roche calcaire. La presqu'île sur laquelle la ville est bâtie lui sert de môle. Sa première partie, de 500 mètres de longueur, est ouverte sud-ouest; sur le reste de sa longueur (environ 1,400 mètres), son axe est dirigé de l'ouest à l'est. Sa largeur moyenne est de 150 mètres. Sur la rive du nord et à peu de distance de l'origine de sa seconde partie, il présente deux enfoncements : le premier de 200 mètres de longueur et de 60 mètres de largeur; le second, de 300 mètres de longueur et 80 mètres de largeur, qui peuvent recevoir de petits bâtiments. »

Pendant longtemps ce port a été fréquenté par les navires qui faisaient le commerce qui existe entre la Corse et la Sardaigne. Depuis qu'un service hebdomadaire de bateaux à vapeur entre Ajaccio et Porto-Torres en Sardaigne est établi, ce commerce est devenu presque nul. Le marché de cette ville restera toujours restreint eu égard à l'importance des ports de Propriano et Porto-Pollo, comme débouchés de plus riches bassins. Ce port a besoin d'être dragué.

Les mouillages de Girolata [1], Galeria, Porto et Sagone sont profonds, et offrent un abri assez sûr aux bâtiments d'un faible tonnage.

Aucun d'eux ne possède d'embarcadère : aussi les

---

[1] Le golfe de Girolata est extrêmement profond. A son entrée, à un kilomètre de terre, on ne trouve pas de fond avec une sonde de 250 mètres. Il en est de même du golfe de Porto : à son entrée au large, on ne trouve pas de fond à 417 mètres.

embarquements et débarquements se font-ils avec de grandes difficultés et une énorme perte de temps.

Cependant ces ports, par leur situation à proximité de vastes et belles forêts, sont appelés à acquérir un mouvement important.

Déjà l'exploitation des forêts d'Aïtone et de Libio entretient dans le port de Sagone une animation continuelle, et cette contrée, jadis déserte, se peuple tous les jours de plus en plus de travailleurs, d'entrepreneurs et de spéculateurs.

Jusqu'à présent il n'y a ni port ni môle d'embarquement.

Quelques bornes d'amarres destinées à faciliter le halage des chaloupes sur la plage constituent les travaux qu'on a exécutés pour faciliter l'exportation des riches produits de la contrée de Vico.

Il nous paraît donc absolument nécessaire de songer à la construction immédiate d'un débarcadère à Sagone et à Cargese, qui le réclament à juste titre depuis nombre d'années.

« Le golfe de Valinco (grand bassin qui contient trois ports : Porto-Pollo, au nord ; Propriano, au fond à l'est ; et Campo-Moro, au sud).

» La côte sud-ouest est aussi extrêmement découpée ; mais cependant elle l'est moins profondément que celle de l'ouest que nous venons de décrire. Outre une multitude d'anses, on y remarque aussi les petits golfes de Mortoli, de Roccapina, de Figari et de Ventiligne [1]. »

Les dépenses faites pour l'amélioration des ports de la Corse se résument ainsi qu'il suit :

---

[1] *Voir* Marmocchi, p. 39.

De 1769 à 1837. . . . . 1,000,000 fr.
Quais, embarcadères, phares des divers ports
    de la Corse (loi du 14 mai 1837). 1,200,000
Jetées d'Ajaccio et de l'Ile-Rousse (loi du
    9 août 1839). 850,000
Phares d'Ajaccio et de la Modonetta 76,000
Port de Bastia. 235,000

                 TOTAL. . . . . 3,361,000 fr.

Voici le tableau des travaux urgents d'après M. Grandchand, ingénieur :

Port de Bastia. . . . . 660,000 fr.
Quai et phare de l'Ile-Rousse (loi du 9 août 1839). 150,000
Route de ceinture de Propriano à Porto-Pollo. 140,000
Route de ceinture de Saint-Florent à Fornali. . 50,000
Dragage des ports de Macinoggio, Bonifacio,
    Porto-Vecchio, Centuri. 570,000
Quai d'embarquement et jetée à Porto-Pollo
    (bassin du Taravo). 400,000

                 TOTAL. . . . . 1,967,000 fr.

PORTS MARITIMES ET PHARES.

Entretien et travaux neufs [1].

Les crédits alloués pour ce service s'élèvent à 283,000 francs, savoir :

Entretien des ports. . . . . 16,000 fr.
Port d'Ajaccio : achèvement de la route de cein-
    ture et établissement d'un chantier de con-
    struction. 22,000
Entretien des phares et fanaux. 25,000
Port de Bastia : construction de la jetée. . . . 150,000
    —   construction du quai de la Santé. 25,000
Port de l'Ile-Rousse : travaux complémentaires de
    la jetée. 20,000
Port de l'Ile-Rousse : construction d'un phare. . 26,000

                 TOTAL. . . . . 284,000 fr.

[1] *Voir* le rapport au conseil général de M. le préfet, session 1856.

Les ouvrages d'art des ports sont généralement en assez bon état. Le crédit alloué pour leur entretien a permis, cette année, de construire un petit débarcadère à Bonifacio et d'établir de nouvelles bornes d'amarres sur la plage de Propriano.

La route du port de ceinture d'Ajaccio s'achève en ce moment; déjà les voitures y circulent, et l'on peut considérer comme complétement atteint le double but qu'on s'était proposé, de relier les trois mouillages qui composent le port, et d'assainir tout le quartier de la ville qui longe le littoral.

Dans le but d'encourager la construction des navires dans ce port, l'administration supérieure a autorisé l'é-tablissement, entre la route impériale n° 193 et la jetée du Margonojo, d'un vaste chantier qui est actuelle-ment utilisé par un constructeur de navires.

Au port de Bastia, on poursuit activement l'exécu-tion de la nouvelle jetée, qui a déjà atteint la longueur de 90 mètres. Le prochain prolongement du quai de la Santé, devenu possible par suite du calme obtenu dans le port, offrira au commerce des facilités de débarque-ment qui lui faisaient défaut, et qu'il sollicitait depuis longtemps.

Au port de l'Ile-Rousse, on a consolidé et prolongé le mur d'abri, en même temps que l'on a amélioré les abords de la jetée, qui peut être considérée comme complétement achevée.

Après avoir créé un bon port à l'Ile-Rousse, l'admi-nistration a voulu le signaler et en faciliter l'accès aux navigateurs en établissant sur l'îlot de la Pietra un phare de quatrième ordre qui sera achevé cette année.

Le nombre des phares sera ainsi porté à 9, dont 5 de première classe et 4 de quatrième ordre. Ces phares sont tous en parfait état d'entretien, à l'exception de celui de Bastia, qui sera reconstruit sur la nouvelle jetée une fois que celle-ci sera achevée.

II.

Arsenal militaire.

Est-il nécessaire que la France possède dans la Méditerranée une succursale de Toulon?

L'affirmative ne nous paraît pas douteuse. Comme l'ont prouvé les événements qui se sont accomplis à la fin du siècle dernier, Toulon peut être pris ou livré. Il n'est pas situé de manière à se prêter au transport immédiat d'une flotte sur un point quelconque du littoral de la péninsule italienne. Il est insuffisant pour assurer à la marine française la prépondérance qui doit lui appartenir dans la Méditerranée, et que pourrait lui disputer un jour une nation dont nous sommes actuellement rapprochés.

Toulon avec ses immenses arsenaux a pu répondre pendant longtemps à toutes les exigences militaires ; mais une colonie puissante, dont le territoire dépasse en grandeur celui de la France, accroît démesurément l'étendue des côtes que nous avons à garder. Des puissances rivales, avec lesquelles nous entretenons de bonnes relations, peuvent nous devenir hostiles ; et dans ce cas il nous faudrait défendre non-seulement la France continentale, non-seulement la Corse, mais encore ces possessions d'Afrique qui sont acquises au prix de tant de sacrifices de toute espèce.

Que de fois n'a-t-on pas répété que si la guerre
éclatait il faudrait se hâter de rappeler notre armée de
l'Algérie, où elle mourrait de faim! Il se passe peu de
mois sans que les journaux anglais fassent entendre
qu'au premier coup de canon les flottes de l'Angleterre
viendraient bloquer tous nos ports d'Afrique et couper
toute communication entre la France et sa belle colonie. Bien que ces deux assertions soient également
erronées, elles trouvent créance dans beaucoup d'esprits trompés par les souvenirs confus d'une ancienne
lutte.

« La France, a dit Hippolyte Lamarche[1], veut l'Algérie, parce qu'elle sent que là est l'indemnité des
pertes que nous ont imposées le traité honteux de 1763,
les traités malheureux de 1815. » L'Algérie, pour nous,
c'est l'Ile-de-France, c'est le Canada, c'est l'Égypte,
c'est la frontière du Rhin. Il y a cela de providentiel
dans notre conquête africaine, qu'elle nous oblige à
développer notre établissement naval sans diminuer
notre armée, et qu'elle tient en échec la tendance
manifeste de certains esprits à amoindrir l'un ou l'autre, peut-être l'un et l'autre, des éléments de notre
puissance militaire. Il se peut que la France n'ait pas
d'abord bien nettement compris ces vérités. Chez les
peuples, les idées demeurent confuses parmi les sentiments jusqu'à ce qu'une voix amie les dégage par
une formule, et que pour les mettre à exécution des
hommes se présentent armés de ce trident qui seul
peut commander aux flots humains : *la passion, l'idée,
l'action*. Il importe de montrer à la France que ce

[1] *Voir* son mémoire ayant pour titre : *l'Algérie, son influence sur les
destinées de la France et de l'Europe*, adressé à MM. Guizot et Thiers.

qu'elle a voulu s'accomplira, à la condition de le vouloir toujours et de ne pas se refuser à elle-même le moyen d'atteindre le but marqué.

Qui dit grande colonie profère un non-sens, si par ces mots il n'entend pas grande marine.

S'il est urgent d'établir une succursale de Toulon, où pourrait-elle être placée?

Évidemment c'est en Corse, au centre de la Méditerranée, en face de Toulon, à proximité de toutes les côtes sur lesquelles on peut être appelé à opérer un débarquement.

Un arsenal militaire en Corse serait pour la France ce qu'est Malte pour l'Angleterre.

Cette dernière l'avait compris, et aussitôt après s'être emparée de la Corse, en 1793 et 1814, elle avait jeté les bases d'un arsenal militaire à Ajaccio. Mais est-ce bien à Ajaccio qu'on doit le créer? Nous ne le pensons pas. Nous avons apprécié toutes les ressources qu'offre le port d'Ajaccio, et nous croyons qu'on peut les utiliser plus avantageusement par la création d'un vaste arsenal maritime industriel. Cet arsenal en exclut un autre, et c'est ailleurs qu'il faut reporter nos vues pour assurer le progrès sur tous les points.

On a proposé, comme nous avons dit plus haut, Porto-Vecchio. Ce port, qui est en effet un des plus beaux de la Corse et du monde, est destiné à acquérir une grande importance; elle sera plutôt commerciale que militaire et politique. Dès qu'on aura assaini la plaine orientale, dont les richesses agricoles sont inépuisables, dès que l'exploitation des forêts voisines s'effectuera en grand, Porto-Vecchio prendra naturellement de l'extension; mais ce port est éloigné de

Toulon, et dans un moment donné les flottes qui y seraient réunies exerceraient difficilement une action commune avec celles qui partiraient du continent.

La situation la plus favorable à l'établissement d'un arsenal militaire nous paraît être Saint-Florent, où se sont concentrées jadis toutes les expéditions dirigées contre la Corse par les Génois.

Dès 1553, le maréchal de Thermes y avait fait construire une forteresse qui fut en état, l'année suivante, d'opposer aux Génois une sérieuse résistance.

Napoléon Ier avait compris, mais trop tard, l'importance stratégique de Saint-Florent. « C'est, disait-il à Sainte-Hélène, une des situations les plus heureuses que je connaisse ; elle touche à la France, elle confine à l'Italie ; ses atterrages sont sûrs, commodes, et peuvent recevoir des flottes considérables ; j'en eusse fait une ville grande et belle qui eût servi de capitale ; je l'eusse déclarée place forte ; elle eût eu constamment des vaisseaux en station. »

L'autorité de cet homme de génie, mûri par l'expérience et par le malheur, est décisive dans cette question. D'autres ont dit après lui : « La position de Saint-Florent est une des plus belles et des plus avantageuses qu'il soit possible d'imaginer. » Le port, qui ne sert jusqu'à présent qu'à des barques de pêcheurs ou à des chasse-marées destinés à transporter les riches produits du canton, est susceptible de recevoir les vaisseaux du plus fort tonnage et du plus haut bord.

Le vaste golfe au fond duquel est situé Saint-Florent serait aisément rendu imprenable avec quelques travaux de fortification et quelques batteries établies sur les falaises escarpées qui le dominent.

Saint-Florent est le point le plus rapproché des côtes de France. Ce serait par conséquent une annexe de Toulon, et les vaisseaux rassemblés dans ces deux ports se rallieraient en peu d'heures et combineraient sans peine leurs évolutions.

S'agirait-il d'opérer un débarquement en Italie, une flotte, quittant le soir les parages de Saint-Florent, peut se trouver le lendemain, avant la pointe du jour, à Gênes, à Livourne, etc., etc.

On a pu objecter pendant longtemps l'insalubrité des environs de Saint-Florent, contre laquelle luttait avec des forces inégales une population robuste, intelligente et laborieuse. Cette objection tend chaque jour à disparaître. Déjà des travaux d'essai, qui ont été couronnés du succès le plus complet, ont soustrait une partie des habitants à l'influence délétère des miasmes qu'exhalent les marais environnants. De légers sacrifices suffiraient pour terminer les travaux commencés.

Nous insistons donc pour la création d'un port et d'un arsenal militaires à Saint-Florent. Aux considérations que nous avons développées s'en joignent deux autres non moins puissantes.

Toutes les fois qu'une guerre a éclaté, surtout avec une puissance maritime, la Corse a été l'objet de la convoitise de l'étranger, parce que, placée pour ainsi dire en vedette sur la Méditerranée, elle peut à son gré protéger ou entraver les relations commerciales. Ces relations vont être étendues par le percement de l'isthme de Suez, et le rôle de la Corse grandira par une conséquence logique.

Si elle est jamais menacée, on peut compter pour

la défendre sur le patriotisme dont ses habitants ont fourni tant de preuves; mais ce patriotisme suffirait-il? Aucun port n'a de défense capable de résister au feu d'un vaisseau de ligne.

Certes nous sommes loin d'appeler sur notre patrie les désastres de la guerre; mais nous nous souvenons involontairement de ce vieil axiome : *Si vis pacem, para bellum.*

L'abandon dans lequel on a laissé les côtes de la Corse nous afflige et nous inquiète.

Nous nous rappelons qu'en 1849 la Grande-Bretagne, qui dispose d'innombrables vaisseaux et qui compte des millions d'hommes sous sa domination, vota des sommes énormes pour fortifier son littoral, parce que, sans motifs valables, elle appréhendait une attaque de la part de la France.

La Corse, nous le disons à regret, n'est pas à l'abri d'un coup de main. Il importe de prévenir une agression plus ou moins lointaine, de se tenir prêt à toute éventualité, et c'est pour cela que la formation d'un arsenal militaire à Saint-Florent nous semble d'une utilité générale.

La seconde considération qui nous frappe, c'est la facilité relative de la réalisation. Les autres ports, y compris Toulon, sont forcés de s'approvisionner au loin, tandis que la Corse fournirait tous les matériaux nécessaires. Elle les répartit aujourd'hui entre les différents chantiers militaires du continent, auxquels elle expédie les bois de ses forêts et le fer de ses usines. Si un port militaire s'établissait à Saint-Florent, ces produits seraient mis en œuvre sur place. On trouverait à peu de distance du rivage des bordages, des mâts pour la construction des plus beaux vaisseaux. Des richesses qui restent inexploitées seraient employées sans déplacement, sans frais de transport pour ainsi dire, et procureraient par conséquent à l'État de notables économies.

Dans une question qui se rattache si essentiellement aux intérêts généraux les plus élevés, il est à peine permis de s'occuper des intérêts secondaires de localité. Nous ferons remarquer toutefois que l'arsenal militaire proposé serait un des moyens les plus efficaces d'accroître le bien-être de la population indigène.

Telles sont les réflexions que nous avons cru devoir présenter sur l'établissement de l'arsenal militaire de Saint-Florent. Nous nous conformons aux vœux réitérés du conseil général, et nous espérons qu'elles seront favorablement accueillies. Les ministres de la marine ont répondu jusqu'à ce jour que Toulon suffisait aux exigences du service. Nous avons démontré le contraire, et nous pensons qu'il ne serait pas digne de la prévoyance du gouvernement d'attendre, pour agir, de graves événements qui, malgré la paix dont nous jouissons, peuvent se produire d'un moment à l'autre.

CHAPITRE VINGTIÈME.

ROUTES. — CHEMINS DE FER. — SERVICE DE BATEAUX A VAPEUR
ET CABOTAGE.

I.

Routes.

Les chemins de fer, les routes impériales et départementales, les rivières navigables, les canaux ont une histoire ; il est intéressant de la connaître.

L'ensemble des voies de communication de toute nature en France présente une étendue kilométrique de 176,029 kilomètres, ainsi répartis :

Chemins de fer concédés. . . . .   11,496 kilom.
Routes impériales.   36,000   —
Routes départementales et stratégiques. .   47,000   —
   (Ces dernières figurent pour 1,463 kilom.)
Chemins vicinaux. . . . . . :   68,000   —
Rivières navigables.   8,818   —
Canaux.   4,715   —

Les voies de communication ont été créées tantôt pour le transport des armées et du canon, tantôt dans l'intérêt des villes, tantôt pour la commodité des souverains, tantôt enfin pour étendre l'industrie, le commerce et toutes les transactions qui activent d'une manière heureuse l'œuvre de la prospérité, de la régénération morale et matérielle des peuples.

Aussi que se passe-t-il autour de nous ? Partout où de grands chemins sont tracés, partout où la circulation a lieu, les lumières se propagent facilement, et de même que les corps célestes éclairent tout sur leur passage, de même le mouvement des hommes et des choses à la surface du globe éclaire et vivifie tout.

Mais quelque prodigieux que soient les effets qu'exercent les grandes voies de communication, nous devons reconnaître cependant que leur influence n'est ni absolue ni universelle.

Les voies secondaires, c'est-à-dire les chemins vicinaux, sont aussi indispensables à la prospérité du corps social que les chemins de fer, les routes impériales, forestières et départementales.

Il est vrai qu'elles n'ont point de date historique ; elles sont simplement le résultat des besoins journaliers de la vie. Ce n'est pas le génie qui a présidé à leur établissement, mais elles ont commencé avec la société.

Pendant longtemps la Corse a manqué complétement de routes, aussi les lumières de la civilisation ne pénétraient que difficilement dans les campagnes ; ce n'était qu'avec peine que les cultivateurs, privés de toute communication avec les villes, pouvaient y transporter leurs produits et y puiser des renseignements utiles à l'exécution de leurs travaux et à l'avancement de l'agriculture. Sur plusieurs points de l'île aucune communication n'a été encore établie, aussi les habitants de ces localités sont-ils arriérés sous tous les rapports. Leur bien-être, comme on doit le comprendre, souffre de cette séparation. Mais il est permis de supposer, on peut même affirmer, que la création de nouveaux chemins et l'amélioration de ceux qui sont déjà ouverts, contribueront bientôt à effacer ces taches, ces anomalies de notre civilisation.

Déjà les avantages qui résulteront d'un bon système de chemins vicinaux en Corse ont été étudiés, appréciés : on a trouvé qu'ils sont sans nombre.

Aujourd'hui, malgré le progrès que nous aurons à constater, les agriculteurs corses sont obligés, à certaines époques de l'année, de doubler le nombre des animaux de trait pour le transport de leurs produits, et la dépense du temps est généralement triple de ce qu'elle serait avec les routes viables. La dureté des charretiers et des voituriers, qui est devenue proverbiale en Corse, a pris, d'après nous, sa source dans la dégradation des principaux chemins qui sillonnent l'île.

Que de peines n'a-t-on pas encore dans plusieurs localités pour la rentrée des récoltes, pour la distribution des engrais, pour l'exploitation des bois. Souvent même les chemins deviennent impraticables ; et alors tout mouvement est impossible, toute circulation est dangereuse. C'est ainsi que les occasions favorables de vente se perdent au détriment du producteur et du consommateur; c'est ainsi que l'action commerciale qui devrait répandre les produits sur toute la surface de l'île se trouve arrêtée à chaque instant, et que les échanges également utiles aux campagnards et aux citadins ne peuvent s'effectuer.

Ces privations réciproques influent aussi sur la civilisation intellectuelle et sur le bonheur matériel de la France.

Mais ce n'est pas seulement l'agriculture et le commerce qui souffrent de l'absence ou de l'état déplorable de nos chemins vicinaux, l'industrie s'en ressent presque à un égal degré. Toutes les usines que l'emploi de certaines matières premières place dans l'isolement, vendent leurs produits d'autant plus cher, que la dif-

ficulté de les conduire sur le lieu de leur consommation est plus grande.

Nous avons dit plus haut qu'il était avantageux de
fonder des établissements métallurgiques là où se trouve
le combustible. Il est donc évident que si de ces points
les communications avec les villes et les grandes routes
sont mal établies, si les frais de transport absorbent
les bénéfices de l'industriel, l'industrie elle-même ne
se soutiendra que péniblement, et souvent au prix des
plus grands sacrifices.

ÉTAT ACTUEL.

ROUTES IMPÉRIALES DU DÉPARTEMENT DE LA CORSE.

NUMÉRO de la ROUTE.	PASSANT PAR	DISTANCE kilométrique du point de départ aux différentes localités que la route traverse.	ÉTAT ACTUEL. — AMÉLIORATIONS DEMANDÉES.
	D'Ajaccio à Bastia.		
N° 193. D'Ajaccio.	Bocognano	40	Cette route laisse beaucoup à désirer sur plusieurs points ; elle présente aux abords de Corte des pentes tellement fortes, que l'entrée de la ville est presque rendue impraticable aux voitures. Il serait principalement utile d'élargir cette route dans la traverse du faubourg Saint-Joseph (à Bastia), et de faire disparaître tous les cassis.
	Vivario	62	
	Serragio	71 $^7/_{10}$	
	Saint-Pierre	73 $^7/_{10}$	
	Corte	83 $^4/_{10}$	
	Francardo	96 $^4/_{10}$	
	Ponte alla Leccia	105	
	Pontenovo	111	
	Bastia	152	Les travaux de rectification avaient été mis en adjudication en 1839, mais ils n'ont été exécutés qu'en partie. Les ponts provisoires de Moraschi, Celli, Sellola menacent ruine.

NUMÉRO de la ROUTE.	PASSANT PAR	DISTANCE kilométrique du point de départ aux différentes localités que la route traverse.	ÉTAT ACTUEL. — AMÉLIORATIONS DEMANDÉES.

De Bastia à Saint-Florent.

N° 194. De Bastia.	Saint-Florent	18 4/10	Le projet de la rectification de cette route n'est exécuté que sur environ 7 kilomètres aux abords de Bastia. Aussitôt que cette ville aura réalisé les 10,000 francs qu'elle a offerts à titre de subvention, on est dans l'intention de demander à l'administration supérieure de poursuivre la rectification projetée.

De Sagone à la forêt d'Aïtone.

N° 195. De Sagone.	Forêt Aïtone.....	38 3/10	L'état de cette route laisse beaucoup à désirer. L'état de la charpente du pont de Cristinacce exige son remplacement. Il serait urgent d'y substituer des arches en maçonnerie. La suppression des cassis, qui gênent d'une manière fâcheuse le roulage de cette route aujourd'hui très-fréquentée, se recommande à plus d'un titre. Il paraît que les travaux ont été adjugés, nous en félicitons l'administration.

D'Ajaccio à Bonifacio.

N° 196. D'Ajaccio.	Cauro..........	23 3/10	Cette route est bien entretenue. Depuis l'année dernière deux projets ont été présentés pour rechargement des chaussées et pour établissement de banquettes dans les passages dangereux. Il est à désirer que ces projets soient exécutés le plus promptement possible.
	Col Saint-Georges.	29 3/10	
	Grossetto	36	
	Bicchisano	50 9/10	
	Casalabriva.....	57 3/10	
	Olmeto..........	63 1/10	
	Propriano.......	72 1/10	
	Sartène.........	85 5/10	
	Monacia	114 9/10	
	Bonifacio........	138	

NUMÉRO de la ROUTE.	PASSANT PAR	DISTANCE kilométrique du point de départ aux différentes localités que la route traverse.	ÉTAT ACTUEL. — AMÉLIORATIONS DEMANDÉES.

De Calvi à Corte.

Cette route emprunte la route n° 193 entre Ponte alla Leccia et Corte.

N° 197. De Calvi.	Lumio............ Lavatoggio....... Catteri.......... Muro............ Feliceto......... Ville............ Costa........... Occhitana....... Belgodere....... Ponte alla Leccia (borne 105)...	9 $^2/_{10}$ 15 17 22 $^2/_{10}$ 26 35 $^5/_{10}$ 38 39 43 74 $^5/_{10}$	Cette route est en bon état. Cependant il est indispensable de construire des banquettes de sûreté.

De Bastia à Bonifacio.

N° 198. De Bastia.	Embranchement du chemin de Cavione Aleria.......... Ghisonaccio..... Porto-Vecchio.... Bonifacio.......	25 $^2/_{10}$ 51 65 $^2/_{10}$ 121 $^7/_{10}$ 148	Cette route n'est plus praticable depuis qu'un certain nombre de ponts ont été détruits par les crues du mois de novembre 1855. La reconstruction de ces ponts est exigée pour des motifs d'un ordre supérieur. Les ponts de Fiumorbo, Sainte-Lucie et du Travo sont déjà reconstruits.
N° 198 bis. De Bastia.	A Macinaggio....	27 $^5/_{10}$	Un projet ayant pour objet le prolongement de la route dans l'intérieur de Bonifacio, a été approuvé par l'administration, sous la condition que cette ville prendra à sa charge le payement du tiers des indemnités des terrains.

D'Ajaccio à Bastia par Calvi.

N° 199. 1re partie, D'Ajaccio.	Sagone......... Cargese........ Piana..........	37 $^5/_{10}$ " "	La première partie de cette route commence à la borne 6 $^5/_{10}$ de la route n° 193. La troisième partie commence à la borne 9 $^2/_{10}$ de la route n° 197.

NUMÉRO de la ROUTE.	PASSANT PAR	DISTANCE kilométrique du point de départ aux différentes localités que la route traverse.	ÉTAT ACTUEL. — AMÉLIORATIONS DEMANDÉES.

D'Ajaccio à Bastia par Calvi (suite).

| Nº 199.
2ᵉ partie,
De Calvi. | Algajola ....
Ile-Rousse ......
Col Cerchio .....
Saint-Florent .... | 14 $\frac{7}{10}$
22 $\frac{7}{10}$
46
69 | L'administration continue la construction de la deuxième partie entre Piana et Calvi. Les ingénieurs ont complété, cette année, l'étude de la partie de la lacune comprise entre les rochers de Piana et la rivière de Porto, dont les travaux ont été adjugés au mois d'octobre dernier. |

De Corte à Aleria.

| Nº 200. | | | Cette route, qui doit relier la ville de Corte à la plaine d'Aleria, a été classée par décret impérial en date du 16 juin dernier. Le crédit alloué annuellement pour l'ouverture des nouvelles routes ne permettra d'y mettre la main que lorsqu'on aura achevé l'ouverture de la route nº 199. |

TRAVAUX PUBLICS.

ROUTES IMPÉRIALES ET PONTS.

Entretien.

Nous extrayons du rapport de M. le préfet au conseil général l'exposé suivant des travaux publics entrepris pendant la campagne de 1855-1856. Ce document nous semble utile, et nous le transcrivons ici.

État des Routes forestières de la Corse

(DÉCRÉTÉES LE 1er AVRIL 1854).

POINT DE DÉPART.	POINT D'ARRÊT.	GOLFE DE : LONGUEUR.	TERMINÉES ou NON TERMINÉES.	OBSERVATIONS.
				«En 1855, les quatre premières routes du réseau forestier, présentant ensemble un développement de 154 kilomètres, étaient livrées à la circulation, et desservaient déjà plusieurs exploitations. Les crues de l'hiver dernier ont étendu leurs ravages sur la route n° 2 et une partie de la route n° 4. On s'est empressé de les réparer. Le crédit de 500,000 francs alloué en 1856 pour la construction des routes forestières a été réparti comme il suit :
N° 1. De Bastelica.............	Ajaccio...........	Ajaccio 26,000 m.	Terminée.	
N° 2. De la forêt de Zonza.....	Pinarello.........	Ajaccio 15,500 m.	Terminée.	
N° 3. Targine (forêt).........	Losari............	Ile-Rousse 41,600 m.	Terminée.	Route n° 2....... 10,000 fr.
N° 4. Solenzara..............	Rizzanese........	Valinco 71,500 m.	Terminée.	— n° 4........ 60,000
				— n° 5........ 235,000
				— n° 6........ 100,000
				— n° 8........ 25,000
				Dépenses diverses.. 20,000
				Entretien des routes ouvertes........ 30,000
				Total..... 500,000 fr. »
N° 5. De l'embouchure du Taravo à celle du Fiumorbo....	Porto-Pollo......	Valinco 125,000 m.	Non terminée.	On espère que cette route sera ouverte à la circulation au printemps de 1857.
N° 6. Vivario................	Aleria...........	Aleria 38,000 m.	Terminée.	« Cette route vient d'être livrée à la circulation. Les travaux de perfectionnement qu'elle exige seront exécutés l'automne prochain. »
N° 7. De la forêt de Pietrapiena.	Plage de Fiumorbo	Plage de Fiumorbo 21,000 m.	Commencée.	On a complété les études. On a adjugé les travaux au mois d'octobre dernier.
N° 8. Filasosorma............	Galeria..........	Galeria 46,000 m.	Non terminée.	On a achevé l'ouverture de l'embranchement qui, tout en desservant la forêt des Carmes, comble une partie de la lacune de la route n° 199.
N° 9. Valdoniello.............	Porto............	Porto 52,000 m.	Non commencée.	Cette route passera à Évisa.
N° 10. Valdimola	Propriano........	Valinco 12,500 m.	Non commencée.	
N° 11. Borrocaggio............	Porto-Vecchio.....	Porto-Vecchio 20,500 m.	Non commencée.	
N° 12. De la forêt de Tava	Trava	Plage de Trava 17,500 m.	Non commencée.	
N° 13. De la forêt de Calenzana..	Calvi............	Calvi 19,500 m.	Non commencée.	
		506,500 m.		

NOTA. — En somme, la campagne de 1856 a eu pour but de porter de 154 à 270 kilomètres la longueur [...]

Travaux neufs et grosses réparations.

Les travaux neufs et grosses réparations des routes impériales ont été dotés, en 1856, sur les fonds de la première et deuxième section du budget, d'une somme de. . . . . 379,489 fr. 67 c.

Cette allocation a été répartie de la manière suivante :

Route impériale n° 193.

	fr.	cent.
Enlèvement des neiges au col de Vizzavona. .	5,000	»
Construction de banquettes entre Ajaccio et Corte	4,000	»
Construction de chaussées d'empierrement. .	8,000	»
Construction du pont de Carazzi.	259	85
Construction du pont de Squarcione.	562	77
Rectification de l'entrée de Bastia	8,414	01
— de la traverse de Corte. . . .	1,507	79
TOTAL.	27,744	42

Route n° 195.

	fr.	cent.
Construction de chaussées d'empierrement. .	8,000	»

Route n° 196.

	fr.	cent.
Remplacement de la passerelle de Rizzanese par deux arches en maçonnerie.	1,000	»
Réparation des talus de la levée de Rizzanese.	4,000	»
Reconstruction de la charpente du pont de Vergajolo.	1,200	»
TOTAL.	15,200	»

Route n° 197.

	fr.	cent.
Construction de banquettes de sûreté.	4,000	»
Reconstruction du deuxième pont du Secco.	5,000	»
Défense des talus de la Novaccio.	745	25
TOTAL.	9,745	25

Route n° 198.

	fr.	cent.
Reconstruction du pont de Fiumorbo	20,000	»
— — de Sainte-Lucie. . .	14,000	»
— — du Travo	7,000	»
Construction d'un embranchement et d'un débarcadère à Porto-Vecchio.	3,000	»
Construction de chaussées d'empierrement. .	6,000	»
Ouverture de la route entre Erbalunga et Macinaggio.	112,600	»
Ouverture de la route à l'entrée de Bonifacio.	9,400	»
Réparations d'avaries	47,000	»
TOTAL.	219,000	»

Route n° 199.

	fr.	cent.
Construction du pont de Liamone.	26,000	»
Reconstruction du pont de l'Ostriconi. . . .	3,600	»
Ouverture d'une voie muletière entre Sagone et Piana.	50,000	»
Élargissement de la route entre le col Cerchio et Saint-Florent.	15,000	»
TOTAL.	94,600	»

ROUTES DÉPARTEMENTALES.

N° I. — « D'Ajaccio aux bains de Guagno. La première partie de cette route commence à la borne 1 kilom. 8/10 de la route 193, et finit à l'embranchement du chemin d'Alata, 10 kilom. De cet embranchement, jusqu'à la borne 11 kilom. 2/10 de la route n° 195, elle fait double emploi avec la première partie de la route 199. La deuxième partie de la route départementale d'Ajaccio aux bains de Guagno, 12 kil. 3/10, commence à la borne susdite, savoir : jusqu'à Vico 1 kilom. 2/10, de Vico à Murzo 4 kilom. 6/10, de Murzo aux bains 6 kilom. 5/10. »

N°s II, III. — « Un décret du 10 novembre 1855 a classé au rang de routes départementales, sous les n°s 2 et 3, les chemins de grande communication n° 8 de Prunetta à Cervione, et n° 13 de Migliacciaro à Pietrapola. Les trois routes départementales comptent un développement total de 43,600 mètres. »

CHEMINS VICINAUX.

L'état des chemins vicinaux de la Corse laisse beaucoup à désirer. Nous transcrivons ici le rapport de la commission des chemins vicinaux présenté au conseil général le 30 août 1856. D'après ce rapport, il est facile de se rendre un compte exact de la situation présente.

M. Carlotti, au nom de la commission des chemins vicinaux, donne lecture du rapport qui suit :

« Le service des chemins vicinaux a été toujours l'objet de votre constante sollicitude ; vous en avez suivi les phases et réglé en quelque sorte la marche.

» La commission que vous avez instituée à l'effet d'étudier les besoins actuels de ce service, et de vous proposer les mesures qu'il y aurait lieu d'adopter, a cru par conséquent pouvoir se dispenser de vous rendre un compte détaillé de l'emploi des fonds alloués pendant les cinq dernières années, pour le service de la voirie vicinale.

» J'indique seulement la période de cinq ans, parce que c'est celle où grâce au bon emploi des ressources départementales, grâce aux secours du gouvernement, et enfin à l'aide des ressources que l'administration a

pu obtenir des communes, nos voies de communication ont été considérablement multipliées.

» Votre commission a néanmoins pu constater que,
loin de regretter les sacrifices supportés par le pays,
non-seulement sans s'en plaindre, mais avec une satisfaction toujours croissante; vous pouvez en toute sûreté
de conscience vous applaudir de ceux que vous lui
avez imputés, parce que partout où des chemins ont
été ouverts et livrés à la circulation, l'agriculture a pris
un développement rapide et presque inespéré.

« Mais s'il a été beaucoup fait, il reste encore,
comme l'a dit M. le préfet, beaucoup à faire.

» Avant tout il faut consolider et entretenir les chemins livrés à la circulation, achever ensuite ceux commencés, et après, étendre, si c'est possible, le réseau à
la presque totalité des communes du département.

» Les besoins sont nombreux et pressants. Il faut
donc aviser à les satisfaire dans la limite de nos forces.
C'est du travail principalement sur les moyens de parvenir à ce résultat, que devait principalement porter
l'étude de votre commission de laquelle m'est échu
l'honneur de vous rendre compte.

» Je vous demanderai ensuite la permission de vous
proposer la solution que la commission a pensé pouvoir
être donnée aux diverses questions sur lesquelles elle
a apporté son attention.

» Le but constant de tous vos efforts a été, comme je
l'ai déjà dit, de parvenir à relier la plupart des communes aux routes impériales, aux routes forestières,
aux lignes de grande communication, reliées elles-
mêmes à des artères de premier ordre ou à des ports
de mer.

» Votre commission a donc pensé qu'il fallait persister dans ce but.

» Comment y parvenir?

» Nos lignes de grande communication, sur un parcours total de 620 kilomètres, ne sont livrées à la circulation que sur une longueur de 343 kilomètres, et offrent 50 kilomètres à l'état de simple ouverture. Restent donc 223 kilomètres à l'état de lacune.

» Les chemins d'intérêt commun, dont le parcours total est de 435 kilomètres, ne sont accessibles aux voitures que sur un parcours de 236 kilomètres, sont ouverts sur une longueur de 65 kilomètres et simplement en lacune dans un parcours de 133 kilomètres.

» Les chemins destinés à devenir carrossables, quoique n'intéressant en apparence qu'une seule commune chacun, ont en totalité un parcours de 542 kilomètres, savoir : livrés à la circulation, 304 kilomètres, à l'état de simple ouverture, 62 kilomètres, et en nature ou à l'état de sol naturel, 174 kilomètres.

» Il faut pourtant que je fasse remarquer, Messieurs, que dans le parcours total des lignes de grande communication sont comprises des portions de ces lignes exigeant des travaux trop considérables, et il faut nécessairement ajourner ces travaux. Les lacunes qui pourront exister pour un temps plus ou moins long seront un obstacle, il est vrai, à ce que des provinces importantes et dignes de tout votre intérêt aient des communications directes et suivies entre elles; mais elles ne s'opposeront pas à ce que les communes qu'elles sont destinées à desservir restent sans débouchés, puisqu'elles sont reliées, ou doivent l'être à des routes impériales.

» Les portions de lignes dont on n'a pas à s'occuper en ce moment sont évaluées à 50 kilomètres. Il resterait donc moins de 500 kilomètres des trois classes de nos chemins à ouvrir et à livrer à la circulation.

» Afin de pouvoir vous renseigner par l'expérience du passé et de pouvoir vous mettre à même de connaître les ressources qui pourraient être indispensables pour l'avenir, votre commission a voulu connaître les sommes dépensées pour rendre accessibles aux voitures les 883 kilomètres de chemins de toute espèce livrés à la circulation.

» Elle a constaté que les travaux de différente nature entrepris pour atteindre ce résultat, ont absorbé, sans compter les frais du personnel et même les prestations en nature, une somme de 822,835 francs.

» On peut donc admettre avec quelque fondement de raison qu'avec une somme de 800,000 francs on pourrait compléter notre réseau de chemins de grande communication d'intérêt commun, et les embranchements isolés destinés à être rendus carrossables. Votre commission n'a pas pu, dans le bref espace de temps par elle consacré aux discussions, mettre à profit tous les éléments nécessaires pour connaître d'une manière exacte la portion des ressources créées qu'il faut affecter à l'entretien des chemins achevés, à l'achèvement des ouvrages commencés, et celles qui pourraient être employées à des ouvertures nouvelles. Elle a eu cependant assez de renseignements pour exprimer une opinion motivée. Votre commission reconnaît avec M. le préfet, que sur la portion de l'emprunt de 500,000 francs non encore réalisée, une somme assez considérable est nécessaire pour consolider les chemins où la circulation est déjà établie, et terminer des travaux en cours d'exécution; de manière qu'il ne resterait qu'une somme de 150,000 francs pouvant être employée à des ouvertures nouvelles et pour ramener à l'état complet d'entretien les portions de chemins simplement ouverts.

» Parmi les autres ressources départementales, il ne reste guère que la prestation en nature et une portion de celle rachetée en argent, qui puissent être affectées à la construction de nouveaux chemins.

» En effet, il est indispensable d'entretenir les nombreuses voies de communication ouvertes pendant les trois dernières années, et votre commission a pensé, avec M. le préfet, qu'il était nécessaire d'y consacrer les contingents communaux et une bonne partie de la prestation rachetée en argent.

» D'un autre côté, il est prouvé que le produit des cinq centimes spéciaux suffit à peine pour le traitement des agents voyers, et qu'il faut même imputer sur une portion du reliquat de l'emprunt, une partie de cette dépense.

» Nous ne pouvons pas nous dissimuler, Messieurs, que le produit de la prestation en nature représentant une valeur annuelle de plus de 154,000 francs, quoique mieux utilisée après la généralisation du système des tâches, est bien loin de représenter en travaux sa valeur réelle.

» Ainsi, en admettant, ce qui est douteux, que cette imposition représente pour les chemins restant à ouvrir une valeur de 60,000 francs par an, et que nous nous résignions à n'achever nos chemins que dans un délai de six ans, cette ressource ne pourrait entrer dans nos prévisions que pour une valeur de 360,000 francs, ce

qui ne nous donnerait encore que 510,000 francs. Il est
donc indispensable de créer de nouvelles ressources,
si nous ne voulons pas arrêter tout progrès.

» Votre commission a pensé que des ressources pourraient être créées, ainsi que l'a proposé M. le préfet,
sans augmenter les charges du département. Celui-ci
est imposé, vous le savez, jusqu'à la fin de 1857
d'une contribution extraordinaire de 15 centimes d'une
part, dont le produit des trois dernières années, converti en un premier emprunt, a été employé à l'achèvement des chemins vicinaux, et de 5 centimes de l'autre pour concourir à la construction du palais de justice
de Bastia. A partir du 1ᵉʳ janvier 1858 la première
imposition est réduite à 13 centimes et la seconde cesserait entièrement. Ce dégrèvement ne serait d'aucun
avantage réel pour le pays, habitué déjà à cette charge.
Elle lui paraîtra d'année en année moins lourde, parce
que les produits agricoles augmentent chaque année,
comme il a été dit, et la diminution des frais de
traction élève aussi leur valeur. Le produit annuel de
ces deux impositions serait de 28,000 francs, dont
16,000 seraient annuellement affectés à l'amortissement de l'emprunt de 500,000 francs, et 12,000 seraient employés à l'ouverture de nouveaux chemins.

» Nous aurions donc à ajouter une somme de 72,000
francs à celle de 510,000, ce qui porterait le total des
ressources prévues à 582,000 francs.

» Votre commission vous propose de solliciter avec
les plus vives instances et au nom des intérêts les plus
chers du pays la prorogation pendant douze ans de
l'imposition de 5 centimes additionnels au principal
des quatre contributions directes établie par la loi

du 17 mai 1856, en y ajoutant les 2 centimes qui vont demeurer libres sur ceux imposés par la loi du 9 août 1847. Je vais au-devant d'une objection :

» Puisque, dans les prévisions de la commission, pourrait-on dire, les chemins devraient être achevés dans l'espace de six ans, pourquoi ne pas borner la durée de l'imposition à ce laps de temps?

» Il a semblé à votre commission, premièrement que cette contribution que j'appellerai supplémentaire, devait avoir une durée égale à celle de 12 centimes destinée à amortir l'emprunt de 500,000 francs.

» Il lui a semblé en outre que les frais d'entretien augmentant à proportion que le parcours des chemins prend plus de développement, il serait indispensable de pouvoir disposer du produit de cette imposition pour avoir les moyens de pourvoir à cet entretien.

» Vous avez vu que, malgré les sacrifices imposés au département, il resterait toujours une forte lacune dans nos chemins vicinaux, parce que les ressources dont il a été parlé ne s'élèvent qu'à 582,000 francs.

» Comment arriver à la somme de 800,000 francs, jugée indispensable? Premièrement il faut espérer que le gouvernement, qui a accordé plus d'une fois des secours pour aider les départements et les communes à achever leurs chemins, pourrait, touché de notre position exceptionnelle, nous venir encore une fois en aide pour une œuvre destinée à régénérer ce pays et à compléter son assimilation au continent.

» Les communes intéressées, au surplus, pourront se créer des ressources par l'aménagement de leurs bois, par la vente de quelques propriétés communales et par des offres volontaires. Il est essentiel que nos

29

commettants n'ignorent pas que les chemins, quelle
que soit leur classe, sont à la charge des communes;
que le département ne vient et ne peut venir en aide à
celles-ci qu'à titre de secours.

» Pour mériter d'être secourues, pour justifier l'intérêt du département, les communes doivent s'imposer
elles-mêmes tous les sacrifices qu'elles peuvent supporter. Ainsi, soit les communes, soit les commissions
syndicales représentant des groupes de communes,
doivent, avant tout, aviser à obtenir la cession gratuite
des terrains, ou assurer le payement des indemnités,
veiller à ce que les travaux des prestations soient bien
exécutés, et enfin obtenir des personnes aisées des sacrifices en numéraire en proportion de leurs facultés.

» Vous le voyez, Messieurs, et il importe aussi que
nos commettants le sachent, on ne pourrait établir des
chemins pour desservir des localités qui n'en apprécie-
raient pas les avantages et qui partant ne feraient aucun
sacrifice pour cela.

» Du reste, comme les besoins sont nombreux et les
ressources limitées, il faut nécessairement n'entreprendre les travaux que là où ils pourront être achevés
et où l'ouverture des chemins sera d'une plus grande
utilité.

» Ainsi votre commission vous propose de recommander à M. le préfet, de suivre pour la répartition
des fonds départementaux les principes énoncés dans
les considérations qui précèdent; savoir :

» Avoir égard à l'importance des populations, aux
éléments d'avenir qu'elles présentent, aux facilités ou
aux difficultés que peuvent offrir les terrains à traverser,
et enfin à la bonne volonté et au concours plus ou

moins empressé que sont disposées à donner les communes ou les particuliers intéressés :

» Il est cependant prouvé par votre commission, Messieurs, que sans quelques mesures que je me bornerai à énoncer, l'on ne parviendrait pas au résultat qui est le but de nos efforts ;

» 1° On devra veiller à ce que l'impôt de la prestation porte sur tous ceux qui d'après la loi doivent être imposés ;

» 2° Que cet impôt soit pour tous les propriétaires aisés racheté en argent ;

» 3° Que le produit afférent aux chemins de toute classe soit centralisé et mis à la disposition de M. le préfet ;

» 4° Enfin que les prestataires fournissant leurs journées en nature, fassent un travail équivalent à la valeur des journées employées.

» Je dois maintenant vous entretenir, Messieurs, de quelques objets spéciaux, sur lesquels votre commission a été aussi appelée à délibérer.

» Deux lignes de grande communication dont l'importance augmente chaque jour par la circulation fréquente, paraissent mériter d'être élevées au rang de routes départementales. Elles sont d'ailleurs amenées à l'état d'entretien, et rien ne s'oppose par conséquent à ce que ce rang leur soit assigné. Ce sont : la ligne n° 1, de la route impériale n° 196 aux bains de Guitera ; et la route n° 5, de Folelli à Piedicroce.

» Votre commission pense qu'il y aurait lieu à prier M. le préfet de vouloir bien faire remplir les formalités nécessaires et proposer le classement de ces lignes au nombre des routes départementales. »

Tel est l'état actuel des routes de l'île de Corse ; que reste-t-il à faire ?

De l'exposé que nous venons de faire, il résulte que la viabilité en Corse a été longtemps négligée. En effet, tandis que toutes les autres parties de la France étaient dotées de voies de communication importantes, des sommes comparativement très-minimes étaient consacrées à la Corse. Depuis l'époque où s'opéra la réunion, en 1769, jusqu'en 1837, il ne fut dépensé pour les routes de l'île qu'une somme totale de trois millions, soit annuellement environ 45,000 francs par an. Ces trois millions furent employés à terminer les routes d'Ajaccio à Bastia, de Sagone à la forêt d'Aïtone, de Bastia à Saint-Florent.

La loi du 14 mai 1837 porta à cinq le nombre des routes de la Corse, en ajoutant à celles qui existaient les routes 196 et 197.

Le crédit alloué fut de 3,400,000 francs.

La loi du 26 juillet 1839 éleva leur nombre à sept, en y joignant les routes 198 et 199, et leur accorda une subvention de cinq millions.

Enfin, la loi du 24 mai 1842 augmenta de trois millions les crédits affectés aux cinq premières routes.

Le montant total des sommes votées jusqu'à ce jour à l'exécution des routes impériales s'élève à 15,790,000 francs.

Si les routes classées et subventionnées sous le règne de Louis-Philippe avaient été poussées avec toute l'activité désirable, c'eût été assurément un grand bienfait pour le pays ; mais lorsque la monarchie de juillet succomba, on était loin d'avoir dépensé les sommes votées. Les travaux avaient marché avec une lenteur désespérante, ou avaient été trop rapidement expédiés. Ils étaient incomplets, et nécessitèrent des travaux de rectification très-onéreux. Ce qui le prouve, c'est que, vingt ans après, de nouvelles dépenses sont urgentes, non pas pour ouvrir de nouvelles voies de communication, mais pour rectifier en quelque sorte l'œuvre du passé, pour achever ou consolider des routes déjà classées.

Ainsi, ce qui reste d'abord à faire, c'est de finir toutes les routes impériales, les routes forestières déjà classées, et les chemins vicinaux. On s'occupera ensuite d'en ouvrir de nouvelles.

Parmi les routes impériales commencées et non achevées, il faut placer en première ligne la route de ceinture qui reliera Bastia, Calvi et Ajaccio, en suivant le littoral occidental, et qui passera par Piana, Cargese et Sagone, après avoir traversé toute la partie déserte du domaine de *Galeria,* où nous avons réclamé l'établissement d'une colonie.

La seconde route dont nous nous occuperons n'est que classée, elle va de Corte à Aleria, et unit le centre à la côte orientale. Il y a plus de trente ans que le conseil général a demandé la prompte exécution de cette route, qui faciliterait l'échange des produits de l'intérieur avec ceux d'un des territoires les plus fertiles de la Corse et du monde entier. Malheureusement, les gouvernements successifs ont été sourds aux réclamations réitérées de l'administration locale. Cette route, sous le n° 200, n'a été classée que depuis le mois de juin dernier, et on annonce aujourd'hui qu'on n'entamera cette route que lorsque celle qui est classée sóus le n° 199 sera terminée.

Sans contredit, l'importance de cette dernière route est immense. Autrefois, pour aller d'Ajaccio à Calvi, il fallait faire des détours qui doublaient au moins la distance. On se rendait d'abord de Calvi à Ponte alla Leccia ; de là à Corte, et de Corte à Ajaccio. La nouvelle route suit la côte occidentale. Elle est directe, et abrége la distance d'un nombre considérable de kilomètres.

Quant à la route de Corte à Aleria, des raisons majeures nous font insister sur l'urgence de son achèvement. On doit se mettre à l'œuvre le plus tôt possible, car il n'existe actuellement aucune communication qui mette en rapport la côte orientale avec le centre.

Comme complément de cette nouvelle voie, il nous paraîtrait nécessaire de faire un port de l'étang de Diana.

M. l'ingénieur Léguillé a étudié attentivement ce vaste lac, qu'on désigne modestement sous le nom d'étang. Il en a sondé la profondeur ; et dans un rapport aussi savant que consciencieux, il démontre péremptoirement que la transformation de l'étang de Diana est aussi facile qu'avantageuse. Elle coûterait peu, et comblerait une lacune essentielle. En effet, la côte orientale n'a d'autres ports que Porto-Vecchio et Bastia, sur un espace de plus de 80 kilomètres, tandis que la côte occidentale en compte un grand nombre. La circulation et l'exportation des produits du centre et de l'est sont donc difficiles, pour ne pas dire presque impossibles, et entraînent les agriculteurs à des frais qui grossissent en pure perte le prix de revient,

Le port de Diane contribuerait à vivifier une contrée dont nous avons vanté la fertilité, mais dont on ne saurait, dans l'état actuel, apprécier convenablement les incalculables ressources.

Les travaux que nécessiteraient la route et le port, en activant le commerce, en attirant les populations du centre vers le littoral, aideraient puissamment à l'assainissement tant désiré de cette plaine orientale qui est aujourd'hui un épouvantail pour les habitants de la Corse comme pour les continentaux, car, sans tenir compte de l'origine des miasmes délétères, ceux-ci se persuadent à tort que la *mal'aria* règne indistinctement sur tous les points de l'île.

La route dont nous venons d'entretenir le lecteur relie le centre à la côte orientale ; mais il n'existe encore aucune communication directe entre cette côte et la côte occidentale, sauf celles de Calvi à Ponte alla Leccia, et d'Ajaccio à Corte.

Une artère principale réunit les extrémités méridionale et septentrionale de la Corse, qu'elle divise en deux dans toute sa longueur. Elle part de Macinaggio, ancienne route départementale, maintenant impériale, passe à Bastia, Corte, Ajaccio, Sartène et Bonifacio.

Il reste à créer une route transversale. S'unissant à l'artère principale, elle partirait de Vivario, franchirait la chaîne de montagnes qui sépare la Corse en deux, rejoindrait aux bains de Guagno la route départementale, et aboutirait à la route impériale n° 195, de Vico à Sagone.

En ce moment, pour aller de Vico, de Guagno, d'Evisa, etc., à Bastia, il faut d'abord se rendre à Ajaccio, et prendre de là la route principale. C'est une dépense de temps et d'argent qui grève d'une manière sensible les habitants d'une partie notable de la Corse.

Si, comme nous en avons émis le vœu, Vico devient dans un prochain avenir chef-lieu d'arrondissement, l'extension des affaires de toute sorte exigera impérieusement la route que nous réclamons.

L'étude de cette route a été faite par les soins de M. Vellut, agent voyer en chef. Il a reconnu l'utilité de cette nouvelle route. Les populations la demandent, et nous tenons d'un homme éclairé, plein de zèle pour le bien-être du pays, M. Leca, membre du conseil général du canton de Soccia et chef du cadastre, que la commune de Vivario offre vingt mille pins *lariccio* à prendre dans la magnifique forêt communale qu'elle possède, à la condition qu'on fasse cette nouvelle route. En évaluant seulement ces arbres au minimum de 7 francs 50 centimes le pin, on réaliserait immédiatement 150,000 francs. Or, d'après les devis, la route, qui n'aurait que 32 kilomètres de longueur, ne coûterait pas plus de 250,000 francs.

Puisque nous avons parlé des forêts, nous devons ajouter que la route dont nous proposons la création traverserait un autre centre forestier de la plus haute importance. La forêt de *Jardine*, jusqu'à présent inexploitable, trouverait enfin des débouchés. Ses arbres de dimensions colossales, et qui pourrissent sur place, faute de routes, arriveraient au port de Sagone, et, suivant les demandes, ils pourraient sans peine être transportés par Vivario et Corte jusqu'à Aleria, où ils seraient embarqués.

Ces résultats pour être obtenus exigent naturellement qu'on améliore l'état des routes forestières. La loi du mois de juin 1854, comme nous l'avons vu, a consacré cinq millions à l'exécution de treize routes forestières. Jusqu'à ce jour, on n'a dépensé que 700,000 francs pour les cinq premières routes seulement. Sans demander l'ouverture de nouvelles voies de ce genre, nous nous bornons à exprimer le vœu que l'on emploie intégralement le crédit voté, et dans le plus bref délai. Le même vœu s'applique aux chemins vicinaux. On en a ouvert un trop grand nombre à la fois; il en est résulté une grande confusion; le produit des centimes additionnels éparpillé en même temps sur trop de points s'est trouvé insuffisant, comme l'atteste le rapport que nous avons transcrit plus haut. Il eût été à désirer que MM. les agents voyers eussent suivi, sous ce rapport, l'exemple des ingénieurs, qui ne commencent une route que lorsque la route précédemment classée est achevée complétement.

Dans la situation actuelle, il est évident pour nous, quoiqu'on ait encore voté des centimes additionnels, que le département ne saurait terminer seul toutes les routes ouvertes. Si l'État ne lui vient en aide, plusieurs voies de communication, déjà endommagées par la mauvaise saison, seront presque entièrement détruites. Les sommes qu'on leur a consacrées, ces sommes qui ont grevé le budget départemental, auront été gaspillées, sans aucune rémunération.

Nous croyons donc devoir faire un appel à la sollicitude du gouvernement; il a récemment accordé des sommes importantes à deux départements pour travaux de chemins de fer, ne saurait-il rien faire pour la Corse, qui se trouve dans une position si critique et tout exceptionnelle?

II.

Chemins de fer.

Deux chemins de fer sont proposés pour la Corse.

Le premier, dont M. Conti, receveur général, a étudié le tracé, relierait l'Italie, la Corse, la Sardaigne et l'Afrique.

Le chemin de fer partirait de Saint-Florent, où viendraient débarquer les voyageurs et les marchandises de l'Italie. Il irait à Bastia, franchirait toute la bande orientale, et aboutirait à Porto-Vecchio. Des bateaux à vapeur opéreraient le transbordement en Sardaigne, où un autre chemin de fer aboutirait à Cagliari. De là, d'autres bateaux à vapeur iraient à Bône. Ainsi, les voyageurs d'Italie, avec leur fret, pourraient se rendre en Algérie sans passer par Marseille, avec une économie considérable de temps et de dépenses.

Nous ne pouvons suivre M. Conti dans le développement de ce grand projet. Nous dirons seulement que ce projet, qui serait relativement peu coûteux, puisqu'il longe une plage dépourvue d'accidents de terrain, aurait un double avantage. Il développerait en Corse le mouvement commercial et industriel ; il y provoquerait un transit continuel, frapperait les imaginations encore incultes des habitants, et les initierait rapidement à la civilisation la plus avancée.

En outre, le gouvernement, qui fait des efforts considérables pour hâter le moment où tout le territoire de la colonie africaine sera suffisamment peuplé, trouverait un renfort d'hommes robustes et laborieux dans les Lucquois, qui font en Corse des émigrations périodiques, et qui n'hésiteraient pas à aller plus loin si, transportés facilement, ils avaient la perspective de rencontrer sur le sol algérien des avantages assurés.

Le second projet, qui est de M. Grandchand, partirait de l'Ile-Rousse, et aboutirait également à Porto-Vecchio. C'est donc le point de départ qui seul différerait du plan de M. Conti; l'un et l'autre seraient avantageux, et nous avons la confiance, surtout aujourd'hui que l'électricité franchit les revers des montagnes de la Corse, que le gouvernement les fera étudier tous deux avec l'attention qu'ils méritent.

Qu'on nous permette cependant une observation. Ces deux projets augmenteront infailliblement l'importance industrielle et commerciale de Bastia, dont le port deviendra insuffisant. Une annexe s'offre à nous; c'est l'étang de Biguglia, port creusé par la nature, et que la main des hommes rendrait aisément accessible aux plus grands navires. Il est à quelques kilomètres de Bastia, et pourrait être relié à cette ville par un chemin de fer.

III.

Service de bateaux à vapeur et cabotage.

En nous occupant des moyens de transport, nous ne saurions passer sous silence le service des bateaux à vapeur.

Pendant longtemps il a laissé beaucoup à désirer. La Corse a été ensuite desservie par les bâtiments de l'État, et nous devons dire qu'à cette époque les communications étaient aussi promptes que régulières. La compagnie Valery, qui depuis 1850 a eu la concession de cette ligne, a fait regretter aux voyageurs les attentions, les soins, le confortable, qu'ils trouvaient à bord des bateaux à vapeur du gouvernement.

Le service est ainsi réglé :

Départ de Marseille : le vendredi pour Ajaccio, le dimanche pour Calvi, et le mardi pour Bastia.

Départ d'Ajaccio : pour Marseille le mardi, de Calvi le mercredi, de Bastia le jeudi.

Ce service suffit dans les circonstances actuelles, et nous ne demanderons pas, comme d'autres auteurs, des départs quotidiens. Le nombre de ceux que leurs affaires ou leurs plaisirs appellent en Corse s'accroîtra, nous n'en doutons pas ; mais il est maintenant trop minime pour que nous réclamions l'extension de ces voies de communication. Nous désirons seulement qu'elles soient améliorées. En ce moment, les dépêches arrivent tardivement, surtout pendant l'hiver. Les voyageurs de la ligne de Marseille à Ajaccio et Calvi comptent sur vingt-quatre heures de traversée, et en mettent quelquefois trente, trente-six ou même quarante-huit. Nous pouvons en parler par expérience, puisque nous n'avons pas mis nous-même moins de trois jours pour nous rendre d'Ajaccio à Marseille. Quoique le temps fût favorable, le mauvais état des machines du *Bastia* nous a forcé à relâcher à Porquerolle, pour atterrir enfin à Toulon.

Cette situation ne saurait durer, et nous la signalons au gouvernement.

Quant à la ligne de Marseille à Bastia et Livourne, elle est parfaitement servie, et les bateaux à vapeur sont en bon état. Les voyageurs n'ont qu'à se louer de la régularité avec laquelle ce service est organisé.

Une concurrence vient de s'établir de Marseille à Ajaccio et Porto-Torres (Sardaigne), et c'est la compagnie Zévaco. Elle est soutenue par les commerçants et les propriétaires d'Ajaccio. Le service y est bien organisé; le bâtiment à vapeur est solide, bon marcheur; les capitaines, choisis avec soin, ont pour les voyageurs toutes les attentions désirables. Si l'ancienne compagnie veut se maintenir, il importe qu'elle introduise de larges réformes dans son service.

Nous ne voulons pas finir ce chapitre sans appeler l'attention sur la marine du cabotage, qui met en relation les différents ports les uns avec les autres. Cette marine est en décadence, et peut-être pour la relever faudrait-il rétablir l'école d'hydrographie qui a longtemps existé à Ajaccio, et qu'on a mal à propos supprimée.

CHAPITRE VINGT ET UNIÈME.

COMICES AGRICOLES. — DES PRIX ET ENCOURAGEMENTS.

I.

Comices agricoles.

Depuis quelques années la presse périodique s'occupe sérieusement et se livre à l'étude de tout ce qui intéresse l'avenir de l'agriculture en France. Toutes les feuilles, quelles que soient d'ailleurs leur couleur ou leur divergence d'opinion en fait de questions politiques, sont parfaitement d'accord sur tout ce qui a trait à l'industrie agricole, à la nécessité de la perfectionner de plus en plus à l'avantage de la production, de la fortune de tous.

Les comices agricoles, nés de l'initiative privée et réglementés par la législation [1], fonctionnent depuis quelques années dans le plus grand nombre des départements de France rendent d'immenses services à la cause de l'agriculture. Certes on peut affirmer, sans craindre de se tromper, que leur absence était une lacune regrettable dans le faisceau des institutions locales.

---

[1] L'Assemblée législative adopta, dans sa séance des 25 février, 10 et 20 mars 1851, une loi qui régit aujourd'hui cette matière.

Faire connaître quelle est l'influence et quelles sont les fonctions de cette institution est chose utile, au moment où l'idée des comices agricoles est entrée en Corse dans sa phase de réalisation.

Un comice agricole est une association de propriétaires, d'agronomes et de cultivateurs, ayant pour mission de recueillir, d'éclairer, de propager la connaissance des découvertes, des essais, des perfectionnements qui tendent à améliorer les systèmes de culture. C'est elle qui indique également les débouchés ouverts et qui peuvent s'ouvrir à la production du sol; c'est elle qui imprime, soit par des recommandations, soit par l'exemple, soit par l'encouragement, la direction la plus avantageuse aux travaux agricoles; c'est elle enfin qui active le progrès de toutes les branches de l'agriculture et qui soumet au gouvernement des vœux sur tout ce qui a égard aux besoins des contrées; tels sont en substance les principaux avantages que présente cette institution.

Il est facile de comprendre par cette courte analyse quel rôle important les comices ont à remplir dans les départements où ils sont en exercice, tant au point de vue individuel qu'au point de vue de l'intérêt général.

Dès que la loi de 1851 a été votée, la création de comices agricoles en Corse était obligatoire, indispensable. L'administration, heureusement inspirée, l'a compris ainsi, et a su doter nos contrées d'une institution qui est déjà pour elles un véritable bienfait. Cinq comices agricoles sont institués parmi nous, et fonctionnent à Ajaccio, à Bastia, à Corte, à Calvi et à Sartène, depuis 1853.

Grâce au puissant concours de ces associations, les

agriculteurs de la Corse, nous l'espérons du moins, secoueront peu à peu leur indolence et prêteront leur attention à toutes les choses qui les intéressent de très-près. Le département de la Corse, nous l'avons déjà trop répété, est un centre agricole; c'est cependant le plus arriéré en agriculture. La routine y domine impérieusement et s'impose à toutes les cultures, qui restent dans un état rétrograde déploré par les esprits sérieux. Nous recommandons donc aux comices de lutter sans relâche contre la pratique aveugle et les traditions inintelligentes.

Déjà ils se sont efforcés de déraciner les préjugés héréditaires qui dévorent comme autant d'herbes gourmandes et parasites notre sol encore vierge. Les bons exemples qu'ils donnent, les méthodes nouvelles qu'ils introduisent, les perfectionnements dont ils se font les propagateurs, les récompenses qu'ils décernent au progrès agricole, sont autant de motifs qui nous autorisent à espérer une heureuse révolution dans les habitudes locales.

Le terroir de la Corse souffre du manque d'eau, et voit souvent ses récoltes avorter faute de quelques gouttes de pluie. C'est en vain que la presse locale réclame, depuis nombre d'années, le bienfait de l'irrigation [1]; les comices et le conseil général, réunissant en faisceau les réclamations isolées des campagnes, pourraient leur donner bientôt une force collective et

---

[1] Le canal d'irrigation de la Casinca a déjà rendu d'immenses services à l'agriculture de ces contrées; il a coûté 49,513 francs.

« Contribuisce alla fertilità della Corsica l'abbondanza dell' acqua, che » vi sorge. Dovunque si vada o per le valli, o per i monti de ill' Isola si » trovano in poca distanza fontane, ruscelli, e fiumi di acqua limpida, » e fresca. » (Limperani, *Istoria della Corsica*, p. 7·)

les formuler en vœux énergiques et réitérés, qui fini-
raient sans doute par donner une solution heureuse à
cette question depuis si longtemps pendante.

«Pour donner à l'agriculture, a dit M. Charles Abbatucci dans son allocution au conseil général de la
Corse, une vie nouvelle et une nouvelle énergie, il
est une question sur laquelle nous devons attirer l'attention des cultivateurs, de l'administration départementale et principalement du gouvernement. Nous ne
devons pas reléguer dans l'oubli une opération de cette
importance, qui, dans nos régions méridionales, s'élève
aussi à la hauteur d'une question de premier ordre. Un
bon système d'arrosage bien entendu, bien combiné,
bien approprié aux besoins des différentes localités,
ferait promptement couvrir de riches moissons, de gras
pâturages, des contrées aujourd'hui désolées par la
sécheresse. Les comices agricoles contribueront puissamment à accélérer le mouvement dont j'ai parlé. »

Nous avons dit que les comices, pour propager et
vulgariser l'adoption des meilleurs systèmes et des
meilleures cultures, distribuent des récompenses et
donnent des encouragements aux agriculteurs qui se
distinguent d'une manière particulière.

Leurs ressources se composent :

1° Du produit des souscriptions des membres sociétaires ;

2° Des subventions qui sont allouées par le départe-
tement et par l'État.

Des concours agricoles sont institués chaque année
en Corse, et des prix sont décernés aux plus méritants.
Jusqu'ici les expositions ont été assez belles et les résultats obtenus sont généralement satisfaisants. Avons-

nous besoin, du reste, d'ajouter que toutes ces grandes expositions auront une influence heureuse sur le développement de la richesse publique?

Ne sont-ce pas elles qui feront sortir l'agriculture de l'isolement où elle était? Ne sont-ce pas elles en même temps qui sont le grand moyen d'instruction et de propagande, le meilleur peut-être; car pour augmenter la production il faut instruire. Or, y a-t-il un moyen plus puissant d'éducation agricole que ce contact des hommes spéciaux et pratiques tendant au même but, réunis en présence des plus beaux types, des meilleurs instruments, des machines les plus nouvelles? L'Angleterre a très-bien senti tout le fruit qu'on pouvait tirer de ces communications, aussi elle les a rendues en quelque sorte périodiques.

Sur tous les points de ce royaume il y a des réunions d'agriculteurs, où ils viennent échanger leurs idées, soumettre leurs doutes à l'examen réfléchi de leurs confrères, exposer leurs méthodes nouvelles et raconter leurs succès ou leurs mécomptes. Une découverte nouvelle est faite; elle est aussitôt expérimentée dans un meeting public, jugée, approuvée ou condamnée.

Pourquoi toutes les classes de la société française ne s'intéressent-elles pas aussi bien qu'en Angleterre aux destinées de l'agriculture? Malheureusement, tandis que la science agricole devrait être la science par excellence et former la base principale de l'éducation de la jeunesse rurale, nous voyons que presque partout cette science est négligée au détriment de nos champs, de notre agriculture.

Chacun veut devenir avocat ou médecin; c'est déplorable, car qui ne sait que cette portion des populations rurales que ses inclinations et ses penchants entraînent hors de la vie agricole, est justement celle qui, étant la plus intelligente, pourrait le mieux seconder l'action du pouvoir, en s'efforçant de faire pénétrer le courant de la civilisation jusque dans les hameaux les plus déshérités de mouvement et de lumière?

S'efforcer de combattre cette funeste tendance des populations rurales à déserter le foyer de la famille pour aller demander aux villes la fortune et les séductions, c'est une tâche bien noble à remplir, et les comices n'y failliront pas.

Mais à quel moyen recourir pour parvenir à détourner la jeunesse des campagnes des carrières libérales et industrielles où il n'est que trop vrai qu'elle rencontre souvent la déception, la misère et le désespoir? Comment la persuader qu'il vaut cent fois mieux être un agriculteur estimé qu'un avocat sans causes et un médecin sans clientèle? C'est d'abord en prêchant d'exemple qu'on pourrait parvenir à rappeler dans les champs la jeunesse ambitieuse, c'est ensuite en lui inspirant, dès son jeune âge, le goût de l'agriculture et en accordant des primes aux pères de famille qui feraient de leurs fils des apprentis agriculteurs.

Il faut, et ceci est urgent, que l'école normale de la Corse entre dans la voie qu'une circulaire récente du ministre de l'instruction publique voudrait voir suivre aux écoles où viennent se former les instituteurs primaires.

L'an dernier, nous avons remarqué à un concours agricole une collection envoyée par les élèves d'une école du département du Loiret, et c'est depuis que nous avons pressenti combien le ministère de nos instituteurs de village deviendrait utile, combien leur mission grandirait du moment qu'ils pourraient donner à leurs élèves quelques notions d'agriculture et de jardinage, et diriger les travaux pratiques auxquels ils se livreraient dans un champ qui désormais ferait partie de l'école [1].

Sans ce complément d'instruction, l'éducation primaire des campagnes de la Corse offrira toujours une lacune [2].

Les comices agricoles de la Corse auront donc à s'occuper sérieusement de cette question et des considérations que nous venons de développer.

« Toutes mes espérances de régénération morale pour la Corse, a dit Blanqui, reposent sur les enfants. Je n'en ai vu nulle part d'aussi précoces, d'aussi attentifs, d'aussi graves, d'aussi curieux. C'est une véritable race d'élite, et j'aurai bientôt occasion d'en offrir à l'Académie des preuves convaincantes. Avec de tels enfants et une telle terre, *la Corse doit devenir un des plus beaux départements de la France;* il ne s'agit que de semer avec intelligence, et d'éviter que le sol soit en proie aux bruyères, et la jeunesse à l'oisiveté. »

[1] Les révérends frères des écoles chrétiennes de Bastia et M. Salvadori, instituteur à Zalana, arrondissement de Corte, ont reçu déjà des primes de la part des comices pour avoir ouvert un cours d'agriculture pratique.

[2] « Mais nous croyons fermement, a dit M. Richard (du Cantal), que » la création d'un enseignement dont la nécessité a été reconnue depuis » des siècles, ne saurait être une lettre morte. Cet enseignement est » devenu un des besoins les plus pressants de notre époque, dans notre » pays surtout. L'instruction agricole est non-seulement exigée par l'état » de notre production alimentaire, mais elle est indispensable dans nos » campagnes pour y retenir les intelligences et les bras qui les désertent chaque jour et vont chercher fortune dans les villes. »

II.

Des prix et encouragements.

Nous avons vu combien l'île de Corse est naturellement riche en diverses productions; nous avons assez longuement plaidé en leur faveur. Après cela, nous nous sommes fait un devoir de faire ressortir l'heureuse influence qu'exercent les comices dans la zone soumise à leur action ; et afin d'accomplir notre plan comme nous l'avons projeté, nous croyons utile de démontrer ici ce qu'il reste à faire, dans le but de seconder l'action intelligente des comices, et de venir en aide à l'agriculture en souffrance.

Les ressources des comices se composent, avons-nous dit :

1° Du produit des souscriptions des membres sociétaires.

2° Des subventions qui sont allouées par le département et l'État. Jusqu'ici les récompenses décernées ont été très-modestes, et nous semblent peu capables d'exciter une émulation profitable. Le département est pauvre, et les subventions qu'il accorde sont naturellement en rapport avec son état de fortune. On en est donc réduit à solliciter des subventions de l'État. Les comices ont fait valoir les besoins du pays, ont signalé les imperfections et les lacunes qui nuisent au progrès de telles ou telles autres branches agricoles; ils ont demandé aux autorités supérieures des ressources financières, pour récompenser ceux qui voudraient concourir à l'introduction des améliorations désirables.

L'appel des comices n'a pas toujours été entendu d'une manière efficace ; les secours accordés ont été insignifiants. Pourtant quelques sacrifices de la part de l'État, dans les circonstances exceptionnelles où se trouve la Corse, seraient d'une grande nécessité et porteraient inévitablement des fruits inappréciables.

Beaucoup de choses ont besoin d'être encouragées en Corse, et le moment en est très-propice. Laisser dans l'oubli toutes les richesses qu'elle renferme, c'est à nos yeux une faute impardonnable, qui nuirait non-seulement à l'île de Corse, mais aussi à la mère patrie, qui est directement intéressée au sort de toutes les contrées françaises. Qui mettrait en doute que les encouragements, les secours, les primes, les récompenses honorifiques, obtiendraient dans la suite les plus heureux résultats ?

On dit, et un peu avec raison, que les Corses sont paresseux. Montesquieu observe que toutes les nations paresseuses sont aussi orgueilleuses, ce qui est le cas des Corses. Il propose un bon remède pour cela :

« On pourrait, dit-il, tourner l'effet contre la cause » et détruire la paresse par l'orgueil. Dans le midi de » l'Europe, où les peuples sont si fort frappés par le » point d'honneur, il serait bon de donner des prix aux » laboureurs qui auraient porté le plus loin leur in- » dustrie. Cette pratique a réussi de nos jours en Ir- » lande ; elle y a établi une des plus importantes manu- » factures de toile qui soit en Europe [1]. »

Oui, en effet, cette pratique a réussi en Irlande et ailleurs aussi ; mais on peut affirmer qu'elle réussirait également en Corse si le gouvernement, écoutant la

[1] *Esprit des lois*, livre XIV, chap. ix.

voix des interprètes des besoins du pays, songeait et se décidait, en vue de faciliter le progrès, à mettre à la disposition des comices des sommes assez fortes pour récompenser ceux qui perfectionnent les cultures déjà naturalisées, et ceux qui cherchent à introduire des cultures nouvelles qui ne sont encore qu'à l'état d'essais.

« Encore une fois, ajoute Blanqui, la France ne » saurait, sans injustice pour nos concitoyens et sans » dommage pour elle-même, abandonner aux brous- » sailles, aux chèvres, une terre où végètent avec une » égale énergie les palmiers, les orangers, les oliviers, » les mûriers, les châtaigniers et les pins. Ce magni- » fique assortiment de toutes les richesses végétales » des pays les plus chauds et les plus tempérés, ces » plaines brûlantes et ces fraîches vallées ne sauraient » demeurer plus longtemps stériles. »

Le système d'encouragement que nous voudrions voir régularisé étant bien entendu, combiné de ma- nière à éviter les abus, serait très-profitable sous tous les rapports, et n'aurait pas besoin d'être perpétuel. Ce genre de protection est essentiellement nécessaire au moins pour quelques années; car en Corse, comme partout, les industries naissantes ont besoin d'être en- couragées, et ceux qui les entreprennent n'ont pas l'avantage de profiter de l'expérience de leurs prédé- cesseurs, puisqu'ils n'en ont pas. Comme on le com- prend aisément, ils sont toujours entraînés à des essais plus ou moins coûteux, leurs moyens de travail sont moins parfaits. Avec des dépenses plus fortes que celles qui sont nécessaires à une époque plus tardive, ils n'obtiennent souvent que de moindres quantités, ou des quantités moins bonnes que le commerce n'achète qu'à bas prix.

Nous espérons que le gouvernement comprendra facilement l'utilité de notre proposition. Dans le but d'encourager l'art utile de la navigation, il accorde des primes à la pêche de la morue, ainsi qu'à celle de la baleine. Il est évident pour tous que dans cette mesure il y a une vue politique; mais ne serait-ce pas mal comprendre les intérêts de la France que de se restreindre dans cette pensée, et méconnaître les avantages qu'on recueillerait des nouvelles productions dues à l'industrie agricole?

Les manufactures et le commerce méritent l'attention et la sollicitude du gouvernement, mais l'agriculture mérite surtout protection et encouragement; c'est principalement vers elle que doivent se tourner les pensées et les études de l'homme d'État et des législateurs. La France trouvera toujours plus de puissance et de prospérité dans son agriculture que dans les travaux manufacturiers, qui ne doivent être que le complément de celle-là.

« Les progrès de l'agriculture, a dit l'Empereur, » doivent être un des objets de notre constante sollici- » tude, car de son amélioration ou de son déclin datent » la prospérité ou la décadence des empires. » (Ouverture de la session législative de 1857.)

Nous demandons en conséquence que l'État accorde annuellement, à titre de subvention, une somme de 50,000 francs, qui serait allouée aux comices des cinq arrondissements. De cette manière, les comices de la Corse auront une grande latitude, par cela même qu'ils posséderont des ressources suffisantes pour décerner

des prix d'une valeur réelle. Ces prix faciliteront inévitablement l'œuvre de progrès, en stimulant dans le
cœur des agriculteurs l'amour du travail et le désir de
le perfectionner.

Nous voudrions voir établir dans chacun des cinq
arrondissements vingt prix de 500 francs, qui seraient
décernés à la suite de concours publics, par un jury
nommé par le préfet et composé d'hommes éclairés,
instruits *et par-dessus tout impartiaux*.

Ces prix seraient accordés :

1° A celui qui présenterait au concours le plus beau
taureau produit du croisement avec une race étrangère
ou indigène ;

2° A celui qui aurait élevé et amélioré la race des
vaches laitières ;

3° A celui qui aurait obtenu les meilleurs résultats
dans ses tentatives de croisement et d'amélioration de
la race chevaline ;

4° A celui qui offrirait à l'appréciation du public le
plus beau lot de l'espèce ovine ;

5° A celui qui aurait créé dans l'arrondissement la
plus vaste prairie artificielle, et construit en même
temps, dans une propriété rurale, une étable pour
abriter convenablement le bétail pendant l'hiver ;

6° A celui qui aurait fait la plus belle plantation
d'oliviers ;

7° A celui qui aurait planté le plus grand nombre
de mûriers, et qui aurait obtenu les meilleurs résultats
dans l'éducation des vers à soie ;

8° A celui qui aurait appliqué le mieux le système
d'assolement, et qui aurait introduit l'usage d'une

charrue à versoir, à la Dombasle, propre au labour dans les terres de plaines;

9° A celui qui aurait drainé la plus grande quantité de terrains humides et marécageux;

10° A celui qui aurait cultivé en grand le coton [1];

11° A celui qui aurait consacré 4 hectares de terre à la culture du tabac, bonne espèce (dite de Virginie);

12° A celui qui aurait obtenu la plus belle qualité de lin ou de chanvre;

13° A celui qui aurait cultivé l'indigo, la garance ou la cochenille;

14° A celui enfin qui aurait planté le plus grand nombre d'amandiers, d'orangers ou de noyers.

Le système des encouragements et des secours ne doit pas cependant se borner à l'agriculture : l'industrie aussi doit y participer. Ainsi, à titre de secours,

[1] Napoléon, par la grâce de Dieu, etc.;

Sur le rapport de notre ministre secrétaire d'État au département de la guerre,

Avons décrété et décrétons ce qui suit :

ARTICLE PREMIER.

La culture du coton en Algérie sera désormais de la part de l'État l'objet des encouragements ci-après :

1° Des graines continueront d'être fournies aux colons par l'administration;

2° Pendant trois ans encore, à partir de 1854, l'État achètera pour son compte les cotons récoltés par les planteurs;

3° A l'expiration de ce terme, et pendant deux autres années, des primes seront accordées à l'exportation en France des cotons récoltés en Algérie;

4° Pendant cinq ans, à partir de 1854, des primes seront allouées à l'introduction en Algérie des machines à égrener;

5° Des prix provinciaux (trois par province) de 2,000, 3,000 et 5,000 francs seront accordés aux colons qui seront jugés avoir récolté sur la plus grande échelle les meilleurs produits.

nous voudrions voir donner également des primes de 500 francs : aux premiers moulins à huile perfectionnés, aux moulins à farine bien conditionnés, aux tanneries, aux usines, etc. A titre d'encouragement, nous voudrions enfin que toutes les fabrications qu'on n'a pas encore pu établir en France et qu'on pourrait introduire en Corse, en concurrence avec les autres nations, reçussent des primes semblables.

Peut-être nous trouvera-t-on trop exigeant? Aussi osons-nous à peine solliciter d'autres faveurs. Il faut cependant que nous demandions tout ce qui est d'une grande utilité pour le bonheur et la prospérité de l'île de Corse.

Nous avons fait connaître au titre précédent combien il serait utile de répandre partout l'instruction pratique de l'agriculture. Nous avons ensuite fait valoir un moyen qui nous paraît excellent pour aboutir au but

Autre décret.

Napoléon, par la grâce de Dieu, etc. ;

Considérant qu'il est d'une haute importance pour la France d'encourager la culture du coton en Algérie ;

Voulant d'ailleurs reconnaître les efforts des colons de l'Algérie, témoigner du vif intérêt que nous n'avons cessé de porter à leurs travaux, et leur donner une preuve de notre bienveillance spéciale,

Avons décrété et décrétons ce qui suit :

ARTICLE PREMIER.

Un fonds de *cent mille francs* est affecté sur les fonds de notre liste civile à titre d'encouragement pour la culture du coton en Algérie.

ARTICLE 2.

Au moyen de ce fonds, toutes les années pendant cinq ans, à partir de l'année 1854, un prix de 20,000 francs, dit *prix de l'Empereur,* sera délivré au planteur des trois provinces de l'Algérie qui sera jugé avoir récolté sur la plus large échelle les meilleurs produits en coton, et rempli les conditions d'un programme qui sera arrêté d'avance chaque année par notre ministre de la guerre.

Il serait à désirer qu'un pareil décret parût bientôt en faveur de la Corse. Elle en est digne, et nous aimons à croire qu'on en est convaincu, qu'on se proposerait d'atteindre à cet égard; il nous reste à dire que la création de cinq fermes expérimentales serait comme le complément du premier moyen, et assurerait d'une manière certaine au pays les plus beaux succès. Sans entrer dans tous les détails concernant ces utiles établissements, nous dirons qu'il est indispensable que le gouvernement adopte dans le plus court délai un plan d'exécution.

La dépense annuelle présumée de chaque ferme serait :

Loyer d'un domaine de 30 hectares avec bâtiments convenables et logements.	1,200 fr.
Gages et nourriture de deux hommes et d'une ménagère nourrie.	800
Journées de l'année.	700
Nourriture de six élèves envoyés par l'arrondissement.	800
Artiste vétérinaire.	200
Achat de semence de tout genre.	300
Impôt et assurance.	200
Charron, forgeron, ferrements.	200
Bois, huile, menus frais d'entretien.	250
Chaux, plâtre, engrais de tout genre. . . .	300
Vigneron et nourriture.	400
Achats d'outils et de machines.	500
Traitement d'un directeur.	1,500
TOTAL.	7,350 fr.

Achats de la première année.

Mobilier et réparations.	1,000 fr.
Taureaux et vaches étrangers.	1,000
Baudet.	300
Deux truies grande espèce.	200
Paille et fourrage de première année. . . .	1,000
Achat de béliers et de quatre brebis étrangers.	1,000
Dépenses extraordinaires.	4,500 fr.
Dépenses annuelles	7,350
TOTAL.	11,850 fr.
Pour les cinq fermes.	59,250 fr.

L'État aurait donc à dépenser la première année 59,250 francs, et les années suivantes 36,750 francs. Mais il est bien entendu que chaque ferme cultivée selon les règles de l'art donnerait un très-bon produit, quelque emploi qu'on fasse du sol. En admettant que chaque ferme donne un revenu de 2,000 francs, les cinq rapporteraient 10,000 francs; il resterait par conséquent à la charge de l'État 26,750 francs à dépenser annuellement.

Avons-nous besoin d'établir que les résultats qu'on obtiendrait seraient immenses ? N'est-ce pas par ce moyen qu'on parviendrait à faire acquérir aux laboureurs une connaissance parfaite des systèmes d'assolement et des fourrages artificiels qu'il est urgent de cultiver ? N'est-ce pas par ce moyen aussi qu'il serait facile d'apprendre à tout le monde à améliorer les races bovine, ovine, chevaline, et à perfectionner les outils aratoires ? Enfin ces établissements ne seraient-ils pas destinés à être de véritables ateliers d'apprentis cultivateurs ?

« Si le gouvernement, dit M. Burnouf, président du comice de Corte, dans son rapport à M. le préfet, veut sérieusement donner la vie à la Corse, s'il veut que sa production et sa consommation se balancent, je ne vois pour moyen que l'établissement d'une ferme-école par arrondissement.

» Cette question a été souvent et longtemps agitée dans notre comice, nous avons trouvé la localité et les hommes, mais les moyens nous ont manqué. J'avais même été chargé de faire un mémoire et un devis de dépenses qui devait vous être adressé, monsieur le préfet; je l'avais même commencé, mais je me suis arrêté, découragé par l'idée que nous n'obtiendrions

rien et que ce mémoire n'aurait d'autre effet que de
faire voir le talent de l'auteur, ce qui n'est pas la peine.
Cependant on ne peut nier que l'établissement des
fermes-écoles, en émancipant l'agriculture de la Corse,
n'amènerait très-rapidement le département à être en
état de verser au budget sa part proportionnelle. Ce
ne serait d'ailleurs qu'une avance faite une fois pour
toutes, et il nous paraît être d'une bonne économie
générale d'immobiliser une très-minime fraction des
revenus du gouvernement, et cela, une seule fois, pour
faire de la Corse un département comme un autre.

» Et si nous devions faire vibrer une corde peut-être
plus sensible que celle de l'intérêt, nous pourrions
dire que si la France s'est élevée au-dessus des autres
peuples, elle le doit à un Corse, et qu'elle a à acquitter
une dette de reconnaissance envers le pays de celui
qui la mena à la conquête de l'Europe et lui donna
le Code civil. »

M. Leclerc, professeur d'agriculture, a dit :

« Comme toutes les autres branches de l'étude de la
nature, celle qui a pour but la connaissance des végétaux et des moyens de les faire prospérer, est basée
sur des procédés certains, des théories positives, qui
permettent de la considérer comme une science exacte.
Sans théorie, la pratique est aveugle et insuffisante ;
mais aussi sans pratique, la théorie peut souvent
s'égarer. »

Si, pesant ces paroles pleines de vérité, nous réflé-
chissons que l'agriculture et l'horticulture sont mises
en pratique par tous les agriculteurs corses, et que la
théorie n'en est cependant enseignée d'une manière
irrégulière que dans un cours public qui a lieu à Corte,

grâce à l'intelligence et au patriotisme du président du comice de cet arrondissement, combien ne serons-nous pas frappé du peu de moyens d'amélioration qui existent pour ces arts de première utilité ? Ne cesserons-nous pas notre surprise de leur état longtemps stationnaire et encore peu avancé ?

Nous faisons donc des vœux pour qu'il soit fondé, au moins dans chaque chef-lieu d'arrondissement, un cours d'agriculture, où, chaque dimanche, seraient appelés et viendraient s'instruire les cultivateurs intelligents et aisés des villages voisins.

On connaît maintenant le mal et le moyen pour le guérir : qu'on se mette à l'œuvre, car si on ne porte promptement remède aux plaies qui rongent nos contrées, la Corse si fertile, si belle, la Corse si favorisée par la nature, par le climat, par sa situation topographique, végétera pendant de longues années et trompera les plus légitimes espérances. Le remède est facile : le gouvernement peut-il le refuser ? D'ailleurs de si légers sacrifices seraient bientôt compensés par les succès des agriculteurs, qui pourraient dans la suite produire à bon marché et livrer au commerce des denrées dont la circulation verserait par mille voies diverses des sommes importantes dans le trésor de l'État.

Puisse l'heureuse influence de telles institutions sur la prospérité et le bonheur de la population, éveiller, relativement aux moyens de les constituer, l'attention des hommes d'État, et exciter le zèle des comices agricoles de l'île de Corse.

CHAPITRE VINGT-DEUXIÈME.

INSTITUTIONS DE BIENFAISANCE.

MONT-DE-PIÉTÉ. Il y a en Corse, comme partout ailleurs, une classe de la société qui n'est pas dans une situation assez élevée pour avoir le bonheur de profiter des institutions financières dont nous avons parlé. Elle mérite cependant assistance, et l'autorité est intéressée à venir à son aide.

« De quelque côté que nous portions nos regards, a dit M. de Sismondi, qui vient de finir sa carrière, la même leçon ressort de partout, *protégez le pauvre*, et doit être l'étude essentielle du législateur et du gouvernement.

» Protégez le pauvre, car, par une conséquence de sa condition précaire, il ne peut lutter avec le riche sans abandonner chaque jour quelqu'un de ses avantages ; protégez le pauvre, afin qu'il tienne de la loi, de l'usage, d'un contrat perpétuel la part que son travail doit lui assurer dans le revenu national, plutôt que d'une concurrence qui nourrirait des rivalités et des haines ; protégez le pauvre, car il a besoin d'appui pour connaître quelque loisir, quelque développement de son intelligence, pour avancer dans la vertu ; protégez le pauvre, car le plus grand danger pour les lois, pour la paix publique, pour la stabilité, c'est la croyance du pauvre qu'il est opprimé et sa haine contre le gouvernement ; protégez le pauvre, si vous voulez que l'industrie fleurisse, car le pauvre est le plus important des consommateurs ; protégez le pauvre, si votre fisc éprouve des besoins, car après que vous aurez soigné les jouissances du pauvre, vous trouverez que le pauvre est encore le plus important des contribuables. »

« Les éléments, pour arriver à ce but, a dit Montesquieu, ne manquent point, et il suffit d'interroger la nature et sa conscience pour se convaincre que l'aisance et la prospérité ne sont pas le privilége exclusif du riche, et qu'il est du devoir des gouvernements de faire participer le pauvre à cette aisance et à cette prospérité. »

Par décret du 8 septembre 1852, un mont-de-piété a été créé à Alger avec un actif de 250,000 francs. Nous nous demandons pourquoi on n'a pas encore jeté un coup d'œil de compassion sur la classe pauvre du département de la Corse. Les besoins sont pourtant très-grands : les ouvriers souffrent à certaines époques de l'année.

Nous avons de la peine à nous expliquer comment certaines choses si simples, si connues, sont laissées dans l'oubli. Quant à nous, nous n'avons pas eu de grands efforts d'esprit à faire pour comprendre l'opportunité de créer un mont-de-piété (*maison du pauvre*) à Bastia et une succursale à Ajaccio ; il nous a suffi de voir ce qui se fait ailleurs.

Nous ne voudrions pas cependant assister à l'installation d'un mont-de-piété usuraire et scandaleux comme celui de Paris, qui prête à 12 pour 100, et qui, sous diverses formes, trouve moyen d'ajouter à cet intérêt ruineux des frais énormes qui élèvent le taux de l'emprunt à 15 pour 100, sur gages bien évalués. Il est honteux, en vérité, de voir et de souffrir que ce mont-de-piété se livre aussi impunément à de telles exactions sous l'empire de lois qui condamnent à des amendes très-fortes et qui flétrissent même de la peine de l'emprisonnement celui qui prête à 8 pour 100. Notre but ici n'étant pas de faire la critique des institutions qui fonctionnent ailleurs qu'en Corse, nous n'en disons pas davantage, mais nous n'en pensons pas moins.

En Corse, il faudrait un mont-de-piété qui prêtât au taux de 6 ou 7 pour 100 au plus, sur de bonnes garanties comme de juste. C'est ainsi que cette institution de bienfaisance secourrait avantageusement la classe des ouvriers dans les moments de gêne et de détresse qu'elle n'éprouve que trop souvent.

Qui ne conviendra avec nous que le gouvernement ferait un usage louable et généreux de la latitude qu'il a dans l'emploi des fonds publics en consacrant à cet effet une somme de 100,000 francs, qui ne courrait du reste jamais le risque d'être perdue et dont les frais d'administration seraient facilement couverts par les intérêts que l'on percevrait? Cet emploi, loin d'être onéreux, ne serait qu'une avance, et que de malheureux ne soulagerait-on pas !

L'œuvre est belle; nous la comprenons ainsi, et nous serions heureux de convaincre l'autorité supérieure de la nécessité d'activer la création en question.

Que nos désirs se réalisent donc, et notre satisfaction sera bien grande, d'autant plus grande que la classe intéressante des ouvriers en retirerait de bons profits.

Une caisse d'épargne et de prévoyance a été ouverte à Ajaccio et à Bastia. Cette institution est appelée à rendre d'immenses services. Voici quelle est leur situation présente :

Caisse d'épargne et de prévoyance d'Ajaccio

Ouverte le 19 février 1854.

	fr.	c.
Le solde en caisse des dépôts et consignations, le 31 décembre 1855, était de	62,787	55
L'intérêt alloué par la caisse des dépôts et consignations pour l'exercice 1855 a été de.	1,556	53
TOTAL.	64,344	08

Recettes pendant l'année 1856.

			fr.	c.
Reçu.	Par versements en numéraire. . 56,459 »		60,204	33
	Par transfert. — Recettes. . . . 3,745 33			
TOTAL.			124,548	41

Dépenses pendant l'année 1856.

			fr.	c.
Payé.	Par remboursement en numéraire. 35,695 65		38,586	74
	Par transfert. — Payements. . . 2,891 09			
RESTE en caisse des dépôts et consignations le 31 décembre 1856.			85,961	67

Caisse d'épargne et de prévoyance.

Mouvement de la caisse d'épargne de la ville de Bastia pendant le troisième trimestre de 1856.

SAVOIR :

	fr.	c.
73 versements, dont 30 nouveaux.	17,401	31
85 remboursements, dont 61 soldés.	37,440	59
DIFFÉRENCE en moins.	20,039	28

Le caissier comptable,
A. D. MARIOTTI.

CHAPITRE VINGT-TROISIÈME.

STATISTIQUE DU DÉPARTEMENT DE LA CORSE. — BIBLIOGRAPHIE.

I.

Statistique.

SUPERFICIE.	POPULATION.	ARRONDIS-SEMENTS.	CANTONS.	COM-MUNES.	REVENU territorial.	CONTRIBUTIONS et REVENUS PUBLICS
8,747 kil. carr. ou 874,741 hectares.	hom. 121,383 fem. 118,900 ——— 240,283	5	61	354	francs. 2,800,000	francs. 1,600,000

CANTON.	NOM de LA COMMUNE.	POPULATION.	CANTON.	NOM de LA COMMUNE.	POPULATION.

Arrondissement d'Ajaccio.

Superficie : 2,054 kilom. carrés ou 205,402 hect. — Population : 56,227 hab.
— Cantons : 12. — Communes : 72.

CANTON.	NOM de LA COMMUNE.	POPULATION.	CANTON.	NOM de LA COMMUNE.	POPULATION.
AJACCIO.	Ajaccio.	12,109	ÉVISA.	Évisa.	1,370
				Cristinace	353
BASTELICA.	Bastelica.	3,003		Marignana.	696
	Cauro.	621	PIANA.	Piana.	1,164
	Suarella	616		Cargese.	1,116
	Accana	546		Ota.	826
	Tolla.	613			
BOCOGNANO.	Bocognano	2,651	S. M. SICCHE.	Santa-Maria Sicche.	585
	Carbuccia.	455		Albitreccia.	587
	Tavera.	768		Azilone Ampaza	44
	Ucciani.	1,089		Campo	283
	Vero.	476		Cognocoli Montichi.	225

Arrondissement d'Ajaccio (suite).

Superficie : 2,054 kilom. carrés ou 205,402 hect. — Population : 56,227 hab.
— Cantons : 12. — Communes : 72.

CANTON.	NOM de LA COMMUNE.	POPULATION.	CANTON.	NOM de LA COMMUNE.	POPULATION.
SANTA-MARIA SICCHE (suite).	Forciolo	269	SARROLA ET CARCOPINO	Sarrola et Carcopino..	710
	Frasseto	680		Cuttoli-Cortichiato...	636
	Grosseto-Prugna....	723		Peri	615
	Guarguale.	333		Tavaco	131
	Pila Canale.	625		Valle di Mezzana.	386
	Quasquara	449			
	Torgia et Cardo.	108	SOCCIA.	Soccia.	661
	Urbalacone.	259		Guagno.	878
	Zigliara	574		Orto	449
				Poggiolo.	235
SALICE.	Salice	317	VICO.	Vico.	2,024
	Azzana.	314		Arbori.	500
	Pastricciola.	521		Balogna.	420
	Rosazia.	454		Coggia	699
	Scanafaghiaccio.	291		Letia	900
				Murzo	294
				Renno.	900
SARI.	Sari-d'Orceno.	833	ZIGOVA.	Zicavo.	1,360
	Ambiegna.	129		Ciamanacce.	810
	Appieto.	654		Corrano.	312
	Arro.	287		Cozzano.	806
	Calcatoggio.	553		Guitera-Giovicacce...	357
	Cannelle.	143		Palneca.	718
	Casaglione	378		Sampolo.	241
	Lepigna	421		Tasso	402
	Sant-Andrea.			Zevaco.	404
	D'Orchino.	151			

Arrondissement de Bastia.

Superficie : 1,362 kilom. carrés ou 136,209 hect. — Population : 71,788 hab.
— Cantous : 20. — Communes : 93.

CANTON.	NOM de LA COMMUNE.	POPULATION.	CANTON.	NOM de LA COMMUNE.	POPULATION.
BASTIA.	Bastia	17,141	CAMPILE.	Campile.	830
				Crocicchia.	375
BORGO.	Borgo	675		Monte.	977
	Bigulia.	199		Olmo.	533
	Furiani.	368		Ortiporio.	543
	Lucciana.	612		Penta-Acquatella.	295
	Vignale.	390		Prunelli di Casacconi.	435
BRANDO.	Brando.	1,423	CAMPITELLO.	Campitello.	261
	Pietracorbara.	799		Bigorno.	275
	Sisco.	970		Lento	560
				Scolca.	440
				Volpajola.	550

CANTON.	NOM de LA COMMUNE.	POPULATION.	CANTON.	NOM de LA COMMUNE.	POPULATION.

Arrondissement de Bastia (suite).

Superficie : 1,360 kilom. carrés ou 136,209 hect. — Population : 71,788 hab. — Cantons : 20. — Communes : 93.

CANTON.	NOM de LA COMMUNE.	POPULATION.	CANTON.	NOM de LA COMMUNE.	POPULATION.
CERVIONE.	Cervione	1,423	LA PORTA (suite).	Poggio Marinaccio	153
	Saint-Andrea di Loretto	723		Polveroso	231
	San-Giuliano	478		Pruno	386
	Valle di Campoloro	346		Quercitello	348
LAMA.	Lama	442		Scata	211
				Silvareccio	500
	Pietralba	704		San-Damanio	378
	Urtaca	328		San-Gavino	483
LURI.	Luri	1,890	ROGLIANO.	Rogliano	1,477
	Barettali	799		Centuri	770
	Cagnano	890		Ersa	1,040
	Meria	658		Morsiglia	724
	Pino	476		Tomino	720
MURATO.	Murato	932	SAN-MARTINO.	San-Martino di Lota	807
	Pieve	335		Cardo	240
	Rapale	320		Santa-Maria di Lota	502
	Rutali	518		Ville de Pietrabugno	603
NONZA.	Nonza	367	SAINT-FLORENT.	Saint-Florent	616
	Canari	1,214		Barbaggio	319
	Olcani	216		Farinole	578
	Ogliastro	264		Patrimonio	577
	Olmeta di Capocorso	443			
OLETTA.	Oletta	1,084	SAN-NICOLAO.	San-Nicolao	604
	Olmeta di Tuda	529		San-Giovanni	704
	Poggio d'Oletta	450		Santa-Maria Poggio	357
	Valle Calle	367		Santa-Lucia di Moriani	248
PERO-CASEVECCHIE.	Pero-Casevecchie	647		Santa-Reparata di Moriani	591
	Poggio Mezzana	554	SANTO-PIETRO.	Santo-Pietro	1,220
	Taglio-Ijolaccio	720		Sorio	603
	Talasani	541		San-Gavino di Tenda	270
	Velone Orneto	623	VESCOVATO.	Vescovato	1,151
LA PORTA.	La Porta	699		Castellare di Casinca	449
	Casabianca	250		Loretto di Casinca	912
	Casalta	215		Penta di Casinca	930
	Croce	679		Porri	330
	Ficaja	444		Sorbo-Acagnano	658
	Giocatoja	248		Venzolasca	1,180
	Piano	153			

CANTON.	NOM de LA COMMUNE.	POPULATION.	CANTON.	NOM de LA COMMUNE.	POPULATION.

Arrondissement de Calvi.

Superficie : 1,003 kilom. carrés ou 100,293 hect. — Population : 24,390 hab.
— Cantons : 6. — Communes : 34.

CANTON.	NOM de LA COMMUNE.	POPULATION.	CANTON.	NOM de LA COMMUNE.	POPULATION.
CALVI.	Calvi	1,475	CALENZANA.	Calenzana	2,440
				Cassano	508
				Lumio	979
MURO.	Muro	1,279		Lunghignano	240
	Algajola	230		Moncale	432
	Aregno	695		Montemaggiore	548
	Avapessa	299		Occi	62
	Catteri	603		Zilia	721
	Lavatoggio	388	ILE-ROUSSE.	Ile-Rousse	1,626
	Nessa	408		Corbara	1,171
	Speloncato	960		Monticello	857
BELGODERE.	Belgodere	1,001		Pigna	224
	Costa	200		Sant-Antonino	424
	Novella	378		Santa-Reparata	1,222
	Occhiatana	682	OLMI ET CAPELLA.	Olmi et Capella	836
	Palasca	505		Mausoleo	155
	Ville di Parasa	773		Poggiola	523
				Valica	296

Arrondissement de Sartène.

Superficie : 1,843 kilom. carrés ou 184,334 hect. — Population : 30,230 hab.
— Cantons : 8. — Communes : 43.

CANTON.	NOM de LA COMMUNE.	POPULATION.	CANTON.	NOM de LA COMMUNE.	POPULATION.
SARTÈNE.	Sartène	3,845	PETRETTO (suite).	Moca et Croce	622
	Belvédère	131		Olivese	594
	Bilia	234		Sollacaro	960
	Foce	330	PORTO-VECCHIO.	Portovecchio	2,117
	Gianchetto	315		Conca	588
	Granace	453		Lecci	203
	Grossa	368		Sari di Portovecchio	312
	Tivolaggio	91	SERRA.	Serra	900
BONIFACIO.	Bonifacio	3,184		Aullene	1,412
LEVIE.	Levie	1,652		Quenza	306
	Figari	591		Sorbolana	693
	San-Gavino di Carbini	490		Tolla	500
	Zonza	823		Zerubio	353
OLMETO.	Olmeto	1,819	SANTA-LUCIA.	Santa Lucia di Tallano	804
	Arbellara	382		Altagene	369
	Fozzano	800		Cargiaca	276
	Santa-Maria-Figaniella	196		Loretto di Tallano	129
	Viggianello	399		Mela	182
PETRETTO.	Petretto	880		Olmiccia	382
	Argiusta Moriccio	266		Poggio di Tallano	176
	Casalabriva	277		Sant-Andria di Tallano	250
				Zoza	227

Arrondissement de Corte.

Superficie : 2,485 kilom. carrés ou 248,507 hect. — Population : 57,000 hab.
— Cantons : 15. — Communes : 112.

CANTON.	NOM de LA COMMUNE.	POPULATION.	CANTON.	NOM de LA COMMUNE.	POPULATION.
CORTE.	Corte	4,926	PIEDICROCE.	Piedicroce	440
CALACUCCIA.	Calacuccia	803		Brustico	185
	Albertacce	1,050		Campana	190
	Casamaccioli	540		Carcheto	420
	Corscia	760		Carpineto	410
	Lozzi	962		Monacia	490
CASTIFAO.	Castifao	780		Nocario	575
	Asco	827		Parata	155
	Canavaggia	570		Pastoreccia d'Orezza	160
	Moltifao	901		Piazzole	303
MOITA.	Moita	780		Piedipartino	163
	Aleria	73		Pie-d'Orezza	331
	Ampriani	170		Rapaggio	229
	Matra	287		Stazzona	225
	Pianello	550		Valle d'Orezza	350
	Tallone	303		Verdese	321
	Zalana	675	PIEDIVERDE.	Pietra di Verde	817
	Zuani	367		Campi	304
MOROSAGLIA.	Morosaglia	908		Canale di Verde	462
	Bisinchi	780		Chiatra	390
	Castinetta	297		Linguizetta	623
	Frasso	210		Tox	401
	Gavignano	376	PRUNELLI.	Prunelli di Fiumorbo	1,079
	Pastoreccia di Rossino	490		Isolaccio	1,369
	Sallicetto	280		Serra	595
	Valle di Rostino	605		Solaro	604
OMESSA.	Omessa	1,054		Ventiseri	1,108
	Castiglione	323	SAN-LORENZO.	San-Lorenzo	560
	Castivia	319		Aiti	334
	Piedigriggio	172		Cambia	490
	Prato	400		Carticasi	336
	Popolasca	240		Erone	140
	Soveria	330		Lano	160
PIEDICORTE DI GAGGIO.	Piedicorte di Gaggio	953		Rusio	340
	Altiani	540		Sermano	280
	Ebajolo	470		Alando	189
	Focicchia	270		Aizi	156
	Giuncaggio	375		Arbitro	220
	Pancheraccia	325		Bustanico	370
	Pietra-Serena	412		Castellare di Mercurio	283

Arrondissement de Corte (suite).

Superficie : 2,485 kilom. carrés ou 248,507 hect. — Population : 57,000 hab. — Cantons : 15. — Communes : 112.

CANTON.	NOM de LA COMMUNE.	POPULATION.	CANTON.	NOM de LA COMMUNE.	POPULATION.
SAN-LORENZO (suite).	Fravalello	115	VALLE D'ALESANI.	Valle d'Alesani	673
	Mazzola	229		Felce	441
	Piedicorte de Bozio	242		Novole	374
	Rebbia	272		Ortale	340
	Santa Lucia	564		Perelli	463
	Tralonca	291		Piazzale	119
				Pietricaggio	401
				Piobetta	290
				Tarrono	329
SERRAGGIO.	Serraggio	1,070			
	Campo-Vecchio	83			
	Casanova	240	VEZZANI.	Vezzani	980
	Gatti di Vivario	1,124		Antisanti	895
	Lugo di Venaco	373		Ghisonaccia	668
	Muracciole	359		Ghisoni	1,593
	Poggio di Venaco	530		Lugo di Nazza	401
	Riventosa	340		Noceta	570
	San-Pietro di Venaco	320		Pietroso	560
				Poggio di Nazza	760
				Rospigliani	340

II.

Bibliographie.

De Rebus Corsicis, par PETRUS CYRNÆUS. — Storia della Corsica, par FILIPPINI. — *Idem,* par CAMBIAGGI. — *Idem,* par CASONI. — *Idem,* par RENUCCI.

Description de la Corse, par JUSTINIANI.

Histoire de la Corse, par LIMPERANI. — *Idem,* par POMPEI.

1662. Les Corses français, par l'HERMITE SOULIERS (dit TRISTAN), in-12.

1730. Histoire des révolutions de l'île de Corse et de l'élévation de Théodore, in-18, par le même.

1749. Histoire de l'île de Corse, par DE LA VILLEHEURNOIS, in-12.

1750. Description de la Corse et histoire de la dernière guerre, in-12.

1758. Mémoire sur les principaux événements arrivés dans l'île et royaume de Corse de 1738 à 1741, par JAUSSIN, 2 volumes in-12.

1768. Mémoire pour servir à l'histoire de la Corse, par le colonel FRÉDÉRIC, fils du roi Théodore Newekof[1], in-8°, traduit la même année en anglais, in-12.

1768. Description de la Corse suivie d'une relation de la conquête des Français en 1769, un volume in-12, par le même.

1769. État de la Corse, suivi d'un journal de voyage dans l'île, par BOSWEL, traduit par S. D. C., 2 volumes in-12.

1769. Traduction des statuts civils de l'île de Corse, par SERVAL, in-8°.

1769. Description historique et géographique de l'île de Corse, par BELLIN, in-4°, et atlas de 35 cartes.

1774. Histoire des révolutions de la Corse, par GERMANES, 3 vol. in-12.

1776. Essai chronologique et historique sur l'île de Corse, par FERRAND DUPUY, in-12.

1779. Histoire de la Corse, par POMMEREUL, 2 volumes in-8°.

1783. Mémoire sur l'histoire naturelle de l'île de Corse, par BARROL, in-8°.

1784. Précis de l'histoire de Corse jusqu'en 1766, in-8°.

État de la Corse pendant la révolution française, par CADET, in-8°.

1792. Département de l'île de Corse, par J. PERNY DE VILLENEUVE, in-8°.

1800. Statistique du département du Golo, par PIETRI, an X, in-8°.

1802. Mœurs et coutumes des Corses, par FEYDEL, 2e édition, in-8°, fig. (la première est de 1799).

---

[1] Frédéric (le colonel), fils du malheureux Théodore, qui porta pendant un certain temps le titre de roi de Corse, suivit la fortune de son père, et lors de sa catastrophe prit du service en Allemagne. Il s'attacha au duc de Wurtemberg, qui l'envoya en Angleterre avec le titre de son agent; mais étant tombé de nouveau dans la misère, il se brûla la cervelle en 1796 sous le portique de l'abbaye de Westminster.

1808. Mémoire sur l'amélioration des départements du Golo et du Liamone, par DURAND, in-8°.

1818. Mémoire sur la Corse, par RÉALIER DUMAS, in-8°.

1819. .De la Corse et des mœurs de ses habitants, par AGOSTINI, in-8°.

1822. Voyage pittoresque en Corse, par J. DE LA VAUBIJON, in-folio.

1829. Essai sur la topographie physique et médicale de Saint-Antoine de Guagno, par THIRIAUX, in-4°.

1835. Description de l'île de Corse, par GIRAULT DE SAINT-FARGEAU, cartes et gravures, in-8°.

1835. Histoire générale de la Corse, par J. M. JACOBI, 2 volumes in-8°.

1835. Recherches historiques et statistiques sur la Corse, par ROBIQUET, un volume in-8° et atlas in-folio.

1837. Voyage en Corse (dans le premier volume du voyage en Italie, de VALERY).

1839. Tableau topographique et médical de l'île de Corse, par A. VANUCCI, in-8°.

1840. Notes d'un voyage en Corse, rapport au ministre de l'intérieur, par P. MÉRIMÉE, in-8°.

1840. Quelques idées sur l'exploitation des bois et la fabrication du fer en Corse, par TOM RICHARD (ingénieur), in-8°.

1840. La Corse, rapport lu à l'Académie, par BLANQUI, in-8°.

1840. Promenades en Corse, par MONTHÉROT, in-8°.

1842. La Corse, documents historiques, législatifs, etc., par PATORNI, in-8°.

1843. Histoire de Pascal Paoli ou la Dernière guerre de l'indépendance, par A. ARRIGHI, 2 volumes in-8°.

1844. Notre-Dame d'Ajaccio, par A. ARMAN, in-8°.

1845. Panorama de la Corse, par l'abbé LEMPS, in-8°.

1846. Une excursion en Corse, par FÉE, in-8°.

1846. Mémoire sur la culture du mûrier en Corse, par WEIBERT.

1848. Description de la Corse et de ses villes, dans le tome V de l'Histoire des villes de France, par A. GUILBERT, in-8°.

1852. Abrégé de la géographie de l'île de Corse, par MARMOCCHI.

1852. Abrégé de l'histoire de la Corse, par DE FRIESS.

1853. Eaux minérales de Guagno, par COLIN.

1853. Eaux minérales de la Corse, rapport au ministre de l'agriculture et du commerce, par CONSTANTIN JAMES, in-4°.

1854. Traité élémentaire de pratique agricole à l'usage spécial des agriculteurs de la Corse, par RÉGULUS CARLOTTI.

1854. Vie du général Charles Abbatucci, par ALBERT MAURIN, in-12.

1855. Histoire de la guerre du Fiumorbo pendant les années 1815 et 1816, précédée de quelques détails relatifs au séjour de l'empereur Napoléon Ier à l'île d'Elbe et à l'arrivée de Murat, roi de Naples, en Corse, par MARCHI fils aîné, in-8°.

1855. Alcune storiche Corse, par J. V. GRIMALDI.

1855. Annales agricoles de la Corse. — Bulletin des comices d'Ajaccio, Bastia, Calvi, Corte et Sartène.

1855. Mémoire sur la possibilité de créer un chemin de fer en Corse, par M. CONTI, receveur général, in-4°.

1855. Le département de la Corse : la France illustrée, géographie, histoire, administration, par MALTE-BRUN, in-folio.

1856. La Corse envisagée au point de vue des intérêts français dans la Méditerranée, par CONTE GRANDCHAND.

1856. Opportunité et avantages de créer à Ajaccio un arsenal maritime industriel, par F. L. ROUX, officier de marine, in-4°.

1856. Essai sur les sociétés de secours mutuels en Corse et particulièrement à Ajaccio, par LOUIS NYER, in-8°.

CHAPITRE VINGT-QUATRIÈME.

CONCLUSION.

Notre œuvre est terminée; nous la livrons à l'appréciation de nos concitoyens. Elle a été faite avec conscience, avec conviction; aucun intérêt personnel n'a présidé à l'accomplissement de la tâche que nous nous étions imposée. Un sentiment patriotique nous avait suggéré l'idée du livre que nous publions; le même sentiment nous a guidé et nous a soutenu pour le composer et l'écrire.

Nous avions jeté les yeux sur la terre où nous sommes né; nous l'avions vue, elle si féconde, si privilégiée par la nature, rester en arrière de tous les progrès. Nous avons voulu, au milieu de ce temps d'arrêt qu'elle semble marquer, donner notre impulsion, si faible qu'elle fût. Nous avons tâché de remplacer par l'ardeur la vigueur peut-être défaillante de nos efforts. Aussi avons-nous mis à l'exécution de notre œuvre non-seulement tout le peu d'intelligence et de savoir dont le ciel nous a doté, mais encore toute notre volonté, tout l'élan de notre cœur.

Nous avons étudié avec le soin le plus assidu la nature du terrain, la composition du sol, l'influence du climat, les conditions de situation géographique et politique; les relations commerciales et internationales, le caractère de la population, ses tendances, ses aptitudes, ses désirs, ses croyances, ses sympathies. Nous avons cherché les sources les plus authentiques, les documents les moins contestables; nous avons comparé notre pays à lui-même selon les différents âges, aux autres contrées selon les climats et les progrès moraux et matériels; nous nous sommes appliqué à étudier toutes les questions, à considérer tous les points de vue.

L'état de la Corse nous est apparu alors sous toutes ses faces. Nous avons vu beaucoup de richesses naturelles peu ou point exploitées. Tout le monde regarde notre île comme favorisée du ciel et des gouvernements. La première opinion est vraie certainement, mais la seconde est en plusieurs points erronée.

La Corse, si féconde, est loin de posséder les institutions qui favoriseraient l'exploitation de ses richesses.

Notre travail a eu donc un triple objet: étudier l'état de la Corse; trouver les moyens d'améliorer sa situation; appeler l'attention du gouvernement et seconder, dans l'intérêt de cette île, dans l'intérêt de toute la France, les améliorations que les Corses sont en droit d'obtenir.

Nous livrons ces études au gouvernement, au député, au conseil général, à toutes les autorités qui représentent ou administrent la Corse, à tous ceux enfin qui aiment à réfléchir sur les chances d'un meilleur avenir, et, comme nous, gémissent de voir un beau pays rester stationnaire et par cela même devenir de jour en jour plus misérable, en face des ressources que la nature lui a libéralement départies!

Nous avons exposé quelques réformes à introduire, quelques institutions à fonder; certes nous n'avons pas tout dit; mais nous pensons avoir mis les esprits sur la voie du perfectionnement. Nous résumons ces considérations, déjà détaillées dans notre préface, pour montrer au lecteur toute l'honorabilité du but que nous nous sommes proposé.

Nous avons donné le tableau de la Corse; nous avons décrit les nobles sentiments du peuple qui l'habite, son héroïsme, son amour de la liberté et par conséquent des institutions libérales et du progrès; nous avons énuméré les guerres et les dissensions qui l'ont empêché de suivre activement la marche de la civilisation; nous avons exposé l'état actuel des différentes cultures, et ce qu'elles pourraient devenir si la science industrielle, les ressources qu'elle crée, les institutions qu'elle enfante, l'entouraient et lui prêtaient leur concours. Nous avons passé en revue tous les genres d'industrie agricole. La nomenclature des végétaux de première nécessité est riche et présente des sujets de qualité supérieure, nous l'avons constaté : les céréales, les vignes, l'olivier, le mûrier, le coton, la canne à sucre, le sorgho, etc., etc., ne demandent que des mains habiles et des capitaux pour donner les produits les plus beaux et les plus abondants.

Les prairies, en les améliorant, en les développant, peuvent nourrir les plus belles races d'animaux. Les forêts peuvent fournir les plus beaux bois pour la construction et la marine. Le sol recèle des trésors minéralogiques inépuisables pour l'art et l'industrie.

Mais tout cela attend l'exploitation; tout cela gît enfoui, inutile, ignoré, richesse perdue.

Le Français court au bout du monde porter sa pioche, lorsque la veine, lorsque le filon est si près !

La Corse, on l'a vu dans notre livre, est un entrepôt naturel entre la France et les pays méditerranéens ; elle peut devenir un point avancé important au point de vue des guerres maritimes ; enfin les intérêts les plus puissants, les plus fortes destinées sont attachés à cette île qu'on néglige, qu'on oublie pour ainsi dire ! Nous renouvelons donc notre appel à l'industrie, à la spéculation, à la science économique ! Les esprits se lancent vers des entreprises hasardeuses ; on porte l'argent et le génie de la France dans des pays étrangers ; des colons partent pour des îles inexplorées ; les capitalistes sollicitent des concessions chez des nations lointaines, et le gouvernement protége ou encourage ce mouvement. La France colonise l'Afrique, féconde l'Océanie, exploite l'Amérique ; elle crée des chemins de fer en Espagne, en Russie ; et la Corse, cette partie intégrante d'elle-même, cette fille aînée de la mère patrie, reste là pauvre, en regorgeant de biens, désolée, avec une luxuriante végétation ! Le Corse, debout sur ses falaises, peut voir l'industrie qu'il implore passer à toute vapeur devant ses côtes, et aller au loin, vers des contrées pourtant moins hospitalières, porter le mouvement, la vie, la fécondation, la prospérité, le bonheur. Mon Dieu ! oui ; le premier vaisseau, portant dans ses flancs un grand capitaliste et un industriel habile, qui s'arrêtera sur nos côtes, aura découvert la Corse ! et la Corse est à quarante heures de Paris.

Cet état de notre département a préoccupé déjà les esprits les plus éminents. MM. Blanqui, Mérimée, Mool, Charles Dupin, Robiquet, etc., ont écrit de magnifiques pages en faveur de notre île.

Les administrations se sont émues ; le gouvernement

a introduit quelques améliorations, on a commencé à ouvrir des routes ; M. Montois, préfet de la Corse, qui veut bien nous honorer de son amitié, frappé lui-même des grands avantages naturels dont notre département est doué, veut employer tous les efforts de sa haute intelligence à transformer le beau pays qu'il administre.

En un mot, féconder les marais, améliorer les races, introduire de nouvelles cultures, fonder des banques, frayer des routes, déblayer les ports, activer l'essor de l'industrie, instruire le peuple, lui donner de l'émulation et de l'espérance, peupler les déserts, voilà la tâche à remplir. A la réalisation de tout ceci s'attachent les deux grands mobiles qui remuent le plus les hommes : la gloire et l'intérêt.

Dans les œuvres de cette nature il y a un vaste champ pour les travaux du génie, et à leur suite, pour récompense certaine, le souvenir toujours vivant des générations dont on a préparé le bonheur ; témoignage qui vaut bien, pour les grands cœurs, un froid monument d'airain que ne décerne même pas toujours aux plus méritants la justice des hommes ; ou bien encore quelques pages dans l'histoire que n'écrit pas, par malheur, dans tous les temps, l'auguste vérité.

Que notre voix soit donc entendue, que la transformation s'opère tout entière, et cette prophétie de J. J. Rousseau s'accomplira de nouveau :

« *J'ai quelque pressentiment qu'un jour cette petite île étonnera l'Europe.* »

FIN.

ERRATUM.

Page 55, ligne 25, *au lieu de :* empoisonné, *lisez :* emprisonné.

TABLE.

FIN DE LA TABLE.

www.ingramcontent.com/pod-product-compliance
Lightning Source LLC
Chambersburg PA
CBHW050541270326
41926CB00012B/1868